Themis

Revista de Direito

Director
José Lebre de Freitas

Redacção
*Ana Prata, António Manuel Hespanha, Armando Marques Guedes,
Carlos Ferreira de Almeida, Miguel Poiares Maduro, Rui Pinto Duarte,
Teresa Pizarro Beleza*

Secretária da Redacção
Isabel Falcão

IX.17 (2009)

THEMIS
REVISTA DE DIREITO

EDITOR
EDIÇÕES ALMEDINA, SA
Av. Fernão Magalhães, n.º 584, 5.º Andar
3000-174 Coimbra
Tel.: 239 851 904
Fax: 239 851 901
www.almedina.net
editora@almedina.net

PRÉ-IMPRESSÃO I IMPRESSÃO I ACABAMENTO
G.C. – GRÁFICA DE COIMBRA, LDA.
Palheira – Assafarge
3001-453 Coimbra
producao@graficadecoimbra.pt

Junho, 2010

DEPÓSITO LEGAL
149844/00

*Apesar do cuidado e rigor colocados na elaboração da presente obra,
devem os diplomas legais dela constantes ser sempre objecto
de confirmação com as publicações oficiais.*

Toda a reprodução desta obra, por fotocópia ou outro qualquer processo,
sem prévia autorização escrita do Editor,
é ilícita e passível de procedimento judicial contra o infractor.

Artigos

A DOAÇÃO E A DÁDIVA*

CARLOS FERREIRA DE ALMEIDA**

> SUMÁRIO. I. Intróito. II. A bela adormecida. III. O terceiro sector. IV. O paradoxo da dádiva. V. Conceito de doação. VI. Donativos. VII. Mecenato. VIII. Doação remuneratória. IX. Doação de partes e de produtos do corpo humano. X. Fecho.

I. INTRÓITO

Esta é uma lição especial, não por ser a última (espero que não seja), mas por ser a primeira com o estatuto de jubilado. Especial ainda pela heterogeneidade da assistência: estudantes, colegas desta e de outras Faculdades, colegas de curso, amigos, familiares. Especial também pelo tema – a doação e a dádiva – para quem geralmente trata de assuntos jurídicos relacionados com a troca em mercado. Especial finalmente, porque vou seguir de muito perto um texto escrito, em vez do improviso (preparado) que costumo usar nas minhas aulas.

Quero aproveitar o ensejo para dar testemunho sobre os 12 anos que passaram após a criação da Comissão Instaladora da Faculdade de Direito da Universidade Nova de Lisboa: foram certamente o melhor da minha vida académica, uma oportunidade para a realização de alguns projectos que dificilmente realizaria noutro lado, em especial, pelas marcas peculiares desta pequena comunidade académica de professores, estudantes e funcionários, que pretende ser grande pela conexão constante e irradiante com outras comunidades. É um privilégio poder dizer que sinto prazer estar no local onde trabalho (onde tenho trabalhado).

Agradeço a todos a presença amiga, em especial ao senhor Vice-Reitor, a quem me ligam intensos (e difíceis) laços de trabalho, e ao Director da Faculdade, que promoveu esta lição de jubilação.

---

* Lição de jubilação proferida na Faculdade de Direito da Universidade Nova de Lisboa em 29 de Setembro de 2008. O presente texto reproduz, no essencial, o que então foi dito, aditando algumas referências bibliográficas e legislativas.

** *Professor jubilado da Faculdade de Direito da Universidade Nova de Lisboa.*

II. A BELA ADORMECIDA

A doutrina jurídica moderna sobre contratos com função de liberalidade tem sido muito escassa. Não peca por exagero a imagem da bela adormecida no bosque à espera de um príncipe que a desperte da sua letargia[1].

No direito português, só se registam, de há um século para cá, duas obras universitárias de fôlego (uma sobre doações e outra sobre o modo), ambas escritas há mais de 50 anos[2]. O articulado do projecto do Código Civil vigente sobre o contrato de doação é um dos poucos que foi publicado sem motivação[3]. Nas (raras) obras sobre contratos em especial, apenas uma (muito recente) trata dos contratos de doação e de comodato[4]. O resto da literatura relevante compõe-se de uma meia dúzia de artigos e de referências, nas obras de teoria geral do direito civil, sobre a distinção entre negócios jurídicos gratuitos e onerosos.

Qual será a razão para este relativo desinteresse dos juristas pelos contratos de liberalidade?

O direito mostra relutância em enquadrar a dádiva como fenómeno jurídico, isto é, em considerar que os actos gratuitos ultrapassam o limiar da juridicidade. Como escreveu um jurista inglês: "O mundo da dádiva é o mundo do melhor que nós temos, aquele em que as forças motivadoras residem em valores como o amor, a amizade, a gratidão e a camaradagem". E conclui, sem ironia aparente: "Estes valores são demasiado importantes para seja o direito a dar-lhes efectividade"[5].

Na verdade, como se dizia numa sentença italiana de 1875, o direito mostra-se geralmente avesso à vinculação gratuita, em relação à qual guarda uma "austera desconfiança"[6]. Ideia semelhante foi expressa por um autor portu-

---

[1] S. GRUNDMANN, *Zur Dogmatik der unentgeltlichen Rechtsgeschäfte*, Archiv für dir civilistische Praxis, 198, 1998, p. 457 ss. (p. 457), mencionando a data da última monografia alemã sobre o tema (1927).

[2] A. ABRANCHES FERRÃO, *Das doações segundo o Código Civil português*, I, Coimbra, 1911; II, *Doações para casamento e entre casados – Colações*, Coimbra, 1912; J. ANTUNES VARELA, *Ensaio sobre o conceito de modo*, Coimbra, 1955.

[3] F. PIRES DE LIMA, *Contrato de doação*, Boletim do Ministério da Justiça, n.º 104, 1961, p. 25 ss.

[4] L. MENEZES LEITÃO, *Direito das obrigações*, vol. III, *Contratos em especial*, 4.ª ed., Coimbra, 2006, p. 169 ss., 365 ss.

[5] M. EISENBERG, *World of Contract and the World of gift* (1997), apud R. KREITNER, *The Gift Beyond the Grave: revisiting the question of consideration*, Columbia Law Review, 2001, n.º 8, p. 1876 ss. (p. 1941).

[6] Apud G. GORLA, *El contrato. Problemas fundamentales tratados según el método comparativo e casuístico*, Barcelona, 1959 (orig. *Il contratto*, 1954), I, p. 114.

guês: "[A]s doações não gozam, em geral, de grandes simpatias por parte da lei; esta encara-as com manifesta desconfiança; há como o reconhecimento de elas serem plantas exóticas, que não foram feitas para florescer no campo do direito, mas sim noutros sectores, porventura mais nobres, da actividade humana"[7].

Nos direitos de *common law*, vale uma regra geral que exclui a vinculação das promessas gratuitas por falta de *consideration*. O contrário seria ineficiente, pela perda de tempo e de recursos[8].

Nos direito de *civil law*, embora a doação disponha em regra de natureza contratual, a lei estabelece requisitos especialmente rigorosos para a sua validade. Por um lado, quanto aos modos de "vestir" o respectivo pacto para que este seja juridicamente válido[9], a lei exige a forma escrita ou a efectiva entrega da coisa doada[10]. Por outro lado, a lei restringe a autonomia privada, proibindo, em princípio, a doação *mortis causa* e proibindo, em absoluto, a doação entre pessoas casadas em regime de separação de bens[11].

Além disso, mesmo nos sistemas jurídicos que aceitam a qualificação da dádiva como contrato, a disciplina geral deste é traçada com o pressuposto da onerosidade, como se a doação e as promessas gratuitas fossem qualquer coisa de anormal[12]. Nos actos de liberalidade *inter vivos*, o grau de responsabilidade do transmitente ou do devedor apresenta-se diminuído ("a cavalo dado não se olha a dente") e os titulares de direitos adquiridos demonstram geralmente uma certa condescendência com o incumprimento.

Ora todos estes factores inibem a litigiosidade, não estimulando o interesse dos advogados nem o estudo dos académicos.

---

[7] F. Pessoa Jorge, *Doações para casamento. Doações entre casados (anteprojecto de dois capítulos do futuro Código Civil)*, Boletim do Ministério da Justiça, n.º 124, 1963, p. 287 ss. (p. 289).

[8] F. Romani, *Some notes on the Economic Analysis of Contract Law*, em Contracts and Organisation: legal analysis in the light of economic and social theory, org. Daintith & Teubner, Berlin, New York, 1986, p. 121 ss. (p. 129 s.). E conclui: "The parties are themselves quite capable of force their wills if they want".

[9] Gorla, *El contrato*, cit., I, p. 195, 368, 495 e *passim*.

[10] Cfr. artigo 947.º do Código Civil.

[11] Código Civil, artigos 946.º e 1762.º.

[12] Zweigert & Kötz, *Einführung in die Rechtsvergleichung auf dem Gebiete des Privatrechts*, II, *Institutionen*, 2.ª ed., Tübingen, 1984, p. 84.

III. O TERCEIRO SECTOR

É contudo inegável a importância social e mesmo económica que a doação e outros contratos gratuitos assumem na vida contemporânea. Basta pensar nas dádivas de sangue, no voluntariado e no financiamento de instituições não lucrativas, que, no seu todo, atingem valores assinaláveis, talvez os mais elevados que a história alguma vez registou e certamente não desprezíveis em número de pessoas envolvidas, no cálculo do produto interno bruto e no volume do emprego.

Na verdade, nem o mercado, com as trocas resultantes do cruzamento da oferta e da procura, nem o Estado, com as prestações sociais e os serviços públicos financiados pelos impostos, dispõem do monopólio da circulação de bens e de serviços[13]. Há um terceiro sector[14] que se distingue do mercado, por não ter fins lucrativos (*non profit*)[15], e do Estado, por não estar sujeito à estrita observância de regras de igualdade na distribuição dos benefícios[16].

Este sector social que, no direito português, tem consagração constitucional[17], rege-se por cânones próprios de uma economia da dádiva (*gift economy*)[18], em que a solidariedade substitui a equivalência objectiva e que gera uma teia de relações interpessoais, ora recíprocas, embora desiguais e diferidas no tempo, ora entre sucessivas gerações. Nos tempos mais recentes, a reciprocidade vem dando lugar a uma cadeia circular de dadores e de beneficiários que não se conhecem e cujo anonimato é cada vez mais preservado[19] (por exemplo, o Banco Alimentar contra a Fome ou os bancos de esperma).

---

[13] J. GODBOUT, *O espírito da dádiva*, Lisboa, 1997 (orig. *L'Esprit du Don*, Paris, 1992), p. 30, 35.

[14] Cfr. A. OLIVEIRA MARTINS & G. OLIVEIRA MARTINS, *Conceito e regime do terceiro sector. Alguns aspectos*, Homenagem da Faculdade de Direito de Lisboa ao Professor Doutor Inocêncio Galvão Telles. 90 anos, Coimbra, 2007, p. 5 ss.

[15] Cfr. *Non profit come economia civile*, org. Stefano Zamagni, Bologna, 1998, com destaque para o artigo de S. ZAMAGNI, *Non profit come economia civile. Per una fondazione economica delle organizzazioni non profit*, p. 13 ss. (com diversas explicações para o insucesso do "paradigma individualista").

[16] GODBOUT, *O espírito da dádiva*, cit., p. 81 ss., 252 s.

[17] Constituição da República Portuguesa, artigo 82.º, n.º 4, relativo ao sector cooperativo e social, que inclui, na alínea d), aditada na revisão de 1997, o subsector de solidariedade social.

[18] Cfr. http://en.wikipedia.org/wiki/Gift_economy e bibliografia aí citada; J. van DE VEN, *The Economics Of The Gift*, http://papers.ssrn.com/sol3/papers.cfm?abstract_id=244683; REITNER, *The Gift Beyond the Grave*, cit., p. 1949 ss.

[19] GODBOUT, *O espírito da dádiva*, cit., p. 25, 39 ss., 133 ss., 251 s., 258.

IV. O PARADOXO DA DÁDIVA

Dei a esta lição o título de "A doação e a dádiva". Doação é um conceito jurídico. Dádiva é um conceito antropológico e sociológico. Os requisitos essenciais da doação, comuns a qualquer sistema jurídico, são dois: a falta de contrapartida e a liberdade de doar. O conceito antropológico é muito diferente, quase contrário ao conceito jurídico, embora doação e dádiva sejam por vezes usados como sinónimos.

Desde a célebre e fecunda obra de Mauss, *Le don*[20], que se reconhecem na dádiva três obrigações: a obrigação de dar, a obrigação de receber e a obrigação de retribuir. Esta cadeia de obrigações – a espiral da dádiva – explica as relações de poder observadas na prática de vários povos ditos primitivos, que logo se verificou subsistirem nas sociedades modernas. Por isso, a ideia se mantém viva em estudos contemporâneos, incluindo estudos publicados em Portugal[21], e inspiradora de movimentos críticos, com relevo para a revista M.A.U.S.S. (*Mouvement anti-utilitariste des sciences sociales*), que se publica desde 1988.

Nesta concepção, observa-se que o mercado confere sempre a faculdade de sair da relação, pagando[22], enquanto a dádiva, inserida na esfera da solidariedade, corresponde a um imperativo social ou religioso, que torna obrigatório o exercício de uma liberdade.

Dar é manifestar superioridade, ser mais, estar mais alto, ser *magister*. Aceitar sem retribuir, ou sem retribuir mais, é subordinar-se, tornar-se cliente e servidor, ser pequeno, cair mais baixo (*minister*)[23]. Quem dá quer comprar a alma do outro[24]. Nalgumas sociedades chefe é aquele que mais dá. Daí a (aparente?) contradição traduzida pela expressão dádiva-troca[25], que levou outros antropólogos a inverter a ideia de Mauss, admitindo que seja afinal a troca o fenómeno primitivo e não as operações discretas (de dádiva) em que a troca se decompõe[26].

---

[20] M. MAUSS, *Ensaio sobre a dádiva*, Lisboa, 1988 (orig. *Essai sur le don. Forme et raison de l'échange dans les sociétés archaïques*, L'Année Sociologique, seconde série, 1923-1924, t. I).

[21] A. YÁÑEZ CASAL, *Entre a dádiva e a mercadoria. Ensaio de antropologia económica*, Damaia, 2005; CARLOS MANUEL PITEIRA, *A dádiva nas sociedades contemporâneas*, Lisboa, 2008.

[22] GODBOUT, *O espírito da dádiva*, cit., p. 73, 162 (citando Hegel: "a moeda é a liberdade cunhada"), 268 s.

[23] MAUSS, *Ensaio sobre a dádiva*, cit., p. 195.

[24] H. EHMANN, *Zur Causa-Lehre*, Jurintenzeitung, 14/2003, p. 702 ss. (p. 703, citando Kant).

[25] MAUSS, *Ensaio sobre a dádiva*, cit., p. 94, 191 s.

[26] C. LÉVY-STRAUSS, *Introdução à obra de Marcel Mauss*, em *Ensaio sobre a dádiva*, cit., p. 9 s (p. 34).

O paradoxo da dádiva aflora na vida quotidiana actual, como se verifica, por exemplo, no dever de aceitar e de retribuir convites, no significado da oferta, da aceitação e da recusa de presentes e nas regras sociais da hospitalidade.

Está igualmente embutida na linguagem. Na língua portuguesa, a palavra "obrigado" significa um agradecimento que gera a obrigação de retribuir. O aforismo "quem dá aos pobres empresta a Deus" pressupõe que Deus se substitui aos pobres na obrigação de retribuir. E está até subjacente na fórmula técnico-jurídica *do ut des* (dou para que dês), que explica a relação de troca pela reciprocidade de dádivas.

Esta lógica é perturbadora para o direito moderno, moldado essencialmente nos mecanismos de mercado ou nas funções do Estado, consoante se trate de direito privado ou de direito público. Eis alguns institutos jurídicos encarados à luz da desconfiança do direito para com a doação e da relação entre doação e dádiva.

V. Conceito de doação

O Código Civil português (artigo 940.º) define doação como "o contrato pelo qual uma pessoa, por espírito de liberalidade e à custa do seu património, dispõe gratuitamente de uma coisa ou de um direito, ou assume uma obrigação, em benefício do outro contraente". Foquemos a atenção no elemento *espírito de liberalidade*.

Todas as apreciações parecem convergir em que o espírito de liberalidade é independente e distinto dos motivos, que podem ser os mais variados. Recolhendo sugestões de várias origens (jurídicas, mas também económicas e antropológicas)[27], os motivos da doação, como de outros actos de liberalidade, integram-se nalgum dos seguintes grupos e, por vezes, em mais do que um simultaneamente:

– o altruísmo (isto é, com o propósito de fazer o outro feliz ou menos infeliz), ainda que a generosidade, a caridade, a benevolência ou a equidade que motivam o doador lhe cause prazer (a "utilidade altruísta para

---

[27] L. Cunha Gonçalves, *Tratado de Direito Civil em comentário ao Código Civil português*, VIII, Coimbra, 1934, p. 59; Díez-Picazo & António Gullón, *Sistema de derecho civil*, vol. II, 6.ª ed., Madrid, 1992, p. 335 s.; Van de Ven, *The Economics Of The Gift*, cit. (que acrescenta ao elenco de motivos o impulso genético para a sobrevivência), além das obras de Mauss e de Godbout, já citadas.

o doador"[28]) ou sejam potenciadas por relação de parentesco ou amizade com o donatário ou mesmo por inimizade com as pessoas excluídas pela doação;
- a gratidão, o que equivale à "troca livre" de uma dádiva passada por uma dádiva actual (logo, obrigação de retribuir);
- a procura de aprovação social, suscitando simpatia, melhorando a reputação e a imagem ou satisfazendo a vaidade (uma variante da obrigação de dar, esperando receber);
- o egoísmo, na expectativa estratégica de retribuição a prazo, através de favor pessoal ou de vantagem comercial, com mais ou menos desequilíbrio (ainda mais clara a intenção de dar para criar a obrigação de retribuir).

O espírito de liberalidade implica no direito, no mínimo, dois requisitos cumulativos: 1.º) que não haja contrapartida; 2.º) que não se actue em cumprimento de uma obrigação ou de qualquer outro dever jurídico de atribuir, de retribuir ou de prestar, isto é, que não tenha causa *adquirendi*, *credendi* ou *solvendi*, mesmo que para cumprimento de uma obrigação natural (relembre-se o contraste com a dádiva).

Uma concepção negativa sobre o espírito de liberalidade[29] significa a desnecessidade de uma intenção específica[30], porque pertence aos motivos ou se confunde com o consentimento[31]. Para chegar à conclusão de que uma entrega se efectuou a título de doação, é necessário, mas suficiente, excluir todos os outros títulos, isto é, é necessário provar que não há outro título justificativo da entrega.

Segundo a perspectiva oposta (que não á a minha, mas que é maioritária, no direito português), não bastam para o espírito de liberalidade tais requisitos negativos; é necessário um elemento subjectivo, que consiste na consciência, vontade ou intenção do doador de beneficiar o donatário, de proporcionar uma vantagem patrimonial à outra parte[32].

---

[28] S. SHAVELL, *Foundations of Economic Analysis of Law*, Cambridge (Mass), London, 2004, p. 380.

[29] P. TERCIER, *Les contrats spéciaux*, 2.ª ed., Zurich, 1995, p. 168; H. KOLLHOSSER, *Schenkung*, Münchener Kommentar zum BGB, Bd. 3, München, 2004, § 516, an. 13, 16.

[30] Cfr. GORLA, *El contrato*, cit., I, p. 124, citando WINDSCHEID, *Lehrbuch des Pandektenrechts*, 9.ª ed. por T. KIPP, vol. 2, Frankfurt am Main, 1906 (reimp. 1984), p. 546, nota 5; ABRANCHES FERRÃO, *Das doações...*, cit., I, p. 24 s.; ESSER/WEYERS, *Schuldrecht*, II, *Besonderer Teil*, 6.ª ed., Heidelberg, 1984, p. 113.

[31] M. ANDERSON, *Las donaciones onerosas*, Madrid, 2005, p. 120.

[32] PIRES DE LIMA & ANTUNES VARELA, *Código Civil anotado*, II, 3.ª ed., Coimbra, 1986, p. 260; C. MOTA PINTO, *Teoria geral do direito civil*, 4.ª ed. por A. Pinto Monteiro e P. Mota

Nenhum defensor da concepção positiva explicou porém com êxito o que é que esse elemento subjectivo adiciona afinal como requisito de validade na formação do contrato de doação ou na composição do seu conteúdo. Quem tentou enredou-se em contradições na relação entre os motivos e o espírito de liberalidade ou em distinções irrealistas.

O resultado prático é que a concepção positiva vem afinal procurar motivações concretas, que, na falta de outras, se devam reconduzir à generosidade e ao altruísmo.

Aqui, e num aspecto essencial, porque se trata do conceito de doação, o direito dominante contraria portanto a perspectiva social de dádiva, além de não se ajustar à realidade empírica.

VI. DONATIVOS

Noutros pontos, porém, o direito considera parcialmente a perspectiva social. Primeiro exemplo: a exclusão de juridicidade dos "donativos conformes aos usos sociais". Repare-se antes de mais que o artigo 940.º, n.º 2, do Código Civil, incorpora uma norma de estatuição negativa, porquanto dispõe literalmente que "não há doação" nos referidos donativos. Mas, como se refere a "donativos conformes aos usos sociais", esclarece, de modo implícito, que, em relação a eles, a lei se abstém de interferir *porque* reconhece a outras normas ("os usos sociais") competência para a regulação.

Para saber se uma atribuição ou uma promessa, aceites pelo beneficiário sem contrapartida, valem como liberalidade social e não como contrato é necessário proceder a dois testes, um positivo e outro negativo.

Primeiro, é necessário apreciar se cabe no âmbito dos donativos usuais, considerando para o efeito os elementos atendíveis, tais como: a ocasião (por exemplo, nascimento, baptizado, festa religiosa, aniversário, noivado, casamento, realização de um exame ou de outro feito, obtenção de um grau académico, prestação de um serviço sem direito a remuneração ou remunerado a outro título), as qualidades do agente e do beneficiário (designadamente, as suas fortunas e relações pessoais), o valor económico do objecto e a sua adequação à ocasião e aos dados pessoais.

Pinto, Coimbra, 2005, p. 401; MENEZES LEITÃO, *Contratos em especial*, cit., p. 172; K. LARENZ, *Lehrbuch des Schuldrechts*, II, 1, *Besonderer Teil*, 13.ª ed., München, 1986, p. 198; R. C. LORENZETTI, *Tratado de los contratos*, III, Buenos Aires, 2000, p. 590; A. PALAZZO, *Le donazioni*, 2.ª ed., Milano, 2000, p. 7 s.

Segundo, se a resposta ao primeiro teste for positiva, ter-se-á de verificar se há razões de ordem pública que obstem à desconsideração jurídica, em função de interesse de terceiros (credores, sucessíveis) ou do interesse geral (imparcialidade, independência, concorrência).

Se a resposta a ambos os testes for no sentido de enquadrar o acordo nos usos sociais, o direito desinteressar-se-á do seu regime, ficando sem aplicação as regras jurídicas, v. g. aquelas que dispõem sobre forma, capacidade, responsabilidade (atenuada) do doador por vícios da coisa, revogabilidade, acção pauliana ou sujeição à colação[33].

Em seu lugar aplicar-se-ão as competentes regras familiares, religiosas, de convivência social ou de relacionamento empresarial, tendencialmente mais favoráveis ao beneficiário do que as regras jurídicas. Basta pensar no juízo de reprovação da faculdade de exigir a restituição que resultante do aforismo popular: "quem dá e torna a tirar ao inferno vai parar". Mas nem sempre assim sucederá. Por exemplo, a obrigação de cumprimento de promessas formuladas no âmbito dos usos familiares pode ser ténue e destituída de sanção.

Em qualquer caso, verifica-se o reconhecimento (ainda que tímido) das regras da dádiva, incluindo a obrigação de dar em certas ocasiões.

VII. MECENATO

Mecenato é o financiamento, livre e privado, de actividades culturais e de ajuda humanitária. O mecenato aristocrático da Renascença deu lugar, na actualidade, a uma extensa e complexa rede, em que todos os componentes se ampliaram. Cresceu o número de mecenas e de beneficiários, aumentou o volume do financiamento, expandiu-se o universo das actividades financiadas. Para tal contribuiu em boa parte a comparticipação dos Estados, através de incentivos fiscais, mas também o peso da opinião pública, que constrói a boa ou a má imagem das empresas e de outras entidades carecidas de protagonismo.

A legislação portuguesa vigente tem como objectivo central a atribuição de incentivos e de benefícios fiscais para o mecenas, mas dela resulta que o mecenato se concretiza através de contratos de doação, conforme a lei reconhecia explicitamente quando se referia ao "valor dos bens doados"[34].

---

[33] Cfr. artigos 612.º, n.º 1, e 2110.º, n.º 2, do Código Civil.

[34] Artigos 4.º-A e 5.º-A do Estatuto do Mecenato, aprovado pelo Decreto-Lei n.º 74/99, de 16 de Março, com os aditamentos da Lei n.º 160/99, de 14 de Setembro.

Mas não é invulgar que os mecenas exijam a associação pública do seu nome ao resultado do empreendimento financiado (através, por exemplo, de menção no programa de um espectáculo ou na documentação de um congresso). O mecenato aproxima-se então do patrocínio, tornando-se difícil a destrinça[35].

O mecenato e outras doações sem regime legal especial (v. g. doações a museus ou a fundações, doações para o financiamento de estudos) têm como elemento comum a afectação, explícita ou implícita, a um fim; são doações de escopo.

Com estes dados, vislumbram-se alguns pontos de aproximação à dádiva social: os incentivos fiscais e a pressão da opinião pública conferem ao mecenato alguns traços da obrigação de dar. Mas a obrigação de retribuir não está ausente. Para o donatário, através da aplicação ao fim estipulado e, geralmente, da divulgação da identidade do mecenas. Para o Estado, substituto moderno da comunidade, através do benefício fiscal, computado em regra por valor superior ao da doação (obrigação de retribuir mais do que se recebeu).

VIII. Doação remuneratória

Num certo sentido (antropológico), todas as doações são remuneratórias[36] ou efectuadas com a expectativa de algum modo de retribuição. A perspectiva jurídica é mais restrita e mais prosaica.

A lei portuguesa, como outras, autonomiza a doação remuneratória, que define como "a liberalidade remuneratória de serviços recebidos pelo doador, que não tenham a natureza de dívida exigível" (artigo 941.º). O preceito tem um duplo alcance: por um lado, pretende dissipar a dúvida quanto à qualificação como doação; por outro, serve como previsão para outros preceitos que contemplam algumas especificidades de regime.

Especial na doação remuneratória é pois o motivo do doador – a gratidão por serviços passados. Da qualificação de uma doação como remuneratória resultam efeitos quer para as partes quer para terceiros (herdeiros e cônjuge do doador): entre outros, a doação remuneratória é irrevogável por ingrati-

---

[35] Cfr. A. Dias Pereira, *Contratos de patrocínio*, Revista da Ordem dos Advogados, 1998, I, p. 317 ss. (p. 323 s.); A. Payan Martins, *O contrato de patrocínio*, Direito e Justiça, vol. XII, 1998, t.2, p. 187 ss. (214 ss).

[36] Cunha Gonçalves, *Tratado de Direito Civil*, VIII, cit., p. 65.

dão, o doador de bens alheios responde pelos prejuízos causados ao donatário de boa fé, presume-se a dispensa de colação em relação aos bens doados[37].

Aqui, o direito considera a obrigação de retribuir, beneficiando o doador pelo cumprimento dessa obrigação social.

IX. Doação de partes e de produtos do corpo humano

A colheita e a transfusão de sangue, primeiro, o transplante de órgãos, tecidos e células de origem humana, depois, alcançaram há muito tempo o estatuto da licitude perante o direito, a moral e a maioria das religiões, desde que seja observado um conjunto variável de requisitos.

Pelo contrário, a cedência de esperma, de ovócitos e de embriões para fertilização humana permanece como alvo de controvérsia jurídica, moral e religiosa, tendo em conta a perturbação que geram nos conceitos tradicionais de paternidade e de maternidade[38]. Entretanto, a amamentação por mulher diferente da mãe, a mais antiga prática de transacção de produtos biológicos humanos, perdeu relevância prática por ter sido substituída pelo aleitamento com produtos industriais.

O enquadramento teórico das questões suscitadas por estes fenómenos também evoluiu. Entre a ideia de santidade do corpo humano, de que Deus é o único titular e a pessoa mero usufrutuário (São Tomás de Aquino) e a ideia oposta da aptidão do corpo como objecto de direito de propriedade, estabilizou-se a concepção da disponibilidade do corpo no âmbito dos direitos de personalidade, circunscrita pelo princípio da dignidade da pessoa humana e pelo respeito da ordem pública. Os órgãos e os tecidos do corpo humano, assim como os seus frutos biológicos, só após separação, actual ou futura, são idóneos como objecto de direitos de propriedade[39].

Nos textos legais portugueses, tanto surge a palavra dádiva como doação. A Lei n.º 12/93, de 22 de Abril, define "dádiva" como "qualquer doação de órgãos, tecidos e células de origem humana". O artigo 10.º da Lei n.º 32/2006, de 26 de Julho, tem com epígrafe "Doação de espermatozóides, ovócitos e

---

[37] Código Civil, artigos 975.º, alínea b), 956.º, n.º 2, 2113.º, n.º 3.
[38] Cfr. Tiago Duarte, *In vitro veritas? A procriação medicamente assistida na Constituição e na Lei*, Coimbra, 2003.
[39] Cfr. V. Angoitia Gorostiga, *Extracción y transplante de órganos y tejidos humanos. Problemática jurídica*, Madrid, 1996, p. 131 ss.; Helena P. Melo, *Problemas jurídicos suscitados pela inseminação artificial com recurso a dador de gâmetas*, Genética e reprodução humana, Coimbra, 2000, p. 159 ss. (p. 223 ss.).

embriões", mas a parte prescritiva começa com a seguinte frase: "Pode recorrer-se à dádiva de espermatozóides, de ovócitos ou de embriões...".

Na minha opinião, a transmissão *inter vivos* de órgãos, tecidos e células de origem humana, assim como de sangue, esperma, ovócitos e embriões, resulta sempre de contrato de doação.

É o que se conclui da conjugação de dois dos princípios comuns a todos os actos de colheita e de recepção: o consentimento (tanto do dador como do receptor) e a gratuitidade. A gratuitidade corresponde a uma escolha de política legislativa (nalgumas situações imposta pela União Europeia), em alternativa à admissibilidade de comercialização. O consentimento é prestado de modo a integrar um acordo contratual.

Os argumentos a favor da gratuitidade (preservação dos valores morais, risco de menor qualidade por ocultação de informações pelo dador no sistema de mercado[40], aumento dos custos, discriminação de receptores pobres) sobrepuseram-se assim aos argumentos a favor do mercado (aumento da oferta, melhor qualidade, ineficiência e hipocrisia dos sistemas de gratuitidade)[41].

Mas a gratuitidade não exclui certas compensações. Assim os doadores de sangue têm direito à justificação das faltas ao trabalho, ao seguro para cobertura de anomalias e acidentes causados pela dádiva e à isenção de taxas moderadoras do Serviço Nacional de Saúde, além do reconhecimento público através da atribuição de medalha, diploma ou distintivo de dador[42].

O dador de órgãos, tecidos e células tem direito, além de seguro, "a ser indemnizado pelos danos sofridos no decurso do processo de dádiva e colheita [e] pelas despesas decorrentes da doação"[43]. Embora não com-

---

[40] A Directiva 2004/23/CE indica dois fundamentos diferentes para a gratuitidade (artigo 10.º): questão de princípio (n.º 18 do preâmbulo), garantir um elevado nível de protecção da saúde pública (artigo 4.º, n.º 2).

[41] GODBOUT, *O espírito da dádiva*, cit., p. 75 ss. (sangue), 125 ss. (órgãos); BERLINGUER & GARRAFA, *A mercadoria final. Ensaio sobre a compra e venda de partes do corpo humano*, Algés, 1997. Em relação ao transplante de órgãos, M. J. CHERRY, *Human Organs, Transplantation and the Market*, Georgetown University Press, Washington D. C., 2005 (com a enunciação de argumentos a favor e contra os sistemas de dádiva e de mercado); T. BRENNAN, *Markets in Health Care: The Case of Renal Transplantation*, The Journal of Law, Medicine & Ethics, vol. 35, 2007, p. 249 ss. (a favor de um mercado regulado); MARTINO MONA, *Rechtsphilosophisches Analyse der Entgeltlichkeit und Vertragsfreiheit in der Nierenspende – Verwerflicher Organhandel oder legitimes Anreizinsintrument?*, Archiv für Rechts- und Sozialphilosophie, 2004, 3, p. 354 ss. (com refutação dos argumentos, que considera falaciosos, a favor da gratuitidade); ANGOITIA GOROSTIGA, *Extracción y transplante de órganos y tejidos humanos*, cit., p. 212 ss. (com informação sobre a lei e a controvérsia doutrinária em Espanha).

[42] Decreto-Lei n.º 294/90, de 21 de Setembro, artigos 26.º e 28.º.

[43] Lei n.º 12/93, de 22 de Abril, artigo 9.º, n.ºs 2 e 4.

preenda, como a Directiva de onde emana, a compensação de incómodos[44], este preceito justifica o pagamento de valores que, em casos concretos, podem ultrapassar a mera neutralização de despesas. A dádiva será então, na verdade, doação com modo. Se este não for despiciendo, o resultado efectivo ficará num ponto intermédio entre o gratuito e o oneroso, dando razão à crítica de hipocrisia desferida contra o sistema de gratuitidade.

Nalguns casos, actualmente raros, o contrato de doação celebra-se directamente entre dador e receptor, embora sob controlo médico quanto à adequação e compatibilidade biológicas.

Na maioria das vezes, e sempre que a lei exija confidencialidade das identidades do dador e/ou do receptor[45], o processo exige mais do que um acordo e mais do que um contrato: primeiro, um contrato de doação para recolha ou colheita, celebrado entre o dador e uma instituição médica; por último, um contrato de doação para transplante, inseminação heteróloga ou fertilização, celebrado entre aquela ou outra instituição médica e o receptor. Se as instituições médicas não coincidirem, o material recolhido terá de ser transmitido, por um só acto intermédio ou mais, pela instituição de recolha à instituição de transplante, inseminação ou fertilização.

Os argumentos adversos à qualificação dos actos de disposição de partes do corpo ou dos seus produtos biológicos com contratos de doação[46] não me parecem convincentes. A inadmissibilidade de execução coactiva não exclui a natureza contratual. A sucessão de dações não implica mais do que a separação dos dois contratos de doação, qualquer deles com donatário identificado. O anonimato significa apenas o desconhecimento recíproco do dador inicial e do receptor final, que são partes em contratos diferentes. A frase que, na lei, declara o sangue, depois de colhido, como uma dádiva à comunidade[47] serve

---

[44] Artigo 12.º da Directiva 2004/23/CE; cfr. Relatório da Comissão ao Conselho e ao Parlamento Europeu sobre a promoção, por parte dos Estados-Membros, da dádiva voluntária e não remunerada de tecidos e células – COM(2006) 593 final, de 16.10.2006, com informação acerca das variações de entendimento e de prática nos Estados-Membros quanto às despesas e inconvenientes que podem ser compensados.

[45] Lei n.º 12/93, de 22 de Abril, artigo 4.º, sobre confidencialidade do dador e do receptor de órgão ou tecido; Decreto-Lei n.º 267/2007, de 24 de Julho, artigo 26.º, sobre confidencialidade e protecção de dados relativos ao dador de sangue; Lei n.º 32/2006, de 26 de Julho, artigo 15.º, sobre confidencialidade na procriação medicamente assistida, com expressa proibição de revelação da identidade do dador, mesmo em relação à pessoa nascida em consequência daquele método.

[46] Cfr. HELENA P. MELO, *Problemas jurídicos suscitados pela inseminação artificial com recurso a dador de gâmetas*, cit., p. 236 ss.; ANGOITIA GOROSTIGA, *Extracción y transplante de órganos y tejidos humanos*, cit., p. 373 ss..

[47] Lei n.º 25/89, de 2 de Agosto, artigo 1.º, n.º 3.

para justificar a política de gratuitidade, mas não é rigorosa sob o ponto de vista jurídico. A atribuição patrimonial não é requisito necessário do contrato de doação.

Seja como for, a lei e a doutrina sobre a transmissão voluntária de partes ou de produtos biológicos do corpo humano continuam a ser fontes de vazios e de equívocos jurídicos, quer pelas objecções à qualificação como doação quer pela mais radical, mas nem sempre assumida, relutância quanto ao seu enquadramento contratual.

Neste ponto, o direito parece-me ainda mais contraditório. Por um lado (e ainda bem que o faz), regula minuciosamente o fenómeno; por outro lado, refugia-se no vocabulário próprio da dádiva, mas nem por isso deixa espaço para outras ordens normativas.

X. Fecho

Outros institutos jurídicos – como as dádivas promocionais (brindes e amostras gratuitas) e as gratificações nas relações de trabalho[48] – mereceriam comentário à luz das relações entre doação e dádiva.

Mas é tempo de terminar. Não vou extrair conclusões, além da confirmação de que a dádiva envolve um enigma[49], que o direito não sabe resolver. O direito não é apenas um critério para a solução de litígios. Mesmo quando é contraditório, ou talvez *mais* quando é contraditório, serve como objecto e como instrumento de reflexão sobre todos os fenómenos sociais. Não é de estranhar que, com a passagem dos anos, seja nesta faceta do direito que os juristas (alguns juristas) descobrem mais prazer.

---

[48] Cfr. CARLOS MANUEL PITEIRA, *A dádiva nas sociedades contemporâneas*, cit., p. 259 ss.
[49] Cfr. M. GODELIER, *O enigma da dádiva*, Lisboa, 2000 (orig. 1996).

O Regime Jurídico dos Actos de Comércio*

José Engrácia Antunes**

>SUMÁRIO: I – Introdução. II – Forma e Prova dos Actos de Comércio. 1. A Língua nos Documentos Mercantis. 2. A Comunicação à Distância. 3. O Empréstimo e o Penhor Mercantis. 4. A Especificidade do Formalismo Mercantil. III – Conteúdo e Efeitos. 1. A Solidariedade nas Obrigações Mercantis. 1.1. O Artigo 100.º do Código Comercial. 1.2. Sentido e Alcance. 2. A Onerosidade das Obrigações Mercantis. 2.1. Generalidades. 2.2. Os Juros Comerciais. 2.2.1. O Artigo 102.º do Código Comercial. 2.2.2. Noção e Tipos de Juros. 2.2.3. Os Juros Legais. 2.2.4. Os Juros Convencionais. 2.3. Os Atrasos nos Pagamentos de Transacções Comerciais. 2.3.1. O Decreto-Lei n.º 32/2003, de 17 de Fevereiro. 2.3.2. Mora, Prazos de Vencimento, Cláusulas Abusivas, Injunção. 3. A Prescrição de Obrigações Mercantis. IV – Contencioso. 1. Os Juízos de Comércio. 2. Sentido e Alcance da Jurisdição Comercial. V – Conclusão.

I. Introdução

O conceito de acto de comércio, a par do de comerciante, é um dos pilares tradicionais da construção dos sistemas de Direito Comercial em todo o mundo[1]. Assim também em Portugal: com efeito, de acordo com o preceito inaugural do Código Comercial de 1888, "a lei comercial rege os actos de comércio, sejam ou não comerciantes as pessoas que neles intervêm" (art. 1.º).

Os actos de comércio, bem assim como os direitos e as obrigações deles emergentes, encontram-se subordinados a um regime jurídico próprio. Nada de mais natural. Tendo o legislador procedido a uma delimitação dos actos jurídico-comerciais no universo geral dos actos jurídico-privados, compreensível é que tenha feito corresponder aos primeiros um conjunto de regras pró-

---

* O presente estudo foi concluído em Julho de 2008, não tomando em consideração dados legais, doutrinais ou jurisprudenciais posteriores.

** Professor de Direito.

[1] Sobre estes dois critérios clássicos da comercialidade, vide desenvolvidamente ANTUNES, J. Engrácia, *Direito Comercial*, em curso de publicação.

prias e distintas daquelas que a lei civil comum estabelece para os últimos: num certo sentido, dir-se-ia até que um tal regime jurídico constituirá a razão de ser última da existência da própria categoria jurídica "acto de comércio" (art. 2.º do Código Comercial), senão mesmo, por tabela, da autonomia de um Direito Comercial justamente nela tradicionalmente assente (art. 1.º do Código Comercial).[2]

II. Forma e Prova dos Actos de Comércio

O ordenamento jusprivatístico encontra-se dominado por um princípio substantivo da liberdade de forma ou consensualismo, segundo o qual a validade das declarações negociais não depende da observância de forma especial (art. 219.º do Código Civil), e por um princípio adjectivo da livre admissibilidade da prova, segundo o qual as partes se podem socorrer de todos os meios probatórios (art. 655.º, n.º 2 do Código de Processo Civil). Ora, estes princípios gerais em matéria da forma e da prova, estabelecidos pela lei civil comum, assumem um relevo muito particular no domínio do Direito Comercial em razão dos interesses próprios e distintivos que são tutelados por este ramo da ordem jurídica.[3]

1. A Língua nos Documentos Mercantis

Neste domínio da ordem jurídica, onde é especialmente marcante o interesse da celeridade das transacções, o legislador promoveu uma simplificação da forma das transacções comerciais em face do regime geral da lei civil: tal

---

[2] Em seguida no texto, ocupar-nos-emos apenas daquelas regras que são aplicáveis a todos os actos de comércio (*regime comum dos actos de comércio*): como sublinha J. Oliveira Ascensão, trata-se "de regras especiais, por contraposição às do Direito Civil, mas regras comuns aos vários actos de comércio" (*Direito Comercial*, vol. I, 366, Lisboa, 1998/99). De lado, por razões óbvias, deixaremos a análise das regras previstas para cada um dos tipos concretos de acto de comércio (elencados no Código Comercial ou legislação comercial avulsa), ou seja, daquelas disposições que, conquanto estabelecendo igualmente um regime especial e diverso do previsto na lei civil, dizem apenas respeito a determinados actos de comércio específicos (*regime específico dos actos de comércio*).

[3] Sobre os interesses específicos e as características distintivas das normas do Direito Comercial (tutela do crédito, simplicidade e celeridade, segurança e publicidade, mercadorização, internacionalidade, originalidade e pioneirismo), vide Antunes, J. Engrácia, *Direito Comercial*, em curso de publicação.

está bem patente na disposição do art. 96.º do Código Comercial, a qual, espelhando o carácter cosmopolita do Direito Comercial, consagra expressamente a validade dos títulos comerciais *"qualquer que seja a língua em que forem exarados"*.

Um tal regime vai assim mais além do que o fixado na lei civil comum: se o art. 365.º do Código Civil consagra o valor "ad probationem" dos documentos exarados em país estrangeiro[4], aquele preceito da lei comercial vem consagrar a validade geral "ad substantiam" da utilização de qualquer *língua estrangeira* em documentos relativos a actos comerciais praticados em território português, sejam nacionais ou estrangeiros os sujeitos neles envolvidos[5]. Assim, por exemplo, se dois comerciantes portugueses celebram em Lisboa um contrato de natureza comercial redigido em língua alemã ou inglesa, este será perfeitamente válido, ressalvados os limites gerais impostos pelo abuso de direito (art. 334.º do Código Civil) e de certas normas específicas que estabelecem o uso obrigatório da língua portuguesa (por exemplo, as apólices de seguro, nos termos do art. 36.º, n.º 2 da Lei do Contrato de Seguro, ou o objecto estatutário das sociedades comerciais, nos termos do art. 11.º, n.º 1 do Código das Sociedades Comerciais).

Trata-se, indubitavelmente, de uma disposição legal que ilustra inequivocamente a vocação cosmopolita milenar do Direito Comercial, a qual, de resto, encontrou em pleno dealbar do séc. XXI uma renovada e porventura suprema confirmação na característica internacionalização e globalização das relações mercantis: nunca será de mais recordar que a língua inglesa se trans-

---

[4] Este preceito, inserindo-se sistematicamente no quadro das regras gerais sobre prova documental, apenas respeita ao valor probatório (e não às condições de validade) dos documentos, limitando-se a reconhecer que "os documentos autênticos ou particulares passados em país estrangeiro, na conformidade da respectiva lei, fazem prova como o fariam os documentos da mesma natureza exarados em Portugal" (art. 365.º, n.º 1 do Código Civil) (sobre este normativo, vide LIMA, F. Pires/VARELA, J. Antunes, *Código Civil Anotado*, vol. I, 324, 4.ª ed., Coimbra Editora, 1987). Não obstante esta diferença entre o regime da lei comercial e a lei civil, parece que ela estará condenada a esbater-se, sendo até duvidoso que, num daqueles movimentos de osmose privatística que caracterizam o pioneirismo do Direito Comercial, a referida regra comercial não deveria ser hoje considerada, afinal, como uma regra geral aplicável a todos os actos jurídico-privados.

[5] Vejam-se ainda as normas relativas à tradução de documentos redigidos em língua estrangeira (art. 140.º do Código de Processo Civil) e à legalização de documentos passados em país estrangeiro (art. 540.º do Código de Processo Civil), bem como a obrigatoriedade de utilização da língua portuguesa nos actos judiciais (art. 139.º, n.º 1 do Código de Processo Civil) e nos actos notariais (arts. 42.º e 44.º do Código do Notariado), além das regras especiais constantes da "Convenção sobre a Obtenção de Provas no Estrangeiro em Matéria Civil e Comercial", de 18 de Março de 1970 (aprovada pelo Decreto-Lei n.º 764/74, de 30 de Dezembro).

formou hoje já virtualmente na língua universal para vastos sectores da contratação mercantil hodierna, tendo inúmeras expressões da terminologia jus-mercantil anglo-saxónica (tais como "leasing", "factoring", "know-how", "swap", "due diligence", "memorandum of understanding", "escrow account", e tantas outras) entrado definitivamente no jargão legislativo e negocial do Velho Continente.[6-7]

2. A Comunicação à Distância

Numa linha idêntica de considerações, o legislador comercial promoveu igualmente uma simplificação da prova relativa às transacções mercantis[8]. É o caso do art. 97.º do Código Comercial relativo à *correspondência telegráfica*: com efeito, permitindo a indivíduos ou entidades separadas por centenas ou milhares de quilómetros fazer chegar rapidamente às mãos dos respectivos destinatários manifestações de vontade materializadas num escrito, esta forma de comunicação cedo assumiria um papel relevante num tráfico mercantil caracterizado pela celeridade e internacionalidade.

Este preceito – inovador já à época da sua promulgação[9] – veio consagrar a admissibilidade e o valor desta forma de comunicação em termos mais latos

---

[6] Outra confirmação disto mesmo pode ser encontrada em pleno seio de uma instituição centenária do Direito Comercial: o registo comercial é hoje um instituto bilingue, sendo a informação solicitada sobre os dados registais disponibilizadas simultaneamente em língua portuguesa ou em língua inglesa, com efeitos jurídicos idênticos (art. 58.º, n.os 3 e 4 do Código do Registo Comercial, introduzido pelo Decreto-Lei n.º 73/2008, de 16 de Abril). Sobre o fenómeno em geral, vide KÖTZ, Hein, *Der Einfluss des Common Law auf die internationale Vertragspraxis*, in: "Festschrift für Andreas Heldrich", 771 e ss., Beck, München, 2005.

[7] Questão que se poderá colocar ainda nesta sede é a de saber se a regra geral do art. 4.º do Código Comercial, relativa à *forma externa* dos actos de comércio (que dispõe que tal forma será regulada "pela lei do lugar onde forem celebrados, salvo nos casos em que a lei expressamente ordenar o contrário") foi ou não revogada pela entrada em vigor do novo Código Civil, cujo art. 36.º veio estabelecer que a forma negocial será determinada pela lei reguladora da substância do negócio. Cf. OLIVEIRA, J. Simões, *Vigência das Normas de Conflitos Contidas no Código Comercial após a Entrada em Vigor do Código Civil de 1966*, in: XIX "Scientia Iuridica" (1970), 37 e ss., especialmente 41 e ss.

[8] Sobre esta simplificação, vide CHARTIER, Yves, *La Preuve Commerciale Après la Loi du 22 Juillet 1980*, in: "Études Offertes à M. de Juglart", 95 e ss., Paris, 1986; RUET, Laurent, *Quelques Remarques sur l'Office du Juge et la Preuve en Droit Commercial*, in: "Revue Trimestrielle de Droit Commercial et Droit Économique" (1991), 151 e ss.

[9] Muito embora os legisladores comerciais italiano de 1882 e espanhol de 1885 houvessem já regulado tal forma de correspondência, o legislador português de 1888 veio a consagrar os

do que ainda hoje, decorrido mais de um século, o faz a própria lei civil geral: assim, ao passo que o art. 379.º do Código Civil apenas atribui força probatória de documento particular aos telegramas cujos originais tenham sido escritos e assinados, ou somente assinados pela pessoa em nome de quem são expedidos, o preceito da lei comercial basta-se com a prova de o telegrama ter sido expedido ou mandado expedir pela pessoa designada como expedidor, independentemente da escrita ou assinatura do original (art. 97.º, § 1 do Código Comercial)[10]. Acresce ainda a isto que o mesmo preceito chega até a atribuir aos telegramas, em certos casos, a força probatória dos documentos autenticados (art. 97.º, § 2 do Código Comercial), os quais gozam, nos termos gerais, da mesma força probatória plena dos documentos autênticos (arts. 377.º e 371.º do Código Civil).[11-12]

---

seus efeitos jurídicos e valor probatório em termos bastante mais amplos: sobre o ponto, vide GONÇALVES, L. Cunha, *Comentário ao Código Comercial Português*, vol. I, 179, Ed. José Bastos, Lisboa, 1914.

[10] A vigência actual deste parágrafo do art. 97.º do Código Comercial é posta em causa por alguns autores. Assim, para J. Oliveira ASCENSÃO, ao fazer depender a força probatória documental do telegrama de uma prova exterior e sempre falível (a de que este foi efectivamente expedido ou mandado expedir pelo expedidor), este preceito deixou de se poder justificar com base nas necessidades do comércio, dado que "este exige precisão nos instrumentos com que trabalha: não é mais frouxo no que respeita a documentos do que qualquer outro ramo do direito" (*Direito Comercial*, vol. I, 377, Lisboa, 1998/99). Num sentido oposto, todavia, tem-se pronunciado a maioria da doutrina portuguesa: cf. ALMEIDA, A. Pereira, *Direito Comercial*, 221, AAFDL, Lisboa, 1976/77; BARROS, J. Joaquim, *Regime Geral dos Actos de Comércio*, 61, in: AAVV, "As Operações Comerciais", 11 e ss., Almedina, Coimbra, 1988; CORREIA, L. Brito, *Direito Comercial*, vol. III, 82, AAFDL, Lisboa, 1986; FURTADO, J. Pinto, *Disposições Gerais do Código Comercial*, 271, Almedina, Coimbra, 1984; OLAVO, Fernando, *Direito Comercial*, vol. I, 186 e ss., Coimbra Editora, 1978.

[11] A interpretação do segundo parágrafo do art. 97.º do Código Comercial – o qual dispõe que "o mandato e toda a prestação de consentimento, ainda que judicial, transmitida telegraficamente com a assinatura reconhecida autenticamente por tabelião são válidos e fazem prova em juízo" – tem também suscitado algumas perplexidades. Para alguns autores, o preceito em apreço consagraria aqui um princípio especial em matéria da forma de prestação de consentimento a transmitir telegraficamente no sentido de bastar que a vontade se manifeste em documento autenticado e ainda quando para o acto se exigisse, em via geral, uma forma mais solene, "maxime", escritura pública (OLAVO, Fernando, *Direito Comercial*, vol. I, 194 e s., Coimbra Editora, 1978). A maioria da doutrina, porém, propende a interpretar mais restritivamente o âmbito de aplicação deste preceito, considerando que por ele jamais se poderão considerar abrangidos aqueles actos para os quais a lei comum exija documento autêntico (ALMEIDA, A. Pereira, *Direito Comercial*, 222 e s., AAFDL, Lisboa, 1976/77; ASCENSÃO, J. Oliveira, *Direito Comercial*, vol. I, 378 e s., Lisboa, 1998/99; BARROS, J. Joaquim, *Regime Geral dos Actos de Comércio*, 63, in: AAVV, "As Operações Comerciais", 11 e ss., Almedina, Coimbra, 1988; FURTADO, J. Pinto, *Disposições Gerais do Código Comercial*, 272, Almedina, Coimbra,

Como é evidente, esta tecnologia encontra-se hoje praticamente ultrapassada, tendo sido suplantada e substituída por *novos meios de comunicação à distância* de natureza telemática e informática (v.g., telefone, "fax", correio electrónico, vídeo-conferência, televisão interactiva, etc.), cuja especificidade justifica que sejam hoje objecto de regulação específica[13]. Referência particular merece, naturalmente, pela sua importância prática e novidade jurídica, a *comunicação por via electrónica*, com destaque para o Decreto-Lei n.º 290--D/99, de 2 de Agosto, que disciplina a validade, a forma e a prova dos documentos electrónicos[14]. Nos termos do art. 3.º deste diploma, os documentos electrónicos (isto é, gerados através de processamento electrónico de dados)[15] beneficiam de um especial regime de forma e de prova. Por um lado, este tipo de documento "satisfaz o requisito legal da forma escrita quando o seu conteúdo seja susceptível de representação como declaração escrita" (art. 3.º, n.º 1): tal significa que os dados ou textos processados num computador constituem indubitavelmente documentos no sentido do art. 363.º, n.º 1 do Código Civil, pelo que, sempre que os actos nele documentados estiverem

---

1984; GONÇALVES, L. Cunha, *Comentário ao Código Comercial Português*, vol. I, 182, Ed. José Bastos, Lisboa, 1914).

[12] Refira-se, por último, que o citado art. 97.º estabelece ainda algumas regras especiais em sede de culpa por anomalias na transmissão da correspondência telegráfica (§§ 3 e 4) e da data desta correspondência (§ 5), disposições essas que, todavia, perderam parte do seu interesse em face da legislação nacional e internacional de telecomunicações, entretanto surgida (cf. também já a seguir no texto).

[13] Assim, a mero título de exemplo, a comunicação por "fax" (ou telecópia) é hoje admitida relativamente à prática de actos jurídico-processuais (Decreto-Lei n.º 28/92, de 27 de Fevereiro), tendo-se consagrado a possibilidade de envio de peças processuais escritas através de "fax", de correio electrónico, ou qualquer outro meio de transmissão electrónica de dados (art. 150.º do Código de Processo Civil) e desmaterializado os actos processuais dos magistrados e funcionários judiciais (Portarias n.º 114/2008, de 6 de Fevereiro e n.º 457/2008, de 20 de Junho). Para questão congénere, vide HUET, Jerôme, *Formalisme et Preuve en Informatique et Telematique*, in: "Jurisclasseur Périodique" (1990), I, 103 e ss.

[14] Este diploma foi entretanto alterado pelos Decretos-Lei n.º 62/2003, de 3 de Abril, n.º 165/2004, de 6 de Julho, e n.º 116-A/2006, de 16 de Junho, sendo ainda de ter presente o Decreto-Regulamentar n.º 25/2004, de 15 de Junho (que regulamentou aquele diploma legal).

[15] A expressão "documento electrónico" pode, na realidade, ser utilizada num *sentido estrito* ou *amplo*. No primeiro desses sentidos, ela designa aqueles documentos que são criados através do referido processamento electrónico de dados (gerado por um computador ou obtido mediante transmissão telemática a partir de outro computador) e que apenas podem ser lidos pelo computador (exemplos são os documentos memorizados nos circuitos de memória de computador ou em discos magnéticos ou ópticos). No último dos sentidos, por documentos electrónicos (também chamados documentos informáticos) designam-se todos os que são gerados pelos órgãos periféricos do computador ("maxime", uma impressora).

legalmente ou convencionalmente sujeitos ao requisito da forma escrita, esse requisito se considerará logo preenchido. Por outro lado, sempre que lhe seja aposta assinatura electrónica qualificada certificada por autoridade credenciada, o documento electrónico "tem força probatória de documento particular assinado nos termos do art. 376.º do Código Civil" (art. 3.º, n.º 2)[16]: tal vale por dizer que, reunidos os requisitos legais referidos (assinatura electrónica, certificação por entidade credenciada, conteúdo documental susceptível de representação como declaração escrita), o documento faz prova plena quanto às declarações do respectivo autor.[17-18]

3. O Empréstimo e o Penhor Mercantis

Relevante nesta sede é também ainda o caso dos arts. 396.º e 400.º do Código Comercial, relativos à prova do *empréstimo mercantil* e do *penhor mercantil*.

Desde logo, no que ao empréstimo diz respeito, sublinhe-se que, ao passo que o art. 1143.º do Código Civil estabelece para o mútuo civil a obrigatorie-

---

[16] A assinatura electrónica consiste numa espécie de "selo digital" ou "electrónico", criado através de um sistema criptográfico, que gera e atribui ao respectivo titular um par de chaves originais (privada e pública): o titular, ao pretender subscrever um documento electrónico, aplica-lhe a sua chave privada (única e secreta), e a sua assinatura assim criada será verificada pelo destinatário da transmissão telemática do documento através do uso da chave pública correspondente àquela.

[17] Tal doutrina foi ainda reforçada pelo Decreto-Lei n.º 7/2004, de 7 de Janeiro, que transpôs para o direito interno português a Directiva europeia sobre Comércio Electrónico, ao afirmar, no art. 26.º, n.º 2, que "o documento electrónico vale como documento assinado quando satisfizer os requisitos da legislação sobre assinatura electrónica e certificação". Em contrapartida, quando o documento electrónico não contenha assinatura electrónica qualificada ou esta não seja certificada por entidade certificadora credenciada (arts. 7.º e ss. do Decreto-Lei n.º 290-D/99, de 2 de Agosto), o seu valor probatório será apreciado nos termos gerais do art. 366.º do Código Civil (princípio da livre apreciação da prova pelo julgador), ou, quando não seja susceptível de representação como declaração escrita, terá a força probatória do art. 368.º do Código Civil (equivalente à das reproduções fotográficas, fonográficas, ou mecânicas em geral de factos ou coisas).

[18] Sobre a questão, que aqui não pode ser analisada em detalhe, vide para maiores desenvolvimentos, entre nós, TUPAN, S. Christoffoli, *Alguns Aspectos Jurídicos do Comércio Electrónico entre Empresas*, Dissertação, Porto, 2004; LIBÓRIO, Alexandre, *Comércio Electrónico na Sociedade da Informação*, Almedina, 1999. Noutros quadrantes, ASENSIO, P. Miguel, *Derecho Privado de Internet*, 3.ª ed., Civitas, Madrid, 2002; BELLEFONDS, X. Linant, *Le Droit du Commerce Électronique*, PUF, Paris, 2005; CICHON, Caroline, *Internet-Vertrag*, O. Schmidt, München, 2004; TODD, Paul, *E-Commerce Law*, Cavendish, London, 2005.

dade da sua celebração através de forma solene ou documento escrito assinado pelo mutuário (quando o seu valor for superior, respectivamente, a 25.000 ou 2.500 euros), o primeiro daqueles preceitos da lei comercial estabelece que o empréstimo mercantil celebrado entre comerciantes *admite qualquer género de prova*.[19]

Cumpre, todavia, chamar aqui a atenção para algumas importantes especialidades. Por um lado, o regime do art. 396.º do Código Comercial apenas é aplicável aos empréstimos mercantis celebrados *entre comerciantes*: significa isto que, em princípio, ficarão já sujeitos às regras gerais do art. 1143.º do Código Civil os empréstimos civis celebrados entre comerciantes, bem assim como os empréstimos mercantis nos quais uma das partes não seja comerciante[20]. Por outro lado, há que também não perder de vista a existência de certos tipos de *empréstimos específicos,* ora disciplinados por regras especiais – como é o caso, por exemplo, das regras relativas aos contratos de mútuo celebrados por *instituições bancárias*[21] –, ora carecidos de consideração autónoma – como é o caso, v.g., do *crédito ao consumo*[22] e porventura dos *suprimentos* dos sócios nas sociedades comerciais.[23]

---

[19] Constitui entendimento pacífico que o empréstimo mercantil celebrado entre comerciantes é um negócio meramente consensual (cuja validade não está sujeita a forma especial) e cuja prova pode ser realizada por qualquer meio: assim, na doutrina, vide BARROS, J. Joaquim, *Regime Geral dos Actos de Comércio*, 54, in: AAVV, "As Operações Comerciais", 11 e ss., Almedina, Coimbra, 1988; FURTADO, J. Pinto, *Disposições Gerais do Código Comercial*, 272, Almedina, Coimbra, 1984; na jurisprudência, vide o Acórdão do Supremo Tribunal de Justiça de 19 de Dezembro de 1975 (ARALA CHAVES), in: 252 "Boletim do Ministério da Justiça" (1976), 148 e ss., o Acórdão da Relação do Porto de 5 de Janeiro de 1978 (PINTO GOMES), in: 275 "Boletim do Ministério da Justiça" (1978), 271 e ss., e o Acórdão da Relação de Évora de 4 de Outubro de 1979 (DIAS FONSECA), in: 293 "Boletim do Ministério da Justiça" (1979), 452 e ss.

[20] Para uma ilustração jurisprudencial, vide o Acórdão do Supremo Tribunal de Justiça de 17 de Setembro de 1992 (DIONÍSIO PINHO), in: I "Colectânea de Jurisprudência – Acórdãos do STJ" (1993), I, 23 e ss.

[21] O artigo único do Decreto n.º 32 765, de 29 de Abril de 1943, estabelece que tais contratos, independentemente do respectivo valor, "podem provar-se por escrito particular, ainda mesmo que a outra parte contratante não seja comerciante". Sobre a conjugação desta regra especial com as regras gerais da lei civil e comercial em matéria de mútuos bancários, vide, na doutrina, PIRES, J. Maria, *Direito Bancário*, vol. II, 204 e ss., Rei dos Livros, Lisboa, 1995; na jurisprudência, os Acórdãos do Supremo Tribunal de Justiça de 1 de Junho de 1978 (COSTA SOARES), in: 278 "Boletim do Ministério da Justiça" (1978), 239 e ss., e de 17 de Fevereiro de 1992 (RICARDO VELHA), in: 419 "Boletim do Ministério da Justiça" (1992), 741 e ss., bem como o Assento do Supremo Tribunal de Justiça n.º 17/94, in: "Diário da República", n.º 279, I.ª série, de 3 de Dezembro de 1994.

[22] O art. 7.º, n.º 1 do Decreto-Lei n.º 359/91, de 21 de Setembro, em matéria de contratos de crédito ao consumo, fere de nulidade os contratos que não hajam sido reduzidos a escrito assinado pelos contraentes.

Algo de similar encontramos no penhor mercantil. Ao passo que o art. 669.º do Código Civil faz depender sempre a eficácia do penhor civil da entrega da coisa empenhada ou documento que confira a sua exclusiva disponibilidade, o art. 400.º do Código Comercial estabelece que o penhor entre comerciantes produz efeitos em relação a terceiros *mediante prova por documento escrito ainda quando aí se não confira ao credor a exclusiva disponibilidade da coisa*.

Neste ponto, cumpre sublinhar que as normas dos arts. 397.º e ss. do Código Comercial, relativas ao penhor mercantil, contêm também algumas importantes especialidades face ao regime geral do penhor civil[24]. Desde logo, no plano do regime *substantivo*, o § único do art. 398.º do Código Comercial veio consagrar expressamente a relevância de várias formas de entrega simbólica no *penhor de coisas*, já permitida nos termos gerais pela parte final do art. 669.º, n.º 1 do Código Civil: o penhor mercantil é assim válido, independentemente da entrega material da coisa empenhada, mediante a transmissão de documentos apropriados para obter a posse efectiva desta, tais como, por exemplo, a entrega de um título de crédito representativo de mercadorias[25]. Já quanto ao *penhor de direitos*, a regra geral do art. 681.º, n.º 1 do Código Civil (segundo a qual a respectiva constituição está sujeita à forma e publicidade requeridas para a transmissão dos direitos empenhados) deve ser devidamente cotejada com as numerosas disposições especiais previstas na lei comercial: assim acontece em sede do penhor de títulos de crédito (art. 399.º do Código Comercial e art. 19.º da Lei Uniforme das Letras e Livranças), do penhor de valores mobiliários escriturais (arts. 81.º e 103.º do Código dos Valores Mobiliários), do penhor de partes sociais (arts. 23.º, n.os 3 e 4 do Código das Sociedades Comerciais, art. 3.º, n.º 1, f) do Código do Registo Comercial), do penhor de direitos patrimoniais de autor (art. 46.º do Código dos Direitos de Autor), do penhor financeiro (arts. 9.º e ss. do Decreto-Lei n.º 105/2004, de 8 de Maio), do penhor em garantia de créditos de estabelecimentos bancários (art. 1.º do Decreto-Lei n.º 29 833, de 17 de Agosto de

---

[23] Com respeito ao caso controvertido da aplicabilidade do art. 396.º do Código Comercial aos suprimentos societários, vide, na doutrina, PINTO, A. Mota, *Do Contrato de Suprimento*, 371, Almedina, Coimbra, 2002; na jurisprudência, o Acórdão do Supremo Tribunal de Justiça de 19 de Dezembro de 1975 (ARALA CHAVES), in: 252 "Boletim do Ministério da Justiça" (1976), 148 e ss.

[24] Cf. ainda SERRA, A. Vaz, *Penhor de Coisas – Penhor de Direitos*, Separata do Boletim do Ministério da Justiça, Lisboa, 1956.

[25] Confirmando a validade do penhor mercantil com entrega simbólica, vide o Acórdão do Supremo Tribunal de Justiça de 25 de Janeiro de 1955 (JAIME TOMÉ), in: 47 "Boletim do Ministério da Justiça" (1955), 480 e ss.

1939), do penhor de estabelecimento individual de responsabilidade limitada (arts. 16.º, n.º 1 e 21.º, n.º 2 do Decreto-Lei n.º 248/86, de 25 de Agosto)[26], etc. Por outro lado, e agora relativamente ao respectivo regime *probatório*, para que o penhor mercantil celebrado entre comerciantes produza efeitos perante terceiros, já vimos que a lei comercial se bastou com a mera prova por documento escrito (art. 400.º do Código Comercial), ainda quando este não confira a exclusiva disponibilidade da coisa empenhada (nos termos gerais do art. 669.º, n.º 1 do Código Civil): ora, este regime veio mesmo a ser estendido a todos os penhores constituídos em garantia de créditos de instituições bancárias, ainda quando o titular da coisa empenhada não seja comerciante (artigo único do Decreto n.º 32 032, de 22 de Maio de 1942), exigindo-se, porém, sempre que o penhor tenha sido constituído com dispensa de entrega da coisa, a obrigatoriedade de o mesmo ser reduzido a documento autêntico ou autenticado (art. 2.º do Decreto-Lei n.º 29 833, de 17 de Agosto de 1939).[27-28-29]

---

[26] Sobre o ponto, ANTUNES, J. Engrácia, *O Estabelecimento Individual de Responsabilidade Limitada*, 424, in: III "Revista da Faculdade de Direito da Universidade do Porto" (2006), 401 e ss. Sobre o penhor do estabelecimento mercantil em geral, vide DUARTE, R. Pinto, *O Penhor de Estabelecimento Comercial*, in: AAVV, "Comemorações dos 35 Anos do Código Civil", vol. III, 63 e ss., Coimbra Editora, 2007.

[27] Sobre o ponto, vide BARROS, Joaquim, *Regime Geral dos Actos de Comércio*, 54, in: AAVV, "As Operações Comerciais", 11 e ss., Almedina, Coimbra, 1988; MIRANDA, A. Souto, *A Autonomia do Direito Comercial*, 341, in: AAVV, "As Operações Comerciais", 291 e ss., Almedina, Coimbra, 1988; PIRES, J. Maria, *Direito Bancário*, vol. II, 448 e ss., Rei dos Livros, Lisboa, 1995. Sublinhe-se ainda a existência de alguns *regimes especiais* fixados em leis avulsas ao abrigo dos arts. 668.º do Código Civil e 402.º do Código Comercial: para uma resenha exaustiva, vide COSTA, M. Almeida, *Direito das Obrigações*, 686, 8.ª ed., Almedina, Coimbra, 2000.

[28] Registe-se ainda que idêntica preocupação de celeridade nas transacções comerciais informou o regime de alguns títulos de crédito especificamente utilizados nestas transacções – e cuja transmissibilidade opera por endosso ou até simples entrega: confronte-se assim, por exemplo, a guia de transporte (arts. 369.º e ss. do Código Comercial), os conhecimentos de depósito de géneros e mercadorias em armazéns gerais (art. 408.º do Código Comercial), os conhecimentos de carga (art. 8.º do Decreto-Lei n.º 352/86, de 21 de Outubro), e os extractos de factura para venda a prazo (Decreto n.º 19 490, de 21 de Março de 1931).

[29] As regras agora passadas em revista (arts. 96.º, 97.º, 396.º, e 400.º do Código Comercial) representam o núcleo fundamental do regime próprio da forma e prova dos actos de comércio, sem prejuízo da existência de algumas outras *normas residuais e esparsas*: assim sucede, v.g., com o art. 44.º do Código Comercial, que confere força probatória especial à escrituração mercantil quando esta é invocada nos litígios entre comerciantes por factos atinentes ao seu comércio.

4. A Especificidade do Formalismo Mercantil

Apesar desta simplificação das formalidades "ad substantiam" e "ad probationem" dos actos de comércio (falando-se aqui mesmo por vezes de uma "funcionalização formal"[30] para traduzir a subalternização da forma ao dinamismo das operações comerciais), não se infira daqui, todavia, que o Direito Comercial constitui um ramo isento de formalismo – o que de modo algum nos deverá surpreender se se tiver na devida conta que este ramo, além do interesse da celeridade das transacções comerciais, persegue ainda o interesse, de igual dignidade e por vezes antagónico, da segurança e certeza jurídica das mesmas.[31]

Este formalismo mercantil pode ter uma origem *jurídico-convencional*, resultante da vontade dos próprios comerciantes (de que a prática dos contratos de adesão constitui uma eloquente ilustração), mas a mais das vezes reveste natureza *jurídico-legal*, resultante de determinação do legislador que se impõe à autonomia privada daqueles: pense-se, por exemplo, no que sucede com sectores jusmercantis tais como o direito cambiário, o direito bancário e o direito do mercado de capitais, cujas transacções estão sujeitas a um rígido processo legal altamente ritualizado e padronizado. Em qualquer caso, fundamental é acentuar que o formalismo aqui em causa parece ser de um novo género, bastante diverso daquele que tradicionalmente se observa no direito civil comum, que justamente vem sendo por vezes apelidado de *"neo-formalismo"*: trata-se, na verdade, de um formalismo que sacrifica a realidade à aparência, apontando para uma objectivização das obrigações e dos regimes jurídicos que lhe vão associados (veja-se assim, por exemplo, o princípio da literalidade dos títulos de crédito, segundo o qual o conteúdo e a extensão dos direitos e obrigações cambiários são os que decorrem do teor literal ou das declarações objectivas constantes do título, sendo irrelevante a

---

[30] BARROS, J. Joaquim, *Regime Geral dos Actos de Comércio*, 55, in: AAVV, "As Operações Comerciais", 11 e ss., Almedina, Coimbra, 1988.

[31] Sublinhando também esta duplicidade axiológica, no domínio concreto do regime jurídico dos actos de comércio, vide Michel PÉDAMON: "L'inspiration génerale des règles constitutives du régime plénier des actes de commerce n'est pas uniforme – tantôt elles sont libérales, tantôt elles sont plus rigoureuses que celles du droit commum" (*Droit Commercial*, 177, Dalloz, Paris, 1994); em sentido similar, George RIPERT e René ROBLOT: "Il n'y a pas d'unité dans la conception de nos lois commerciales. Tantôt la règle applicable aux actes de commerce est une *règle de rigeur*, où le souci d'assurer la sécurité des transactions entraîne un renforcement des obligations des débiteurs commerçants (...), tantôt au contraire apparaît une *règle de faveur* destinée à faciliter le commerce" (*Traité de Droit Commercial*, vol. I, 237, 17ème éd., LGDJ, Paris, 1998).

vontade real dos seus signatários: cf. art. 375.º do Código Comercial, arts. 6.º, 11.º, n.º 1, e 17.º da Lei Uniforme das Letras e Livranças).[32]

III. CONTEÚDO E EFEITOS

São três as regras distintivas fundamentais que o legislador comercial associou ao conteúdo e aos efeitos jurídicos das obrigações emergentes dos actos de comércio: a *solidariedade* (passiva) das obrigações mercantis, a *onerosidade* (com especial relevo para um regime próprio em sede dos juros comerciais) das obrigações mercantis, e a *prescrição* (presuntiva e mais curta) das obrigações mercantis.

1. A Solidariedade nas Obrigações Mercantis

1.1. *O Artigo 100.º do Código Comercial*

O aspecto porventura mais relevante do regime substantivo comum dos actos de comércio reside na *solidariedade passiva nas obrigações comerciais*, consagrada no art. 100.º do Código Comercial: reza este preceito que "nas obrigações comerciais os co-obrigados são solidários, salva estipulação contrária".

Com efeito, ao passo que o regime geral aplicável às obrigações civis plurais é o da conjunção (salvo se a lei ou as partes dispuserem em sentido contrário: cf. art. 513.º do Código Civil), o regime geral aplicável às obrigações plurais emergentes de actos de comércio é o da solidariedade passiva: vale isto por dizer que, em princípio, existindo uma pluralidade de sujeitos devedores de uma obrigação comercial, a parte credora poderá exigir de qualquer deles individualmente a totalidade da prestação em dívida, ficando liberados todos os restantes perante o credor comum (art. 512.º, n.º 1 do Código Civil). Esta

---

[32] Por vezes, o Direito Comercial vai mesmo mais longe do que o próprio Direito Civil, introduzindo exigências especiais de forma aí onde este último nada previu em sede geral: é o que sucede, por exemplo, com o contrato de sociedade comercial – cuja celebração, ao invés do que sucede nas sociedades civis (art. 981.º, n.º 1 do Código Civil), está sujeita obrigatoriamente a forma escrita (art. 7.º, n.º 1 do Código das Sociedades Comerciais) – ou com a convenção de juros comerciais – que está igualmente subordinada a forma escrita independentemente do montante da respectiva taxa (art. 102.º, § 1 do Código Comercial), ao contrário do que sucede nas obrigações em geral (art. 559.º, n.º 2 do Código Civil).

diversidade de regimes compreende-se: se relativamente às obrigações civis plurais o legislador se preocupou mais com a posição do (co-)devedor em detrimento do credor, já nas obrigações comerciais o legislador comercial, em homenagem ao interesse fundamental do reforço e tutela do crédito, procurou assegurar a posição do credor através de um reforço das garantias de cumprimento do seu crédito por qualquer dos devedores ("favor creditorii").[33]

1.2. Sentido e Alcance

Este desvio às regras gerais, todavia, não é absoluto.

Desde logo, cumpre sublinhar que o regime do art. 100.º do Código Comercial apenas vale para a solidariedade *passiva*: vale isto por dizer que, nas obrigações comerciais com uma pluralidade de credores, é aplicável o regime-regra da conjunção, que só poderá ser afastado mediante estipulação expressa das partes (art. 513.º do Código Civil).[34]

Depois ainda, refira-se também que a regra daquele preceito é meramente *supletiva*: nada impede assim que, nas obrigações comerciais com uma plura-

---

[33] Dado que a lei comercial não apresenta um conceito específico de *obrigação comercial*, deverá valer aqui subsidiariamente o conceito geral do art. 397.º do Código Civil, segundo o qual "obrigação é o vínculo jurídico por virtude do qual uma pessoa fica adstrita para com outra à realização de uma prestação": naturalmente, atento o critério clássico de delimitação da matéria mercantil (art. 1.º do Código Comercial), as obrigações comerciais distinguem-se aqui das obrigações civis pela circunstância de o facto jurídico de onde nasce o vínculo obrigacional ser um acto de comércio no sentido do art. 2.º do Código Comercial. Para uma ilustração prática desta variedade de fontes relevantes no domínio do art. 100.º do Código Comercial, vide o Acórdão do Supremo Tribunal de Justiça de 20 de Junho de 1972 (CORREIA GUEDES), in: 218 "Boletim do Ministério da Justiça" (1972), 284 e ss. (obrigações de entrada em sociedades), de 2 de Maio de 1979 (FERREIRA COSTA), in: 287 "Boletim do Ministério da Justiça" (1979), 337 e ss. (obrigações bancárias), e de 4 de Julho de 1980 (FURTADO SANTOS), in: 299 "Boletim do Ministério da Justiça" (1980), 286 e ss. (promessa de compra e venda entre comerciantes). Sobre a solidariedade passiva no Direito Comercial comparado, vide DERRIDA, Fernand, *De la Solidarité Commerciale*, in: "Revue Trimestrielle de Droit Commercial et Droit Économique" (1953), 329 e ss.; ETCHEVERRY, R. Aníbal, *La Solidaridad en Materia Mercantil*, in: 103 "El Derecho" (1981), 644 e ss.

[34] O regime comercial, como de resto o civil, pressupõe sempre uma pluralidade de devedores que actuam a título directo. Diferente já é a situação em que dois ou mais sujeitos contraem, por intermédio de uma outra pessoa jurídica (v.g., uma sociedade, um ACE, um AEIE), uma obrigação mercantil: neste caso, devedor singular será tal pessoa jurídica, sem prejuízo da responsabilidade subsidiária que possa porventura caber àqueles (arts. 175.º, n.º 1 do Código das Sociedades Comerciais, Base II, n.º 3 da Lei n.º 4/73, de 4 de Junho, art. 24.º do Regulamento CE n.º 2137/85, de 25 de Julho).

lidade de devedores, se haja convencionado a sujeição ao regime da conjunção, passando a competir a cada um deles apenas uma parte do débito comum[35]. Advirta-se, no entanto, que existem numerosas disposições nas quais o legislador comercial cominou imperativamente o regime da solidariedade passiva, tornando assim aquela numa verdadeira regra injuntiva inarredável por vontade das partes: entre elas, podem referir-se as normas que consagram a responsabilidade solidária do fiador e do afiançado de uma obrigação comercial (art. 101.º do Código Comercial, em derrogação da regra geral do direito comum prevista no art. 638.º do Código Civil, que consagra o "beneficium excussionis")[36], a responsabilidade solidária dos sacadores, endossantes e avalistas de letras de câmbio (arts. 15.º, 32.º, 47.º da Lei Uniforme das Letras e Livranças), a responsabilidade solidária dos sócios de sociedades aparentes e irregulares (arts. 36.º, n.º 1, 37.º, n.º 1, 38.º, n.º 1, 39.º, n.º 1, 40.º, n.º 1 do Código das Sociedades Comerciais), dos fundadores, gerentes e administradores de sociedades comerciais (art. 73.º do Código das Sociedades Comerciais), dos sócios controladores (art. 83.º do Código das Sociedades Comerciais), dos sócios em nome colectivo e comanditados (arts. 175.º, n.º 1, 465.º, n.º 1 do Código das Sociedades Comerciais), das sociedades directoras (art. 501.º do Código das Sociedades Comerciais), etc.[37]

---

[35] Tal convenção pode ser firmada entre o credor e os co-devedores no momento da assunção da obrigação, ou em momento anterior ou posterior a este, nos termos gerais dos arts. 221.º e 222.º do Código Civil: sobre este regime, vide VARELA, J. Antunes/LIMA, F. Pires, *Código Civil Anotado*, vol. I, 211 e ss., 4.ª edição, Coimbra Editora, 1987.

[36] Dado que o art. 101.º do Código Comercial constitui a única disposição deste diploma relativa à fiança, já se chegou a contestar que ela fosse suficiente para qualificar aquela como acto de comércio, ou, pelo menos, que tal questão revestisse interesse prático (COELHO, J. Pinto, *Lições de Direito Comercial*, vol. II, 155, Lisboa, 1942). Não nos parece que assim seja: não apenas não podem existir dúvidas acerca da natureza da fiança mercantil como acto de comércio objectivo (tanto mais que o legislador comercial, no referido preceito, não se limitou à sua singela qualificação mercantil, fazendo-lhe ainda associar um regime próprio e diverso do previsto na lei civil geral), como dessa integração no perímetro dos actos comerciais resulta a respectiva sujeição a variados aspectos da disciplina jurídica especial a estes aplicáveis (v.g., no caso de existir uma pluralidade de fiadores que se obrigaram conjuntamente, todos eles respondem solidariamente pela dívida do afiançado, por força do art. 100.º do Código Comercial, afastando assim a regra prevista no art. 649.º, n.º 2 do Código Civil).

[37] Refira-se que, em várias das citadas normas, encontramo-nos perante formas de solidariedade passiva *imprópria* ou *imperfeita*: assim, por exemplo, ao passo que na solidariedade pura o co-devedor que pagou a totalidade da prestação em dívida intervém em via principal e só pode exigir dos restantes co-obrigados a parte que excede a sua parcela no débito comum, na fiança mercantil o fiador intervém em via secundária, embora sem o normal "beneficium excussionis", gozando do direito de regresso contra o afiançado pela totalidade do que pagou – falando aqui os autores de uma "obrigação secundária de garantia" (FURTADO, J. Pinto, *Dis-*

Por fim, resultando directamente da lei, o regime-regra da solidariedade passiva abrange, em princípio, *todas as obrigações comerciais*, tenham estas a sua fonte em responsabilidade contratual (proveniente da falta de cumprimento de contratos ou negócios unilaterais: cf. arts. 798.º e ss. do Código Civil) ou em responsabilidade civil extracontratual (proveniente de factos ilícitos, de factos lícitos danosos ou pelo risco: cf. arts. 483.º e ss. do Código Civil): ressalva-se aqui apenas o caso das obrigações emergentes de actos de comércio mistos, relativamente aos quais o regime especial da lei comercial cede de novo o seu lugar à regra geral da conjunção no confronto daqueles co-devedores em relação aos quais o acto não reveste natureza comercial (§ único do art. 100.º do Código Comercial).[38]

2. A Onerosidade das Obrigações Comerciais

2.1. *Generalidades*

Outro aspecto importante do regime comum dos actos de comércio consiste no princípio da onerosidade destes actos, segundo o qual à prestação patrimonial efectuada por uma das partes da relação jurídico-comercial deve corresponder um correspectivo ou uma contraprestação equivalente da outra parte: ao passo que, no domínio juscivilístico, vigora em geral o princípio da liberdade do carácter oneroso ou gratuito dos negócios jurídicos (com profundos reflexos no respectivo regime jurídico)[39], no domínio jusmercantil existem inúmeras disposições legais onde emerge claramente a não gratuitidade dos negócios e actos comerciais: bastará para tanto atentar, por exemplo,

---

posições Gerais do Código Comercial, 276, Almedina, Coimbra, 1984) ou de uma "obrigação solidária-subsidiária" (OLAVO, Fernando, *Direito Comercial*, vol. I, 204, Coimbra Editora, 1978).

[38] Dizem-se actos de comércio mistos (também denominados actos unilateralmente comerciais) aqueles que revestem natureza comercial apenas relativamente a um dos sujeitos ou partes que neles intervêm (sobre a distinção entre actos comerciais puros e mistos, vide ANTUNES, J. Engrácia, *Direito Comercial*, em curso de publicação). Nos termos gerais do art. 99.º do Código Comercial, este tipo de actos estão sujeitos ao regime da lei comercial com excepção daquelas disposições desta lei que auto-excluírem a respectiva aplicabilidade ao sujeito ou sujeitos relativamente aos quais o acto misto não tem natureza comercial: ora, tal é justamente o caso paradigmático da norma do art. 100.º do mesmo Código, a qual, no seu § único, determina expressamente que o regime da solidariedade não é extensivo "aos não comerciantes quanto aos contratos que, em relação a estes, não constituírem actos comerciais".

[39] Sobre a noção e o regime dos contratos onerosos e gratuitos, vide VARELA, J. Antunes, *Das Obrigações em Geral*, vol. I, 404 e ss., 10.ª ed., Almedina, Coimbra, 2000.

que o mandato e o depósito mercantis se presumem remunerados (arts. 232.º e 404.º do Código Comercial), que a conta-corrente estatui o vencimento de juros das quantias creditadas (art. 346.º, n.º 5 do Código Comercial), que as operações bancárias retiram a sua comercialidade da circunstância de serem destinadas a realizar "lucros sobre numerário" (art. 362.º do Código Comercial), que o empréstimo mercantil é sempre retribuído (art. 395.º do Código Comercial), que o empréstimo sobre penhor de mercadorias depositadas vence juros (art. 415.º do Código Comercial), que a capacidade das sociedades comerciais apenas abrange a prática de actos lucrativos (art. 6.º, n.os 1 e 2 do Código das Sociedades Comerciais), ou que os signatários de letras e livranças pagáveis à vista ou a certo termo de vista podem estabelecer cláusulas de juros (arts. 5.º e 77.º da Lei Uniforme das Letras e Livranças).[40]

2.2. Os Juros Comerciais

Uma das normas da lei comercial onde mais claramente tal princípio emerge é a do art. 102.º do Código Comercial, que determina as regras em matéria do decurso e da contagem dos *juros relativos às obrigações comerciais*.[41]

---

[40] Repare-se que, em contraposição, o mandato e o depósito civis já se presumem gratuitos (excepto quando praticados profissionalmente: cf. arts. 1158.º e 1186.º do Código Civil) e o mútuo civil apenas se presume oneroso em caso de dúvida (art. 1145.º, n.º 1 do Código Civil). Porventura sensibilizados com estas diferenças entre os ordenamentos civilista e comercialista, alguns autores chegam mesmo a falar aqui de uma genérica "presunção de onerosidade" dos actos de comércio, donde resultaria um princípio geral do Direito Comercial segundo o qual haverá sempre lugar à contagem de juros de obrigações de capital (BARROS, J. Joaquim, *Regime Geral dos Actos de Comércio*, 90, in: AAVV, "As Operações Comerciais", 11 e ss., Almedina, Coimbra, 1988). Não nos parece, porém, ser este o entendimento mais acertado. Com efeito, conquanto ninguém dispute que a onerosidade representa indubitavelmente "a regra das obrigações comerciais" (FURTADO, J. Pinto, *Disposições Gerais do Código Comercial*, 279, Almedina, Coimbra, 1984), já não se afigura possível pretender extrair daí uma presunção geral e automática de vencimento de juros nas obrigações comerciais: é que, no silêncio das partes, uma obrigação de juros apenas poderá resultar de imposição da própria lei, a qual, de resto, não apenas proíbe em certos casos semelhante forma de remuneração do capital (v.g., nas letras a certo termo de data ou pagáveis em dia fixo, nos cheques: cf. art. 5.º da Lei Uniforme das Letras e Livranças e art. 7.º da Lei Uniforme do Cheque), como prevê inclusivamente formas de remuneração alternativas para certos actos de comércio (v.g., no contrato de comissão, no contrato de seguro: cf. art. 269.º, § 2 do Código Comercial, arts. 51.º e ss. da Lei do Contrato de Seguro).

[41] Sobre os juros no plano do direito comercial internacional, vide OTIS-RODNER, James, *Taux d'Intérêt Applicable dans l'Arbitrage International*, in: XV "Bulletin de la Cour Internationale d'Arbitrage de la CCI" (2004), n.º 1, 43 e ss.

2.2.1. O Artigo 102.º do Código Comercial

Reza assim o citado preceito: "Haverá lugar ao decurso e contagem de juros em todos os actos comerciais em que for de convenção ou de direito vencerem-se e nos mais casos especiais fixados no presente Código. §1.º A taxa de juros comerciais só pode ser fixada por escrito. §2.º Aplica-se aos juros comerciais o disposto nos artigos 559.º-A e 1146.º do Código Civil. §3.º Os juros moratórios e os estabelecidos sem determinação de taxa ou quantitativo, relativamente aos créditos de que sejam titulares empresas comerciais, singulares ou colectivas, são os fixados em portaria conjunta dos Ministros das Finanças e da Justiça. §4.º A taxa de juro referida no parágrafo anterior não poderá ser inferior ao valor da taxa de juro aplicada pelo Banco Central Europeu à sua mais recente operação principal de refinanciamento, antes do primeiro dia de Janeiro ou Julho, consoante se esteja, respectivamente, no primeiro ou no segundo semestre do ano civil, acrescida de 7 pontos percentuais."[42]

2.2.2. Noção e Tipos de Juros

Em via geral, os *juros* ("interests", "Zinsen", "intérêts", "interés") podem definir-se como os frutos civis, constituídos por coisas fungíveis (em regra, mas não necessariamente, dinheiro), que representam o rendimento de uma obrigação de capital (isto é, uma obrigação que tem por objecto valores pecuniários ou outros bens fungíveis), vencível pelo simples decurso do tempo. Na acepção mais corrente, o juro é visto como uma soma pecuniária cujo cômputo se obtém mediante a aplicação da fórmula *J = C (t) (p)*, em que "J" representa o montante dos juros, "C" representa o montante da obrigação de capital (expresso em moeda com curso legal, v.g., $, € ¥), "(t)" representa a taxa percentual ou percentagem aplicável, e "(p)" representa o prazo ou período temporal relevante.[43]

---

[42] A actual redacção do preceito foi introduzida pelo art. 6.º do Decreto-Lei n.º 32/2003, de 17 de Fevereiro, que veio consagrar diversas medidas específicas tendentes a combater o atraso no pagamento de obrigações pecuniárias emergentes de transacções comerciais. Sobre este diploma legal, vide mais desenvolvimentos *infra* 2.3.

[43] Sobre a noção, classificação, fontes e espécies de juros, confrontar, entre nós, Neves, F. Correia, *Manual dos Juros – Estudo Jurídico de Utilidade Prática*, 14 e ss., Almedina, Coimbra, 1989. Noutros quadrantes, vide Mann, F. A., *The Legal Aspects of Money*, 5th edition, 70 e ss., Clarendon Press, Oxford, 1992; Spremann, Klaus/Gatenbein, Pascal, *Zinsen, Anleihen, Kredit*, 3. Aufl., IMF, Oldenburg, 2005; Otis-Rodner, James, *El Dinero – Obligaciones de Dinero y de Valor*, 525 e ss., Anauco, Caracas, 2005. De um ponto de vista económico, a taxa de juros apropriada aplicável às obrigações de capital será equivalente à taxa do mercado monetário na qual

Dado que a lei comercial lhes faz corresponder regimes diversos, convém começar por distinguir aqui entre vários tipos ou espécies de juros. Por um lado, atendendo à sua fonte imediata, os juros podem ser classificados em juros *legais* e juros *convencionais*: os primeiros são aqueles que são fixados directamente pela lei, ao passo que os últimos são aqueles que resultam da vontade das partes. Por outro lado, atendendo agora à respectiva função, os juros (tanto legais como convencionais) podem dividir-se em juros *remuneratórios* e juros *moratórios*: os primeiros são aqueles que constituem para o credor uma contrapartida pela cedência de capital ou valor pecuniariamente avaliável ao devedor, ao passo que os últimos representam para o credor uma indemnização pelos prejuízos causados pela mora do devedor no cumprimento da respectiva obrigação.[44]

2.2.3. Os Juros Legais

O regime em matéria de juros legais das obrigações comerciais encontra-se previsto no § 3 do art. 102.º do Código Comercial: nos termos da Portaria n.º 597/2005, de 19 de Julho, e do Aviso da Direcção-Geral do Tesouro e Finanças n.º 19995/2008, de 2 de Julho, *as obrigações comerciais estão sujeitos a uma taxa de juro legal de 11,07%*[45]. O âmbito, os pressupostos e o con-

---

tais obrigações devem ser cumpridas, taxa essa que, para além do resultado do encontro entre oferta e procura dos fundos disponíveis nessa moeda, é ainda função da inflação esperada (cf. WOODFORD, Michael, *Interest Prices: Foundations of a Theory of Monetary Policy*, 37, University Press, Princeton, 2003).

[44] São também possíveis outras classificações. É assim corrente na doutrina falar-se de *juros compensatórios* e *juros indemnizatórios*, para designar, respectivamente, os juros que se destinam a compensar o credor por uma privação temporária do capital que não deveria ter suportado (v.g., como sucede no caso do enriquecimento sem causa: cf. art. 480.º do Código Civil) e os juros que se destinam a indemnizar o credor pelos prejuízos sofridos por outro facto que não a mora do devedor (v.g., o incumprimento da obrigação: cf. art. 798.º do Código Civil) (cf. COSTA, M. Almeida, *Direito das Obrigações*, 686, 8.ª edição, Almedina, Coimbra, 2000). É também comum falar-se de *juros postecipados* e *juros antecipados*, para designar, respectivamente, os juros que são pagos no termo do período legal ou contratual de contagem, ou que são cobrados "à cabeça", no início desse prazo (v.g., desconto de letras, extractos de factura, "warrants": cf. art. 5.º, n.º 1 do Decreto-Lei n.º 344/78, de 17 de Novembro) (PIRES, J. Maria, *Elucidário de Direito Bancário*, 573, Coimbra Editora, 2002).

[45] A Portaria n.º 597/2005, de 19 de Julho (in: "Diário da República", I.ª Série-B, n.º 137, de 19 de Julho de 2005) veio determinar que "a taxa supletiva de juros moratórios de que sejam titulares empresas comerciais, singulares ou colectivas, nos termos do n.º 3 do art. 102.º do Código Comercial, é a taxa de juros aplicada pelo Banco Central Europeu à sua mais recente operação principal de refinanciamento efectuada antes do 1.º dia de Janeiro ou de Julho, consoante se esteja, respectivamente, no 1.º ou no 2.º semestre do ano civil, acrescida de 7%" (1.º),

teúdo deste regime geral suscitam, naturalmente, alguns esclarecimentos suplementares.

No que concerne ao seu *âmbito de aplicação*, cumpre esclarecer que o regime legal vigorará sempre que haja lugar à contagem de juros por força da lei e as partes nada tenham expressamente convencionado (ou então, tendo acordado o vencimento de juros, hajam omitido a fixação da respectiva taxa ou quantitativo)[46]: por outras palavras, abrangem-se aqui genericamente, quer *todos os juros legais* (sejam estes moratórios ou remuneratórios), quer os *juros convencionais sem taxa*. É certo que a letra do §3 do art. 102.º do Código Comercial se refere exclusivamente aos juros legais "moratórios", parecendo assim excluir os juros remuneratórios: em face desta redacção legal, sempre seria possível sustentar que estes últimos juros ficariam sujeitos à taxa geral das obrigações civis, prevista no art. 559.º, n.º 1 do Código Civil[47]. Esta solução, todavia, afigura-se-nos de recusar, por várias razões: "primus", porque a nova redacção do art. 102.º, §2 do Código Comercial, introduzida pelo Decreto-Lei n.º 32/2003, de 17 de Fevereiro, justamente eliminou a anterior remissão para o citado preceito da lei civil; "secundus", porque o preenchimento da actual lacuna legal, de acordo com os cânones hermenêuticos gerais fixados no art. 3.º do Código Comercial, deveria ser sempre obtido através do recurso prioritário à aplicação analógica do regime da lei comercial, e não

---

acrescentando ainda que o valor da taxa, assim determinado, *será fixado através de aviso da Direcção-Geral de Tesouro* até 15 de Janeiro e 15 de Julho de cada ano (2.º). Justamente em execução desta previsão, o Aviso da Direcção-Geral do Tesouro e Finanças n.º 19995/2008, de 2 de Julho, fixou a taxa actualmente em vigor em 11,07%.

[46] O corpo do art. 102.º do Código Comercial refere que, no silêncio das partes, haverá lugar à contagem dos juros dos actos comerciais em dois casos fundamentais: sempre que "for (...) de direito vencerem-se" e "nos mais casos especiais fixados no presente Código". O primeiro caso parece reportar-se àquelas hipóteses em que a *lei civil* comum comina uma obrigação de juros: haverá assim lugar à contagem de juros sempre que uma relação jurídico-mercantil se insira ou subsuma numa daquelas situações previstas na lei civil relativamente às quais haja lugar à contagem de juros, tais como, por exemplo, os arts. 465.º, e), 468.º, 480.º, 806.º, 1145.º, 1164.º, 1167.º, c) e 1199.º, b) do Código Civil. Já o segundo dos casos referidos parece apontar para aquelas outras hipóteses em que é a própria *lei comercial* a cominar idêntica obrigação: para nos ficarmos pelo Código Comercial, haverá assim lugar à contagem de juros nas hipóteses contempladas nos seus arts. 241.º, § único, 346.º, n.º 5, 348.º, § único, 395.º, § único, e 415.º.

[47] AFONSO, Ana, *A Obrigação de Juros Comerciais Depois das Alterações Introduzidas pelo Decreto-Lei n.º 32/2003, de 17 de Fevereiro*, 198, in: 12 "Revista de Ciências Empresariais e Jurídicas" (2007), 173 e ss. O art. 559.º do Código Civil remete a fixação da taxa de juros legais para portaria conjunta dos Ministérios da Justiça e das Finanças, tendo a Portaria n.º 291/2003, de 8 de Abril, fixado em 4% a taxa actualmente em vigor.

civil[48]; e "tertius", porque não se descortina razão bastante para a existência de taxas diferenciadas em matéria de juros legais das obrigações comerciais, apresentando-se como preferível e mais consistente a sua sujeição a um regime unitário.[49]

No que concerne aos *pressupostos* de aplicação do regime legal, propendemos a considerar aqui abrangidos, em princípio, *quaisquer créditos e débitos de empresas comerciais*. Relativamente ao pressuposto subjectivo, têm-se suscitado na doutrina e jurisprudência portuguesas algumas dúvidas sobre o sentido da expressão legal "empresas comerciais singulares e colectivas". Não obstante existam autores e arrestos que consideram como aqui relevantes apenas as entidades que desenvolvam uma das actividades empresariais referidas no art. 230.° do Código Comercial[50], julgamos preferível interpretar latamente a expressão legal no sentido de aí abranger *quaisquer pessoas físicas ou colectivas, titulares de uma empresa, no exercício da sua actividade empresarial*. Ou seja, o regime em apreço é aplicável aos créditos (e débitos, como veremos) emergentes de actos praticados por quaisquer empresários singulares

---

[48] Sobre a primazia das normas comerciais sobre as normas civis na integração da lei comercial (art. 3.° do Código Comercial), vide desenvolvidamente ANTUNES, J. Engrácia, *A Analogia no Direito Comercial*, em curso de publicação.

[49] E algo de semelhante se pode dizer a respeito dos juros convencionais. É verdade que os instrumentos normativos que fixaram o percentual da taxa supletiva prevista no art. 102.°, §3 do Código Comercial – a Portaria n.° 597/2005, de 19 de Julho e o Aviso da Direcção-Geral do Tesouro e Finanças n.° 19995/2008, de 2 de Julho – se referem exclusivamente à "taxa supletiva de juros moratórios relativamente a créditos de que sejam titulares empresas comerciais, singulares ou colectivas", permitindo assim sustentar que o seu regime apenas se aplicaria aos juros moratórios (legais ou convencionais), ficando consequentemente os *juros convencionais remuneratórios sem fixação de taxa* sujeitos ao regime da lei civil. Não nos parece ser essa a interpretação correcta, devendo a redacção restritiva da lei ser imputada a puro lapso do legislador, provavelmente devido a uma automática transposição da anterior redacção do citado §3 que não levou em devida conta o inciso final introduzido pela nova redacção, que passou a fazer também referência aos juros convencionais. É que, para além de não se descortinar razão bastante para semelhante diferenciação, sempre seria esse forçosamente o resultado a que se haveria de chegar considerando que a norma legal habilitante do art. 102.°, §3 do Código Comercial não a contempla: ora, representando a portaria uma manifestação do exercício do poder regulamentar do Governo, está fora de causa que aquela, em razão do próprio princípio geral da legalidade da actividade administrativa (art. 266.° da Constituição da República Portuguesa e art. 2.° do Código do Procedimento Administrativo), pudesse introduzir um tal regime diferenciado (cf. AMARAL, D. Freitas, *Curso de Direito Administrativo*, vol. II, 180 e ss., Almedina, Coimbra, 2003).

[50] Cf. SANTOS, F. Cassiano, *Direito Comercial Português*, vol. I, 179, Coimbra Editora, 2007; Acórdão da Relação de Lisboa de 12 de Novembro de 1985 (RICARDO VELHA), in: 358 "Boletim do Ministério da Justiça" (1985), 598 e s.

(v.g., empresários em nome individual, empresas "conjugais" ou "hereditárias", titulares de estabelecimentos individuais de responsabilidade limitada) ou colectivos ("maxime" sociedades, agrupamentos complementares de empresas, cooperativas, empresas públicas): ponto é que tais actos possuam uma concreta conexão com o exercício da respectiva actividade empresarial (conexão essa que, de resto, é mesmo presumida já em via geral, nos termos dos arts. 2.º e 15.º do Código Comercial), deixando assim de fora apenas aqueles outros que a essa actividade sejam alheios ou impertinentes (por exemplo, actos da esfera jurídica pessoal ou familiar de um empresário em nome individual)[51]. E algo de semelhante sustentamos relativamente ao pressuposto objectivo, devendo o regime do art. 102.º, §3 considerar-se como indistintamente aplicável *aos créditos e débitos* emergentes de relações juscomerciais para os referidos empresários[52]. Muito embora a letra da lei possa inculcar ideia diversa (ao falar apenas dos "créditos de que sejam titulares" estes sujeitos), julgamos preferível uma interpretação extensiva dos dizeres legais, por forma a abranger igualmente as obrigações jusmercantis nas quais aqueles sujeitos assumem a posição de devedor – de novo, tal solução, além de mais consistente e unitária, parece ainda ser reforçada pelo facto de, por força do Decreto-Lei n.º 32/2003, de 17 de Fevereiro, o regime dos juros legais ter passado a ser aplicável a todas as obrigações pecuniárias emergentes de transacções interempresariais (abrangendo assim, necessária e simultaneamente, os créditos e os débitos pecuniários de empresas).[53]

Enfim, no que concerne ao *conteúdo* do regime legal, julgamos oportuna uma palavra sobre o *montante quantitativo ou percentual* da taxa de juro em vigor. Em cumprimento do comando da Directiva 2000/35/CE, de 29 de Junho[54], o § 4 do art. 102.º do Código Comercial veio determinar que a taxa

---

[51] Neste sentido, embora com matizes algo diferenciados, vide também, na doutrina, CORREIA, L. Brito, *Direito Comercial*, vol. III, 156 e ss., AAFDL, 1986; CORREIA, A. Ferrer, *Juros Moratórios*, in: XI "Colectânea de Jurisprudência" (1986), II, 7 e ss.; na jurisprudência, Acórdão da Relação de Lisboa de 26 de Março de 1992 (RODRIGUES CODEÇO), in: 415 "Boletim do Ministério da Justiça" (1992), 709 e s.

[52] Sobre a questão, vide ainda BARROS, J. Joaquim, *Regime Geral dos Actos de Comércio*, 83, in: AAVV, "As Operações Comerciais", 11-92, Almedina, Coimbra, 1988; CORREIA, L. Brito, *Direito Comercial*, vol. III, 158 e ss., AAFDL, 1986.

[53] Sobre este diploma legal, vide ainda *infra* 2.3.

[54] Nos termos do art. 3.º, n.º 1, d) da Directiva 2000/35/CE, "a taxa praticada para os juros de mora («taxa legal») corresponde à taxa de juro da principal facilidade de refinanciamento aplicada pelo Banco Central Europeu (BCE) à sua principal operação de refinanciamento mais recente efectuada no primeiro dia do calendário do semestre em causa («taxa de referência»), acrescida de sete pontos percentuais («margem»), pelo menos, salvo especificação em contrário no contrato".

supletiva fixada pelo legislador nacional, ao abrigo do § 3 do mesmo preceito, não poderia ser inferior à taxa de referência do Banco Central Europeu (BCE) (ou seja, à taxa de juro aplicada à sua mais recente operação principal de refinanciamento) acrescida de sete pontos percentuais. Ora, ao contrário de muitos outros ordenamentos europeus, é mister frisar que o legislador português decidiu alinhar a taxa supletiva praticamente pelo limiar mínimo imperativo fixado pelo legislador comunitário: com efeito, recorde-se que a taxa de referência do BCE actualmente em vigor é de 4%[55], o que, acrescido dos referidos 7% percentuais, explica o valor de 11,07% que se encontra actualmente em vigor em Portugal.[56]

A concluir, a par do citado regime geral dos juros legais fixado no art. 102.º, § 3 do Código Comercial, haverá ainda que ter em atenção a existência de determinados *regimes particulares* em matéria de juros aplicáveis a operações mercantis específicas, tais como, designadamente, as operações jurídico-cambiárias[57] e as operações jurídico-bancárias. Especialmente relevantes são

---

[55] Esta taxa de referência é periodicamente comunicada pelo BCE ao mercado financeiro (cf. Orientação do Banco Central Europeu, de 31 de Agosto de 2000).

[56] É instrutivo verificar as diferentes posturas dos Estados membros perante o limiar mínimo comunitário. Se existiram alguns poucos países que, como é o caso português, se alinharam pressurosamente pela bitola mendinha – esquecendo que tal limiar mínimo teve apenas por função evitar que eventuais baixas das taxas tornassem financeiramente compensador o incumprimento de obrigações pecuniárias comerciais, e não propriamente baixar os níveis de exigência (que foi o que efectivamente aconteceu, tendo em conta a taxa de 12% que vigorava antes das alterações legislativas em análise) –, a maior parte dos países europeus fixaram taxas muito mais elevadas na sua legislação interna (mormente, os anglo-saxónicos e escandinavos, cujos juros moratórios chegaram a rondar a casa dos 20%). Sobre outras manifestações da tradição lusitana de brandos costumes, agora também em matéria de dívidas pecuniárias, vide ainda *infra* 2.3.2. (nota 85).

[57] Em matéria dos juros legais, reinou grande controvérsia na doutrina e jurisprudência portuguesas quanto ao problema da taxa aplicável aos *juros moratórios de créditos comerciais titulados por letras, livranças e cheques*. A questão colocou-se entre nós dado que os arts. 48.º, n.º 2, 49.º, n.º 2 e 77.º da Lei Uniforme das Letras e Livranças e os arts. 45.º, n.º 2 e 46.º, n.º 2 da Lei Uniforme do Cheque (resultantes de convenções internacionais que foram aprovadas para ratificação pelo Decreto-Lei n.º 23.721, de 29 de Março de 1934) estabelecem uma taxa uniforme de 6% juros de mora. A alta da inflação e a subida das taxas de juro, registadas a partir de meados da década de 70 (que, recorde-se, chegaram a atingir o valor de 23% em 1983), veio tornar aquela taxa de juros moratórios desajustada à realidade, premiando os devedores inadimplentes em face daqueles outros devedores que se tenham obrigado por outros títulos que não letras, livranças ou cheque, e inversamente penalizando os credores cujos créditos fossem titulados dessa forma em relação aos restantes, com a óbvia consequência de criar um poderoso desincentivo ao uso desse tipo de títulos creditícios. Nesta sequência, o art. 4.º do Decreto-Lei n.º 262/83, de 16 de Junho, veio estabelecer que "o portador de letras, livranças ou

as normas sobre os chamados juros bancários, previstas genericamente no Decreto-Lei n.º 344/78, de 17 de Novembro: entre outras especialida-

---

cheques, quando o respectivo pagamento estiver em mora, pode exigir que a indemnização correspondente a esta consista nos juros legais": ou seja, veio permitir que os credores cambiários pudessem exigir, em caso de mora do devedor aceitante, o equivalente à taxa de juros legais (ou seja, transpondo para aqui os valores actualmente em vigor, 11,07%). A promulgação desta norma suscitou uma reacção doutrinal e jurisprudencial que a considerou inconstitucional, com fundamento em violação do art. 8.º da Constituição da República Portuguesa, já que as normas das referidas Leis Uniformes constituem normas de direito internacional incorporado no nosso direito interno em virtude da adesão de Portugal às referidas convenções internacionais que as aprovaram (cf. MARTINS, H. Antunes, *A Inconstitucionalidade do Art. 4.º do Decreto--Lei 262/83 e a Possibilidade do Indeferimento Liminar do Respectivo Pedido de Juros*, in: XVIII "Colectânea de Jurisprudência" (1993), V, 27 e ss.; vide também os Acórdãos da Relação de Lisboa de 3 de Maio de 1984 (IANQUEL MILHANO) e de 10 de Maio de 1984 (SIMÕES VENTURA), ambos in: IV "Colectânea de Jurisprudência" (1984), III, 121 e ss., 261 e ss.). Esta tese, todavia, não vingaria entre nós, tendo a jurisprudência superior portuguesa acolhido o entendimento sustentado por um sector da nossa doutrina segundo o qual o compromisso assumido pelo Estado português ao aderir às convenções internacionais que aprovaram as referidas leis uniformes se haveria extinguido por alteração essencial das circunstâncias, permitindo assim àquele modificar a taxa dos juros moratórios de créditos comerciais titulados por letras, livranças e cheques emitidos e pagáveis em território nacional: neste sentido, vide os Acórdãos do Tribunal Constitucional n.º 290/88 (in: "Diário da República", III.ª série, n.º 77, de 3 de Abril de 1988), n.º 448/89 (in: "Diário da República", III.ª série, n.º 218, de 21 de Setembro de 1989), e n.º 100/92 (in: "Diário da República", III.ª série, n.º 189, de 18 de Agosto de 1992), os Acórdãos do Supremo Tribunal de Justiça de 8 de Abril de 1987 (ALCIDES ALMEIDA), in: 366 "Boletim do Ministério da Justiça" (1987), 513 e ss., e de 5 de Julho de 1987 (MENÉRES PIMENTEL), in: 367 "Boletim do Ministério da Justiça" (1987), 507 e ss., e ainda o Assento do Supremo Tribunal de Justiça n.º 4/92, de 13 de Julho de 1992, in: "Diário da República", I.ª série, n.º 290, de 17 de Dezembro de 1992; do mesmo modo, na doutrina, DIAS, Joaquim, *A Taxa Supletiva de Juros Moratórios dos Créditos das Empresas Comerciais*, in: 6 "Tribuna da Justiça" (1985), 6 e ss.; LIZ, J. Pegado, *Juros nas Letras, Livranças e Cheques*, in: 22 "Boletim da Ordem dos Advogados" (1984), 25 e ss.; MELO, A. Barbosa, *Parecer*, in: IX "Colectânea de Jurisprudência" (1984), IV, 11 e ss.; PATRÍCIO, A. Simões, *Conflito da Lei Interna com Fontes Internacionais. O Artigo 4.º do Decreto-Lei n.º 262/83*, in: 332 "Boletim do Ministério da Justiça" (1984), 81 e ss.; PEREIRA, J. Rodrigues, *A Propósito de uma Sentença*, in: 21 "Boletim da Ordem dos Advogados" (1983), 12 e e ss. Esclarecida e fechada que ficou assim a questão da constitucionalidade do art. 4.º do Decreto-Lei n.º 262/83, de 16 de Junho, permanece, todavia, em aberto a seguinte questão: deve entender-se que o portador de uma letra, livrança ou cheque em mora é livre de optar por exigir ao devedor a taxa de juros legais (para que remete o citado preceito) ou a taxa de juros cambiária (fixada no art. 48.º, n.º 2 da Lei Uniforme das Letras e Livranças e no art. 45.º, n.º 2 da Lei Uniforme do Cheque), ou, pelo contrário, está obrigado a aplicar a primeira dessas taxas? Muito embora a questão tenha perdido momentaneamente o interesse e a acuidade prática de outrora, ultrapassada que está a conjuntura económica inflacionista que a despoletou (relembre-se que a taxa dos juros comerciais vem descendo desde meados da década de 80, situando-se em 23% em 1983, em 15% em 1999, tendo atingido o valor mais baixo de

des, tais disposições permitem – em sede de juros remuneratórios – a sua cobrança antecipada em operações de descontos de letras, extractos de factura e "warrants" (art. 5.º, n.º 1) bem assim como a capitalização de juros vencidos há mais de três meses (art. 5.º, n.º 6), além de prever – em sede de juros moratórios – a possibilidade de convencionar-se a cobrança de uma sobretaxa supletiva de 2% (art. 7.º, n.º 1), não podendo nunca, porém, o montante total superar em 4% o valor das taxas compensatórias (art. 7.º, n.º 3).[58]

2.2.4. Os Juros Convencionais

Em matéria de juros *convencionais*, vigora o princípio da liberdade da fixação pelas partes (consagrado no corpo do art. 102.º do Código Comercial), sujeito embora a algumas importantes restrições.

Desde logo, em homenagem aos interesses da segurança e certeza das transacções comerciais, a lei comercial tornou obrigatória a *forma escrita*, quer para a fixação convencional da taxa de juros (remuneratórios ou moratórios) de débitos comerciais, quer para a respectiva modificação posterior (§1 do art. 102.º do Código Comercial)[59]. Porventura impressionada com o alcance

---

9% em 2004), cumpre não perder de vista que a todo o momento ela pode, afinal, recobrar a sua actualidade: ora, quer a letra do citado art. 4.º (que refere simplesmente que o portador "pode exigir"), quer a sua razão de ser (que visou adaptar a ordem jurídica à evolução da conjuntura económica), apontam, em nossa opinião, no sentido de considerar os regimes da lei portuguesa e da Convenção internacional como regimes alternativos, e não mutuamente excludentes.

[58] As taxas de juros remuneratórios encontram-se de há muito liberalizadas (Aviso do Banco de Portugal n.º 3/93, de 20 de Maio), sendo fixadas por acordo entre a instituição de crédito e o mutuário. Há, todavia, que ter em atenção que, nos termos do Decreto-Lei n.º 220/94, de 23 de Agosto, para além da chamada taxa nominal (ou seja, a taxa de juro aplicável a determinada operação de crédito sem impostos ou outros encargos), os bancos estão obrigados a prestar informação sobre a *taxa anual efectiva* (ou TAE, que engloba a totalidade dos encargos do crédito) e as *taxas representativas* (ou seja, as taxas básicas que praticam habitualmente para as diferentes operações creditícias), além de se encontrarem sujeitos a regras especiais em matéria do *arredondamento* da taxa dos juros relativos a determinado tipo de operações de crédito (Decretos-Lei n.º 240/2006, de 22 de Dezembro, n.º 171/2007, de 8 de Maio e n.º 88/2008, de 29 de Maio) e em matéria de *contratos bancários especiais* (v.g., contratos de crédito à habitação: cf. Decretos-Lei n.º 51/2007, de 7 de Março e n.º 88/2008, de 29 de Maio). Sobre o regime dos juros bancários, que aqui não pode analisado desenvolvidamente, vide PATRÍCIO, J. Simões, *Direito Bancário Privado*, 302 e ss., Quid Juris, Lisboa, 2004.

[59] Sublinhe-se que, nos termos gerais do art. 221.º do Código Civil, a convenção acessória de juros poderá mesmo revestir *forma mais solene* caso o acto comercial subjacente a ela estiver sujeito ("maxime", escritura pública). Esta exigência geral de forma traduz bem a ideia, já noutro local expressa (cf. *supra*, II., 4), segundo a qual existem sectores do Direito Comercial

desta exigência formal, uma parte da doutrina portuguesa chegou a sustentar interpretação restritiva deste preceito, por forma a considerar obrigatória a redução a escrito apenas no caso de a obrigação comercial resultar de acto para o qual se exigisse forma escrita[60], ou, em conjugação com o art. 559.º, n.º 2 do Código Civil (que apenas exige tal forma quando a taxa de juro convencionada pelas partes for superior à taxa de juro legal), no caso de as partes da obrigação comercial pretenderem convencionar taxa de juros superior à legal. Tal entendimento, contudo, afigura-se de rejeitar: duma banda, ao preceituar que "a taxa de juros comerciais *só* pode ser fixada por escrito" (§1 do art. 102.º do Código Comercial), a letra da lei é bastante clara em não estabelecer qualquer distinção quanto à forma do acto ao qual se reportam os juros, pelo que, seguindo a máxima hermenêutica consagrada, "ubi lex non distinguit nec nos"[61]; mas também o próprio espírito da lei, doutra banda, não se afigura de molde a favorecer uma interpretação restritiva dos dizeres legais, dado que a própria celeridade e certeza do crédito comercial dificilmente se compaginaria com a instabilidade da sua fixação por mera via oral e com as complexas operações probatórias que aquela sempre suscitaria, abrindo ademais a porta à ocultação de juros usurários[62]. Em suma, pois, toda a estipulação de uma taxa de juros comerciais, diversamente do que sucede para os juros civis, deverá constar de documento escrito, sob pena de ser nula por falta de forma e consequentemente suprida pela taxa legal.[63]

---

onde a simplificação do formalismo no tráfico jurídico-mercantil, imposta pelas necessidades de celeridade das transacções comerciais, dá lugar a um ressurgimento desse formalismo, em virtude do interesse contraposto da respectiva segurança e certeza jurídicas: ao prescrever uma exigência de forma que o próprio Direito Civil não consagrou, o legislador comercial terá decerto evitar a insegurança potencialmente gerada pela fixação oral das taxas de juros de obrigações comerciais.

[60] GONÇALVES, L. Cunha, *Comentário ao Código Comercial Português*, vol. I, 193, Ed. José Bastos, Lisboa, 1914.

[61] Cf. também ALMEIDA, A. Pereira, *Direito Comercial*, 212, AAFDL, Lisboa, 1976/77. Aliás, não apenas do ponto de vista literal, mas também do ponto de vista sistemático, a questão acabou mesmo por perder sentido com a eliminação da anterior remissão do art. 102.º, § 2 do Código Comercial para o art. 559.º do Código Civil.

[62] Sublinhando igualmente a necessidade de protecção do devedor contra os riscos da prova testemunhal, vide CORREIA, A. Ferrer, *Juros Moratórios*, 8 e 10, in: XI "Colectânea de Jurisprudência" (1986), II, 7 e ss.

[63] Neste sentido também, vide, na doutrina, ASCENSÃO, J. Oliveira, *Direito Comercial*, vol. I, 389, Lisboa, 1998/99; BARROS, J. Joaquim, *Regime Geral dos Actos de Comércio*, 75, in: AAVV, "As Operações Comerciais", 11 e ss., Almedina, Coimbra, 1988; FURTADO, J. Pinto, *Disposições Gerais do Código Comercial*, 281 e s., Almedina, Coimbra, 1984; OLAVO, Fernando, *Direito*

Depois ainda, em homenagem aos princípios de ordem pública, são proibidos os juros convencionais *usurários*: assim, por força dos arts. 559.°-A e 1146.° do Código Civil (aplicáveis ao abrigo do §2 do art. 102.° do Código Comercial), jamais poderão as partes de uma obrigação comercial convencionar juros superiores em 3% ou 5% à taxa de juros legais, consoante respectivamente exista ou não garantia real que assegure o respectivo cumprimento, bem como convencionar cláusula penal que exceda aquela taxa, relativamente ao tempo da mora, em 7% ou 9%, consoante de novo exista ou inexista garantia real.[64]

Finalmente, há ainda a considerar a proibição genérica do *anatocismo* estabelecida no art. 560.° do Código Civil, ou seja, do vencimento de juros sobre juros (por isso também conhecida por "usura dobrada")[65]. Para as obrigações civis e comerciais, a regra é a de que semelhante prática de capitalização de

---

Comercial, vol. I, 200 e ss., Coimbra Editora, 1978; SANTOS, F. Cassiano, *Direito Comercial Português*, vol. I, 177, Coimbra Editora, 2007; na jurisprudência, os Acórdãos do Supremo Tribunal de Justiça de 15 de Novembro de 1983 (JOAQUIM FIGUEIREDO), in: 331 "Boletim do Ministério da Justiça" (1983), 575 e ss., e de 15 de Março de 1984 (SANTOS SILVEIRA), in: 335 "Boletim do Ministério da Justiça" (1984), 299 e ss., e os Acórdãos da Relação de Lisboa de 27 de Outubro de 1992 (AFONSO MELO), in: 420 "Boletim do Ministério da Justiça" (1992), 637 e ss., e de 17 de Março de 1994 (SILVA PAIXÃO), in: 435 "Boletim do Ministério da Justiça" (1994), 889 e ss.

[64] O art. 559-A.° do Código Civil, sob a epígrafe "juros usurários", veio permitir a aplicação dos mecanismos previstos no art. 1446.° do mesmo Código "a toda a estipulação de juros ou quaisquer outras vantagens em negócios de concessão, outorga, renovação, desconto ou prorrogação de prazo de pagamento de um crédito e em outros análogos": dada a amplitude desta previsão normativa, deve assim considerar-se que as regras fixadas no art. 1146.°, concernentes à usura nos contratos de mútuo, são aplicáveis às convenções de juros relativas a qualquer outro tipo de negócio jurídico (cf. BARROS, J. Joaquim, *Regime Geral dos Actos de Comércio*, 81, in: AAVV, "As Operações Comerciais", 11 e ss., Almedina, Coimbra, 1988). Repare-se ainda que, por força do n.° 3 do art. 559.°-A do Código Civil, a estipulação de taxa de juros ou cláusula penal superior aos limites máximos referidos, origina a redução *ope legis* daquela taxa ou cláusula para os valores legais máximos permitidos (para uma ilustração, vide Acórdão da Relação de Lisboa de 24 de Fevereiro de 1994 (CARDONA FERREIRA), in: XIX "Colectânea de Jurisprudência" (1994), I, 137 e ss.). Sobre a usura na história jusmercantil, vide SENDIM, P. Melero, *Usura. Letra de Câmbio e Direito Comercial*, in: AAVV, "Nos 20 Anos do Código das Sociedades Comerciais", vol. III, 851 e ss., Coimbra Editora, 2007.

[65] Sobre o ponto, vide CAMPOS, D. Leite, *Anatocismo. Regras e Usos Particulares de Comércio*, in: 48 "Revista da Ordem dos Advogados" (1988), 37 e ss.; para maiores desenvolvimentos, RICCIO, Angelo, *L'Anatocismo*, Cedam, Padova, 2002. Para o caso particular dos juros bancários, a cujo regime particular já acima aludimos, vide CAMPOS, António, *Capitalização de Juros (Anatocismo) nas Operações de Concessão de Crédito por Instituições de Crédito*, in: 8 "Revista da Banca" (1988), 148 e ss.; LUÍS, Alberto, *O Anatocismo Bancário*, in: 62 "Revista da Ordem dos Advogados" (2002), 1349 e ss.

juros é proibida[66]: os juros vencidos destas obrigações apenas poderão ser capitalizados quando exista convenção das partes nesse sentido posterior ao vencimento daqueles juros ou então quando o devedor haja sido notificado judicialmente para capitalizar os juros vencidos ou proceder ao respectivo pagamento, sob pena de capitalização (art. 560.º, n.º 1 do Código Civil) – em qualquer dos casos, apenas podendo ser capitalizados os juros correspondentes a período igual ou superior a um ano (art. 560.º, n.º 2 do Código Civil)[67]. Sublinhe-se, todavia, que estas restrições à prática do anatocismo já não serão aplicáveis quando se puderem considerar como "contrárias a regras ou usos particulares do comércio" (art. 560.º, n.º 3 do Código Civil): entre essas regras e usos estarão, por exemplo, os relativos aos juros bancários, que, no seguimento de práticas particularmente liberais em sede de capitalização dos juros, viriam mesmo a ser objecto de um regime legal especial.[68-69]

---

[66] Esta proibição genérica do anatocismo é indistintamente aplicável às obrigações civis e comerciais (vide, na doutrina, NEVES, F. Correia, *Manual dos Juros – Estudo Jurídico de Utilidade Prática*, 217, Almedina, Coimbra, 1989; na jurisprudência, firmada embora na vigência do art. 1642.º do Código Civil anterior, o Acórdão do Supremo Tribunal de Justiça de 22 de Março de 1960 (CARLOS MIRANDA), in: 95 "Boletim do Ministério da Justiça" (1960), 298 e ss.): isto significa que as obrigações comerciais se devem, em princípio, considerar como estando também sujeitas às restrições constantes dos n.ºs 1 e 2 do art. 560.º do Código Civil, sem prejuízo da possibilidade do seu afastamento nos termos do seu n.º 3.

[67] Pretende-se assim evitar que se possa chegar, por via indirecta, a um aumento da taxa de juro, envolvendo inclusivamente juros usurários, além de – impondo a exigência de que qualquer eventual acordo relativo ao anatocismo seja posterior ao vencimento dos juros da obrigação – assegurar que o mutuante não possa subordinar a concessão do empréstimo a tal condição prévia: cf. COSTA, M. Almeida, *Direito das Obrigações*, 690, 8.ª ed., Almedina, Coimbra, 2000.

[68] São fundamentalmente duas as diferenças entre o regime comum do art. 560.º do Código Civil e o regime particular do anatocismo no caso dos juros bancários (cf. arts. 5.º, n.º 6 e 7.º, n.º 3 do Decreto-Lei n.º 344/78, de 17 de Novembro): dum lado, podem ser capitalizados juros remuneratórios correspondentes a um período mínimo de 3 meses (e não 1 ano), e, doutro lado, a capitalização de juros moratórios correspondente a um período mínimo de 1 ano não carece de convenção especial ou notificação judicial. Sobre o ponto, em sentidos algo divergentes, vide, na doutrina, CORDEIRO, A. Menezes, *Manual de Direito Bancário*, 538, 3.ª edição, Almedina, Coimbra, 2006; PATRÍCIO, J. Simões, *Direito Bancário Privado*, 304, Quid Juris, Lisboa, 2004; PIRES, J. Maria, *Elucidário de Direito Bancário*, 574, Coimbra Editora, 2002; na jurisprudência, o Acórdão da Relação de Lisboa de 31 de Outubro de 1996 (SILVA SALAZAR), in: XXI "Colectânea de Jurisprudência" (1996), IV, 147 e ss., e o Acórdão do Supremo Tribunal de Justiça de 31 de Março de 2004 (OLIVEIRA BARROS), in: www.dgsi.pt.

[69] Sobre os problemas colocados por esta excepção a propósito de várias operações comerciais (v.g., contrato de conta-corrente, empréstimo mercantil, títulos de crédito), os casos especiais de anatocismo real e aparente, bem assim como as consequências de convenções ilícitas de anatocismo, vide desenvolvidamente NEVES, F. Correia, *Manual dos Juros – Estudo Jurídico de*

2.3. Os Atrasos no Pagamento de Transacções Comerciais

A assinalada onerosidade característica dos actos jurídico-comerciais, especialmente em conjunturas de recessão económica, é susceptível de exponenciar o surgimento de problemas de cumprimento tempestivo das obrigações deles emergentes que, no limite, podem atentar contra um dos valores máximos do Direito Comercial – a tutela do crédito[70] –, além de originar também um efeito de dominó sobre as empresas comerciais e a economia no seu conjunto.[71]

2.3.1. O Decreto-Lei n.º 32/2003, de 17 de Fevereiro

Na sequência da Directiva 2000/35/CE, de 29 de Junho[72], o legislador português veio consagrar um regime jurídico específico relativo aos *atrasos de*

Utilidade Prática, 217 e ss., Almedina, Coimbra, 1989. Refira-se ainda, por um lado, que a obrigação de juros está sujeita às respectivas *suspensão* e *extinção*, por estipulação das partes ou por força da lei, valendo aqui, em via de princípio, as causas modificativas e extintivas das obrigações em geral: a natureza acessória da obrigação de juros relativamente à obrigação de capital, todavia, não obsta à sua recíproca autonomização (art. 561.º do Código Civil), podendo assim, designadamente, o crédito de juros persistir apesar da extinção da dívida principal ou vice-versa (cf. VARELA, J. Antunes, *Das Obrigações em Geral*, vol. I, 875 e ss., 10.ª edição, Almedina, Lisboa, 2000). Por outro lado, retenha-se que a *prescrição* da obrigação de juros, sujeita embora ao prazo geral de 5 anos previsto na lei civil (art. 310.º, e) do Código Civil), poderá também cair sob a alçada de certos prazos prescricionais especiais previstos na própria lei comercial (v.g., art. 174.º do Código das Sociedades Comerciais, arts. 70.º e 77.º da Lei Uniforme das Letras e Livranças). Por fim, sobre os problemas colocados pelas convenções de pagamento antecipado (*praenumerando*) e postcipado (*postnumerando*) de juros, bem como sobre as questões levantadas pelo decurso e contagem de juros relativos a obrigações de capital ilíquidas ("maxime", em contratos de conta-corrente e de obrigações de indemnização), vide desenvolvidamente FURTADO, J. Pinto, *Disposições Gerais do Código Comercial*, 286 e ss., Almedina, Coimbra, 1984.

[70] Com efeito, o abrandamento da actividade económica tende a ocasionar o incumprimento tempestivo das obrigações de pagamento das dívidas comerciais, o qual, por seu turno, agrava os custos do próprio crédito comercial, originando assim um círculo vicioso. Sobre este interesse ou traço distintivo das normas do Direito Comercial, vide ANTUNES, J. Engrácia, *Direito Comercial*, em curso de publicação.

[71] De acordo com a Comissão Europeia, em estudo referente aos finais da década de 1990, a falta de cumprimento dos débitos comerciais foi apontada como sendo responsável por um quarto do total dos casos de insolvência das empresas credoras ao nível da União Europeia, envolvendo assim a perda anual de 450 mil empregos, um valor superior a 23 biliões de euros de dívidas incobradas, e um total anual de atrasos de pagamento de 90 biliões de euros (*Guia para os Negócios – A Luta Contra o Atraso de Pagamento nas Transacções Comerciais*, Bruxelas, 2000).

[72] In: JOCE n.º L200, de 8 de Agosto de 2000, 35 e ss. Apesar de tal directiva datar do ano 2000, as preocupações da Comissão Europeia na matéria começaram muito antes, tendo aquela

pagamento nas transacções comerciais, através do Decreto-Lei n.º 32/2003, de 17 de Fevereiro[73]. Antes de nos debruçarmos sobre tais medidas ou regras particulares que aqui mais directamente nos interessam ("maxime", juros moratórios, prazos de vencimento, indemnização suplementar, injunção), existem alguns aspectos gerais dignos de menção prévia.[74]

Por um lado, no que concerne ao seu *âmbito objectivo* de aplicação, o regime jurídico em apreço "aplica-se a todos os pagamentos efectuados como remunerações de transacções comerciais" (art. 2.º, n.º 1): tal significa dizer, em suma, que ele têm por objecto exclusivo as *obrigações comerciais pecuniárias*. Com efeito, e desde logo, apenas se abrangem aqui as obrigações *pecuniárias*, ou seja, as obrigações emergentes de contrato cuja prestação debitória consiste numa quantia em dinheiro ("pecuniae"): excluídas ficam assim as chamadas "dívidas de valor", emergentes de disposição legal, tais como, v.g., as obrigações de indemnização fundada em invalidade contratual, de restituição por enriquecimento sem causa, ou outras similares em que o dinheiro funciona fundamentalmente como mecanismo de aferição do seu quantitativo ou liquidação[75]. Por outro lado, relevantes são apenas as obrigações pecuniárias *comerciais*, ou seja, as obrigações de pagamento que constituam a contrapartida remuneratória de uma transacção comercial: abrangidas ficam assim genericamente as obrigações de pagamento de quaisquer tipos de negócios onerosos bilateral ou unilateralmente comerciais (celebrados entre ou por empresas) relativos ao fornecimento de mercadorias ou prestação de ser-

---

instância comunitária apresentado sobre o tema a Recomendação n.º 95/198/CE (in: JOCE n.º L217, de 10 de Junho de 1995, 19 e ss.), além de elaborado um relatório sobre o mesmo (in: JOCE n.º C216, de 17 de Julho de 1997, 10 e s.).

[73] Alterado pelo art. 5.º do Decreto-Lei n.º 107/2005, de 1 de Janeiro. A situação portuguesa em matéria de pagamentos intempestivos de débitos comerciais é, de acordo com a esmagadora maioria dos relatórios internacionais e comunitários em matéria dos desempenhos nacionais desde meados da década de 90, exactamente idêntica à sua situação geográfica – ou seja, o lugar da "cauda" da Europa: assim, sendo de 57 dias a média do espaço europeu em matéria de atrasos de pagamento, estima-se que em Portugal o prazo médio de atraso seja de 91 dias (valor apenas superado pela Grécia). Cf. COMISSÃO EUROPEIA, *Guia para os Negócios – A Luta Contra o Atraso de Pagamento nas Transacções Comerciais,* Bruxelas, 2000.

[74] Sobre este regime, vide MORAIS, F. Gravato, *A Tutela do Credor Perante o Atraso no Pagamento de Transacções Comerciais,* in: LIV "Scientia Iuridica" (2005), 271 e ss. Para regimes estrangeiros congéneres, vide CUFFARO, Vincenzo (dir.), *La Disciplina dei Pagamenti Commerciali,* Giuffrè, Milano, 2004; SCHULTE-BRAUCKS, Reinhard, *Zahlungsverzug in der Europäischen Union,* in: 54 "Neue Juristische Wochenschrift" (2001), 103 e ss.; VISCASILLAS, M. Perales, *La Morosidad en las Operaciones Comerciales entre Empresas,* Civitas/Thomson, Madrid, 2006.

[75] Sobre a distinção entre dívidas pecuniárias e dívidas de valor, vide SERRA, A. Vaz, *Obrigações Pecuniárias,* 152 e ss., in: 52 "Boletim do Ministério da Justiça (1956), 5 e ss.

viços, incluindo a obrigação de pagamento do preço e de todas as demais despesas acessórias incorridas pelos contratantes (v.g., preparação contratual, entrega, transporte, etc.).[76]

Por outro lado, e mais importante, no que concerne ao seu *âmbito subjectivo*, o regime jurídico em apreço – num eloquente testemunho jurídico-positivo da progressiva centralidade da empresa no domínio do Direito Comercial – tem por protagonista regulatório central a *empresa* (art. 3.º): com efeito, nos termos da alínea a) do art. 3.º, por «transacção comercial» entende-se "qualquer transacção entre empresas ou entre empresas e entidades públicas (…)", sendo ainda que, nos termos da sua alínea b), por «empresa» deve entender-se aqui "qualquer organização que desenvolva uma actividade económica ou profissional autónoma, mesmo que exercida por pessoa singular". Daqui resulta, positivamente, que estão aqui abrangidos todos os empresários – isto é, todos os sujeitos jurídicos, singulares ou colectivos, que sejam titulares de uma organização empresarial que desenvolva um qualquer tipo de actividade económica (comercial, industrial, agrícola, artesanal, serviços, profissões liberais) – e todas as relações jurídico-negociais bilateralmente (entre empresários) ou unilateralmente (entre empresas e entidades públicas) empresariais[77]. Negativamente, de fora do âmbito de aplicação deste regime, ficam assim débitos pecuniários emergentes de *contratos entre empresas e consumidores*[78], de juros relativos a pagamentos que *não constituam remuneração*

---

[76] Inversamente, por já não se poderem considerar como contrapartida remuneratória da transacção, parecem ser de excluir as obrigações pecuniárias secundárias – isto é, as decorrentes do incumprimento ou outras vicissitudes contratuais, ainda que com conteúdo pecuniário – ou derivadas – isto é, que representem modos alternativos de extinção da obrigação primária de pagamento, v.g., letras de câmbio. Sobre o ponto, vide em geral CHINE, Giuseppe, *I Confini Oggettivi e Soggettivi di Applicazione della Disciplina sui Pagamenti nelle Transazioni Commerciali*, 62, in: AAVV, "La Disciplina dei Pagamenti Commerciali", 55 e ss., Giuffrè, Milano, 2004.

[77] O atraso de pagamento é um problema que, paradoxalmente, encontra nos Estados um dos seus principais protagonistas – aquilo que as instâncias europeias designam eufemisticamente como a "cultura de pagamento retardado" dos entes públicos (cf. JOCE n.º C407, de 28 de Dezembro de 1998, 50 e ss.). E de tal modo esta perspectiva se encontra enraizada, que o legislador português nem sequer cuidou em introduzir aqui uma entorse terminológica à própria figura-mestra do regime legal ("transacção comercial"), que abrange igualmente as relações entre empresas e *entidades públicas* (art. 3.º, a)): a expressão "entidade pública" deve ser aqui tomada no seu sentido mais amplo, designando "qualquer autoridade ou entidade contratante definida nas directivas relativas aos concursos públicos" (cf. art. 2.º, n.º 1, §1 da Directiva n.º 35/2000/CE, de 29 de Junho), incluindo assim designadamente o Estado, as autarquias locais, e os organismos de direito público.

[78] Neste sentido também o Acórdão da Relação do Porto de 26 de Setembro de 2005 (SOUSA LAMEIRA), onde justamente se decidiu pela não aplicabilidade do procedimento espe-

de transacções comerciais ("maxime", derivados de obrigações cambiárias[79]) e de *responsabilidade civil* (art. 2.º, n.º 2)[80]. Se a previsão legal das duas primeiras situações se pode considerar como algo redundante (uma vez que estas representam um corolário lógico do próprio âmbito geral de aplicação, desenhado no n.º 1 do art. 2.º)[81], já a última comporta um sentido autónomo relevante: o de circunscrever o perímetro legal aos pagamentos remuneratórios voluntários, com exclusão dos pagamentos indemnizatórios fundados em responsabilidade civil extracontratual (v.g., dever de indemnização resultante de facto ilícito) ou contratual (decorrente de incumprimento de obrigação contratual).[82]

2.3.2. *Mora, Prazos de Vencimento, Cláusulas Abusivas, Injunção*

I. A disciplina prevista no Decreto-Lei n.º 32/2003, de 17 de Fevereiro, contém quatro tipos de medidas essenciais: em sede de mora, de prazos de vencimento, de cláusulas abusivas, e do procedimento de injunção.

Uma primeira medida respeita ao regime da *mora* aplicável aos atrasos de pagamento de transacções comerciais[83], que inclui a previsão de um regime

---

cial de injunção previsto no art. 7.º ao caso de dívidas de consumidores (in: XXX "Colectânea de Jurisprudência" (2005), IV, 177 e s.).

[79] Sobre o regime dos juros moratórios de créditos comerciais titulados por letras, livranças e cheques, vide já *supra* 2.2.3. (nota 57).

[80] O elenco legal do art. 2.º, n.º 2 tem carácter taxativo (MORAIS, F. Gravato, *A Tutela do Credor Perante o Atraso no Pagamento de Transacções Comerciais*, 280, in: LIV "Scientia Iuridica" (2005), 271 e ss.). Tal significa, designadamente, que as obrigações pecuniárias de devedor insolvente (cuja exclusão era permitida pelo art. 6.º, n.º 3 da Directiva comunitária) ficam também abrangidas pelo regime legal: cf. ainda CERCONE, Roberto, *I Pagamenti Commerciali e L'Insolvenza del Debitore nella Prospettiva Comunitaria*, in: AAVV, "La Disciplina dei Pagamenti Commerciali", 41 e ss., Giuffrè, Milano, 2004.

[81] Relembre-se que este preceito se refere apenas aos pagamentos remuneratórios de transacções entre empresas, o que sempre implicaria, "a contrario sensu", que excluídos ficariam os pagamentos remuneratórios relativos a contratos entre empresas e consumidores e os pagamentos não remuneratórios de transacções.

[82] O inciso final da alínea c) do citado art. 2.º, n.º 2, que se refere genericamente aos pagamentos indemnizatórios "efectuados por companhias seguradoras", é susceptível de levantar algumas perplexidades, havendo doutrina que sustenta aqui a necessidade de uma interpretação restritiva (cf. CORREIA, M. Pupo, *Direito Comercial*, 426, 9.ª edição, Ediforum, Lisboa, 2005).

[83] Com efeito, sendo hoje empiricamente observável que uma das razões fundamentais para o referido fenómeno massivo de incumprimento tempestivo resulta do facto de ele se ter tornado financeiramente vantajoso para os devedores (mercê de factores vários, v.g., tais como o nível historicamente baixo das taxas de juro, os conhecidos problemas de ineficácia e demora

especial juros de mora (art. 4.º, n.º 1) e a chamada indemnização suplementar (art. 4.º, n.º 3). Quanto ao regime de *juros de mora* aplicável aos atrasos de pagamento de transacções comerciais, o legislador português optou por remeter a sua regulação para o quadro geral do art. 102.º do Código Comercial (cf. arts. 4.º, n.º 1 e 6.º): deste modo, pode afirmar-se que esta norma representa o preceito fundamental regulador dos juros das obrigações comerciais – que abrange assim todos os tipos de juros (legais ou convencionais sem taxa, remuneratórios ou moratórios) relativos a qualquer tipo de obrigação comercial (emergente de acto de comércio, bilateral ou unilateral)[84]. Além disso, é ainda mister atentar na possibilidade de o credor do pagamento em atraso exigir ao devedor uma *"indemnização suplementar"*, sempre que o montante dos prejuízos por aquele sofridos excedam o montante dos juros devidos por este último. Não obstante o legislador tenha assim alargado o âmbito da protecção que já resultava do mecanismo geral do art. 806.º, n.º 3 do Código Civil (que apenas prevê tal possibilidade para os casos de responsabilidade civil extracontratual por facto ilícito e pelo risco), a verdade é que não aproveitou na plenitude os mecanismos de tutela dos credores comerciais providenciados pelo legislador comunitário: com efeito, considerando que é sobre estes que recai o ónus da prova do montante dos prejuízos sofridos (art. 4.º, n.º 3), a fixação prévia de montantes indemnizatórios em função do valor das dívidas teria decerto contrabalançado os interesses em jogo e os interesses da própria administração da justiça (art. 3.º, n.º 1, e) da Directiva n.º 2000//35/CE).[85]

---

do aparelho estadual de justiça), impunha-se garantir aos credores uma protecção adequada relativamente ao regime comum existente, desincentivando simultaneamente os prevaricadores. Cf. também Considerando 16 da Directiva n.º 2000/35/CE, de 29 de Junho.

[84] Assim sendo, a única particularidade que parece resultar da remissão legal reveste carácter indirecto, prendendo-se com a questão da articulação entre os âmbitos de aplicação do regime geral do Código Comercial e do regime especial do Decreto-Lei n.º 32/2003, de 17 de Fevereiro: com efeito, em face do elenco de exclusões previsto no art. 2.º, n.º 2, é duvidoso se o regime juscomercial geral será aplicável aos juros moratórios relativos às obrigações pecuniárias emergentes de contratos celebrados entre comerciantes e consumidores. Sobre este regime dos juros moratórios, vide desenvolvidamente *supra* 2.2.3.

[85] Como já vimos anteriormente (cf. *supra* nota 56), mesmo com a bengala comunitária, os poderes públicos lusitanos não perdem uma oportunidade para apadrinhar os transgressores da lei, numa lamentável reafirmação daquilo que uma certa geração equivocada denominou eufemisticamente por "tradição de brandos costumes". Sem surpresa, diferente é o caminho seguido por outros países europeus, cujo superior desenvolvimento cultural, social, e económico, aliás, ninguém parece contestar: assim, plenamente consciente do problema, o legislador inglês previu expressamente uma espécie de sanção pecuniária compulsória ("additional compensation"), fixada por escalões e que acresce à própria sanção dos juros moratórios

Um segundo tipo de medida consiste na previsão de *prazos legais supletivos de vencimento automático* das obrigações pecuniárias puras (art. 4.º, n.º 2), por forma a proteger os credores comerciais contra eventuais omissões dos contratos na fixação de prazos de cumprimento daquelas obrigações e eliminar quaisquer dúvidas relativamente ao momento "a quo" do vencimento dos juros moratórios. A fixação dos referidos prazos supletivos foi feita pelo legislador em função de quatro tipo de variáveis substantivo-temporais. Assim, nas transacções comerciais que sejam omissas relativamente à data ou ao prazo de vencimento da obrigação de pagamento, considera-se que *tal obrigação se vence "ex lege" e automaticamente no prazo de 30 dias* – ou seja, sem necessidade de qualquer aviso ou interpelação, constituindo-se assim o respectivo devedor em mora e iniciando-se a contagem dos juros moratórios moratórios no termo desse prazo – após a data em que o devedor tiver recebido a factura ou documento equivalente (alínea a) do n.º 1 do art. 4.º), após a data de recepção dos bens ou de prestação dos serviços quando seja incerta a data de recepção da factura ou quando o devedor haja recebido esta última antes do fornecimento daqueles bens ou serviços (alíneas b) e c) do n.º 1 do art. 4.º), ou após a data de aceitação do devedor quando haja lugar a uma declaração de conformidade dos bens ou serviços recebidos por parte deste e ele haja já recebido a factura respectiva (alínea d) do n.º 1 do art. 4.º).[86]

Um terceiro tipo de medida, largamente instrumental dos direitos e deveres substantivos atrás referidos, é a proibição expressa da estipulação negocial de *cláusulas abusivas* em sede do vencimento e da mora das obrigações comerciais de pagamento (art. 5.º)[87]. Assim, no âmbito de negócios comerciais abrangidos pela lei, serão proibidas aquelas cláusulas que "estabeleçam

---

(cf. secção 5A da "Late Payment of Commercial Debts Regulation", na versão dada pelo "Statutory Instrument n.º 1674", de 7 de Agosto de 2002).

[86] A redacção legal deixa algo a desejar, ao afirmar que "sempre que do contrato não conste a data ou prazo de pagamento, são devidos juros, os quais se vencem automaticamente, sem necessidade de novo aviso" (art. 4.º, n.º 2, proémio). Por um lado, como é óbvio, são as obrigações de pagamento, e não as obrigações de juro decorrentes, que são objecto do vencimento automático previsto na lei: as obrigações de juros são exigíveis nos termos gerais, ou seja, apenas na data de vencimento dos próprios juros moratórios e mediante a correspectiva interpelação do devedor. Por outro lado, ao referir-se à desnecessidade de um "novo aviso", o legislador inculca a ideia errónea de ter existido um aviso anterior por parte do credor que desencadeou o vencimento: ora, o vencimento não requer qualquer acto de interpelação pelo credor, reportando-se a menção legal provavelmente às notificações entre as partes previstas nas alíneas do mesmo n.º 2.

[87] Com isto, o legislador visou evitar que a eficácia do seu regime pudesse ser posta em causa através do abuso da autonomia privada e da liberdade contratual: cf. Considerando 19 da Directiva 2000/35/CE e Preâmbulo do Decreto-Lei n.º 32/2003, de 17 de Fevereiro.

prazos excessivos de pagamento" (art. 5.º, n.º 1, a)) ou que "excluam ou limitem, de modo directo ou indirecto, a responsabilidade pela mora" (art. 5.º, n.º 1, b)). O preceito em questão, sendo inequivocamente tributário da lei geral em matéria do controlo dos contratos de adesão (mormente, os arts. 18.º, c) e 19.º, b) da "Lei das Cláusulas Contratuais Gerais", aprovada pelo Decreto-Lei n.º 446/85, de 25 de Outubro)[88], exibe, todavia, algumas importantes especialidades que importa enunciar[89]. "Primus", quanto ao seu âmbito de aplicação, ao passo que o regime geral respeita apenas aos contratos de adesão padronizados ou individualizados celebrados entre empresários (ou entidades equiparadas) ou entre estes e consumidores (arts. 1.º, n.os 1 e 2, 3.º, c), 17.º e 20.º da Lei das Cláusulas Contratuais Gerais), a proibição especial constante do diploma legal em apreço abrange virtualmente todos os tipos de negócios jurídicos – incluindo, pois, aqueles em que as cláusulas proibidas hajam sido objecto de negociação prévia entre os contraentes – e é aplicável aos casos de negócios celebrados entre empresários e o Estado ou outras entidades públicas (art. 3.º, a)). "Secundus", ao passo que o regime geral prevê sanções diferenciadas para as cláusulas em questão (absoluta e relativamente proibidas: cf. arts. 18.º, c) e 19.º, b) da Lei das Cláusulas Contratuais Gerais), a proibição especial citada é sempre relativa, já que a nulidade das mesmas fica dependente de um juízo valorativo a efectuar nos casos concretos, mormente da inexistência de motivo injustificado ou atendível para a sua previsão contratual (cf. art. 5.º, n.º 1)[90]. "Tertius", ao passo que o

---

[88] A alínea c) do art. 18.º da Lei das Cláusulas Contratuais Gerais prevê, entre as cláusulas negociais absolutamente proibidas, as que "excluem ou limitem, de modo directo ou indirecto, a responsabilidade por não cumprimento definitivo, mora ou cumprimento defeituoso", e a alínea b) do seu art. 19.º, à cabeça do elenco das cláusulas relativamente proibidas, refere aquelas que "estabeleçam, a favor de quem as predisponha, prazos excessivos para o cumprimento, sem mora, das obrigações assumidas".

[89] Mas também pontos comuns. Assim, do ponto de vista adjectivo, merece realce a extensão da tutela oferecida pela *acção inibitória*, prevista nos arts. 25.º e ss. da Lei das Cláusulas Contratuais Gerais, permitindo assim aos credores de obrigações pecuniárias emergentes deste tipo de contratos suscitar o controlo judicial, a título preventivo, da legalidade dos respectivos clausulados (art. 5.º, n.º 5 do Decreto-Lei n.º 32/2003, de 17 de Fevereiro): repare-se que esta previsão normativa tem relevo jurídico autónomo, já que, ao contrário do que resultaria da Lei das Cláusulas Contratuais Gerais (cf. o seu art. 3.º, c)), ela pode também abranger determinados contratos administrativos celebrados entre entidades públicas e empresas.

[90] É duvidoso o alcance a atribuir ao "carácter excessivo" dos prazos de pagamento contratualmente estabelecidos. Apesar de haver quem sustente que tal será o caso de todo e qualquer prazo contratual que ultrapasse os prazos supletivos legais (Santos, F. Cassiano, *Direito Comercial Português*, vol. I, 141, Coimbra Editora, 2007), propendemos a considerar que tal dependerá de um juízo valorativo a efectuar tomando por referência o contrato de adesão em

regime geral consagra a faculdade de optar pela manutenção ou extinção do contrato (art. 13.º, n.º 1 da Lei das Cláusulas Contratuais Gerais), o regime especial em apreço origina apenas a nulidade da cláusula ou cláusulas proibidas, subsistindo o negócio integrado pelas normas supletivas pertinentes e pelas regras gerais de integração dos negócios jurídicos (art. 5.º, n.º 2).[91]

Um quarto e último tipo de medidas consiste na extensão da tutela conferida pelo procedimento da *injunção* ao cumprimento das obrigações emergentes de transacções comerciais (arts. 7.º e 10.º, n.º 2, g) do Decreto-Lei n.º 269/98, de 1 de Setembro). No essencial, tal significa dizer que a falta de cumprimento tempestivo confere ao credor comercial o direito de lançar mão de uma providência tendente à criação de um título executivo extrajudicial na sequência de uma notificação de pagamento ao devedor[92]. Trata-se mesmo de um desvio ao regime geral do procedimento injuntivo, o qual, como é sabido, apenas admite créditos pecuniários de valor não superior ao da alçada da Relação, ou seja, 30 mil euros (art. 11.º, n.º 1, g) do Decreto-Lei n.º 269/98, de 1 de Setembro, art. 31.º, n.º 1 da Lei de Organização e Funcionamento dos Tribunais Judiciais): tal não quer dizer que o valor das obrigações pecuniárias comerciais seja aqui indiferente, uma vez que, se as acções tendentes ao cum-

---

causa: tal a leitura que, a um tempo, resulta do recurso da lei a conceitos indeterminados ("prazos excessivos", "motivo atendível e justificado face às circunstâncias concretas"), da admissibilidade de fixação judicial de prazos diversos (art. 5.º, n.º 3 do diploma legal em apreço), e do próprio paralelismo com o regime geral do controlo dos contratos de adesão (cf. art. 19.º, b) da Lei das Cláusulas Contratuais Gerais). A natureza excessiva ou leonina dos prazos clausulados haverá assim de ser aferida no contexto do quadro negocial – tomando em linha de conta, designadamente, a dimensão empresarial dos contraentes, o tipo de bens ou serviços negociados, e, muito em particular, os usos comerciais (cf. em geral ANTUNES, J. Engrácia, *Os Usos e o Costume no Direito Comercial: Algumas Breves Reflexões*, in: "Estudos Comemorativos dos 10 Anos da Faculdade de Direito da Universidade Nova de Lisboa", vol. II, 215-239, Almedina, Coimbra, 2008) –, sem prejuízo de os prazos supletivos do art. 4.º, n.º 2 possuírem aqui um valor de referência integrativo.

91 Este regime especial está de acordo com o regime geral da redução do negócio jurídico previsto no art. 292.º do Código Civil, embora o seu teor categórico pareça excluir a possibilidade de o credor lançar mão da ressalva contida no inciso final do preceito civilístico, que admite a invalidade total do negócio quando seja feita prova de que este não teria sido concluído sem a parte viciada: ou seja, dir-se-ia que as cláusulas nulas serão automaticamente substituídas pelas normas legais supletivas aplicáveis ou, na falta destas, pelos usos mercantis e pelas regras gerais de integração. Por outro lado, a nulidade da cláusula ou cláusulas de prazos de pagamento pode ser invocada judicial ou extrajudicialmente (art. 5.º, n.º 4), sendo o prazo aplicável o prazo supletivo legal pertinente (art. 4.º, n.º 2) ou o prazo fixado pelo juiz (art. 5.º, n.º 3).

92 COSTA, Salvador, *A Injunção e as Conexas Acção e Execução*, 153 e ss., 5.ª edição, Almedina, Coimbra, 2005.

primento de obrigações de valor inferior ao referido limiar, seguem os termos de acção declarativa especial para cumprimento de obrigações pecuniárias contratuais (art. 7.º, n.º 4 do Decreto-Lei n.º 32/2003, de 17 de Fevereiro), as acções cujo valor lhe sobrepuje já ficarão sujeitas à forma de processo comum (art. 7.º, n.ºs 2 e 3 do Decreto-Lei n.º 269/98, de 1 de Setembro).[93]

3. A Prescrição das Obrigações Mercantis

Muito embora as obrigações comerciais se encontrem sujeitas às causas de extinção das obrigações em geral (arts. 296.º e ss., 837.º e ss. do Código Civil), cumpre observar que as primeiras conhecem, em determinados casos, um regime próprio em matéria de *prescrição*.[94]

Com efeito, nos termos do art. 317.º, b), do Código Civil, sujeita-se à prescrição presuntiva no prazo de dois anos os "créditos dos comerciantes pelos objectos vendidos a quem não seja comerciante ou os não destine ao seu comércio, e bem assim os créditos daqueles que exerçam profissionalmente uma indústria, pelo fornecimento de mercadorias ou produtos, execução de trabalhos ou gestão de negócios alheios, incluindo as despesas que hajam efectuado, a menos que a prestação se destine ao exercício industrial do devedor". Este regime prescricional especial é assim aplicável *a todos os créditos emergentes de vendas efectuadas por comerciantes a particulares ou a comerciantes que adquiriram os bens comprados para fins alheios ao seu comércio*, pelo que, "a contrario sensu", ficarão já sujeitos aos prazos da prescrição ordinária os créditos de comerciantes originados em vendas a comerciantes que adquiriram tais bens para o seu comércio[95]. Finalmente, sublinhe-se que o

---

[93] Cumpre ainda chamar a atenção para um mecanismo de tutela do credor empresarial contra o cumprimento tardio do devedor que, conquanto não plasmado na lei portuguesa, resulta ainda do art. 4.º da Directiva 2000/35/CE, de 29 de Junho, que lhe esteve na base – referimo-nos à *cláusula de reserva de propriedade* (cf. ROCHA, A. Catarina, *A Cláusula de Reserva de Propriedade na Directiva 2000/35/CE do Parlamento Europeu e do Conselho sobre as Medidas de Luta Contra os Atrasos de Pagamento*, in: II "Revista da Faculdade de Direito da Universidade do Porto" (2005), 9-78).

[94] Sobre as causas de extinção das obrigações em geral, vide VARELA, J. Antunes, *Das Obrigações em Geral*, vol. II, 169 e ss., 7.ª ed., Almedina, Coimbra, 1997.

[95] Naturalmente, parece também necessário que os bens vendidos estejam relacionados com o comércio profissional do próprio vendedor. Para preceitos congéneres, todavia, um sector da doutrina no direito comparado tem sustentado a aplicabilidade deste especial regime prescricional indistintamente aos casos em que o comerciante seja devedor ou credor dos créditos mencionados: cf. RIPERT, George/ROBLOT, René, *Traité de Droit Commercial*, vol. I, 238, 17ème éd., LGDJ, Paris, 1998.

prazo prescricional presuntivo de dois anos tem o seu início na data em que o crédito se tornar exercitável (art. 306.º, n.º 1 do Código Civil), implicando o respectivo decurso para o devedor beneficiário a faculdade de recusa do cumprimento do crédito prescrito perante o comerciante credor (art. 304.º, n.º 1 do Código Civil), a não ser que a presunção legal seja ilidida nos termos dos arts. 313.º e 314.º do Código Civil.[96]

Como se vê, o regime aplicável variará consoante a qualidade em que intervém o devedor do comerciante-vendedor. Se aquele for um particular ou um comerciante para quem o acto revestiu no caso concreto natureza civil, a lei entendeu proteger o devedor remisso, que assim poderá beneficiar da prescrição presuntiva (isto é, fundada na presunção de que o débito foi pago, que só dentro de limites estreitos poderá ser ilidida: arts. 312.º a 314.º do Código Civil) e do curto prazo de dois anos (art. 317.º, b) do Código Civil)[97]; mas se o devedor for ele próprio outro comerciante que pratica o acto em conexão com o respectivo comércio profissional, a lei protege já, em primeira linha, o credor, fazendo aplicar os prazos gerais da prescrição ordinária (arts. 309.º

---

[96] Conquanto a doutrina e a jurisprudência portuguesas se inclinem tradicionalmente para considerar tal regime exclusivamente aplicável a comerciantes, propendemos a sustentar uma interpretação actualista do preceito no sentido da sua aplicação genérica aos *empresários*: semelhante extensão do âmbito subjectivo, além de plenamente justificada à luz do recentramento geral do actual Direito Comercial em torno da figura da empresa, permitiria ultrapassar as imprecisões ínsitas na própria formulação legal, que fala simultaneamente de "comerciantes" e de "industriais", sendo ainda que esta última expressão é tomada num sentido amplíssimo (e longe de inequívoco) que abrange o exercício de trabalhos e a gestão de negócios. Sobre o ponto, vide ainda ANTUNES, J. Engrácia, *Os Contratos Comerciais – Noções Fundamentais*, 178 e ss., Direito e Justiça, volume especial, Lisboa, 2008.

[97] Sobre as prescrições presuntivas, e os meios de defesa não admitidos, vide, na doutrina, RIBEIRO, J. Sousa, *Prescrições Presuntivas: Sua Compatibilidade com a Não Impugnação dos Factos Articulados pelo Autor*, in: V "Revista de Direito e Economia" (1979), n.º 2, 385 e ss.; SERRA, A. Vaz, *Prescrições Presuntivas (Algumas Questões)*, in: 98 "Revista de Legislação e de Jurisprudência" (1966/67), 243 e s.; na jurisprudência (com particular referência aos créditos "sub judice"), vide os Acórdãos do Supremo Tribunal de Justiça de 19 de Junho de 1979 (HERNÂNI LENCASTRE), in: 288 "Boletim do Ministério da Justiça" (1979), 364 e ss., e de 6 de Dezembro de 1990 (JOAQUIM DE CARVALHO), in: 402 "Boletim do Ministério da Justiça" (1991), 532 e ss. Merece ainda ser acentuado que a jurisprudência portuguesa tem considerado que as prescrições presuntivas não têm cabimento no domínio das obrigações cambiárias – cf. Acórdão do STJ de 1 de Julho de 1975 (ACÁCIO CARVALHO), in: 109 "Revista de Legislação e Jurisprudência" (1976-77), 241 e ss. – e não são aplicáveis à actividade específica das instituições bancárias – cf. Acórdão da Relação de Lisboa de 23 de Fevereiro de 1984 (MOREIRA MATEUS), in: IX "Colectânea de Jurisprudência" (1984), I, 141 e ss.

e 310.º do Código Civil), em homenagem aos interesses da tutela do crédito no tráfico mercantil.[98]

IV. CONTENCIOSO

1. Os Juízos de Comércio

O regime jurídico próprio dos actos de comércio, para além das especificidades formais e substantivas atrás referidas, apresenta também algumas particularidades jurisdicionais. Com efeito, depois de décadas sucessivas em que os litígios emergentes dos actos comerciais caíram exclusivamente sob a alçada dos tribunais cíveis ou comuns[99], o legislador português veio reintroduzir em 1999 a figura dos tribunais de comércio: a nova "Lei de Organização e Funcionamento dos Tribunais Judiciais" (Lei n.º 52/2008, de 28 de Agosto) designa-os por *juízos de comércio*, enquanto juízos de competência especializada integrados nos tribunais de comarca (art. 74.º, n.º 2, d)).[100]

---

[98] Existem ainda outras normas prescricionais, previstas na lei comercial e civil, que possuem relevância particular no domínio mercantil: pense-se, por exemplo, nos prazos de prescrição dos créditos e débitos emergentes de negócios cambiários e outros títulos de crédito (arts. 70.º e 71.º da Lei Uniforme das Letras e Livranças, arts. 52 e 53.º da Lei Uniforme do Cheque, art. 423.º do Código Comercial), de contratos de compra e venda de bens e serviços efectuados por "estabelecimentos de alojamento, comidas e bebidas" (art. 316.º do Código Civil), ou de contratos de prestação de serviços de fornecimento de gás, electricidade, telefone e água (art. 10.º, n.º 1 da Lei n.º 23/96, de 26 de Julho).

[99] Atenta a revogação do "Código do Processo Comercial", operada pelo Decreto-Lei n.º 29635, de 28 de Maio de 1939, e a extinção dos "Tribunais do Comércio", levada a cabo pelo Decreto-Lei n.º 21694, de 29 de Setembro de 1932.

[100] Além disso, retenha-se ainda a previsão da existência de *secções de comércio* nos Tribunais da Relação (art. 57.º, n.º 2). Sobre o ponto, embora ainda no âmbito da anterior Lei de 1999, vide FARIA, A. Leite, *Competência dos Tribunais de Comércio em Razão da Matéria*, in: 9 "Revista Jurídica da Universidade Portucalense" (2002), 87 e ss.; OLAVO, Carlos, *Competência dos Tribunais de Comércio em Razão da Matéria*, in: 65 "Revista da Ordem dos Advogados" (2005), 119 e ss.; SILVA, P. Costa, *Sobre a Competência dos Tribunais de Comércio*, in: 62 "Revista da Ordem dos Advogados" (2002), 201 e ss. Sobre o relevo dos tribunais do comércio em geral, vide COUTANT, Michel-Frédéric, *Les Tribunaux de Commerce*, PUF, Paris, 1998.

2. Sentido e Alcance da Jurisdição Comercial

Tratando-se indubitavelmente de uma importante semente no sentido da criação de uma verdadeira jurisdição comercial autónoma, tornada hoje premente pela crescente complexidade técnica e volume dos litígios mercantis[101], julgamos ser necessário enfatizar que o âmbito de competência material dos juízos de comércio foi delimitado por referência, antes que à figura geral do acto de comércio, a um elenco de matérias mercantis específicas.[102]

Por um lado, nos termos do art. 121.º, n.º 1 da referida Lei, compete aos juízos de comércio propor e julgar os processos de insolvência (art. 1.º do Código da Insolvência e da Recuperação de Empresas), as acções relativas à declaração de inexistência, nulidade e anulação do contrato de sociedade ("maxime", art. 44.º do Código das Sociedades Comerciais), ao exercício de direitos sociais (v.g., arts. 1479.º e ss. do Código de Processo Civil), à suspensão e anulação de deliberações sociais (v.g., arts. 59.º a 61.º do Código das Sociedades Comerciais, arts. 396.º e ss. do Código de Processo Civil), à liquidação judicial de sociedades (art. 146.º, n.º 1, "in fine", do Código das Sociedades Comerciais e arts. 1122.º e ss. do Código de Processo Civil), à dissolução de sociedade anónima europeia (art. 63.º e ss. do Regulamento CEE n.º 2157/2001, de 8 de Outubro) e de sociedades gestoras de participações sociais (art. 13.º, n.º 2 do Decreto-Lei n.º 495/88, de 30 de Dezembro), e aquelas a que se refere o Código do Registo Comercial (art. 9.º do Código do Registo Comercial)[103]. Por outro lado, a mesma Lei autonomizou ainda os *juízos de propriedade industrial* (art. 122.º), atribuindo-lhe uma competência especializada para julgar matérias de indiscutível cariz jusmercantil[104], além

---

[101] Cf. CABRAL, Célia/PINHEIRO, Armando, *A Justiça e o seu Impacte sobre as Empresas Portuguesas*, Coimbra Editora, 2003.

[102] Naturalmente, para além da matéria, a aferição da competência interna dos juízos de comércio deve ainda ter em conta os critérios da hierarquia, do valor e do território (art. 23.º, n.º 1 da Lei de Organização e Funcionamento dos Tribunais Judiciais).

[103] Nos termos do n.º 2 do mesmo preceito, compete ainda aos juízos de comércio julgar as *impugnações* dos despachos dos conservadores do registo comercial e os *recursos* das decisões contra-ordenacionais da Autoridade da Concorrência.

[104] Os juízos de propriedade industrial são competentes para conhecer das acções cuja causa de pedir verse sobre propriedade industrial (art. 2.º do Código da Propriedade Industrial), as acções de nulidade e de anulação previstas no Código da Propriedade Industrial (v.g., arts. 35.º e 36.º deste mesmo diploma legal), as acções em que a causa de pedir verse sobre firmas ou denominações sociais (arts. 32.º e ss. do Regime do Registo Nacional de Pessoas Colectivas), bem como, designadamente, dos recursos de decisões que concedam, recusem ou tenham por efeito a extinção de qualquer direito de propriedade intelectual, de decisões do Instituto Nacional da Propriedade Industrial, ou de decisões do Instituto dos Registos e do Nota-

de continuar a prever a existência de *juízos marítimos* (art. 123.º)[105]. De tudo o que resulta uma jurisdição comercial algo restrita e inconsistente: de uma penada, o legislador fez abranger na competência dos juízos de comércio, na verdade, apenas um pequeno núcleo dos sectores substantivos do Direito Comercial moderno (praticamente o relativo às sociedades e à insolvência) – e, mesmo aqui, de forma limitada, através de um elenco taxativo de matérias jussocietárias com exclusão de todas as demais – e autonomizou em juízos próprios outros sectores tradicionalmente integrados neste ramo (o da propriedade industrial).[106]

Assim sendo, pode afirmar-se, com propriedade, que *os actos de comércio continuam afinal, hoje como ontem, a não dispor de um verdadeiro regime jurisdicional em sentido próprio*, já que, ressalvados os casos contados daqueles actos comerciais específicos que se possam subsumir ao citado elenco legal, todos os litígios emergentes dos demais actos comerciais em geral continuarão a cair, tal como até aqui, no âmbito dos juízos de competência genérica (arts. 73.º, n.º 2 e 110.º, n.º 1 da Lei de Organização e Funcionamento dos Tribunais Judiciais).[107]

---

riado relativas à admissibilidade de firmas e denominações (não obstante, saliente-se que o art. 121.º, n.º 5 da Lei reconhece aos juízos de comércio uma competência residual ou subsidiária). Sobre o ponto, embora no âmbito do direito pretérito, vide OLAVO, Carlos, *A Propriedade Industrial e a Competência dos Tribunais de Comércio*, in: 61 "Revista da Ordem dos Advogados" (2001), 193 e ss.

[105] No âmbito da organização judiciária portuguesa, embora num plano secundário, são ainda relevantes para os litígios juscomerciais os próprios *julgados de paz*, os quais, no seu espaço circunscrito de competência (arts. 8.º e ss. da Lei n.º 78/2001, de 13 de Julho), poderão apreciar e decidir acções declarativas respeitantes a litígios jurídico-comerciais, v.g., as destinadas a efectivar o cumprimento de obrigações jusmercantis que não tenham por objecto uma prestação pecuniária ou cujo credor seja uma pessoa colectiva, ou as respeitantes a responsabilidade civil contratual ou extracontratual, a incumprimento contratual ou à garantia geral das obrigações.

[106] Com todos os inconvenientes práticos daqui resultantes: criticamente também, embora no âmbito da anterior Lei de 1999 para o domínio específico dos litígios jusindustriais, vide OLAVO, Carlos, *A Propriedade Industrial e a Competência dos Tribunais do Comércio*, 223, in: 61 "Revista da Ordem dos Advogados" (2001), 193 e ss. Ilustrativo disto mesmo é porventura o elevado número de arrestos judiciais que se debatem com problemas de delimitação do âmbito de competência material destes tribunais: vide, entre outros, os Acórdãos do Supremo Tribunal de Justiça de 16 de Dezembro de 2003 (PONCE DE LEÃO), de 18 de Dezembro de 2003 (FERREIRA DE SOUSA), e de 10 de Fevereiro de 2005 (LUÍS FONSECA), in: www.dgsi.pt.

[107] Se não é assim possível falar, com rigor, da existência em Portugal de um regime jurisdicional autónomo dos actos de comércio, ainda menos o será relativamente a um *regime processual próprio* – o que, naturalmente, não invalida que possam existir algumas formas processuais específicas, tais como diversos processos especiais – v.g., os relativos à regulação e repartição

V. Conclusão

Erigido em "conceito-chave"[108] ou "pedra basilar"[109] do objecto e do âmbito do Direito Comercial português (arts. 1.º e 2.º do Código Comercial), natural seria que o legislador houvesse feito corresponder ao acto de comércio um *regime jurídico próprio*, distinto daquele que a lei civil comum estabelece para os actos jurídico-privados em geral.

Ora, ressalta inequivocamente da análise precedente a flagrante exiguidade – já para não dizer quase inexistência – de um regime verdadeiramente digno desse nome: com efeito, as especificidades da disciplina jurídica dos actos jusmercantis reduzem-se hoje a um pequeníssimo punhado de regras relativas a meia dúzia de aspectos formais, materiais e jurisdicionais destes actos (genericamente constantes das "Disposições Gerais" previstas nos arts. 96.º e ss. do Código Comercial), ficando em tudo o resto a respectiva regulação sujeita às normas gerais da lei civil. Tamanha escassez veio decerto tornar ostensivamente excessiva a elaboração doutrinal realizada em torno do próprio conceito de acto de comércio – a qual ocupou sucessivas gerações de comercialistas, que a ela dedicaram seguramente muitos milhares de páginas[110] –, bem assim como suscitar a legítima interrogação sobre a necessidade de subsistência de um regime especial para este[111]. Mas por-

---

de avarias comuns (arts. 1063.º e ss. do Código de Processo Civil), à liquidação judicial de sociedades (arts. 1122.º e ss. do Código de Processo Civil), e, naturalmente, à insolvência e recuperação de empresas (hoje consagrados e regulados no Código da Insolvência e da Recuperação de Empresas) – bem assim como vários tipos de processos de jurisdição voluntária – especialmente os relativos ao exercício de diversos tipos de direitos societários (v.g., inquérito judicial à sociedade, nomeação, destituição e investidura de titulares de órgãos sociais, convocação de assembleia geral, oposição à fusão, cisão e contrato de subordinação societários, averbamento, conversão e depósito de acções e obrigações, regularização de sociedades unipessoais, e liquidação de participações sociais: cf. arts. 1479.º e ss. do Código de Processo Civil), mas não só (v.g., vejam-se as providências respeitantes aos navios e à sua carga, previstas nos arts. 1502.º e ss. do Código de Processo Civil).

[108] ASCENSÃO, J. Oliveira, *Direito Comercial*, vol. I, 53, Lisboa, 1998/99.

[109] ALMEIDA, A. Pereira, *Direito Comercial*, 39, AAFDL, Lisboa, 1976/77.

[110] Um autor português já se referiu a esta temática como constituindo "a parte de leão de toda a exposição a matéria mercantil" (ASCENSÃO, J. Oliveira, *Direito Comercial*, vol. I, 59, Lisboa, edição de 1988). Outro autor sublinha mesmo que "sobre ela milhões (*sic*) de páginas se escreverem em todo o mundo, e particularmente desde 1807, com a publicação do «Code de Commerce»" (BARROS, J. Joaquim, *Regime Geral dos Actos de Comércio*, 15, in: AAVV, "As Operações Comerciais", 11 e ss., Almedina, Coimbra, 1988).

[111] Como bem nota J. Oliveira ASCENSÃO, a exiguidade actual do regime próprio dos actos de comércio é tão grande "que tornou o debate sobre a demarcação do acto de comércio des-

ventura mais: expressando emblematicamente o *ocaso deste critério clássico da comercialidade*, forjado em pleno séc. XIX, semelhante situação interpela o jurista dos nossos dias relativamente à premência da *refundação* em novas bases do Direito Comercial do séc. XXI.

proporcionado em relação aos resultados práticos (...), pelo que não podemos fugir a suscitar a questão: para tão pequena diversidade, justifica-se a demarcação de um regime comum dos actos de comércio, distinto do regime civil?" (*Direito Comercial*, vol. I, 368 e s., Lisboa, 1998/99).

O FACTO E O DIREITO NO ART. 24-1 DO CÓDIGO DAS EXPROPRIAÇÕES

José Lebre de Freitas[*]

1. Segundo o art. 24-1 do Código das Expropriações (CExpr) de 1999, tal como segundo o anterior art. 23-1 CExpr. de 1991[1],

"O montante da indemnização calcula-se com referência à data da declaração de utilidade pública, sendo actualizado à data da decisão final do processo, de acordo com a evolução do índice de preços no consumidor, com exclusão da habitação".

Contêm-se aqui dois preceitos:

– O valor da indemnização deve ser *calculado* com referência à data da declaração de utilidade pública;
– O valor da indemnização deve ser *actualizado* à data da decisão final do processo de expropriação, por aplicação das taxas oficiais de inflação.

É manifesto, não precisando de demonstração, que o segundo preceito está na dependência do primeiro: *a actualização dá-se por o valor da indemnização se reportar à data da declaração de utilidade pública*. Não seria, efectivamente, justa, violando o princípio do art. 62-2 da Constituição da República, a indemnização que, tendo sido fixada com referência a determinada data, não fosse seguidamente actualizada quando o seu pagamento ocorresse mais tarde: a inflação é uma realidade e a desvalorização do dinheiro, não compensada, acabaria por destruir a correspondência entre a utilidade do bem expropriado e a compensação atribuída pela sua perda. Calculado, portanto, o valor da indemnização com referência à data da declaração de utilidade pública, há que o actualizar. *É pressuposto da segunda norma o cumprimento da primeira*.

---

[*] Professor Catedrático da Faculdade de Direito da Universidade Nova de Lisboa.

[1] Apenas com uma diferença: nele não se continha o segmento "por exclusão da habitação". É que o índice de preços do consumidor não devia, nos termos expressos do art. 23-2 CExpr de 1991, incluir o preço da habitação.

Qualquer das normas tem *como destinatário o "árbitro"* (na fase da "arbitragem") *e o juiz* (na fase de recurso): a eles compete fixar o valor da indemnização e actualizá-lo. Mas é desejável que, na avaliação que tem lugar na fase de recurso, os peritos, detentores de preparação técnica que justifica a sua intervenção como intermediários entre os factos e valores a apurar e o julgador[2], tenham em conta a primeira norma quando efectuam a avaliação do bem a expropriar. Se, em consequência disso, ao observarem os factos *presentes* em que baseiam o cálculo da indemnização[3], os peritos reportarem o seu laudo à data da declaração de utilidade pública, não só terão de aplicar os *índices* vigentes nessa data e ter em conta os *valores* de mercado então praticados, mas também de patentear as *alterações de facto* entretanto verificadas, *reconstituindo a situação de facto existente à data para sobre ela calcularem a indemnização devida*. A norma do art. 24-1 CExpr teve, aliás, prevalentemente em vista o apelo a essa situação de facto (registada na vistoria *ad perpetuam rei memoriam*, se a expropriação for urgente) quando ela venha a sofrer alteração entre a data da declaração de utilidade pública e a da avaliação. A comparação com o *regime geral da obrigação de indemnizar* e os *antecedentes do preceito* são elucidativos.

De acordo com o art. 566-2 do Código Civil (CC), a indemnização em dinheiro tem como medida a diferença entre a situação patrimonial do lesado, *na data mais recente que puder ser atendida pelo tribunal*, e a que teria *nessa data* se não existissem danos. É pacífico que a data a que a norma se refere é *a da sentença* proferida na acção declarativa ou a de liquidação em execução de sentença[4]. Isto é assim porque, constituindo a indemnização em

---

[2] O *perito* interpõe-se entre a fonte de prova (real ou pessoal, excluída a fonte de prova pessoal representativa) e o julgador, como que decifrando para o juiz os factos manifestados pela fonte de prova (LEBRE DE FREITAS, *A acção declarativa comum*, Coimbra, Coimbra Editora, 2000, n.os 14.1.2 e 18.1). Na *avaliação*, que tem por fim a determinação do valor de bens ou direitos, o valor da fonte de prova (o bem a avaliar ou aquele a que o direito se reporta) é apurado em face dos elementos de facto por ela directamente manifestados, em comparação com os valores gerais correntes do mercado. Na fase da "arbitragem", "árbitro" e perito confundem-se.

[3] As operações de prova têm por objecto factos passados ou factos presentes duradoiros. A testemunha relata normalmente *factos passados*, mas o perito pronuncia-se sobre *factos presentes*, com os quais é confrontado no decurso do processo, ainda quando se trata de, através deles, reconstituir factos passados. Objecto da sua observação são pessoas ou coisas, tais como presentemente existem, sem prejuízo de outra ser a perspectiva do historiador que, nesta qualidade, seja chamado a desempenhar a função de perito.

[4] Por todos: VAZ SERRA, *Obrigação de indemnização*, BMJ, 84, p. 250, e ac. do STJ de 27.3.84 (OCTÁVIO GARCIA), *BMJ*, 335, p. 279. Na medida em que dependa de factos, salvo se oficiosamente cognoscíveis, atende-se à data do encerramento da discussão na 1.ª instância, nos termos do art. 663-1 do Código de Processo Civil (CPC) (por todos: *RLJ*, 112, p. 328, e ANTUNES VARELA, *Das obrigações em geral*, Coimbra, Almedina, 1998, p. 937 (3)).

dinheiro um *equivalente compensatório do prejuízo sofrido* e subsistindo este, por falta de reparação, à data da sentença, a melhor forma de fixar o seu quantitativo é reportá-la à data mais próxima possível daquela em que a reparação efectiva, por via do pagamento da indemnização, tenha lugar. Assim se evita, nomeadamente, pelo menos até essa data[5], a necessidade, que de outro modo existiria, de actualizar a prestação pecuniária fixada, em função da flutuação do valor da moeda, nos termos do art. 551 CC (aplicável à constituição de qualquer obrigação pecuniária, incluindo a de indemnização).

O *CExpr de 1976*, aprovado pelo DL 845/76, de 11 de Dezembro, não regulava a matéria e foi controvertido, na sua vigência, se o montante da indemnização devia ser reportado à data da arbitragem (ac. do TRP de 18.2.86, Flávio Pinto Ferreira, *CJ*, 1986, I, p. 187), à data da avaliação (ac. do TRP de 22.5.86, Oliveira Domingues, *CJ*, 1986, III, p. 188) ou à data da decisão (ac. do TRP de 1.4.86, Martins da Costa, *CJ*, 1986, II, p. 184). A dúvida só se justificava pela perplexidade gerada pelo desaparecimento da referência constante do *preâmbulo* do anterior – e efémero – DL 71/76, de 27 de Janeiro, a que "o montante da indemnização se reporta à data da declaração de utilidade pública da expropriação" (afirmação feita para justificar que o protelamento do processo de expropriação resultava *em benefício da entidade expropriante*, que pagaria, mais tarde, em moeda desvalorizada). Era – é certo – uma afirmação do legislador desapoiada de texto em que se fundasse; mas o certo é que, não contendo o DL 845/76 idêntica ou semelhante referência, a jurisprudência dividiu-se, *como se estivesse perante um caso omisso*[6], em lugar de procurar decididamente orientação a partir das normas gerais da lei civil. Notava-se, porém, que a doutrina e a jurisprudência mais recentes se orientavam no sentido de se dever atender ao *momento mais próximo do pagamento da indemnização*, entendendo como tal o da avaliação do bem[7].

Foi perante este cenário de alguma desorientação que surgiu o art. 23-1 do Código das Expropriações de 1991, que pela primeira vez consagrou uma solução específica para o momento do cálculo da indemnização.

---

[5] A partir da data a que o tribunal tenha atendido, há direito a um complemento de indemnização, sob a forma de juro, até que ocorra o pagamento efectivo (por todos: ac. do STJ de 22.5.79, Aquilino Ribeiro, *RLJ*, 112, p. 325).

[6] Não era assim, visto que, na falta de norma especial, tinha aplicação a norma geral do art. 566-2 CC. Esta foi aplicada pelo acórdão do TRP de 6.2.97 (Coelho da Rocha), proc. 9631281, www.dgsi.pt.

[7] Luís Perestrelo de Oliveira, *Código das Expropriações*, Coimbra, Almedina, 1992, p. 86 (1).

No *DL 845/76* consagrava-se já que o valor dos terrenos situados fora dos aglomerados urbanos devia ser calculado em função do seu rendimento, efectivo ou potencial, atendendo-se exclusivamente ao seu destino como prédio rústico e ao seu estado *no momento da expropriação* (art. 30-1), assim como que, na determinação do valor dos bens, não podia tomar-se em consideração a *mais-valia* resultante da declaração de utilidade pública da expropriação (art. 29-1, correspondente ao art. 22-3 CExpr de 1991 e ao art. 23-2-a CExpr de 1999). Nada disto constava do DL 71/76, nem do anterior DL 43.587, de 8.4.61. Mas foi o *CExpr de 1991* que erigiu em regra geral o recurso ao momento da declaração de utilidade pública: por um lado, o art. 22-2, depois de, tal como o art. 28-1 do Código de 1976 (na versão do DL 845/76), estabelecer que a justa indemnização não visa compensar o *benefício* alcançado pelo expropriante, mas ressarcir o *prejuízo* que para o expropriado advém da expropriação, medida pelo valor do bem expropriado, mandou que se tivesse em conta *as circunstâncias e as condições de facto existentes à data da declaração de utilidade pública*; por outro lado, o art. 23-1 prescreveu que *o montante da indemnização se calcula com referência à data da declaração da utilidade pública*. Estas duas normas, equivalentes às dos arts. 23-1 e 24-1 do actual CExpr, são *complementares*: é por se dever atender à situação de facto existente nesse momento que há que apurar o valor que o prédio então tinha.

Não deve ter sido diferente a ideia do legislador de 27.1.76, com duas importantes diferenças: para ele, a questão de actualizar a quantia devida estava fora de causa; a ideia não chegou a ser concretizada em norma jurídica. Mas, introduzida a actualização da quantia atribuída com referência à data da declaração de utilidade pública, a segunda norma perde relevância substancial, pois é *equivalente* apurar o valor da indemnização a essa data e seguidamente *inflaccioná-lo* ou calculá-lo com referência à data da avaliação e, se apenas o valor da moeda se apresentar diferente, *deflaccioná-lo* até à data da declaração de utilidade pública e *inflaccioná-lo* em seguida até à data da sentença; um e outro método só conduzirão a resultados substancialmente diversos *se os dados de facto sobre os quais repousa o cálculo do valor a indemnizar se apresentarem também alterados*, para tanto bastando que a evolução do preço dos imóveis fique aquém ou além da evolução do índice de preços no consumidor. *Das duas normas só a primeira verdadeiramente releva*, explicando-se a segunda apenas pela necessidade de determinar o momento a que a fixação do valor se reporta, a fim de, ao contrário daquilo para que apontava o preâmbulo do DL 71/86, sobre ele fazer seguidamente incidir as taxas de actualização. *O tribunal não pode, pois, nunca prescindir de apurar a data a que se reporta o laudo pericial com cujas conclusões concorde.*

De qualquer modo, há que não esquecer que essa norma tem como destinatário o juiz (ou árbitro), constituindo uma *norma de decisão*[8]: o juiz deve condenar a entidade expropriante a pagar uma indemnização reportada à data da sentença e, para isso, uma vez que os elementos de facto relevantes são os verificados à data da declaração de utilidade pública, há que actualizar a indemnização que tenha sido apurada com referência a esta data. Se o laudo pericial, com que o juiz concorde, a esta se tiver reportado no cálculo do valor a indemnizar, tanto melhor: basta ao juiz aplicar, para o apuramento final, os índices de preços no consumidor. Mas, se o cálculo dos peritos se reportar à data da avaliação, a actualização a fazer não respeitará senão ao período entre esta e a data da sentença[9]. *O que nunca pode é a inobservância, pelos peritos, da norma do art. 24-1 CExpr, que aliás a eles não se dirige, ter como consequência uma actualização que, não o sendo por nada haver a actualizar, acabe por violar o princípio da justa indemnização.*

Nem da norma do art. 24-1 CExpr se pode retirar, na dúvida sobre o momento ao qual os peritos se tenham reportado, uma **presunção legal**, ilidível ou inilidível, sem prejuízo de, na interpretação do laudo, se poder lançar mão de **presunções (judiciais)**, **num ou noutro sentido** (momento da declaração de utilidade pública ou momento da avaliação). O art. 24-1 CExpr não contém uma **norma de direito probatório**[10]: não diz que, na falta de prova,

---

[8] É pura norma de decisão aquela que tem como seu *directo destinatário* o juiz, enquanto autor da sentença, em oposição às normas de conduta do direito material, que só *indirectamente* constituem normas de decisão (ARWED BLOMEYER, *Zivilprozessrecht*, Berlim, Duncker und Humblot, 1985, § 1, II, 2). Dirigindo-se a norma em causa ao juiz, e não aos peritos, o juiz, ao aplicá-la, não pode deixar, quando concorde com o laudo pericial, de considerar a data a que neste se reportou o valor da indemnização, a fim de o manter ou, em obediência a essa norma, o alterar para o fazer coincidir com o da data da declaração de utilidade pública, a inflaccionar seguidamente (ou, em interpretação mais racional da norma, a fim de o manter também no segundo caso, quando os dados de facto em que repousa o cálculo da indemnização se mantenham inalterados, mas prescindindo da actualização até ao momento a que os peritos reportaram a avaliação).

[9] "Referindo-se os senhores peritos, no seu laudo, a valores actuais que tomam em conta, terá de entender-se que, até tal data, o valor da indemnização está actualizado. Todavia, sempre a actualização terá de ser feita até à data em que o expropriado efectivamente recebe o valor tido como justo. Actualizável, porém, será apenas a parte de indemnização que os expropriados efectivamente não receberam". Estas três asserções, feitas no sumário do acórdão do TRP de 8.3.96 (CANTO PEREIRA), proc. 9651315, www.dgsi.pt, com referência ao CExpr de 1976, guardam toda a actualidade.

[10] É norma de direito probatório a que trata da admissibilidade dos meios de prova, da sua força probatória ou da distribuição do ónus da prova, bem como a que regula os actos do procedimento probatório. Veja-se a minha obra *A acção declarativa comum*, Coimbra, Coimbra Editora, 2000, n.os 14.5.1 e 14.5.2.

o juiz deve entender que os valores atribuídos pelos peritos se têm por reportados à data da declaração de utilidade pública; impõe um **método de cálculo** a observar e nada mais. Mesmo que se entendesse que esse imperativo legal tem os peritos como directos destinatários, da sua inobservância não poderia entender-se que resulta o reporte do resultado da avaliação àquela data. **Não se confundem a questão de facto da determinação da data a que os peritos efectivamente se reportem com a norma de direito que lhes impõe o dever de se reportarem a determinada data.** Do incumprimento da norma pelos peritos não pode, obviamente, resultar o **injustificado enriquecimento** dos expropriados à custa da entidade expropriante (ac. do TRP de 16.6.98, Cândido de Lemos, proc. 9820539, www.dgsi.pt).

Regime da Decisão do Supremo Tribunal de Justiça sobre Ampliação da Matéria de Facto

José Lebre de Freitas[*]

> SUMÁRIO: 1. Recurso de revista e matéria de facto. 2. Pressupostos da decisão de ampliação da decisão de facto.

A reforma dos recursos cíveis (DL 303/2007, de 24 de Agosto) manteve intacta a norma do art. 729 do Código de Processo Civil (CPC) (ressalvada a identificação da norma do art. 722 CPC, para que o n.º 2 remete), bem como as dos arts. 727 CPC (*idem*), 722-2 CPC (que fez transitar para o art. 722-3 CPC) e 712-6 CPC. Por isso, uma reflexão, como a que se segue, sobre a articulação entre a circunscrição do recurso de revista à matéria de direito e o poder do STJ de ordenar a ampliação da matéria de facto não apresenta grandes novidades; mas, em tempo de reequacionar o papel do STJ no sistema dos recursos, a revisitação do tema é oportuna.

1. Recurso de revista e matéria de facto

Não é duvidoso que o STJ não pode, em recurso de revista, conhecer de matéria de facto. Por um lado, o art. 26 da Lei de Organização e Funcionamento dos Tribunais Judiciais (LOFTJ) e, por outro, os arts. 722 CPC e 729 CPC são expressos em que o STJ julga apenas *de direito*.

Cabe assim ao STJ determinar e aplicar definitivamente, como dispõe o art. 729-1 CPC, o regime jurídico que julgue adequado aos factos materiais fixados pelo tribunal recorrido, não podendo controlar ou sindicar a apreciação das provas e a fixação dos factos realizadas pelas instâncias.

Não constitui excepção o disposto na 2.ª parte do art. 722-3 CPC: a verificação da ofensa de lei que exija certa espécie de prova para a existência do

---

[*] Professor Catedrático da Faculdade de Direito da Universidade Nova de Lisboa.

facto ou fixe a força de determinado meio de prova tem implicações *indirectas* na fixação dos factos materiais da causa; mas o julgamento do Supremo, ao verificá-la, constitui *directamente* um mero juízo de direito[1].

Do mesmo modo, a apreciação de *documentos supervenientes* em recurso de revista (art. 727 CPC), originando a aplicação das normas sobre a força probatória dos documentos, constitui ainda questão de direito: o Supremo, confrontado com o novo documento, tem de verificar quais os factos que por ele são provados, de acordo com as normas dos arts. 371-1 e 376-1 do Código Civil (CC), bem como, no plano da eficácia da declaração nele contida, do art. 352 CC; independentemente da questão de saber se implica que essa prova só seja admissível para *manter* uma decisão de facto que de outro modo seria revogada por aplicação do art. 722-2 CPC[2] ou permite também a *revogação* ou modificação da decisão de facto da Relação[3], a remissão do art. 727 CPC para os arts. 722-3 CPC e 729-2 CPC enquadra esta incursão do Supremo na pesquisa factual no âmbito *geral* em que tal lhe é permitido por essas normas, fornecendo um elemento de interpretação do art. 722-2 CPC e assim *confirmando* que o Supremo pode extrair consequências probatórias dos documentos do processo, mas só quando eles constituam prova (*legal*) plena não ilidida por prova contrária (quer esses documentos tenham sido juntos ao processo em fase anterior, quer, por serem supervenientes, tenham sido juntos apenas com as alegações do recurso de revista).

Esta circunscrição da actuação do STJ à apreciação de direito é "justificada pela função de *harmonização jurisprudencial* sobre a interpretação e aplicação de lei [acrescentaríamos: também sobre a sua indagação] que é característica

---

[1] Designadamente: a natureza da força probatória legal do *documento* e da *confissão* acarreta a censurabilidade pelo Supremo das decisões da Relação que violem qualquer dos preceitos dos arts. 370-1 CC, 373-1 CC e 358 CC, n.os 1 e 2; a existência de normas que impõem a interpretação objectivista das declarações negociais (arts. 236-1 CC e 238-1 CC) e, por extensão, das não negociais (art. 295 CC) confere ao Supremo o poder de verificar se tais normas terão sido violadas pelas instâncias ao apurarem o sentido da *declaração escrita*. Ver, sobre estes pontos, o meu parecer sobre *O ónus da denúncia do defeito da empreitada no artigo 1225 do Código Civil/O facto e o direito na interpretação dos documentos*, O Direito, 1999, I/II.

[2] ALBERTO DOS REIS, *CPC anotado*, Coimbra, Coimbra Editora, 1948 [1981], VI, p. 71.

[3] Veja-se, neste sentido, o ac. do STJ de 17.11.92 (FERNANDO FABIÃO), *BMJ*, 421, p. 346. O Supremo determinou o sentido da declaração (sentença) proferida por tribunal francês como tendo baseado o divórcio no abandono do lar conjugal, e não na separação de facto entre os cônjuges, e fez sintomaticamente apelo à figura do documento autêntico (a certidão da sentença) para justificar a alterabilidade da matéria de facto fixada pela Relação. Veja-se também o ac. do STJ de 17.4.08 (PINTO HESPANHOL), www.dgsi.pt, proc. 07S4747, p. 21.

própria dos tribunais supremos"[4]. Por isso, aliás, se sublinha não ser o STJ um tribunal de instância, mas um *tribunal de revista*[5].

O Supremo não pode, pois *alterar* a decisão de facto das instâncias (art. 729-2 CPC).

No entanto, o art. 729-3 CPC confere ao Supremo a possibilidade de entender que a decisão de facto pode e deve ser *ampliada* em ordem a constituir base suficiente para a decisão de direito, caso em que o processo deve voltar ao tribunal recorrido para novo julgamento (art. 730-1 CPC). Trata-se, também aqui, duma *censura de direito*: a imposição aos tribunais de instância que considerem os factos principais relevantes para a decisão (arts. 664 CPC e 511-1 CPC) implica que o Supremo possa censurar a decisão da Relação que tenha omitido considerá-los, em *consequência* do que por ele é mandada ampliar a matéria de facto[6]. O Supremo não pode *ampliar a base instrutória*

---

[4] Othmar Jauernig, *Zivilprozessrecht*, München, Beck, 1998, p. 280; Teixeira de Sousa, *Estudos sobre o novo processo civil*, Lisboa, Lex, 1997, pp. 421-422.

[5] Castro Mendes, *Direito processual civil*, III, Lisboa, AAFDL, 1989, p. 97. A caracterização do nosso Supremo como tribunal de revista vem desde que, no início do séc. XIX, ele foi criado no nosso ordenamento judiciário. Determinava o *art. 191 da Constituição de 1822* que houvesse em Lisboa um Supremo Tribunal de Justiça, que teria por principal função "*conceder ou negar revista*". Tendo começado a funcionar em 1833, a defesa da sua existência como tribunal de revista cedo se baseou, fundamentalmente, em razões de uniformização na aplicação da lei (Manuel Chaves e Castro, *A organização e competência dos tribunais de justiça portugueses*, Lisboa, 1910, p. 143). A designação manteve-se na *Carta Constitucional de 1826* (José Joaquim Lopes Praça, *Direito constitucional portuguez – Estudos sobre a Carta Constitucional de 1826 e Acto Adicional de 1852*, Coimbra, 1879, 2.ª Parte, I, pp. 343 e 347) e na Constituição de 1838 (art. 126). A partir da Constituição de 1911, os textos constitucionais limitaram-se a consagrar a contraposição entre "*tribunais de instância*" e "Supremo Tribunal de Justiça" (art. 56 da Constituição de 1911; art. 115 da Constituição de 1933; art. 210 da Constituição de 1976), mantendo-se, porém, o sentido da distinção feita nos textos constitucionais anteriores. Os conceitos utilizados nos arts. 209 e 210 da Constituição da República ("tribunal de instância", "tribunal de 2.ª instância", etc.) foram assim herdados de uma longa tradição legislativa no âmbito do ordenamento judiciário português, continuando, portanto, a contrapor os "tribunais de instância" (tribunais de 1.ª e 2.ª instância) a um *tribunal de revista* (Supremo). A própria excepção do art. 210-5 é inequívoca: "O Supremo Tribunal de Justiça funcionará como *tribunal de instância nos casos que a lei determinar*". Não é, por isso, legítimo falar, sem alguma ambiguidade, de uma terceira ou última instância (Gomes Canotilho e Vital Moreira, *Constituição da República Portuguesa anotada*, Coimbra, Coimbra Editora, 1993, pp. 810-811, segundo os quais "o princípio deste artigo [art. 210 da Constituição da República Portuguesa] significa que o Supremo Tribunal de Justiça é a última *instância* em matérias da competência dos tribunais judiciais").

[6] Na expressão do ac. do STJ de 19.6.1991 (Baltazar Coelho), *BMJ*, 408, p. 477, foi a função específica do Supremo, consistente em decidir questões de direito, não julgando, em princípio, matéria de facto, que justificou "a necessidade de criar um mecanismo capaz de fazer

com novos factos, dos alegados pelas partes ou daqueles de que o tribunal pode excepcionalmente conhecer oficiosamente, mas pode mandar *ampliar a decisão de facto*, por constatar, nomeadamente, que as partes alegaram factos que não foram incluídos na base instrutória e eram relevantes para a *decisão de direito* a dar à causa, consideradas a *norma jurídica* aplicável e a falta de elementos que permitam verificar o preenchimento da sua *previsão*[7], cabendo então à Relação ordenar o seu aditamento[8].

Esta disposição legal harmoniza-se com o disposto no art. 712-6 CPC, que determina a insindicabilidade, pelo Supremo, do uso, ou recusa do uso, pela Relação, dos poderes que lhe são conferidos quanto à fixação da matéria de facto. Trata-se, na realidade, ali, não do controlo do uso ou não uso dos poderes de alteração ou anulação da decisão de facto (no que a Relação actua como última instância), mas da utilização, pelo Supremo, de *poderes próprios de controlo da suficiência da decisão de facto para a operação de subsunção* que lhe cabe, em última análise, efectuar[9].

Datam do CPC de 1939 as normas do art. 729, em cujo n.º 3 (que terminava em "decisão de direito") o DL 329-A/95 apenas acrescentou o segmento disjuntivo final. Ensinava ALBERTO DOS REIS que o preceito que hoje constitui o n.º 2 havia de ser entendido como ressalvando, não só o disposto no art. 722 CPC, mas *também o disposto no art. 712 CPC*: não podendo a Relação, em regra, alterar a decisão do tribunal colectivo, cabia ao Supremo exercer cen-

---

face àquelas situações em que a Relação, na sua função de tribunal de instância, tivesse fixado os factos da causa por forma limitada, isto é, insuficiente". Ver também o ac. do STJ de 21.7.87 (JOAQUIM FIGUEIREDO), *BMJ*, 369, p. 511 (514).

[7] Como diz ANTUNES VARELA, *Anotação ao acórdão de 20.5.86*, RLJ, 125, pp. 301-309 e 331--339, o Supremo, ao constatar a falta de elementos de facto para o preenchimento da norma jurídica que considere aplicável, emite um *juízo de direito*, escolhendo, entre as várias plausíveis (art. 511-1 CPC), determinada solução jurídica (a menos que, de todo em todo, não possa fazê--lo) e ordenando à Relação, se tal for o caso, que, para a possibilitar, corrija o *erro de direito* cometido ao não anular a decisão da 1.ª instância, mediante a ampliação da matéria de facto da causa. Já assim, aliás, o dizia claramente ALBERTO DOS REIS, *CPC anotado* cit., VI, pp. 82-83.

[8] Ver o ac. do STJ de 20.5.86 (JOAQUIM FIGUEIREDO), *BMJ*, 357, p. 336, melhor referido na nota 14 *infra*.

[9] Assim, LOPES DO REGO, *Comentários ao CPC*, Coimbra, Almedina, 2004, I, em anotação ao art. 712. Segundo outra orientação interpretativa, o STJ só poderia usar esses seus poderes, oficiosamente, em recurso proposto com outro fundamento. Esta orientação, seguida nos acs. do STJ de 22.11.06, proc. 2568/06, da 4.ª Secção, e de 17.4.08, www.dgsi.pt, proc. 0754747 (PINTO HESPANHOL), p. 21, é perfilhada por RODRIGUES BASTOS, *Notas ao CPC*, Lisboa, 2001, III, p. 287, que, porém, critica, por incongruente, a opção legal. Claro que, na vigência do DL 303/2007, de 24 de Agosto, a admissibilidade do recurso de revista conta com as restrições dos arts. 721 e 721-A CPC.

sura sobre a observância desta regra e, quando verificasse que a Relação se permitira alterar a decisão de facto da 1.ª instância sem que se verificasse algum dos casos excepcionais do art. 712 CPC, fazer prevalecer a decisão do tribunal colectivo[10]. Por outro lado, era acentuada a diferença entre o (novo) regime do CPC de 1939 e o do CPC de 1876: neste, a Relação, ampliada a decisão de facto, era livre de julgar de direito em sentido diverso – e até contrário – ao preconizado pelo Supremo na fundamentação da ordem de baixa do processo; naquele, o Supremo passava logo a pronunciar-se vinculativamente sobre o *regime jurídico aplicável*, substituindo-se assim a um regime de cassação um regime de substituição[11]. Note-se que, no CPC de 1939, o conteúdo do art. 712 CPC se limitava ao que hoje consta do n.º 1 deste artigo (diminuído da referência à gravação dos depoimentos, introduzida na revisão de 1995-1996), sendo enunciada como regra a imodificabilidade da decisão do tribunal colectivo e enunciados como excepção os casos das três alíneas.

O CPC de 1961 aditou dois novos números ao art. 712 CPC: pelo n.º 2, correspondente à 1.ª parte do actual n.º 4, a Relação podia anular a decisão do tribunal colectivo, mesmo oficiosamente, quando reputasse deficientes, obscuras ou contraditórias as respostas dadas (o que já determinava, no CPC de 1939, o art. 653-i) ou considerasse indispensável a formulação de novos quesitos; o n.º 3 correspondia, com alcance mais restrito, ao actual n.º 5.

No que especificamente se refere ao poder de anulação, a *jurisprudência dominante* formou-se no sentido de entender que, tal como ALBERTO DOS REIS defendera para o poder de alteração da decisão de facto, *o Supremo podia censurar o seu uso pelo tribunal da relação*[12], mas não, ao menos em regra, o seu *não uso*[13], sem prejuízo de poder e dever mandar *ampliar* a decisão de facto,

---

[10] *CPC anotado* cit., VI, p. 78. Não podia, porque isso seria interferir na *matéria de facto*, julgar no sentido de a Relação ter alterado injustificadamente as respostas dadas; tratava-se, pois, de verificar os *pressupostos de direito* do poder de alteração, não de reapreciar as provas produzidas (*idem*, V, pp. 473-474).

[11] *CPC anotado* cit., VI, pp. 79-80. Mais rigorosamente, substituiu-se a um puro regime de cassação (de facto e direito) um regime de cassação atenuado (limitado à matéria de facto).

[12] Ver, por exemplo, o ac. do STJ de 9.4.92 (ALBUQUERQUE DE SOUSA), *BMJ*, 416, p. 566 (a Relação excedeu os seus poderes, ao mandar quesitar factos não alegados). No domínio paralelo da censura à alteração das respostas aos quesitos, pode ver-se, por exemplo, os acs. de 22.9.89 (MÁRIO AFONSO), *BMJ*, 389, p. 446 (a Relação excedeu os seus poderes, ao considerar o conteúdo de documentos cuja junção ao processo era indevida), e de 15.10.92 (FIGUEIREDO DE SOUSA), *BMJ*, 420, p. 468 (a Relação usou mal os seus poderes, ao considerar admitido por acordo um facto que a 1.ª instância considerara – correctamente – ter sido impugnado; ver, em sentido contrário, o ac. de 20.10.89, MÁRIO AFONSO, *BMJ*, 390, p. 372).

[13] Ver, por exemplo, os acs. do STJ de 13.12.84 (LIMA CLUNY), *BMJ*, 342, p. 361, de 31.10.90 (PRAZERES PAIS), *BMJ*, 400, p. 591, e de 3.11.92 (FERNANDO BAIÃO), *BMJ*, 435, p. 750, assim

ao abrigo do art. 729-3 CPC, quando, não tendo a Relação procedido a tal ampliação, a prova disponível fosse *insuficiente* para alicerçar a decisão de direito[14].

O DL 375-A/99, de 20 de Setembro, aditou ao art. 712 CPC um n.º 6, segundo o qual das decisões da Relação previstas nos números anteriores *não cabe recurso* para o STJ. Esta nova norma já anteriormente constara do DL 224/82, de 8 de Junho, que expressamente salvaguardava o disposto no art. 729 CPC, n.ºs 2 e 3, e referia, equiparando-os, o *uso* e o *não uso* dos poderes conferidos à Relação. O DL 224/82 não chegou a entrar em vigor e o preceito do DL 375-A/99 não salvaguarda expressamente o art. 729 CPC. O seu sentido não pode, porém, deixar de ser o mesmo, sob pena de praticamente esvaziar o conteúdo dos arts. 729-3 CPC e 730-1 CPC e coarctar inexplicavelmente a competência do Supremo para, em último recurso, decidir *de direito*: verificando o Supremo que o apuramento de novos factos, ou a resolução de contradição entre eles, é indispensável à *operação de subsunção* na norma por ele julgada aplicável, o processo baixará à Relação para, se necessário com recurso à 1.ª instância, se completar a decisão de facto com a verificação, ou não verificação, desses factos, só *a seguir* se podendo constatar se a previsão geral e abstracta correspondente a tais factos está preenchida. Para este efeito, é equivalente o tratamento do caso em que a Relação não use, porventura mediante recusa expressa, o poder de

---

como, na doutrina, RODRIGUES BASTOS, *Notas ao CPC*, Coimbra, Almedina, 1973, III, p. 337. Segundo outra orientação, o Supremo podia exercer também censura sobre o não uso desse poder, quando, levantada a questão perante a Relação, esta o tivesse recusado, embora já não quando a questão nem sequer lhe tivesse sido posta (ac. do STJ de 1.6.93, CARDONA FERREIRA, *BMJ*, 428, p. 505; já assim, mas considerando estar-se perante o controlo do *uso* do poder anulatório da Relação, no ac. do STJ de 6.11.79, AQUILINO RIBEIRO, *BMJ*, 291, p. 393).

[14] É exemplar o ac. do STJ de 20.5.86 (JOAQUIM FIGUEIREDO), *BMJ*, 357, p. 336, e *RLJ*, 125, p. 295: a acção tinha sido julgada procedente, mas o *réu* havia alegado factos, sobre os quais não incidira prova, que a Relação recusara aditar ao questionário e que, fundando as excepções de *caducidade* e de *abuso do direito de preferência*, o Supremo entendeu deverem ser objecto de prova, o que importaria a anulação, pela Relação (não directamente pelo Supremo, de acordo com o Assento de 28.7.44, *RLJ*, 77, p. 123, e *DG* de 22.8.44), da decisão do tribunal colectivo. Tirado com um voto de vencido, este acórdão encontra-se anotado, no próprio boletim, com indicação de decisões opostas, e por ANTUNES VARELA, na revista, com extensa nota de concordância quanto à determinação da baixa do processo e discordância apenas quanto ao facto de o STJ não ter definido logo o regime de direito aplicável. No mesmo sentido – e incorrendo no mesmo vício de não definir o regime aplicável, bastando-se com a perspectiva do art. 511-1 CPC (várias soluções plausíveis da questão de direito) – decidiu o STJ em ac. de 21.2.95 (PAIS DE SOUSA), *CJ/STJ*, 1995, I, p. 96, que constatou a falta de factos que permitissem fixar a *medida da indemnização*.

anulação que lhe é conferido pelo art. 712 CPC e aquele em que o use, permanecendo, porém, a *previsão legal por preencher*[15].

2. PRESSUPOSTOS DA DECISÃO DE AMPLIAÇÃO DA DECISÃO DE FACTO

A actuação do art. 729-3 CPC, na parte em que consente ao Supremo entender que a decisão de facto fixada pelas instâncias pode e deve ser ampliada, em ordem a constituir base suficiente para a decisão de direito, está sujeita a determinados pressupostos.

Em primeiro lugar, a ampliação da decisão de facto só pode ter por objecto *factos* que tenham sido oportunamente *alegados pelas partes*, nos articulados normais do processo ou em articulado superveniente[16].

Em segundo lugar, sem prejuízo do que se deixou dito sobre os meios de prova com eficácia plena, admissão incluída[17], é necessário que os *factos* em questão sejam ainda *controvertidos*, por não terem sido apurados, pois, caso contrário, estar-se-ia a consentir a interferência indevida do STJ na apreciação da matéria de facto decidida pelas instâncias[18].

Em terceiro lugar, os *factos* em falta sobre cuja verificação não haja decisão hão-de ser *necessários à integração da previsão de uma ou mais normas aplicáveis, de acordo com a orientação jurídica que o Supremo entenda dever perfilhar*. São assim excluídos os factos essenciais ao vencimento da tese defendida por uma parte, mas não perfilhada pelo Supremo. Diversamente do que cabe ao

---

[15] Ver, já neste sentido, o acórdão do STJ de 26.1.88 (MENÉRES PIMENTEL), *BMJ*, 373, p. 483, em que se tratava de factos, alegados *pelo réu*, que, segundo este, integravam uma situação de erro provocado por *dolo* do outro contraente. O STJ só não mandou ampliar a matéria de facto por entender que, no caso concreto, havia caducado o direito de arguir a anulabilidade; mas entendeu – e por isso entrou a analisar as implicações concretas do caso – que a sua censura sobre o não uso do poder de anulação da Relação, *fundada em que tal não teria influência na decisão*, constituía questão de direito, a que não se podia furtar.

[16] Ver, por exemplo, os acs. do STJ de 21.11.79 (OCTÁVIO DIAS GARCIA), *BMJ*, 291, p. 480, de 15.11.83 (CORTE REAL), *BMJ*, 331, p. 449, e, em parte, de 5.3.87 (GÓIS PINHEIRO), *BMJ*, 365, p. 600.

[17] Cf. LEBRE DE FREITAS, *A acção declarativa comum*, Coimbra, Coimbra Editora, 2000, n.os 7.2.2, 7.4.2.A e 19.2.

[18] Assim, por exemplo, no ac. do STJ de 16.6.83 (LIMA CLUNY), *BMJ*, 328, p. 546, e, em parte, no de 5.3.87 (GÓIS PINHEIRO), *BMJ*, 365, p. 600. É fundamento de não provimento do recurso a insuficiência dos factos provados para neles assentar a decisão de mérito *favorável* ao recorrente, quando a Relação tenha tomado em consideração todos os factos alegados pelas partes (ALBERTO DOS REIS, *CPC anotado cit.*, VI, p. 83).

juiz fazer, quando procede à selecção da matéria de facto, nos termos do art. 511-1 CPC, não basta a relevância dos factos para uma das *várias soluções plausíveis da questão de direito*[19]. Como bem resulta do art. 730-1 CPC, cabe previamente ao Supremo definir o direito aplicável e *depois* mandar julgar novamente a causa (isto é, a matéria de facto) em harmonia com o enquadramento jurídico definido; essa operação prévia só é dispensada, por *impossibilidade*, quando a falta é de tal ordem que não permite fixar, desde logo, os parâmetros da decisão de direito (art. 730-2 CPC). Nomeadamente, havendo duas versões de facto e dependendo do apuramento duma delas certa qualificação jurídica que, segundo o Supremo, pode determinar o sentido da decisão final, este mais não pode fazer do que, abstendo-se da qualificação definitiva, ordenar que a matéria de facto seja ampliada, de modo a que ela subsequentemente possa ter lugar[20].

---

[19] Esta fórmula, introduzida no Código de 1961, foi consagrada, como salienta ANTUNES VARELA, "já numa fase de franca reacção contra a tendência natural de quem organizava o questionário para nele incluir apenas a matéria de facto pertinente à solução da questão de direito para que o seu pensamento se inclinava com a leitura dos articulados" (*Anotação ao acórdão do STJ de 20.5.86*, RLJ, 125, p. 303).

[20] CALVÃO DA SILVA, *Estudos de direito comercial*, Coimbra, Almedina, 1996, pp. 89-92.

O NOVO MODELO APLICÁVEL ÀS UNIVERSIDADES E ÀS ESCOLAS — AS FUNDAÇÕES PÚBLICAS COM REGIME DE DIREITO PRIVADO: REGIME JURÍDICO DESCONHECIDO... OU SIMPLESMENTE TEMIDO?

CATARINA SERRA[*]

> SUMÁRIO: 1. Introdução. – 2. Enquadramento do modelo fundacional aplicável às instituições de ensino superior no direito português. 2.1. Fundações públicas, fundações privadas e *tertium genus*. 2.2. A disciplina jurídica das fundações. A (anunciada) reforma legislativa em matéria de fundações. – 3. O modelo fundacional nos termos do Regime Jurídico das Instituições de Ensino Superior. 3.1. O procedimento de criação. 3.2. A organização e a gestão. 3.3. As universidades-fundação em particular (aspectos de gestão financeira, patrimonial e de pessoal): o confronto com as universidades-instituto público. 3.4. As escolas-fundação em particular. – 4. Os contratos de consórcio. – 5. Considerações finais.

1. A Lei n.º 62/2007, de 10 de Setembro, estabeleceu o Regime Jurídico das Instituições de Ensino Superior (RJIES). Na norma do n.º 1 do seu art. 9.º diz-se que "[a]s instituições de ensino superior públicas são pessoas colectivas de direito público, podendo, porém, revestir também a forma de fundações públicas com regime de direito privado, nos termos previstos no capítulo VI do título III".

Decorrido o primeiro trimestre de vigência do diploma, verificou-se que do universo das catorze universidades públicas portuguesas apenas três formalizaram a intenção de adoptar o modelo fundacional: a Universidade de Aveiro (UA), a Universidade do Porto (UP) e o Instituto de Ciências do Trabalho e da Empresa (ISCTE). Segundo o que foi sendo noticiado pela imprensa, universidades como a Universidade de Lisboa (UL), a Universidade Nova de Lisboa (UNL), a Universidade Técnica de Lisboa (UTL), a Univer-

---

[*] Professora da Escola de Direito da Universidade do Minho.

sidade de Coimbra (UC) e a Universidade do Minho (UM) não rejeitaram imediatamente a solução e reservaram a sua decisão para mais tarde.

Para justificar a resistência têm sido apontadas a indefinição da lei e a necessidade urgente de maiores esclarecimentos. Afirmou-se, inclusivamente, que "o problema é que não se sabe o que é uma fundação pública com regime de direito privado, tal como referida na lei", pelo que decidir agora seria dar "um tiro no escuro"[1].

Às críticas e aos apelos respondeu o ministro da Ciência, da Tecnologia e do Ensino Superior, MARIANO GAGO: "não está prevista nenhuma regulamentação adicional. As regras são claras e cabe às instituições interessadas fazer os estudos e demonstrar ao Governo a sua capacidade para a transformação"[2]. E, mais tarde, acrescentou: "as universidades que têm dúvidas não estão em condições de se autogerirem de uma forma tão avançada"; "as instituições que alegam ter muitas dúvidas têm que trabalhar mais para superá-las"[3].

É natural que existam dúvidas, mesmo alguma desconfiança. As novidades causam sempre uma desorientação considerável. É, de facto, a primeira vez que se concebe a possibilidade de as universidades não serem os tradicionais institutos públicos[4] mas coisa diversa. E logo vem a ser a fundação pública com regime de direito privado, que é uma figura estranha ao contexto universitário português. Além disso, desde há algum tempo que é conhecida a necessidade de uma reforma do regime das fundações em Portugal, pelo que as alterações legislativas podem surgir a qualquer momento.

---

[1] Foi esta a opinião do reitor da Universidade da Beira Interior (UBI), MANUEL SANTOS SILVA, partilhada, entre outros, pelo vice-reitor da Universidade de Coimbra, ANTÓNIO AVELÃS NUNES, de acordo com notícia da agência noticiosa *Lusa* de 9 de Janeiro de 2008 (consultada em WWW: <http://clix.expresso.pt>).

[2] Esta foi uma declaração do ministro ao *Diário de Notícias*, no dia 11 de Janeiro de 2008.

[3] Foi a notícia do *Portugal Diário* de 16 de Janeiro de 2008 (consultada em WWW: <http://www.portugaldiario.iol.pt>) e do *Jornal de Negócios* (secção de *Campus*) de 17 de Janeiro de 2008. A declaração não foi bem recebida pelo Conselho de Reitores das Universidades Portuguesas (CRUP), tendo sido criticada pelo respectivo presidente, FERNANDO SEABRA SANTOS, de acordo com notícia publicada no *Jornal de Negócios* (secção de *Campus*) de 22 de Janeiro de 2008.

[4] As universidades estaduais aparecem genericamente qualificadas como institutos públicos, tanto na lei [cfr. art. 48.º, n.º 1, al. a), da lei quadro dos institutos públicos (Lei n.º 3/2004, de 3 de Janeiro, com a alteração do DL n.º 105/2007, de 3 de Abril)], como na doutrina [cfr. DIOGO FREITAS DO AMARAL, *Curso de Direito Administrativo*, Vol. I (com a colaboração de Luís Fábrica, Carla Amado Gomes e J. Pereira da Silva), Coimbra, Almedina, 2006, p. 365]. O instituto público pode ser definido como "*uma pessoa colectiva pública, de tipo institucional, criada para assegurar o desempenho de determinadas funções administrativas de carácter não empresarial, pertencentes ao Estado ou a outra pessoa colectiva pública*" [cfr. IDEM, *Ibidem*, p. 363 (itálicos do A.)].

O modelo não é, contudo, absolutamente original. No estrangeiro, existem casos bem-sucedidos de fundações universitárias (*foundation universities*), como a universidade sueca de Chalmers, instituída em 1994[5].

A autoria da figura aplicada às universidades portuguesas é imputada a VITAL MOREIRA[6], que a apresenta assim: "integra-se no movimento de diversificação e flexibilização dos modos de organização e gestão do sector público, ficando, no entanto, aquém dos modelos mais radicais de empresarialização das universidades ('universidade-empresa')"[7]; tem como nota distintiva "a separação entre o ente 'proprietário' (a fundação) e a universidade propriamente dita"[8], ou seja, o facto de existir uma pessoa – a fundação – de permeio entre o Estado e o estabelecimento de ensino.

A favor da solução da universidade de base fundacional têm sido evocados alguns argumentos: a maior liberdade de contratação dos docentes e investigadores, a possibilidade de gerir o património com alguma autonomia, a maior independência face aos condicionamentos financeiros do Estado[9]. Mas logo se contrapõem outras opiniões: que a solução representa a subversão da ideia de universidade como comunidade de pessoas para fazer prevalecer a ideia de património e, principalmente, que ela abre a porta à desresponsabilização financeira do Estado e à privatização das instituições[10].

Os riscos podem ser imaginários, mas as dúvidas persistem: qual é o estatuto dos docentes e investigadores da universidade?; qual é a situação do seu património?; qual é a contrapartida do Governo nos contratos celebrados com a universidade[11]? Em suma, representará o modelo uma mais-valia para a universidade, permitindo a agilização da gestão financeira e patrimonial e a definição de estratégias próprias, como anunciam os seus arau-

---

[5] O processo de transformação de Chalmers numa *university foundation* não foi desprovido de dificuldades, como se pode ler na página da própria universidade (disponível em WWW: <http://www.chalmers.se/stiftelsen/Chalmers10ar-eng.pdf>).

[6] Assim, por exemplo, JORGE MIRANDA, em notícia do jornal *Público* de 22 de Junho de 2007.

[7] Cfr. o texto "Uma revolução no ensino superior?", publicado no jornal *Público* de 19 de Dezembro de 2006.

[8] *Ibidem*.

[9] Veja-se, neste sentido, a notícia do *Diário Económico* de 8 de Janeiro de 2008 (pp. 42-43).

[10] É esta a opinião de JORGE MIRANDA, veiculada no jornal *Público* de 31 de Maio de 2007 (p. 47), quando o RJIES era ainda um projecto.

[11] São as maiores dúvidas, segundo notícia do semanário *Expresso* de 12 de Janeiro de 2008 (corpo principal, p. 17). Em crónica publicada no jornal *Público* de 5 de Janeiro de 2008 (p. 38), escrevia NUNO DAVID, professor e membro da assembleia estatutária do Instituto Superior de Ciências do Trabalho e da Empresa (ISCTE), que, por força da necessidade de negociar contratos com o Estado, as instituições perderiam autonomia face ao Governo.

tos? Será que, reunindo a informação disponível, não podem esclarecer-se algumas destas dúvidas?

2. Há quem diga que a fundação de que se fala no RJIES é uma nova figura jurídica e não o aproveitamento de uma figura preexistente[12].

Efectivamente, as fundações públicas com regime de direito privado não correspondem às típicas fundações privadas: desde logo porque são criadas pelo Estado, por acto de soberania estadual, e não pela sociedade civil, por negócio jurídico de direito privado. Tão-pouco são fundações públicas puras porque se lhes aplica expressamente o direito privado.

Autorizará isto a dizer que elas são uma figura completamente nova e não o aproveitamento de uma figura preexistente?

Não se iria tão longe, sobretudo no que respeita ao último ponto. Que o Estado, dotado de poder legislativo, não está subordinado ao princípio de tipicidade, podendo criar entes jurídicos novos, é incontestável[13]. Mas uma coisa é dizer que estas fundações são irredutíveis às tradicionais fundações (públicas ou privadas), outra é dizer que elas não podem ser ordenadas a nenhuma das categorias e muito menos que não participam da (ou de parte da) respectiva disciplina jurídica.

Um aspecto fundamental das fundações públicas com regime de direito privado é a sua preordenação ao interesse público e a sua vocação como instrumento para a prossecução de actividades de ensino, científicas e culturais. Estes fins – ou melhor: a necessidade de um instrumento adequado à realização destes fins – foi o que determinou a sua concepção e a sua configuração jurídica. Se se atender a isto, aplicando um dos critérios mais comuns para distinguir as pessoas colectivas públicas ou de direito público e as pessoas colectivas privadas ou de direito privado[14] – o do fim ou do

---

[12] É esta a opinião de Cristina Paula Casal Baptista, manifestada na palestra "Regime jurídico das Fundações das Universidades", que se realizou no dia 12 de Outubro de 2007, na Faculdade de Engenharia da Universidade do Porto (FEUP) (disponível em WWW: <http://streamer.fe.up.pt/world/rjfu/news>).

[13] A soberania e a discricionariedade do Estado na criação de pessoas colectivas são afirmadas, por exemplo, no Parecer do Conselho Consultivo da Procuradoria-Geral da República n.º 65/1998 (disponível em WWW: <http://www.dgsi.pt>). Também aí se reconhece que os modelos da administração indirecta e a sua organização não são taxativos, pautando-se antes por considerações de eficácia.

[14] Empregam-se as expressões "pessoas colectivas públicas/privadas" e "pessoas colectivas de direito público/de direito privado" como equivalentes. A doutrina continua, todavia, a discutir qual é a designação mais correcta, inclinando-se os autores mais recentes para o uso preferencial da primeira, já que a segunda sugere (enganadoramente) a existência de uma cor-

interesse prosseguido –, dir-se-ia que estas fundações são pessoas colectivas de direito público[15].

O argumento definitivo é dado pela norma do art. 9.º, n.º 1, do RJIES. Aí se estabelece, sem margem para dúvidas, que (independentemente da forma que revistam), "as instituições de ensino superior públicas são *pessoas colectivas de direito público*"[16].

A qualificação não tem pouca importância, bem pelo contrário: influencia o seu regime jurídico global. Como pessoas colectivas públicas, elas estão sujeitas a um tratamento jurídico substancialmente diverso daquele a que estão sujeitas as pessoas colectivas privadas do mesmo tipo (fundacional), seguindo em muitos pontos um regime equivalente ao das pessoas colectivas públicas de outro(s) tipo(s)[17] – pense-se, só para três exemplos, nos trabalhadores – que ficam, em princípio, sujeitos ao regime da função pública (e não ao regime geral do contrato de trabalho) –, nos litígios – para a resolução dos quais têm competência os tribunais administrativos (em vez dos tribunais comuns) – e no regime tributário específico, composto de um conjunto de isenções (de impostos, taxas, custas, emolumentos e selos) de que só o Estado e as entidades a ele equiparadas são beneficiários.

---

relação entre a classificação das pessoas colectivas e a dos ramos do direito (cfr., neste sentido, entre outros, ANTÓNIO MENEZES CORDEIRO, *Tratado de Direito Civil português*, I – *Parte Geral*, tomo III – *Pessoas*, Lisboa, Almedina, 2004, pp. 539-540, e LUÍS A. CARVALHO FERNANDES, *Teoria Geral do Direito Civil*, I – *Introdução, pressupostos da relação jurídica*, Lisboa, Universidade Católica Editora, 2007, pp. 438-439).

[15] Como se sabe, a distinção entre pessoas colectivas públicas e privadas não é um ponto pacífico na doutrina, persistindo actualmente a discussão sobre o(s) critério(s) a adoptar (cfr., sobre a questão, por exemplo, ANTÓNIO MENEZES CORDEIRO, *Tratado de Direito Civil português*, I – *Parte Geral*, tomo III – *Pessoas* cit., pp. 538-543, e LUÍS A. CARVALHO FERNANDES, *Teoria Geral do Direito Civil*, I – *Introdução, pressupostos da relação jurídica* cit., pp. 438-449). Podem enumerar-se, entre outros, os critérios do fim ou do interesse prosseguido, da titularidade de poderes de autoridade, da integração, da iniciativa ou da criação e do regime. Existem ainda os critérios mistos ou eclécticos, que combinam todos ou alguns dos critérios anteriores, dando embora prevalência a um deles. Adopta um critério deste último grupo, por exemplo, JOÃO DE CASTRO MENDES [*Teoria geral do direito civil*, vol. I (com a colaboração de Armindo Ribeiro Mendes), Lisboa, Associação Académica da Faculdade de Direito de Lisboa, 1978, pp. 264-265]. Afirma o A. que o critério do fim é, em si, exacto mas insuficiente, precisando de ser complementado com outras notas: a prossecução do interesse público deverá ser o fim primário da pessoa colectiva e reflectir-se relevantemente na sua constituição ou no seu regime. Pessoa colectiva de direito público será, assim, "*a que prossegue primariamente fins de interesse público, reflectindo-se esta finalidade relevantemente na sua constituição ou no seu regime. Serão pessoas colectivas de direito privado as restantes*" (itálicos do A.).

[16] Itálicos nossos. Cfr. também art. 4.º, n.º 1, al. a), do RJIES.

[17] É este o entendimento de LUÍS A. CARVALHO FERNANDES (*Teoria Geral do Direito Civil*, I – *Introdução, pressupostos da relação jurídica* cit., p. 448).

Resta, então, saber como se harmonizam este enquadramento público e o "regime de direito privado" a que se alude no seu *nomen iuris*, isto é, que regras de direito privado são aplicáveis a (estes) entes jurídicos públicos.

2.1. Como é do conhecimento geral, as fundações não são um instrumento jurídico recente. Estão associadas à actividade filantrópica, que remonta à Antiguidade Clássica e se desenvolve na Idade Média, essencialmente por força dos ensinamentos cristãos. As primeiras fundações tiveram, assim, um carácter religioso e deram origem a hospitais, albergarias e outras obras de interesse social[18]. Foi assim também em Portugal.

De início, elas não foram consideradas verdadeiros entes jurídicos, tendo obtido este estatuto só muito recentemente. Há quase meio século, afirmava ainda MARCELLO CAETANO que fundação era "a organização destinada a prosseguir um fim duradouro ao qual esteja afectado um património"[19]. Os elementos essenciais da noção de fundação eram a afectação de um património à realização de um fim duradouro mediante organização própria[20]. Ficava de fora, segundo o A., a personalidade jurídica, embora – como ele próprio admite – fosse habitual, já na altura, reservar o termo "fundação" para designar uma categoria das pessoas colectivas[21].

Hoje, as fundações são genericamente consideradas pessoas colectivas[22], o que está em conformidade com a sua inserção sistemática no Capítulo II do Livro I do Código Civil (CC), com a norma do art. 157.º do CC e ainda com a norma do n.º 2 do art. 158.º do CC, segundo a qual as fundações adquirem personalidade jurídica pelo reconhecimento.

---

[18] Para uma breve evolução histórica das fundações cfr., entre outros, BERNARDO SANTA-LUCIA, «Fondazione (diritto romano)», in *Enciclopedia del Diritto*, XVII, Milano, Giuffrè, 1968, pp. 774 ss., PIO FEDELE, «Fondazione (diritto intermedio)», *Ibidem*, pp. 785 ss., e ainda MARTIN PENNITZ, «§§ 80-89», in MATHIAS SCHMOECKEL/JOACHIM RÜCKERT/REINHARD ZIMMERMANN (Hrsg), *Historisch-kritischer Kommentar zum BGB, I – Allgemeiner Teil – §§ 1-240*, Tübingen, Mohr Siebeck, 2003, pp. 277 ss.

[19] Cfr. MARCELLO CAETANO, *Das fundações – subsídios para a interpretação e reforma da lei portuguesa*, Lisboa, Edições Ática, 1961, p. 26.

[20] Cfr. MARCELLO CAETANO, *Das fundações – subsídios para a interpretação e reforma da lei portuguesa* cit., p. 27.

[21] Cfr. MARCELLO CAETANO, *Das fundações – subsídios para a interpretação e reforma da lei portuguesa* cit., p. 25.

[22] Cfr., por todos, CRISTINA PAULA CASAL BAPTISTA, *As fundações no direito português*, Coimbra, Almedina, 2006, p. 29. Contraponha-se à definição de MARCELLO CAETANO a definição de JOÃO DE CASTRO MENDES [*Teoria geral do direito civil*, vol. I (com a colaboração de Armindo Ribeiro Mendes) cit., p. 271]: "[a] fundação é (...) essencialmente uma organização personificada de bens".

Segundo a doutrina portuguesa, a fundação, tal como outras pessoas colectivas (as associações), compõe-se de dois elementos: o substrato (*substratum*) e o reconhecimento. O substrato é, como diz MANUEL A. DOMINGUES DE ANDRADE, "um *elemento de facto*, constituído por certo número de dados da realidade extra-jurídica" e o reconhecimento é "um *elemento de direito*, por virtude do qual o ente de facto, provido apenas de realidade social, passará a ser também um *ente jurídico*, uma verdadeira e própria pessoa colectiva"[23]. O substrato da fundação decompõe-se, por sua vez, em quatro elementos: o elemento patrimonial, o elemento teleológico, o elemento intencional (*animus personificandi*) e o elemento organizatório[24]. Segundo a doutrina dominante, o primeiro elemento é o que identifica e distingue as fundações relativamente às corporações ou pessoas colectivas de tipo associativo (cujo substrato é integrado por um elemento pessoal), sendo habitual dizer-se que as fundações são massas de bens (*universitates bonorum*) e as corporações são colectividades de pessoas (*universitates personarum*)[25].

Transpondo para o domínio das fundações a distinção entre as pessoas colectivas públicas e privadas, a doutrina distingue entre fundações públicas e fundações privadas[26]. Esta não é uma distinção fácil[27] – é até porventura

---

[23] Cfr. MANUEL A. DOMINGUES DE ANDRADE, *Teoria Geral da Relação Jurídica*, vol. I – *Sujeitos e Objecto*, Coimbra, Almedina, 1983, p. 56 (itálicos do A.).

[24] Na doutrina alemã, é usual dizer-se, em contrapartida, que o conceito de fundação tem três elementos constitutivos (*drei Konstitutive Elemente*): o fim da fundação (*Stiftungszweck*), o património da fundação (*Stiftungsvermögen*) e a organização da fundação (*Stiftungsorganisation*) [cfr., por todos, JULIUS VON STAUDINGER/PETER RAWERT, "Vorbemerkungen zu §§ 80-88", in *Kommentar zum Bürgerlichen Gesetzbuch mit Einführungsgesetz und Nebengesetzen, Erstes Buch – Allgemeiner Teil – §§ 21-103*, Berlin, De Gruyter, 1995, p. 372].

[25] VICTOR DE SÁ MACHADO («As fundações, a opinião pública e a sociedade civil», in *Boletim da Faculdade de Direito da Universidade de Coimbra*, vol. LXXIV, 1998, p. 162) destaca o património "como verdadeiro elemento modelador do substrato da Fundação, condição não só da sua particular personalidade, mas sobretudo como elemento necessário para a prossecução de fins e, por essa via, da sua capacidade e viabilidade enquanto protagonista social". Também ANTÓNIO FERRER CORREIA e ALMENO DE SÁ («Algumas notas sobre as fundações», in *Revista de Direito e Economia*, 1989, pp. 331-332) afirmam que a massa de bens ou dotação é o elemento fundamental das fundações, condicionando a aquisição da personalidade jurídica. Discorda de que no elemento patrimonial resida a *differentia specifica* das fundações relativamente às outras pessoas jurídicas WERNER FLUME (*Allgemeiner Teil des Bürgerlichen Rechts, I, 2 – Die juristische Person*, Berlin, Heidelberg, New York, Tokyo, Springer-Verlag, 1983, p. 131). Para este A., a fundação autónoma (*selbständige Stiftung*) – isto é, a fundação com personalidade jurídica –, é, como as outras pessoas jurídicas, um centro ou uma unidade (de imputação) de efeitos (*Wirkungseinheit*), ao qual o direito reconhece capacidade jurídica. A tese (minoritária) é referida por MARTIN PENNITZ («§§ 80-89» cit., pp. 291-292).

[26] Para PETER RAWERT [JULIUS VON STAUDINGER/PETER RAWERT, "Vorbemerkungen zu §§ 80-

mais difícil do que aquela[28]. Não existe, tão-pouco, univocidade quanto aos critérios. Predominam, apesar de tudo, os critérios mistos ou eclécticos, em detrimento dos critérios assentes em elementos isolados – o que é significativo quanto às dificuldades de que a distinção se reveste.

Assim, para uns autores, deve atender-se, cumulativamente, à natureza do acto constitutivo e dos interesses prosseguidos: as fundações de direito público são fundações instituídas por um acto de soberania estadual (uma lei ou um acto administrativo) para a prossecução de interesses públicos ou no âmbito das atribuições da pessoa colectiva pública – sendo, em rigor, uma sub-espécie dos institutos públicos – enquanto as fundações de direito privado são fundações instituídas por negócio jurídico de direito privado (*inter vivos* ou *mortis causa*)[29], visando fins privados de carácter social[30-31]. Para

---

-88" cit., p. 375], o conceito de fundação pública (*öffentlichen Stiftung*) não deve, em rigor, confundir-se com o conceito de fundação de direito público (*öffentlich-rechtlichen Stiftung*): enquanto para as primeiras se considera exclusivamente o fim da fundação, para as segundas são decisivos os pressupostos da sua constituição; só mediatamente o conceito de utilidade pública (*Gemeinnützigkeit*) releva para a distinção privado/público.

[27] Como adverte CARLOS BLANCO DE MORAIS («Da relevância do direito público no regime jurídico das fundações privadas», in *Estudos de homenagem ao Professor Doutor João de Castro Mendes*, Lisboa, Lex, sd, p. 595).

[28] A última é a opinião de WERNER FLUME (*Allgemeiner Teil des Bürgerlichen Rechts*, I, 2 – *Die juristische Person* cit., pp. 131-132). Diz o A. que, de acordo com a orientação dominante, mesmo a fundação constituída com base num negócio jurídico de direito privado (*eine privatrechtliche Stiftungsgeschäfts enstandene Stiftung*) pode ser uma fundação de direito público (*öffentlich-rechtliche Stiftung*).

[29] DIETER REUTER [«Vorbemerkungen zu §§ 80 ff.», in KURT REBMANN/FRANZ JÜRGEN SÄCKER (Hrsg.), *Münchener Kommentar zum Bürgerlichen Gesetzbuch Band 1: §§ 1-240*, München, Verlag C.H. Beck, 1993, p. 653] afirma que o legislador do Código Civil alemão considerou como nota essencial das fundações de direito privado a sua origem num negócio jurídico de direito privado (*ihren Ursprung in einem Privatrechtsgeschäft*).

[30] Cfr., neste sentido, CRISTINA PAULA CASAL BAPTISTA, *As fundações no direito português* cit., pp. 23-24. DIOGO FREITAS DO AMARAL [*Curso de Direito Administrativo*, Vol. I (com a colaboração de Luís Fábrica, Carla Amado Gomes e J. Pereira da Silva) cit., p. 366] classifica, genericamente, as fundações públicas como uma das principais espécies de institutos públicos, a par dos serviços personalizados e dos estabelecimentos públicos. O A. (*ob. cit.*, pp. 350-351) afirma que as fundações públicas são fundações que revestem natureza de pessoas colectivas públicas, configurando-se como patrimónios que são afectados à prossecução de fins públicos especiais. E acrescenta (*ob. cit.*, p. 353): "se o instituto público assenta basicamente num património, existe para o administrar e vive dos resultados da gestão financeira desse património, é uma *fundação pública*" (itálicos do A.).

[31] Sobre as fundações de direito privado cfr. PIETRO RESCIGNO, «Fondazione (diritto civile)», in *Enciclopedia del Diritto*, XVII, Milano, Giuffrè, 1968, pp. 790 ss., e FRANCESCO GALGANO, «Fondazione (diritto civile)», in *Enciclopedia Giuridica*, Roma, Istituto della Enciclopedia Italiana, 1989, pp. 1 ss.

outros autores, deve atender-se, além disto, à qualidade (pública ou privada) do sujeito que toma a iniciativa de constituir a fundação e, eventualmente, à origem (pública ou privada) dos respectivos fundos patrimoniais[32-33].

A par das fundações públicas e das fundações privadas, existem fundações que comungam das características de umas e de outras[34]. Trata-se de uma zona em que o público e o privado se interpenetram, dando origem a formações híbridas[35]. A categoria não é desconhecida na doutrina portuguesa[36], tendo registado, nos últimos tempos, um aumento considerável de casos.

Trata-se das fundações de origem pública e de direito privado, também conhecidas como fundações privadas de origem pública, ou seja, aquelas que, sendo instituídas por uma pessoa colectiva pública e tendo um património de origem exclusiva ou maioritariamente pública, se constituem e se pautam primariamente pelo direito privado, que são, enfim, pessoas colectivas de direito privado.

Algumas são criadas nos termos do regime geral (lei civil), mas outras são criadas por diploma legal e ficam directamente sujeitas à lei especial para que ele remete[37]. Existem muitas dúvidas quanto à qualificação das primeiras. Parte da doutrina valoriza os elementos de direito privado em detrimento dos elementos de direito público e sustenta que, relativamente ao poder público e ao direito público, o ente fundacional tem uma autonomia constitutiva tão

---

[32] Cfr., neste sentido, por exemplo, ANTÓNIO JOAQUIM MARQUES, «Fundações públicas e privadas em Portugal», in *Revista de Doutrina Tributária*, 2002, n.º 4 (in WWW: <http://www.doutrina.net>), p. 3.

[33] Cfr., sobre a distinção e os critérios possíveis, o Parecer do Conselho Consultivo da Procuradoria-Geral da República n.º 60/2004 (disponível em WWW: <http://www.dgsi.pt>).

[34] Designadas, por isso, como "transaccionais" no Parecer do Conselho Consultivo da Procuradoria-Geral da República n.º 611/2000 (disponível em WWW: <http://www.dgsi.pt>).

[35] Como diz JOAQUIM DE SOUSA RIBEIRO («Fundações: "uma espécie em vias de extensão"?», in *Comemorações dos 35 anos do Código Civil e dos 25 anos da reforma de 1977 – Vol. II – A Parte Geral do Código e a Teoria Geral do Direito Civil*, Coimbra, Coimbra Editora, 2006, p. 265), "[a] compenetração das esferas privada e pública no instituto fundacional não é de agora, estando nas raízes do processo de laicização da figura, na idade moderna".

[36] Referem-se a ela, só para alguns exemplos, RUI DE ALARCÃO («Fundações: que reforma?», in *Scientia Ivridica*, 2002, n.º 294, p. 508 e p. 512), CRISTINA PAULA CASAL BAPTISTA (*As fundações no direito português* cit., pp. 25-26 e pp. 32-34) e ANTÓNIO JOAQUIM MARQUES («Fundações públicas e privadas em Portugal» cit., p. 3).

[37] CRISTINA PAULA CASAL BAPTISTA (*As fundações no direito português* cit., p. 25) evoca, a propósito das primeiras, as fundações municipais (fundações instituídas pelos Municípios), previstas na Lei n.º 169/99, de 18 de Setembro, e aponta como exemplos das segundas a Fundação de Serralves, a Fundação Luso-Americana para o Desenvolvimento e a Fundação das Descobertas.

ampla como se o instituidor e o património fossem privados[38]. No que todos parecem confluir é na necessidade de uma regulamentação legal para elas. Para as segundas, o problema talvez não seja tão grave: a questão deve poder resolver-se pela via da interpretação do seu diploma constitutivo – uma vez que é aí que se dispõe, directamente ou por remissão, sobre o seu regime jurídico[39].

Disto tudo, o que pode extrair-se para as fundações públicas com regime de direito privado do RJIES? Será possível reconduzi-las a esta terceira categoria, das fundações privadas de origem pública? Poderia alguma vez dizer-se que elas se constituem e se pautam primariamente pelo direito privado, que são, numa palavra, pessoas colectivas de direito privado?

Seja qual for o critério que se adopte, é impossível não ver que elas têm uma base publicística, identificável em aspectos como a qualidade do sujeito instituidor (o Governo) e a origem do património (pública), a natureza do seu acto constitutivo (decreto-lei) e, principalmente, os interesses prosseguidos (interesses públicos). Quando se analisa, por outro lado, o diploma que as cria – o RJIES – logo se percebe que o "regime de direito privado" a que se faz referência no seu nome não é o seu regime jurídico exclusivo e nem sequer o dominante; esta posição cabe ao direito público. Apesar da ressalva contida no n.º 2 do art. 9.º do RJIES[40], a aplicabilidade do regime privado a estas fundações está subordinada à sua qualificação, no n.º 1, como pessoas colectivas de direito público. Quer dizer: as fundações públicas com regime de direito privado são disciplinadas pelo direito privado na medida – só na medida – em que tal não seja incompatível com a sua *sujeição geral ao direito público*[41].

---

[38] Parece ser este o entendimento de CARLOS BLANCO DE MORAIS («Da relevância do direito público no regime jurídico das fundações privadas» cit., p. 567) e que é seguido por CRISTINA PAULA CASAL BAPTISTA (*As fundações no direito português* cit., p. 26).

[39] Como se afirmava no Parecer do Conselho Consultivo da Procuradoria-Geral da República n.º 65/1998 (disponível em WWW: <http://www.dgsi.pt>), "para determinar o regime jurídico de cada instituto público, [mostra-se] essencial a sua lei orgânica ou as remissões por esta efectuadas".

[40] Diz-se na norma do art. 9.º, n.º 2, do RJIES: "[e]m tudo o que não contrariar a presente lei e demais leis especiais, e *ressalvado o disposto no capítulo VI do título III*, as instituições de ensino superior públicas estão sujeitas ao regime aplicável às demais pessoas colectivas de direito público de natureza administrativa, designadamente à lei quadro dos institutos públicos, que vale como direito subsidiário naquilo que não for incompatível com as disposições da presente lei" (itálicos nossos).

[41] Diverge-se, assim, de CARLOS BLANCO DE MORAIS («Da relevância do direito público no regime jurídico das fundações privadas» cit., p. 596). O A. entende que as fundações de direito público são regidas *só* e *apenas* pelo direito administrativo.

2.2. Não há, no direito português, um regime jurídico específico para as fundações públicas. Isto não obstante a norma da al. u) do n.º 1 do art. 165.º da Constituição da República Portuguesa (CRP) determinar que é da exclusiva competência da Assembleia da República (AR) legislar sobre as bases gerais do estatuto das fundações públicas. Para esse efeito (entre outros), chegou a ser designado, em 1999, um grupo de trabalho, presidido por RUI DE ALARCÃO, mas o propósito acabou por não se concretizar.

Veja-se, então, muito sucintamente, o que dispõe a lei portuguesa para as fundações privadas, sendo certo que algum do disposto aproveitará às fundações do RJIES: fundamentalmente, as possibilidades de recurso a formas típicas de gestão privada e ao financiamento de entidades privadas[42].

Como se sabe, as fundações privadas estão reguladas no CC, mais especificamente no Capítulo II do Livro I, respeitante às pessoas colectivas[43]. O regime compõe-se das disposições gerais sobre as pessoas colectivas (cfr. arts. 157.º a 166.º do CC) e, naturalmente, das disposições especiais sobre fundações (cfr. arts. 185.º a 194.º do CC)[44].

De acordo com elas, a constituição de uma fundação é resultado de dois actos: o acto de instituição e o reconhecimento. Pelo acto de instituição, um ou vários sujeitos, pessoas singulares ou pessoas colectivas, manifestam a vontade de criação de um novo ente, para a prossecução de um fim de interesse

---

[42] São algumas das "virtualidades" das fundações públicas com regime de direito privado apontadas por VITAL MOREIRA no texto "Uma revolução no ensino superior?", publicado no jornal *Público* de 19 de Dezembro de 2006.

[43] Excluindo as fundações de solidariedade social, reguladas no Estatuto das Instituições Particulares de Solidariedade Social (aprovado pelo DL n.º 119/83, de 25 de Fevereiro, e alterado pelo DL n.º 89/85, de 1 de Abril, pelo DL n.º 402/85, de 11 de Outubro, e DL n.º 29/86, de 19 de Fevereiro), não existe legislação sectorial sobre fundações privadas.

[44] Uma descrição breve do regime geral das fundações privadas no direito português está disponível no sítio do Centro Português de Fundações (em WWW: <http://www.cpf.org.pt>), assim como a legislação mais relevante que lhes é aplicável. Para uma exposição mais desenvolvida cfr., entre outros, CRISTINA PAULA CASAL BAPTISTA, *As fundações no direito português* cit., pp. 29 ss., ANTÓNIO JOAQUIM MARQUES («Fundações públicas e privadas em Portugal» cit., e – com um enquadramento nas pessoas colectivas – MANUEL A. DOMINGUES DE ANDRADE, *Teoria Geral da Relação Jurídica*, vol. I – *Sujeitos e Objecto* cit., pp. 45 ss., FERNANDO ANDRADE PIRES DE LIMA/JOÃO DE MATOS ANTUNES VARELA, *Código Civil anotado*, vol. I (com a colaboração de Manuel Henrique Mesquita), Coimbra, Coimbra Editora, 1987, pp. 161-170 e pp. 181-186, CARLOS ALBERTO DA MOTA PINTO/ANTÓNIO PINTO MONTEIRO/PAULO MOTA PINTO, *Teoria Geral do Direito Civil*, Coimbra, Coimbra Editora, 2005, pp. 269 ss., JOÃO DE CASTRO MENDES, *Teoria geral do direito civil*, vol. I (com a colaboração de Armindo Ribeiro Mendes) cit., pp. 221 ss., ANTÓNIO MENEZES CORDEIRO, *Tratado de Direito Civil português*, I – *Parte Geral*, tomo III – *Pessoas* cit., pp. 537 ss. (esp. pp. 711 ss.), e LUÍS A. CARVALHO FERNANDES, *Teoria Geral do Direito Civil*, I – *Introdução, pressupostos da relação jurídica* cit., pp. 405 ss. (esp. pp. 638 ss.).

social. Dessa declaração devem constar, como elementos essenciais, a indicação concreta do fim, bem como dos bens destinados à fundação (cfr. art. 186.º, n.º 1, do CC). O acto de instituição e os estatutos podem ainda dispor sobre a sede, estrutura organizatória e regras de funcionamento da fundação (cfr. art. 186.º, n.º 2, do CC).

Instituído o substrato da fundação, a aquisição de personalidade jurídica dá-se pelo reconhecimento, o qual é individual e da competência da autoridade administrativa (cfr. art. 158.º, n.º 2, do CC) e constitui aquilo a que FERNANDO ANDRADE PIRES DE LIMA e JOÃO DE MATOS ANTUNES VARELA chamam "um regime de fiscalização governativa apertada"[45]. O reconhecimento só pode ser recusado com fundamento na falta de interesse social do fim visado ou na inviabilidade da sua efectiva prossecução, por insuficiência insuprível do património com que a fundação foi dotada (cfr. art. 188.º, n.ºs 1 e 2, do CC).

Hoje, por força do DL n.º 284/2007, de 17 de Agosto, o processo de criação de fundações é directamente controlado pelo Primeiro-ministro[46]: é o Primeiro-ministro quem tem competência para o reconhecimento das fundações, nos termos e para os efeitos previstos no n.º 2 do art. 158.º e no art. 188.º do CC; isto, naturalmente, sem prejuízo da sua faculdade de delegação (cfr. art. 2.º, n.º 1, do DL n.º 284/2007, de 17 de Agosto) e da competência de outros membros do Governo para o reconhecimento de categorias específicas de fundações (cfr. art. 2.º, n.º 2, do DL n.º 284/2007, de 17 de Agosto)[47].

Como apontam J. M. SÉRVULO CORREIA e RUI MEDEIROS[48], "a imposição do reconhecimento da fundação pelo poder público tem uma história antiga (…) e, sobretudo, um significado que varia ao longo dos tempos, sendo visível que, no contexto actual, a exigência do reconhecimento das fundações se

---

[45] Cfr. FERNANDO ANDRADE PIRES DE LIMA/JOÃO DE MATOS ANTUNES VARELA, *Código Civil anotado*, vol. I (com a colaboração de Manuel Henrique Mesquita) cit., p. 164.

[46] Antes, o reconhecimento das fundações era da competência do ministro da Administração Interna, nos termos do art. 17.º do DL n.º 215/87, de 29 de Maio. A medida tem seguramente o propósito de estabelecer um controlo mais apertado da criação de fundações e do seu âmbito de acção.

[47] A Portaria n.º 69/2008, de 23 de Janeiro, veio complementar o regime, definindo as regras a observar no procedimento administrativo de reconhecimento de fundações, bem como de modificação de estatutos e ainda de transformação e extinção das mesmas, nos termos e para os efeitos previstos no n.º 2 do art. 158.º e nos arts. 188.º, 189.º, 190.º e 193.º, todos do CC.

[48] Cfr. J. M. SÉRVULO CORREIA/RUI MEDEIROS, «Restrições aos poderes do Governo em matéria de reconhecimento e de alteração dos estatutos das fundações de Direito Privado», in *Revista da Ordem dos Advogados*, 2002, p. 349.

integra numa matriz neoliberal". Não obstante, grande parte dos autores considera o sistema de autorização governamental um anacronismo e defende que a aquisição da personalidade jurídica deveria ocorrer com o registo[49].

Com a aquisição da personalidade jurídica o novo ente torna-se titular dos bens e direitos que lhe tinham sido afectados pelo acto de instituição. A actividade da fundação rege-se pelo disposto no acto de instituição e nos estatutos, que podem ser modificados desde que não haja alteração essencial do fim e não seja contrariada a vontade do fundador (cfr. art. 189.º do CC).

Em Portugal, há muito tempo que se fala numa reforma do regime jurídico das fundações. Aos rumores e à vontade genuína de reforma não foram alheios os trabalhos desenvolvidos pelo *European Foundation Centre* e os movimentos reformistas levados a cabo, a partir do fim do século XX, em vários ordenamentos jurídicos[50].

Em 1999, chegaram a ser nomeadas duas comissões para elaborar uma proposta, mas a revisão não ocorreu. Estava em causa – como está ainda – o intuito de evitar ou minimizar "o risco de utilização abusiva dos mecanismos fundacionais"[51]. A circunstância de serem cada vez mais as fundações privadas de origem pública e de faltar na lei portuguesa, apesar do art. 165.º, n.º 1, al. u), da CRP, um regime jurídico para as fundações públicas torna especialmente oportuna a intervenção do legislador[52]. Uma comissão dedicou-se

---

[49] Cfr., por todos, Pedro Pais de Vasconcelos, «As pessoas colectivas no Código Civil – 30 anos depois», in *Themis*, Edição especial – *Código Civil português (evolução e perspectivas actuais)*, 2008, p. 246.

[50] Entre os direitos reformados conta-se o espanhol, que, em 2002, introduziu uma lei (*Ley 50/2002, de 26 diciembre, de Fundaciones*) no sentido de reconhecer a autonomia das fundações e reduzir os poderes públicos na instituição de fundações e na respectiva actividade. Sobre as fundações no direito espanhol cfr., entre outros, AA. VV., *Aspectos jurídico-económicos de las fundaciones*, Santiago de Compostela, Escola Galega de Administración Pública, 2001, Fernando Morillo González, *La fundación: concepto y elementos esenciales*, Madrid, Tecnos, 2001, Idem, *El proceso de creación de una fundación*, Navarra, Thomson-Aranzadi, 2006, María Eugenia Serrano Chamorro, *Las fundaciones: dotación y patrimonio* (Prólogo de Ignacio Serrano García), Madrid, Thomson-Civitas, 2003, e AA. VV., *Tratado de fundaciones* (Director: José María Beneyto Pérez/Coordinador: Alfonso Rincón García Loygorri), tomos I e II, Barcelona, Bosch, 2007.

[51] Cfr. Rui de Alarcão, «Fundações: que reforma?» cit., p. 507. Sobre as (outras) razões que tornam a reforma necessária cfr. António Menezes Cordeiro, *Tratado de Direito Civil português*, I – *Parte Geral*, tomo III – *Pessoas* cit., pp. 725-727.

[52] O direito das fundações padece de insuficiências várias e dá origem à necessidade de convocar outros regimes jurídicos, como dá conta Henrique Sousa Antunes («Fundações: aplicação analógica de normas sobre a convocação judicial de assembleia geral», in *Cadernos de Direito Privado*, 2007, n.º 19, pp. 58 ss.).

aos institutos públicos (incluídas as fundações públicas); a outra, presidida por RUI DE ALARCÃO e composta de membros como VITAL MOREIRA e JOAQUIM DE SOUSA RIBEIRO, às fundações privadas (fundações privadas em sentido estrito e fundações privadas de origem pública)[53].

Apesar de uma receptividade positiva aos projectos legislativos que resultaram dos trabalhos das duas comissões, nada foi (ainda) aprovado, permanecendo, assim, vigentes e inalteradas as regras do CC para as fundações privadas e silencioso o legislador quanto ao regime jurídico das fundações públicas[54]. Vale a pena salientar que, no que respeita às fundações privadas de origem pública, o regime proposto procurava conciliar a flexibilidade que deveria caracterizar a figura com a necessidade de prevenir os perigos de uma (completa) "fuga para o direito privado". Mandavam-se aplicar, entre outros, os princípios constitucionais de direito administrativo e os princípios gerais da actividade administrativa e sujeitavam-se estas fundações à jurisdição do Tribunal de Contas e ao poder de superintendência e tutela da entidade instituidora[55].

Como se verá, o RJIES consagra uma medida deste tipo para as fundações públicas com regime de direito privado (cfr. art. 134.º, n.º 2), o que parece indiciar alguma proximidade entre as duas figuras. Que, de facto, existe: reside na sujeição de ambas a um regime jurídico misto, de direito público e de direito privado. Nas fundações públicas com regime de direito privado aquele perigo – da "fuga do direito administrativo" ou "fuga para o direito privado"

---

[53] Sobre os trabalhos (motivação, metodologia e resultados) cfr. RUI DE ALARCÃO, «Fundações: que reforma?» cit., pp. 508 ss.

[54] Dois anos mais tarde (em 2004), surgiu um novo projecto, da autoria de RUI CHANCERELLE DE MACHETE (cfr., sobre ele, RUI CHANCERELLE DE MACHETE/HENRIQUE SOUSA ANTUNES, *Direito das fundações – propostas de reforma*, Lisboa, Fundação Luso-Americana, 2004). O insucesso destas tentativas não esmoreceu, porém, o movimento reformista, continuando a ser desenvolvidos esforços no sentido de animar o debate sobre o direito das fundações. Disso é exemplo o seminário organizado pela Fundação Luso-Americana e realizado no dia 16 de Junho de 2005, cujas apresentações foram reunidas e publicadas no livro, sob a coordenação de RUI CHANCERELLE DE MACHETE e HENRIQUE SOUSA ANTUNES, *As fundações na Europa – aspectos jurídicos/Foundations in Europe – Legal aspects*, Lisboa, Fundação Luso-Americana, 2008.

[55] Advertia, porém, JOAQUIM DE SOUSA RIBEIRO («As fundações no Código Civil: regime actual e projecto de reforma», in *Lusíada – Revista de Ciência e Cultura*, 2001, n.os 1 e 2, p. 80) que "o acolhimento dos princípios publicistas deve ser equilibrado, por forma a não desnaturar irremediavelmente os traços institucionais da fundação, roubando-lhe a margem de autonomia que é essencial à figura. (…) [É] mister que a autonomia não se afirme apenas no plano formal-jurídico, mas tenha um mínimo de substância real, quer no plano dos meios financeiros (não dependência sistemática do orçamento público), quer no que diz respeito aos processos de decisão".

– também se verifica (embora possa ser atenuado) e não desaparece pelo facto de, ao invés do que acontece nas fundações privadas de origem pública, o regime *prioritário* ser o direito público.

3. As instituições de ensino superior públicas de natureza fundacional estão reguladas no capítulo VI do título III do RJIES (cfr. arts. 129.° a 137.°). Da leitura do preceituado decorre que, no contexto das instituições de ensino universitário, a figura da fundação pública com regime de direito privado tem aplicabilidade a dois níveis: o da instituição de ensino superior globalmente considerada (como uma unidade) e o das unidades orgânicas enquanto elementos destacáveis da instituição.

Aproveitando a nomenclatura utilizada no domínio das modificações de outras pessoas colectivas (as sociedades comerciais), dir-se-ia que o que se dá na primeira hipótese é uma *transformação* institucional em sentido próprio e que o que se dá na segunda é a *constituição de nova(s) entidade(s)*, em consequência de uma cisão ou de um *split up* da instituição. Neste caso, a unidade orgânica autonomiza-se da instituição de origem, vindo a constituir uma *escola-fundação* ou, alternativamente, a fundir-se com outras unidades orgânicas de outras instituições de ensino superior públicas e instituições de investigação e desenvolvimento públicas ou privadas, dando origem também a uma instituição nova de natureza fundacional.

A primeira é a hipótese mais comum, isto é, aquela que se prefigura quando se pensa na figura da fundação aplicada às instituições de ensino superior: a *universidade-fundação*. É, aliás, no contexto desta hipótese que o legislador expõe e desenvolve os aspectos essenciais do regime do modelo fundacional.

3.1. Antes de mais, observe-se o procedimento para a sua criação.

Segundo o art. 129.°, n.° 1, do RJIES, a iniciativa para a transformação da universidade em fundação pública com regime de direito privado compete ao reitor da universidade ou do instituto universitário. Só quando está em causa a criação *ex novo* de universidades-fundação (que não resultem da transformação de universidades pré-existentes) é que a iniciativa compete ao Governo (cfr. art. 129.°, n.° 11, do RJIES).

O sujeito legitimado para requerer a criação de universidades-fundação é, assim, o reitor, devendo o seu requerimento ser acompanhado da apresentação ao Governo de uma proposta fundamentada, aprovada pelo conselho geral, por maioria absoluta dos seus membros. Mas a manifestação de vontade por parte da instituição não basta para que a fundação seja criada. É preciso ainda que o Governo concorde, o que, atenta a relevantíssima missão do ensino superior, implica que o Governo esteja persuadido de que a operação favorece aquela que é a vocação de todas as instituições de ensino superior – a prossecução do interesse público (cfr. art. 2.º do RJIES). Por isso a proposta deve, no caso de transformação de uma instituição, fundamentar-se nas vantagens da adopção daquele modelo de gestão e de enquadramento jurídico para o prosseguimento dos seus objectivos (cfr. n.º 2 do art. 129.º do RJIES) e, em qualquer caso, ser instruída com um estudo acerca das implicações da operação sobre a organização, a gestão, o financiamento e a autonomia da instituição ou unidade orgânica (cfr. n.º 3 do art. 129.º do RJIES). O que equivale a dizer que é à universidade que cabe demonstrar que pode e deve transformar-se em fundação.

Havendo aquela concordância, é celebrado um contrato entre o Governo e a instituição ou unidade orgânica objecto da operação, que compreende necessariamente o projecto da instituição, o programa de desenvolvimento, os estatutos da fundação, a estrutura orgânica básica e o processo de transição (cfr. n.º 4 do art. 129.º do RJIES). Um decreto-lei cria, então, a fundação, aprovando simultaneamente os respectivos estatutos (cfr. n.º 12 do art. 129.º do RJIES).

Deve dizer-se que a aplicação do modelo fundacional à instituição ou unidade orgânica não é irreversível: o contrato pode prever o regresso da entidade ao regime não fundacional, designadamente através do condicionamento da operação definitiva ao decurso de uma espécie de período experimental ou, nos termos da lei, "de um período inicial de funcionamento sujeito a avaliação específica" (cfr. n.º 4, *in fine*, do art. 129.º do RJIES).

O procedimento acabado de descrever (procedimento-regra) é, no essencial, também aplicável nos casos de *constituição* de nova(s) entidade(s), susceptíveis de ocorrer tanto por via da personificação de uma unidade orgânica pré-existente (escola-fundação) como por via da fusão de unidades orgânicas de origens diversas numa terceira entidade.

O primeiro caso – de escola-fundação – está regulado nos n.ºs 5, 6, 7 e 8 do art. 129.º do RJIES. Tem carácter excepcional. Como precisa a norma do n.º 6 do art. 129.º do RJIES, é exclusivamente admissível no quadro da criação de uma entidade mais ampla, com a natureza de consórcio, envolvendo a escola-fundação e a instituição de origem ou as suas escolas e podendo agregar ainda outras instituições de ensino, investigação e desenvolvimento, independentemente da sua natureza jurídica. O procedimento para criação da escola-fundação desvia-se do procedimento-regra apenas no que toca à iniciativa – que cabe, evidentemente, à escola (cfr. n.º 5 do art. 129.º do RJIES) – e a uma formalidade acrescida – a solicitação deve ser acompanhada do projecto de consórcio e do parecer da instituição [cfr. als. b) e c) do n.º 7 do art. 129.º do RJIES][56].

Quanto à constituição *ex novo* de uma entidade-fundação por concentração/fusão de unidades orgânicas de origens diversas (cfr. n.º 9 do art. 129.º do RJIES), ela apresenta uma particularidade: a iniciativa pode pertencer, alternativamente, ao Governo com o acordo das instituições envolvidas (cfr. n.º 10 do art. 129.º do RJIES).

3.2. As instituições de ensino superior que adoptem a forma de fundação pública com regime de direito privado, designadamente por via da transformação em universidades-fundação – que é o caso mais paradigmático[57] – seguem ou observam o disposto para as demais instituições de ensino superior públicas em aspectos tão diversos como a administração, a autonomia, a competência disciplinar e o regime fiscal, a estrutura orgânica, a gestão de recursos humanos, o financiamento do Estado e o regime de propinas e a acção social escolar (se não veja-se as normas dos arts. 131.º, n.º 6, 132.º, n.ºs 1, 4 e 5, 133.º, n.º 1, 134.º, n.º 3, 136.º, n.ºs 3 e 4, e 137.º do RJIES).

Isto significa, por exemplo, que, como se afirma no n.º 1 do art. 133.º do RJIES, de uma forma geral, os órgãos da universidade-fundação são escolhidos nos termos previstos para as demais instituições de ensino superior e têm a mesma composição e as mesmas competências: entre outras coisas, o governo da universidade é exercido por um conselho geral, um reitor e um conselho de gestão [cfr. art. 77.º, n.º 1, als. a), b) e c), e arts. 81.º a 84.º, 85.º a 92.º, e 94.º a 95.º do RJIES] – podendo os estatutos prever, além disso, um senado académico ou outros órgãos de natureza consultiva (cfr. art. 77.º, n.ºs 2 e 3, do RJIES) –, as escolas têm um conselho científico e um conselho pedagógico e as unidades orgânicas de investigação têm um conselho científico [cfr. art. 80.º, n.º 1, al. a), *i*), e al. b), e arts. 102.º a 103.º e 104.º a 105.º do RJIES].

A administração da universidade-fundação compete, porém, ao conselho de curadores (*board of trustees*), que é composto de "cinco personalidades de elevado mérito e experiência profissional reconhecidos como especialmente

---

[56] A exigência de que a solicitação seja acompanhada de um estudo acerca das implicações da operação sobre a organização, a gestão, o funcionamento e a autonomia, enunciada na norma do art. 129.º, n.º 7, al. a), do RJIES, era, em rigor, dispensável: já faz parte das condições gerais, resultando, nomeadamente, do n.º 3 da mesma norma.

[57] E a que por isso mesmo se circunscreverá o texto, deixando de fora a constituição de institutos politécnicos-fundação e ainda – mas apenas por ora – a constituição de fundações a partir das unidades orgânicas da universidade, designadamente a constituição de escolas-fundação – que se tratará adiante.

relevantes", nomeadas pelo Governo, sob proposta da instituição (cfr. art. 131.º, n.ºs 1 e 2, do RJIES)[58]. O órgão é absolutamente estranho às universidades com regime não fundacional[59]. Inevitavelmente, a sua existência determina alguns desvios ao esquema de repartição de competências tradicional, limitando, de certa maneira, os poderes dos restantes órgãos, sobretudo do conselho geral: de acordo com o n.º 2 do art. 133.º do RJIES, incumbe ao conselho de curadores nomear e exonerar o conselho de gestão, homologar as deliberações do conselho geral de nomeação e destituição do reitor, propor ou autorizar a aquisição ou alienação de imobiliário da instituição, bem como as operações de crédito, e homologar outras deliberações do conselho geral.

As universidades-fundação dispõem de autonomia face ao Estado nos mesmos termos das demais instituições de ensino superior públicas, com as devidas adaptações decorrentes da sua natureza fundacional (cfr. art. 132.º, n.º 1, e art. 11.º do RJIES). Gozam, portanto, de autonomia estatutária (cfr.

---

[58] A circunstância de os curadores serem nomeados pelo Governo tem sido um aspecto central das críticas dos opositores ao modelo, que acreditam que isso pode contribuir para a "politização das universidades". Abordado sobre este ponto em entrevista do *Jornal de Negócios* (secção de *Campus*) de 25 de Janeiro de 2008, o Presidente do Instituto Superior de Ciências do Trabalho e da Empresa (ISCTE), LUÍS RETO, considera a solução aceitável, atendendo a que a iniciativa cabe à instituição de ensino superior. Já há alguns anos que se vinha propondo a criação de um *board of trustees* como órgão de cúpula do governo institucional das universidades portuguesas. Conforme relata ALBERTO AMARAL, no chamado "Livro Branco" [texto intitulado "Avaliação, revisão e consolidação da legislação do Ensino Superior (Inquérito público: análise e respostas)", p. 8 (disponível em WWW: <http://www.esac.pt/bolonha/doc_nac/cbs/204/204_COMP.pdf>)], segundo os autores da proposta, o órgão deveria uma representação maioritária externa, sendo embora composto de membros maioritariamente nomeados pelo senado e pelas entidades financiadoras da instituição. Os seus poderes seriam amplos e incluiriam "os da aprovação do orçamento da instituição, das suas linhas de orientação estratégica e das políticas para as implementar, nomeadamente a criação e extinção de escolas e cursos, a homologação dos estatutos das unidades orgânicas, a promoção da auto-avaliação e a análise da avaliação, com consequentes políticas correctivas, o estabelecimento das relações entre a universidade e o meio social, e o acompanhamento da gestão da universidade. Deve[ria] ainda caber a este órgão a escolha do reitor/presidente".

[59] Tão-pouco pode dizer-se que o conselho de curadores é uma constante nas figuras de base fundacional. Diz a este respeito CRISTINA PAULA CASAL BAPTISTA (*As fundações no direito português* cit., p. 51): "[n]os casos em que na instituição da fundação participaram várias personalidades e/ou instituições privadas (empresas, outras fundações, misericórdias, cooperativas) e até públicas (municípios, institutos públicos, empresas públicas) é habitual a existência de um Conselho de Fundadores ou Curadores com poderes que se assemelham em muitos aspectos aos das Assembleias Gerais, designadamente poderes de condução da política da fundação e de nomeação e destituição dos Conselhos de Administração. Noutros casos, a estes Conselhos cabe zelar pelo cumprimento da vontade do instituidor e, por essa via, manter a fidelidade da fundação aos fins para que foi instituída".

art. 66.º do RJIES), de autonomia académica – pedagógica, científica, cultural e disciplinar – (cfr. arts. 70.º a 75.º do RJIES) e de autonomia de gestão – administrativa, financeira e patrimonial – (cfr. arts. 108.º a 111.º do RJIES) nos mesmos termos das instituições de ensino não fundacionais.

Tudo considerado, cabe perguntar: a final de contas, em que é as universidades-fundação se distinguem das universidades-instituto público?

As diferenças registam-se, de imediato, ao nível conceitual. É certo que as fundações públicas ou os fundos personalizados são institutos públicos (uma espécie do género), mas têm uma singularidade: consistem em "patrimónios que são afectados à prossecução de fins públicos especiais"[60].

A base patrimonial é marcante: sujeita a fundação, nomeadamente, à verificação de um requisito que não é exigido a nenhuma outra espécie de instituto público: como se infere do art. 51.º, n.º 2, da chamada "lei quadro dos institutos públicos" (Lei n.º 3/2004, de 3 de Janeiro, alterada e republicada pelo DL n.º 105/2007, de 3 de Abril), a susceptibilidade de criar rendimentos representativos de uma parte considerável das suas receitas.

A diversidade mais aparente entre as universidades-fundação e as universidades-instituto público localiza-se, porém, ao nível do regime jurídico. Umas e outras são institutos públicos "que gozam de regime especial, com derrogação do regime comum na estrita medida necessária à sua especificidade" [cfr. art. 48.º, n.º 1, al. a), da lei quadro dos institutos públicos (Lei n.º 3/2004, de 3 de Janeiro, alterada e republicada pelo DL n.º 105/2007, de 3 de Abril)]. Mas, enquanto as segundas seguem, apesar de tudo, um regime quase exclusivamente de direito público, as primeiras são reguladas, em certos aspectos, pelo direito privado. Trata-se, segundo consta do art. 134.º, n.º 1, do RJIES, dos aspectos relativos à gestão financeira, à gestão patrimonial e à gestão de pessoal. Veja-se cada um destes aspectos em pormenor.

3.3. Sobre os primeiros dois aspectos mencionados (a gestão financeira e a gestão patrimonial), diga-se que eles não podem ser considerados à margem da questão das fontes de financiamento das universidades. Como se compreende, a liberdade de gestão financeira e patrimonial das universidades será tanto maior quanto maior a sua independência do Estado.

O financiamento do Estado às universidades realiza-se nos termos de lei especial (cfr. art. 28.º, n.º 1, do RJIES), estando, actualmente, definido na chamada "lei de bases do financiamento do ensino superior" (Lei n.º 37/2003, de

---

[60] Cfr., neste sentido, DIOGO FREITAS DO AMARAL, *Curso de Direito Administrativo*, Vol. I (com a colaboração de Luís Fábrica, Carla Amado Gomes e J. Pereira da Silva) cit., p. 366 e pp. 369-371.

22 de Agosto, alterada pela Lei n.º 49/2005, de 30 de Agosto). Aí se determina que, "[e]m cada ano económico, o Estado, pelos montantes fixados na lei do orçamento, financia o orçamento de funcionamento base das actividades de ensino e formação das instituições, incluindo as suas unidades orgânicas ou estruturas específicas" (cfr. art. 4.º, n.º 1, da Lei n.º 37/2003, de 22 de Agosto, alterada pela Lei n.º 49/2005, de 30 de Agosto).

Trata-se de um financiamento calculado por fórmula, sendo "indexado a um orçamento de referência, com dotações calculadas de acordo com uma fórmula baseada em critérios objectivos de qualidade e excelência, valores padrão e indicadores de desempenho equitativamente definidos para o universo de todas as instituições e tendo em conta os relatórios de avaliação conhecidos para cada curso e instituição" (cfr. art. 4.º, n.º 2, da Lei n.º 37/2003, de 22 de Agosto, alterada pela Lei n.º 49/2005, de 30 de Agosto). A fórmula obedece aos critérios, valores padrão e indicadores de desempenho designados na lei (cfr. art. 4.º, n.º 3, da Lei n.º 37/2003, de 22 de Agosto, alterada pela Lei n.º 49/2005, de 30 de Agosto) e consta, tal como as regras para o seu cálculo e a sua aplicação, de portaria conjunta dos Ministros das Finanças e da Ciência e do Ensino Superior (cfr. art. 4.º, n.º 4, da Lei n.º 37/2003, de 22 de Agosto, alterada pela Lei n.º 49/2005, de 30 de Agosto).

Existe ainda a possibilidade de o Estado financiar programas orçamentais das instituições de ensino superior através da celebração de contratos-programa e de contratos de desenvolvimento institucional (cfr. art. 6.º, n.º 1, da Lei n.º 37/2003, de 22 de Agosto, alterada pela Lei n.º 49/2005, de 30 de Agosto). Os primeiros servem a realização de acções respeitantes à prossecução de objectivos concretos, em horizonte temporal inferior a cinco anos (cfr. art. 7.º, n.º 1, da Lei n.º 37/2003, de 22 de Agosto, alterada pela Lei n.º 49/2005, de 30 de Agosto); os segundos formalizam os programas constantes dos planos de desenvolvimento das instituições e têm um horizonte temporal de médio prazo e uma duração mínima de cinco anos (cfr. art. 8.º, n.º 1, da Lei n.º 37/2003, de 22 de Agosto, alterada pela Lei n.º 49/2005, de 30 de Agosto). São ambos inscritos na respectiva rubrica do Orçamento do Estado e excluem, nos respectivos domínios de aplicação, o regime de financiamento por fórmula.

O "orçamento de financiamento base" das universidades-instituto público é constituído nos termos descritos, o que significa uma dependência muito apertada do Estado e o predomínio de verbas insusceptíveis de ser subtraídas aos princípios gerais e às disposições que regulam a contabilidade pública e a gestão financeira do Estado[61].

---

[61] No documento "Estatuto Jurídico das Instituições de Ensino Superior – Debate organi-

Quanto às universidades-fundação, como se disse, tudo indica que o propósito foi o de promover a sua auto-suficiência: elas deverão ser capazes de gerar as receitas necessárias ao seu próprio sustento. Incluem-se aqui, evidentemente, as receitas provenientes do pagamento de propinas e outras taxas, as receitas provenientes de actividades de investigação, os rendimentos da propriedade intelectual, os rendimentos de bens próprios, as receitas derivadas da prestação de serviços, *etc.* [cfr. art. 115.º, n.º 1, als. b), c), d), e) e f), do RJIES], mas, sobretudo, o financiamento obtido com base na celebração de contratos com outras entidades – que podem (ainda) ser públicas mas são, preferencialmente, privadas.

As vantagens da contratualização do financiamento são incontestáveis. Em primeiro lugar, o financiamento passa a ser directamente proporcional ao desenvolvimento. Ela possibilita, por outro lado, uma maior participação dos *stakeholders* e a avaliação das instituições numa perspectiva de inserção na comunidade[62].

---

zado pelo CIPES no âmbito das iniciativas do Debate Nacional sobre Educação (DNE) com Alberto Amaral (CIPES), Vital Moreira (Faculdade de Direito de Coimbra) e Sérgio Machado dos Santos (Universidade do Minho) (2006)" (disponível em WWW: <http://www.debatereducacao.pt/relatorio/files/CpV7.pdf>) afirma-se o seguinte: "[d]e acordo com os princípios de financiamento negociados entre as instituições de ensino superior e o governo, a distribuição do orçamento de Estado pelas instituições é feita por meio de uma fórmula baseada em diversos parâmetros, e a verba assim calculada é transferida em bloco para cada instituição que tem autonomia para gerir essa verba como entender. Algumas instituições podem decidir gastar todo o orçamento em pessoal; outras podem decidir contratar menos pessoal usando a verba correspondente aos salários não utilizados para outros fins. Diversas instituições preferem reduzir os gastos com o pessoal (não é esta uma politica corrente do governo?) optando pela constituição de saldos que permitam, por exemplo, assegurar a sobrevivência da instituição em épocas difíceis, ou investir em edifícios e na renovação de equipamentos, ou para promover uma política de investigação, etc. A política governamental de assalto aos saldos das instituições mais bem geridas para, depois, financiar adicionalmente as que não podem pagar os salários devido a excesso de pessoal, é um contributo negativo para a autonomia das instituições e um prémio a quem cria deficits. Infelizmente, parece que estamos a caminho do que se passava antes da concessão de autonomia às instituições, em que a regra era esgotar sempre o orçamento até 31 de Dezembro!"

[62] "Mais recentemente, observa-se a emergência de um novo paradigma, em que o ambiente social e económico deixa de ser visto como um conjunto de interesses, por vezes mesmo interesses conflituantes, para ser considerado como uma teia dentro da qual as instituições de ensino superior se devem integrar se pretenderem sobreviver enquanto organizações. E o governo deve, agora, actuar para promover essa abertura da universidade ao meio exterior" [cfr. o referido documento "Estatuto Jurídico das Instituições de Ensino Superior – Debate organizado pelo CIPES no âmbito das iniciativas do Debate Nacional sobre Educação (DNE) com Alberto Amaral (CIPES), Vital Moreira (Faculdade de Direito de Coimbra) e Sérgio Machado dos Santos (Universidade do Minho) (2006)" (disponível em WWW: <http://www.debatereducacao.pt/relatorio/files/CpV7.pdf>)].

Em contrapartida, o financiamento é incerto e fica condicionado à capacidade de negociação dos respectivos dirigentes. Mas não é justamente por força de condicionamentos deste tipo que as instituições adquirem ou desenvolvem os seus poderes de iniciativa, dinamismo e competitividade e se criam os estímulos necessários para a criação e o funcionamento de uma espécie de "mercado do ensino superior" (ou de um "quase-mercado")[63]?

O RJIES não deixa de prever que as universidades-fundação sejam financiadas pelo Estado. Este financiamento é definido por meio de contratos plurianuais, com duração não inferior a três anos, de acordo com objectivos de desempenho (cfr. art. 136.º, n.ºs 1 e 2, do RJIES). Não há dúvida, contudo, que ele obedece a uma lógica diferente e, principalmente, que aquilo que se pretende com a opção fundacional é cativar os investimentos privados. A propósito, vale a pena reproduzir o que afirmou JOAQUIM DE SOUSA RIBEIRO acerca das fundações com regime misto (público e privado): "[a] sistemática dependência, quanto aos fundos de gestão, de transferências de recursos públicos (…) rouba à fundação a faculdade de autogoverno, que constitui, seguramente, uma sua característica essencial"[64].

No que toca propriamente à gestão financeira e patrimonial, não parece haver grande diversidade entre as universidades-fundação e as restantes universidades.

---

[63] O funcionamento de um mercado obriga à reunião de um conjunto de condições, como sejam, por parte do fornecedor, a liberdade de entrar no mercado, a liberdade de especificar o produto, a liberdade de usar os recursos existentes e a liberdade de fixar os preços e, por parte do comprador, a liberdade de escolher o fornecedor, a liberdade de escolher o produto, a disponibilidade de informação adequada sobre o preço e a qualidade dos produtos e que os preços reflictam os custos reais. Nem sempre elas se verificam e, seguramente, não se verificam no sistema português do ensino superior. Daí que a situação seja, quando muito, próxima de um "quase-mercado". Sobre os conceitos de "mercado" e "quase-mercado" cfr., mais uma vez, o documento "Estatuto Jurídico das Instituições de Ensino Superior – Debate organizado pelo CIPES no âmbito das iniciativas do Debate Nacional sobre Educação (DNE) com Alberto Amaral (CIPES), Vital Moreira (Faculdade de Direito de Coimbra) e Sérgio Machado dos Santos (Universidade do Minho) (2006)" (disponível em WWW: <http://www.debatereducacao.pt/relatorio/files/CpV7.pdf>).

[64] Cfr. JOAQUIM DE SOUSA RIBEIRO, «Fundações: "uma espécie em vias de extensão"?» cit., p. 266. VICTOR DE SÁ MACHADO («As fundações, a opinião pública e a sociedade civil» cit., p. 163) afirma uma coisa próxima. Diz ele que a independência financeira é "uma das características mais ciosamente reivindicadas pelas Fundações", que ela é "penhor da liberdade de acção que consideram condição da sua própria existência", que "as Fundações – por imperativos da sua própria valia social – têm de ser autónomas, privadas e suficientes. Podem e devem aplicar-se-lhe, como já é citação corrente na literatura da especialidade, as palavras de Woodsworth a propósito dos ingleses: ou são livres, ou morrem".

Gerem ambas com liberdade os seus recursos financeiros conforme os critérios por si estabelecidos (cfr. art. 111.º, n.º 1, do RJIES), não estando, designadamente, obrigadas à reposição nos cofres do Estado dos saldos de gerência provenientes das dotações transferidas do Orçamento do Estado (cfr. art. 114.º, n.º 1, do RJIES). Devem, de qualquer forma, respeitar as garantias do uso dos meios financeiros – da fiabilidade das previsões de receitas e despesas, da consolidação do orçamento, da eficiência, da obrigação de comunicação de certos elementos e da sujeição à fiscalização e à inspecção dos órgãos públicos [cfr. art. 113.º, n.º 1, als. a), b), c), d) e e), do RJIES], estando ainda sujeitas ao Plano Oficial de Contabilidade Pública para o Sector da Educação (POC-Educação) (cfr. art. 113.º, n.º 2, do RJIES) e às regras do equilíbrio orçamental e das finanças públicas (cfr. art. 113.º, n.º 3, do RJIES).

São ambas titulares de patrimónios constituídos com base no conjunto de bens e direitos transmitidos pelo Estado ou por outras entidades (públicas ou privadas) (cfr. art. 109.º, n.º 2, e art. 130.º, n.ºs 1, 2 e 3, do RJIES) e podem dispor livremente deles, com as limitações impostas pela lei ou pelos estatutos (cfr. art. 109.º, n.º 6, do RJIES).

Por fim, quanto à fiscalização da gestão financeira e patrimonial, ela é realizada pelo mesmo órgão num e no outro tipo de universidades: um fiscal único, que é designado, de entre revisores oficiais de contas ou sociedades de revisores oficiais de contas, por despacho ministerial conjunto, uma vez ouvido o reitor, e tem as competências fixadas na lei quadro dos institutos públicos (cfr. arts. 117.º e 131.º, n.º 6, do RJIES). A medida está, aliás, em absoluta conformidade com o disposto no art. 11.º da Lei n.º 37/2003, de 22 de Agosto, alterada pela Lei n.º 49/2005, de 30 de Agosto.

A segunda grande divergência apontada entre os dois tipos de universidades diz respeito à gestão dos recursos humanos. O RJIES permite que a universidade-fundação se regule pelo direito privado no âmbito da relação jurídica laboral (cfr. n.º 1 do art. 134.º do RJIES) e crie carreiras próprias para o seu pessoal docente, investigador e outro (cfr. n.º 3 do art. 134.º do RJIES). Em particular quanto à última possibilidade, o legislador usou de alguns cuidados: mandou observar, em certos termos, o paralelismo no elenco de categorias e habilitações académicas relativamente às que vigoram para o pessoal docente e investigador das demais instituições de ensino superior (cfr. n.º 3, *in fine*, do art. 134.º do RJIES) e salvaguardou o regime da função pública de que gozem os funcionários e agentes da universidade antes da transformação em fundação (cfr. n.º 4 do art. 134.º do RJIES). Não obstante, a hipótese tem funcionado como um argumento desfavorável à universidade-fundação, pela incerteza – diz-se – que ela causa.

Impõe-se perguntar: será o abandono do direito da função pública e a aplicação do regime contrato individual de trabalho uma modificação temível ou sequer uma novidade?; e a propósito da criação de carreiras próprias, haverá, na realidade, motivos para preocupação?

Convém lembrar que o regime das relações jurídico-laborais das entidades públicas está a ser objecto de profundas alterações. O processo é designado como "laboralização da função pública"[65] e compreende, por um lado, a sujeição de numerosos sectores da função pública ao direito do trabalho[66] e, por outro, a transposição para o direito da função pública de muitos dos princípios e das regras do direito do trabalho. Como entidades públicas, as instituições de ensino superior (fundacionais ou não) sofrem – hão-de sofrer – o impacto destas modificações. Não se justificaria a sua imunidade. Vistas as coisas assim, não pode dizer-se que a aplicabilidade do regime privado seja uma singularidade das universidades-fundação nem uma extraordinária antecipação relativamente às restantes entidades públicas[67] e, inclusivamente, às restantes universidades – que podem, também elas, recorrer ao regime do direito privado (como comprova a leitura dos arts. 75.º, n.º 2, b), e 121.º, n.º 2, do RJIES).

Seja como for, qualquer temor que os trabalhadores possam ter da aplicação do direito do trabalho é destituído de fundamento. Primeiro, o regime do contrato individual de trabalho não é hoje, de uma forma geral, um regime menos favorável do que o do emprego público. Depois, a norma do n.º 2 do art. 134.º do RJIES assegura que o regime de direito privado não prejudica a aplicação dos princípios constitucionais respeitantes à Administração Pública, nomeadamente a prossecução do interesse público, bem como os princípios da igualdade, da imparcialidade, da justiça e da proporcionalidade.

Neste enquadramento, tão-pouco é de recear o poder atribuído às universidades para a concepção de carreiras próprias para o seu pessoal. Esta pode

---

[65] Cfr., entre outros, ANTÓNIO CÂNDIDO OLIVEIRA, «Programa de uma Disciplina de Direito da Função Pública», in *Scientia Ivridica*, 2002, n.º 294, p. 455.

[66] Pode exemplificar-se com o Instituto do Emprego e da Formação Profissional, instituto público cujo pessoal ficou, a partir de 1985, submetido ao regime do contrato individual de trabalho, sem embargo da faculdade de opção pela manutenção do regime da função pública para os funcionários que tivessem à data tal estatuto [cfr. Parecer do Conselho Consultivo da Procuradoria-Geral da República n.º 65/1998 (disponível em WWW: <http://www.dgsi.pt>)].

[67] A aplicabilidade de disposições próprias do direito do trabalho aos trabalhadores das fundações em especial não é uma questão recente [cfr., por exemplo, A. BARBOSA DE MELO, «As fundações e as comissões de trabalhadores (a propósito da Lei n.º 46/79, de 12 de Setembro)», in *Revista de Direito e de Estudos Sociais*, 1979, n.os 1-2-3, pp. 89 ss.].

ser uma boa oportunidade para as universidades configurarem categorias novas e acolherem critérios mais adequados às suas necessidades. O que se passa é que não existem, para já, elementos para avaliar da margem de liberdade concedida às universidades-fundação: ela está condicionada pelo paralelismo relativamente ao regime de carreiras do pessoal docente e investigador dos demais estabelecimentos de ensino superior público que a lei manda respeitar (cfr. n.º 3, *in fine*, do art. 134.º do RJIES) – a definir em lei especial, conforme se diz no art. 119.º, n.º 3, do RJIES. Ora, apesar de o novo diploma que estabelece os regimes de vinculação, de carreiras e de remunerações dos trabalhadores que exercem funções públicas ter sido recentemente aprovado (Lei n.º 12-A/2008, de 27 de Fevereiro), o mesmo não aconteceu com o novo (tão anunciado) Estatuto da Carreira Docente Universitária.

A propósito daquele dever de respeitar o paralelismo com o regime de carreiras dos restantes estabelecimentos de ensino superior público, diga-se que não é muito claro o seu significado. Não se sabe com certeza quando ele existe (quando é "apropriado") ou o seu alcance preciso (o que é "respeitar genericamente"). A impressão é a de que o legislador não quis tomar posição nesta fase: não quis nem conceder nem retirar às universidades a liberdade de conformarem um estatuto de carreiras para o seu pessoal completamente à margem do legal. Desta indefinição o que resulta é um grande espaço inicial, sendo absolutamente necessário que o aplicador do direito ou o próprio legislador adopte, em breve, posição, explicitando o papel que cabe ao estatuto legal.

Note-se, a finalizar, que tanto as universidades-instituto público como as universidades-fundação estão sujeitas à fixação, pelo Governo, de um número máximo de docentes, investigadores e outro pessoal que podem contratar, seja em que regime for (cfr. art. 121.º, n.º 1, do RJIES). Em contrapartida, o pessoal que contratem em regime de contrato individual de trabalho e cujos encargos sejam satisfeitos exclusivamente com base em receitas próprias não fica sujeito a quaisquer limitações (cfr. art. 121.º, n.º 2, do RJIES). O regime aplicável varia, assim, em função da disponibilidade de receitas próprias por parte de cada universidade. E aqui as universidades-fundação estarão, previsivelmente, em posição privilegiada (por tudo – e apenas por tudo – o que se disse sobre o seu financiamento).

3.4. Como se disse, além das fundações que resultam da transformação das universidades, há um segundo tipo ou uma segunda modalidade: as fundações constituídas em resultado da autonomização das unidades orgânicas ou da autonomização e da fusão das unidades orgânicas com outras instituições de ensino superior ou de investigação e desenvolvimento.

Tem passado um tanto despercebida a possibilidade[68]. Compreensivelmente, a discussão inicial concentrou-se na aplicabilidade do modelo às universidades e aos institutos politécnicos, pois é neles que se pensa quando se pensa em instituições de ensino superior. O RJIES vem alterar estes pressupostos. Não poderá, a partir de agora, continuar a ver-se as escolas como elementos incondicionais ou perpétuos das instituições de ensino superior; elas próprias podem converter-se em instituições de ensino superior – nas "outras instituições" de ensino universitário e politécnico que são referidas nas als. a) e b), *in fine*, do n.º 1 do art. 5.º do RJIES.

A hipótese da escola-fundação gera, todavia, muitas resistências: se, por um lado, é mais fácil aplicar o modelo a uma escola do que a uma universidade – pois, a não ser que se trate de uma universidade (já) fortemente centralizada, a transformação em fundação implica perda de autonomia para as respectivas unidades orgânicas – a verdade, por outro lado, é que a autonomização de unidades orgânicas ou, por maioria de razão, de certa(s) unidade(s) orgânica(s) constitui uma perda para a universidade de origem, podendo, em certos casos, representar uma perda (de valor) tão grande que a universidade não lhe sobreviva[69].

As reservas à hipótese não comprometem necessariamente a sua concretização: a escola – repete-se – não necessita da anuência da universidade para se transformar em fundação; tudo depende da ponderação do Governo sobre o pedido da escola (a sua oportunidade, a sua adequação, a sua viabilidade).

4. Além das fundações públicas com regime de direito privado, o RJIES faz entrar em cena uma outra figura – o contrato de consórcio –, que surge no RJIES com uma dupla função. Ele é, por um lado, e como se referiu, condição de procedência das propostas de criação de uma Escola-fundação (cfr. art. 129.º, n.º 6, do RJIES), mas também pode funcionar fora do quadro fundacional (cfr. art. 17.º do RJIES), justamente como uma solução alternativa à fundação.

---

[68] Nem sempre nem para todos a possibilidade de escolas-fundação ficou na sombra. Ela foi uma hipótese muito debatida a propósito do Instituto Superior Técnico (IST), embora tivesse acabado por ser rejeitada. Segundo notícias da imprensa escrita – designadamente, dos semanários *Expresso* e *Sol*, nos primeiros dias de 2008 –, também a Faculdade de Medicina de Lisboa, o Hospital de Santa Maria e o Instituto de Medicina Molecular estariam a estudar a possibilidade de virem a fundir-se, com o objectivo de formar um "grande centro académico de medicina". Mas tratar-se-á, neste último caso, realmente uma fundação (do segundo tipo)? Em vez disso, não será – deverá ser – um consórcio?

[69] O Presidente do IST, Carlos Matos Ferreira, dá conta justamente daquelas resistências, em entrevista ao *Jornal de Negócios* (secção de *Campus*) de 29 de Janeiro de 2008.

A partir de agora, é possível às instituições públicas de ensino superior estabelecer consórcios entre si ou com outras instituições públicas ou privadas de investigação e desenvolvimento para efeitos de coordenação de oferta formativa e dos recursos humanos e materiais (cfr. n.º 1 do art. 17.º do RJIES)[70]. A iniciativa cabe às instituições ou ao Governo, por portaria do ministro da tutela, ouvidas as instituições (cfr. n.º 2 do art. 17.º do RJIES).

Sobre estes contratos que informações podem reunir-se? Qual é a sua utilidade no contexto universitário?

Não sendo uma figura nova no ordenamento jurídico português – é típica do direito comercial, estando regulada no DL n.º 231/81, de 28 de Julho[71] –, é a primeira vez que o consórcio aparece expressamente no contexto das universidades. O seu acolhimento, que não deixou de ser elogiado[72], gerou a habitual desconfiança[73].

Em abono dele, pode, sinteticamente, dizer-se que constitui uma forma flexível e, sobretudo, reversível de associação de esforços interinstitucional: permite levar a cabo uma actividade de forma concertada e estável, durante o tempo que for determinado pelas partes ou que for necessário à prossecução dos objectivos definidos, sem prejuízo da identidade própria e da autonomia das instituições envolvidas (cfr. n.º 4 do art. 17.º do RJIES). Para reforçar este último ponto, deve dizer-se que no direito das sociedades se associa o consórcio às *(unincorporated) joint ventures* – justamente para o caracterizar como uma associação de empresas sob forma não societária, para dizer que ele não tem personalidade jurídica.

Em casos especiais, admite-se que o consórcio venha a adoptar a denominação "universidade" ou "instituto politécnico" (cfr. n.º 5 do art. 17.º do RJIES). Naturalmente, isto acontece apenas quando se encontrem preenchi-

---

[70] Dependendo do número de entidades envolvidas, fala-se, às vezes, em consórcios bipolares (ou bilaterais) e multipolares (ou multilaterais).

[71] Sobre o contrato de consórcio em geral cfr., entre outros, EDGAR VALLES, *Consórcio, ACE e outras figuras*, Coimbra, Almedina, 2007.

[72] De acordo com notícia do jornal *Público* de 31 de Maio de 2007 (p. 47), este foi um dos pontos positivos do projecto de RJIES apontados por JORGE MIRANDA (a par da possibilidade de associação entre unidades orgânicas originárias de instituições diversas para coordenação de actividades).

[73] Diz, por exemplo, o Presidente do IST, CARLOS MATOS FERREIRA, em entrevista ao *Jornal de Negócios* (secção de *Campus*) de 29 de Janeiro de 2008: "estamos perante um conceito diferente de consórcio, que também não está suficientemente esclarecido". O (mesmo) *Jornal de Negócios*, em notícia de 7 de Fevereiro de 2008, dá conta das dúvidas mais comuns: em que moldes é que o contrato de consórcio pode ser celebrado?; desaparecem, por força dele, os sinais identificadores das entidades-membros?; qual é a soberania que os membros perdem com o contrato?

das as condições enunciadas, respectivamente, nos arts. 42.º e 43.º do RJIES (que permitem presumir a estabilidade e a durabilidade do consórcio)[74].

O aspecto menos favorável do consórcio será porventura a falta de elasticidade do seu âmbito de aplicação: primeiro, ao nível do objecto (o consórcio releva somente para efeitos de coordenação de oferta formativa e dos recursos humanos e materiais); depois, ao nível dos sujeitos (apenas podem ser membros do consórcio as instituições públicas de ensino superior e as instituições públicas ou privadas de investigação e desenvolvimento) (cfr. n.º 1 do art. 17.º do RJIES). Fica, assim, excluída a colaboração noutros domínios e com entidades que não as referidas. A inadmissibilidade de relações verticais (entre as universidades e as empresas) é particularmente grave, não favorecendo o aproveitamento do consórcio para a criação de *interfaces* universidade/empresa em áreas tão importantes como a do desenvolvimento tecnológico conjunto e da transferência de tecnologia[75].

5. Tudo considerado, pode continuar a dizer-se que a solução fundacional implica alguns riscos, sobretudo os que se relacionam com a incerteza do financiamento. É verdade. O que não pode esquecer-se é que tão-pouco as universidades-instituto público estão isentas de riscos, inclusivamente no plano financeiro. Os fundos públicos disponíveis são cada vez mais exíguos e a tendência é para abandonar o garantismo e substituir os financiamentos calculados por fórmula por financiamentos de programas orçamentais plurianuais (prática de "gestão pública por objectivos") – que dependem, também eles, do desempenho e premeiam a qualidade.

Prosseguindo uma actividade administrativa, tanto umas universidades como as outras se integram na administração estadual indirecta, que "existe em resultado do constante alargamento e da crescente complexificação das funções do Estado e da vida administrativa"[76]. Isto significa, entre outras coi-

---

[74] A hipótese talvez tenha subjacente a divisão geral dos consórcios em consórcios internos e externos, consagrada no art. 5.º do DL n.º 231/81, de 28 de Julho. A possibilidade de uso daquela denominação estaria, assim, relacionada com as necessidades inerentes às situações de consórcio externo, em que os serviços são fornecidos directamente aos terceiros pelos membros do consórcio com expressa invocação dessa qualidade.

[75] Sobre as possibilidades de cooperação entre as universidades e as empresas, em particular no domínio da transferência da tecnologia, cfr. CATARINA SERRA, «Os direitos de propriedade industrial e a actividade de I & D das universidades», in *Scientia Ivridica*, 1999, n.ºs 280--282, pp. 443 ss.

[76] Cfr. DIOGO FREITAS DO AMARAL, *Curso de Direito Administrativo*, Vol. I (com a colaboração de Luís Fábrica, Carla Amado Gomes e J. Pereira da Silva) cit., p. 350.

sas, que ambas são pessoas colectivas públicas e que, não obstante a sua autonomia financeira e administrativa [cfr. art. 94.º da lei de enquadramento orçamental (Lei n.º 91/2001, de 20 de Agosto, alterada e republicada pela Lei n.º 48/2004, de 24 de Agosto)], estão subordinadas à superintendência e à tutela administrativa nos termos dos arts. 41.º e 42.º da lei quadro dos institutos públicos (Lei n.º 3/2004 de 3 de Janeiro, alterada e republicada pelo DL n.º 105/2007, de 3 de Abril).

Também para as universidades-fundação o regime jurídico aplicável é, nos termos vistos, um *regime globalmente público*, composto, em especial, do regime das instituições de ensino superior público: as universidades-fundação podem produzir regulamentos, praticar actos administrativos e celebrar contratos administrativos [cfr. art. 110.º, n.º 2, als. a), b), e c), do RJIES]; cobram taxas e propinas [cfr. art. 115.º, n.º 1, al. b), do RJIES]; beneficiam de isenções fiscais, de taxas, de custas, de emolumentos e de selos nos mesmos termos do Estado (cfr. art. 116.º do RJIES); estão sujeitas à jurisdição do Tribunal de Contas (cfr. art. 158.º do RJIES) e por aí fora.

Em contrapartida, as universidades-fundação têm vantagens que não têm as universidades-instituto público: têm, numa palavra, maior capacidade jurídica de direito privado. Mais do que um conjunto de poderes exclusivos de gestão, esta é uma *vocação* ou numa *predisposição natural* das universidades-fundação para estabelecer relações jurídicas privadas, designadamente para captar investimentos de fontes diversificadas e para contratar pessoal ao abrigo de regimes mais adequados à sua realidade.

Quanto ao órgão distintivo das universidades-fundação, o conselho de curadores, mais concretamente quanto às críticas fundadas na absoluta novidade que ele constitui, replica-se apenas com as vantagens prováveis: acima de tudo, ele é uma via privilegiada para a intervenção mais efectiva dos *stakeholders* nas universidades[77], podendo, por exemplo, as pessoas nomeadas como curadores ter um papel fundamental no estabelecimento de contactos com os potenciais investidores (*shareholders*). Tendo presente, por outro lado, a vinculação das universidades ao interesse público, não pode interpretar-se, sem mais, a previsão legal sobre a existência e a composição do conselho de curadores (a necessidade de nomeação dos seus mem-

---

[77] É como relata (embora em sentido inverso) ALBERTO AMARAL no chamado "Livro Branco" [texto intitulado "Avaliação, revisão e consolidação da legislação do Ensino Superior (Inquérito público: análise e respostas)", p. 30 (disponível em WWW: <http://www.esac.pt/bolonha/doc_nac/cbs/204/204_COMP.pdf>)]: "há quem defenda maior intervenção da sociedade exterior e, em oposição, quem lembre a falta de tradição em matéria de 'boards of trustees' ".

bros pelo Governo) como um expediente para o Estado "se imiscuir" na governação das universidades[78].

É certo que a fundação não é uma solução universal nem é válida independentemente das circunstâncias de cada caso. Ela não é modelo único e nem sequer o modelo generalizado das instituições[79]. Não é, em particular, aconselhável quando a universidade tem escolas ou outras unidades orgânicas com uma história de grande autonomia[80] (uma vez que o poder tende a concentrar-se).

Na realidade, o maior perigo do modelo fundacional é a desagregação (o "desmembramento" ou a "pulverização", como outros lhe chamam) das universidades[81]. Mas esse atinge apenas o nível das fundações do segundo tipo – das escolas-fundação e das fundações por fusão. De facto, como se disse, qualquer escola pode autonomizar-se e constituir-se em fundação (cfr. art. 129.º, n.º 5, do RJIES), assim como qualquer unidade orgânica pode juntar-se com outra(s) para constituir com ela(s) uma fundação (cfr. art. 129.º, n.º 9, do RJIES). Tudo isto sem o consentimento da respectiva universidade, sendo suficiente a iniciativa da escola e o acordo do Governo ou ainda – no segundo caso – sendo suficiente a iniciativa do Governo e o acordo das uni-

---

[78] Leia-se o que afirmaram, a respeito desta matéria, reputados especialistas: "os stakeholders terão por função não uma defesa dos valores do mercado, mas, pelo contrário, assegurar que os benefícios sociais e os valores inerentes a uma universidade não serão desvirtuados por uma actuação selvagem em obediência aos princípios do mercado", o que "faz sentido desde que a escolha dos trustees seja criteriosa. Numa altura em que a universidade se vê compelida a desempenhar um papel crescente na prestação de serviços e na procura de fontes de financiamento alternativo pode justificar-se uma visão externa, da sociedade civil, por forma a escrutinar quais as actividades que, sendo embora apetecivelmente lucrativas, não se inserem nas valores superiores da instituição. Muito passa, portanto, pela escolha dos stakeholders ou dos curadores, pelo espírito que preside à sua selecção" [cfr. o documento "Estatuto Jurídico das Instituições de Ensino Superior – Debate organizado pelo CIPES no âmbito das iniciativas do Debate Nacional sobre Educação (DNE) com Alberto Amaral (CIPES), Vital Moreira (Faculdade de Direito de Coimbra) e Sérgio Machado dos Santos (Universidade do Minho) (2006)" (disponível em WWW: <http://www.debatereducacao.pt/relatorio/files/CpV7.pdf>)].

[79] Como, segundo o *Jornal de Negócios* (secção de *Campus*) de 17 de Janeiro de 2008, salientou o ministro da Ciência, da Tecnologia e do Ensino Superior, MARIANO GAGO.

[80] Isto acontece, por exemplo, na Universidade Técnica de Lisboa (UTL), segundo declarações do seu reitor, RAMÔA RIBEIRO, à agência noticiosa *Lusa*, no dia 9 de Janeiro de 2008 (consultada em WWW: <http://clix.expresso.pt>).

[81] Como aponta o constitucionalista JORGE MIRANDA – e ainda ANTÓNIO NÓVOA, reitor da Universidade de Lisboa (UL) – em notícia do jornal *Público* de 22 de Junho de 2007. Esta foi também a principal objecção à solução fundacional apresentada por AVELINO MENESES, reitor da Universidade dos Açores (UAç), à agência noticiosa *Lusa*, no dia 9 de Janeiro de 2008 (consultada em WWW: <http://clix.expresso.pt>).

dades orgânicas envolvidas (cfr. art. 129.º, n.º 10, do RJIES). Mas será legítimo impedir uma instituição de maximizar o seu crescimento para assegurar a sobrevivência da instituição-mãe? Por que há-de impedir-se o movimento de autonomização se ele for justificado/reclamado nos planos da viabilidade e da eficácia?

Depois de tudo, a verdade é que só as universidades ou as escolas capazes de gerar um volume significativo de receitas próprias e que tenham um nível elevado de captação de recursos externos (por via da investigação ou de prestação de serviços à comunidade) acedem ao modelo fundacional[82]. A intenção do legislador parece ter sido a de promover, nestes termos, uma espécie de selecção natural entre as universidades – a *survival of the fittest*, na conhecida expressão de HERBERT SPENCER.

Como afirmou o ministro da Ciência, da Tecnologia e do Ensino Superior, MARIANO GAGO, as condições para a transformação do estatuto jurídico de uma universidade em fundação pública são exigências acrescidas: "trata-se da possibilidade de conferir a essas instituições uma autonomia muito maior do que aquela que gozam hoje. E isso só é possível em instituições que tenham, por um lado, uma actividade e uma história de capacidade de gestão muito significativas, que tenham capacidade de produção, de riqueza, de capacidade de atracção de recursos próprios, e que não façam depender [isto] exclusivamente do Estado"[83].

Os dados estão (assim) lançados. E a posição dos dados não se altera por mais que se discuta sobre a posição dos dados. Se os dados são parcos é, além do mais, porque o sector das fundações se concilia mal com uma regulação excessiva por parte do Estado e a auto-regulação parece ser, dentro de certos limites, a solução mais adequada[84].

Resta esperar; *may the fittest survive*!

---

[82] Chegou a dizer-se que, para aceder ao modelo, as universidades interessadas deveriam ser capazes de gerar receitas próprias ao nível de 50% do seu orçamento. Embora também esta afirmação seja imputada ao ministro da Ciência, da Tecnologia e do Ensino Superior, MARIANO GAGO (cfr., por exemplo, a notícia do *Diário de Notícias* de 23 de Junho de 2007), o critério não consta expressamente de nenhuma norma do RJIES ou de qualquer documento conhecido.

[83] Conforme notícia do *Jornal de Negócios* (secção de *Campus*) de 17 de Janeiro de 2008.

[84] Cfr., no sentido da defesa da auto-regulação para o sector das fundações, EMÍLIO RUI VILAR, «Fundações – legitimidade, responsabilidade e (auto-) regulação», in AA. VV., *Nos 20 Anos do Código das Sociedades Comerciais – Homenagem aos Profs. Doutores A. Ferrer Correia, Orlando de Carvalho e Vasco Lobo Xavier*, vol. II – *Vária*, Coimbra, Coimbra Editora, 2007, pp. 543-544. No direito alemão das fundações, têm surgido recentemente algumas teses sobre a liberdade de conformação. Entre os autores que mais têm contribuído para o movimento

Bibliografia

(AA. VV.),
- *Aspectos jurídico-económicos de las fundaciones*, Santiago de Compostela, Escola Galega de Administración Pública, 2001.
- *Tratado de fundaciones* (Director: José María Beneyto Pérez/Coordinador: Alfonso Rincón García Loygorri), tomos I e II, Barcelona, Bosch, 2007.

ALARCÃO, RUI DE,
- «Fundações: que reforma?», in *Scientia Ivridica*, 2002, n.º 294, pp. 507 ss.

AMARAL, DIOGO FREITAS DO,
- *Curso de Direito Administrativo*, Vol. I (com a colaboração de Luís Fábrica, Carla Amado Gomes e J. Pereira da Silva), Coimbra, Almedina, 2006.

ANDRADE, MANUEL A. DOMINGUES DE,
- *Teoria Geral da Relação Jurídica*, vol. I – Sujeitos e Objecto, Coimbra, Almedina, 1983.

ANTUNES, HENRIQUE SOUSA,
- «Fundações: aplicação analógica de normas sobre a convocação judicial de assembleia geral», in *Cadernos de Direito Privado*, 2007, n.º 19, pp. 58 ss.

BAPTISTA, CRISTINA PAULA CASAL,
- *As fundações no direito português*, Coimbra, Almedina, 2006.

CAETANO, MARCELLO,
- *Das fundações – subsídios para a interpretação e reforma da lei portuguesa*, Lisboa, Edições Ática, 1961.

CORDEIRO, ANTÓNIO MENEZES,
- *Tratado de Direito Civil português*, I – *Parte Geral*, tomo III – *Pessoas*, Lisboa, Almedina, 2004.

CORREIA, ANTÓNIO FERRER/SÁ, ALMENO DE,
- «Algumas notas sobre as fundações», in *Revista de Direito e Economia*, 1989, pp. 331 ss.

CORREIA, J. M. SÉRVULO/MEDEIROS, RUI,
- «Restrições aos poderes do Governo em matéria de reconhecimento e de alteração dos estatutos das fundações de Direito Privado», in *Revista da Ordem dos Advogados*, 2002, pp. 347 ss.

FEDELE, PIO,
- «Fondazione (diritto intermedio)», in *Enciclopedia del Diritto*, XVII, Milano, Giuffrè, 1968, pp. 785 ss.

FERNANDES, LUÍS A. CARVALHO,
- *Teoria Geral do Direito Civil, I – Introdução, pressupostos da relação jurídica*, Lisboa, Universidade Católica Editora, 2007.

---

salientam-se ANDREAS SCHLÜTER, que desenvolveu o conceito funcional de fundação (*der funktionale Stiftungsbegriff*), e, com uma posição ainda mais radical, ULRICH BURGARD (*anything goes*). Sobre estas tendências recentes cfr. DIETER REUTER, «Stiftungsform, Stiftungsstruktur und Stiftungszweck – Zu neueren Thesen über die Gestaltungsfreiheit im Stiftungsrecht», in *Archiv für die civilistische Praxis*, 2007, 1, pp. 1 ss.

FLUME, WERNER,
- *Allgemeiner Teil des Bürgerlichen Rechts*, I, 2 - *Die juristische Person*, Berlin, Heidelberg, New York, Tokyo, Springer-Verlag, 1983.

GALGANO, FRANCESCO,
- «Fondazione (diritto civile)», in *Enciclopedia Giuridica*, Roma, Istituto della Enciclopedia Italiana, 1989, pp. 1 ss.

IGLESIAS PIE, MARÍA/VERNIS, ALFRED,
- «Una aproximación a las fundaciones de empresa», in AA. VV., *Tratado de fundaciones* (Director: José María Beneyto Pérez/Coordinador: Alfonso Rincón García Loygorri), tomo II, Barcelona, Bosch, 2007, pp. 859 ss.

LIMA, FERNANDO ANDRADE PIRES DE/VARELA, JOÃO DE MATOS ANTUNES,
- *Código Civil anotado*, vol. I (com a colaboração de Manuel Henrique Mesquita), Coimbra, Coimbra Editora, 1987.

MACHADO, VICTOR DE SÁ,
- «As fundações, a opinião pública e a sociedade civil», in *Boletim da Faculdade de Direito da Universidade de Coimbra*, vol. LXXIV, 1998, pp. 157 ss.

MACHETE, RUI CHANCERELLE DE/ANTUNES, HENRIQUE SOUSA (Coordenação),
- *As fundações na Europa – aspectos jurídicos/Foundations in Europe – Legal aspects*, Lisboa, Fundação Luso-Americana, 2008.

MACHETE, RUI CHANCERELLE DE/ANTUNES, HENRIQUE SOUSA,
- *Direito das fundações – propostas de reforma*, Lisboa, Fundação Luso-Americana, 2004.

MARQUES, ANTÓNIO JOAQUIM,
- «Fundações públicas e privadas em Portugal», in *Revista de Doutrina Tributária*, 2002, n.° 4 (in WWW: <http://www.doutrina.net>).

MELO, A. BARBOSA DE,
- «As fundações e as comissões de trabalhadores (a propósito da Lei n.° 46/79, de 12 de Setembro)», in *Revista de Direito e de Estudos Sociais*, 1979, n.os 1-2-3, pp. 89 ss.

MENDES, JOÃO DE CASTRO,
- *Teoria geral do direito civil*, vol. I (com a colaboração de Armindo Ribeiro Mendes), Lisboa, Associação Académica da Faculdade de Direito de Lisboa, 1978.

MORAIS, CARLOS BLANCO DE,
- «Da relevância do direito público no regime jurídico das fundações privadas», in *Estudos de homenagem ao Professor Doutor João de Castro Mendes*, Lisboa, Lex, sd, pp. 551 ss.

MORILLO GONZÁLEZ, FERNANDO,
- *El proceso de creación de una fundación*, Navarra, Thomson-Aranzadi, 2006.
- *La fundación: concepto y elementos esenciales*, Madrid, Tecnos, 2001.

OLIVEIRA, ANTÓNIO CÂNDIDO,
- «Programa de uma Disciplina de Direito da Função Pública», in *Scientia Ivridica*, 2002, n.° 294, pp. 455 ss.

PINTO, CARLOS ALBERTO DA MOTA/MONTEIRO, ANTÓNIO PINTO/PINTO, PAULO MOTA,
- *Teoria Geral do Direito Civil*, Coimbra, Coimbra Editora, 2005.

RESCIGNO, PIETRO,
- «Fondazione (diritto civile)», in *Enciclopedia del Diritto*, XVII, Milano, Giuffrè, 1968, pp. 790 ss.

REUTER, DIETER,
- «Stiftungsform, Stiftungsstruktur und Stiftungszweck – Zu neueren Thesen über die Gestaltungsfreiheit im Stiftungsrecht», in *Archiv für die civilistische Praxis*, 2007, 1, pp. 1 ss.

- «Vorbemerkungen zu §§ 80 ff.», in Kurt Rebmann/Franz Jürgen Säcker (Hrsg.), *Münchener Kommentar zum Bürgerlichen Gesetzbuch Band 1: §§ 1-240*, München, Verlag C.H. Beck, 1993, pp. 634 ss.

Ribeiro, Joaquim de Sousa,
- «As fundações no Código Civil: regime actual e projecto de reforma», in *Lusíada – Revista de Ciência e Cultura*, 2001, n.ᵒˢ 1 e 2, pp. 59 ss.
- «Fundações: "uma espécie em vias de extensão"?», in *Comemorações dos 35 anos do Código Civil e dos 25 anos da reforma de 1977* – Vol. II – *A Parte Geral do Código e a Teoria Geral do Direito Civil*, Coimbra, Coimbra Editora, 2006, pp. 251 ss.

Santalucia, Bernardo,
- «Fondazione (diritto romano)», in *Enciclopedia del Diritto*, XVII, Milano, Giuffrè, 1968, pp. 774 ss.

Pennitz, Martin,
- «§§ 80-89», in Mathias Schmoeckel/Joachim Rückert/Reinhard Zimmermann (Hrsg), *Historisch-kritischer Kommentar zum BGB, I – Allgemeiner Teil – §§ 1-240*, Tübingen, Mohr Siebeck, 2003. pp. 272 ss.

Serra, Catarina,
- «Os direitos de propriedade industrial e a actividade de I & D das universidades», in *Scientia Ivridica*, 1999, n.ᵒˢ 280-282, pp. 443 ss.

Serrano Chamorro, María Eugenia,
- *Las fundaciones: dotación y patrimonio* (Prólogo de Ignacio Serrano García), Madrid, Thomson-Civitas, 2003.

Staudinger, Julius von/Rawert, Peter,
- «Vorbemerkungen zu §§ 80-88», in *Kommentar zum Bürgerlichen Gesetzbuch mit Einführungsgesetz und Nebengesetzen, Erstes Buch – Allgemeiner Teil – §§ 21-103*, Berlin, De Gruyter, 1995, pp. 363 ss.

Valles, Edgar,
- *Consórcio, ACE e outras figuras*, Coimbra, Almedina, 2007.

Vasconcelos, Pedro Pais de,
- «As pessoas colectivas no Código Civil – 30 anos depois», in *Themis*, Edição especial – *Código Civil português (evolução e perspectivas actuais)*, 2008, pp. 229 ss.

Vilar, Emílio Rui,
- «Fundações – legitimidade, responsabilidade e (auto-) regulação», in AA. VV., *Nos 20 Anos do Código das Sociedades Comerciais – Homenagem aos Profs. Doutores A. Ferrer Correia, Orlando de Carvalho e Vasco Lobo Xavier*, vol. II – *Vária*, Coimbra, Coimbra Editora, 2007, pp. 535 ss.

A PROTECÇÃO DO AMBIENTE NA JURISPRUDÊNCIA COMUNITÁRIA
UMA AMOSTRAGEM[1]

CARLA AMADO GOMES[*]

SUMÁRIO: 0. A *green brick road* da jurisprudência comunitária. 1. A abordagem anterior ao Acto Único Europeu: 1.1. A necessidade de confirmação da protecção do ambiente como atribuição comunitária: os Acórdãos Comissão contra a Itália (1980). 2. A superabundância de bases jurídicas após o Acto Único Europeu. 3. A abordagem posterior ao Acto Único Europeu: 3.1. Particularidades processuais da tutela ambiental: a) O Acórdão Greenpeace Council e outros contra a Comissão (de 2 de Abril de 1998) e o défice de tutela contenciosa ambiental no plano comunitário; b) O Acórdão Comissão contra a Irlanda (de 30 de Maio de 2006) e a jurisdição exclusiva do Tribunal de Justiça em questões ambientais; c) O Acórdão Comissão contra a França (de 7 de Outubro de 2004) e a competência de controlo da adequação das medidas de implementação de vinculações internacionais no plano da protecção ambiental; d) O Acórdão Delena Wells contra Secretary of State for Transport, Local Government and the Regions (de 7 de Janeiro de 2004) e a trilaterização

---

[*] Professora convidada da Faculdade de Direito da Universidade Nova de Lisboa.

[1] Neste texto, originalmente escrito como elemento de apoio à disciplina de Direito do Ambiente leccionada na Faculdade de Direito da Unversidade Nova de Lisboa no ano lectivo de 29007/2008, utilizámos excertos de textos de nossa autoria já dados à estampa:
  • "A impugnação jurisdicional de actos comunitários lesivos do ambiente, nos termos do artigo 230 do Tratado de Roma: uma acção nada popular", in *Estudos em homenagem ao Prof. Doutor André Gonçalves Pereira*, Coimbra, 2006, pp. 875 ss. (também publicado na *Revista do CEDOUA*, 2004/1, pp. 89 ss.)
  • "Jurisprudência dirigente ou vinculação à Constituição? Pensamentos avulsos sobre o Acórdão do TJCE de 13 de Setembro de 2005", in *RMP*, n.º 107, 2006, pp. 213 ss.
  • "Providências cautelares e "princípio da precaução": ecos da jurisprudência", in *RCEJ*, n.º 10, 2007, pp. 321 ss. (escrito para integrar os *Estudos em homenagem ao Prof. Doutor Paulo Cunha no centenário do seu nascimento*)
  • "O regime jurídico da produção de electricidade a partir de fontes de energia renováveis: aspectos gerais", in *Cadernos d'O Direito*, n.º 3, 2008, pp. 59 ss. (escrito para integrar os *Estudos em homenagem ao Prof. Doutor Martim de Albuquerque*).

Optámos por incluir as referências bibliográficas gerais, em homenagem ao intuito primacialmente pedagógico do texto.

contenciosa da relação jurídica ambiental; 3.2. A autonomia do interesse de protecção do ambiente: a) O Acórdão Comissão contra o Conselho (de 13 de Setembro de 2005) e a *vis expansiva* da Comunidade para o estabelecimento de sanções por prática de crimes ambientais; b) O Acórdão Comissão contra a (República federal da) Alemanha (de 28 de Fevereiro de 1991) e a equação preservação do ambiente/qualidade de vida das populações; c) O Acórdão PreussenElektra contra Schleswag (de 13 de Março de 2001) e a cedência a uma lógica "ambientalmente amiga"; d) O Acórdão Lanelijke Vereniging contra Staatssecretaris van Landbouw (de 7 de Setembro de 2004), e o dever de interpretação in favor ambiente; e) O Acórdão Kraaijeveld (de 24 de Outubro de 1996) e a sindicabilidade da auto-determinação legislativa ambiental pelos tribunais nacionais; f) O Acórdão Bund Naturschutz Bayern (de 9 de Agosto de 1994) e a força normativa interina das directivas; g) O Acórdão Comissão contra Bélgica (de 14 de Junho de 2001) e a questão da desconformidade da figura da autorização tácita com a protecção do ambiente; h) O Acórdão Pfizer Animal Health S.A. contra o Conselho (de 11 de Setembro de 2002) e o acolhimento expresso do princípio da precaução pela jurisprudência comunitária (de 1.ª instância)

0. A *GREEN BRICK ROAD* DA JURISPRUDÊNCIA COMUNITÁRIA

O interesse da Comunidade Europeia pela protecção do ambiente vem de longe. Embora só em 1987, com a entrada em vigor do Acto Único Europeu, tenha sido expressa e formalmente reconhecida como objectivo comunitário – numa lógica de competência partilhada com os Estados-membros, uma espécie de competência complementar ou paralela[2], na medida em que estes podem manter intocada a sua legislação ambiental caso queiram garantir um padrão de protecção reforçado –, nos artigos 130 R/S/T (actuais artigos 174 a 176 do Tratado de Roma), a "questão ambiental" desponta na década de 70 do século passado. Manifestada pelos Chefes de Estado e de Governo na Cimeira de Paris, em Outubro de 1972[3], fazendo eco do grito de alarme lan-

---

[2] Apelando à terminologia utilizada em alguns ordenamentos federais, nos quais a União detém a competência de estabelecer o quadro de regulamentação de uma determinada matéria, podendo os Estados complementá-la adaptativamente, desde que a não contrariem nos seus princípios fundamentais.

[3] É na Declaração de Paris (1972) que a doutrina sedia o arranque da política comunitária de ambiente. Política essa que teve (e tem) como bases de sustentação *Programas de Acção* com a duração de cinco anos, iniciados logo em 1973, nos quais se delineam os sectores de intervenção da Comunidade e as grandes linhas que presidem à sua actuação – cfr. M. MELO ROCHA,

çado na Conferência de Estocolmo, a atenção às questões ambientais não mais deixaria de se verificar, ultrapassando as barreiras estritamente económicas para se assumir como central na promoção da qualidade de vida das populações dos Estados-membros (cfr. o artigo 2 do Tratado de Roma na sua versão original).

Confortados por uma jurisprudência que se não intimidou com a fragilidade da base legal das directivas no domínio ambiental (articulando os (ex-) artigos 235, 100 e 2 do Tratado de Roma[4]) e que soube tirar o máximo partido da associação entre protecção do ambiente e salvaguarda das liberdades económicas, os Estados-membros, na primeira revisão do Tratado, incorporaram os objectivos da preservação, protecção e melhoria da qualidade do ambiente, da protecção da saúde das pessoas, e da utilização prudente e racional dos recursos naturais (artigo 130R/1 do Tratado de Roma, na redacção pós-Acto Único Europeu).

Com efeito, a *apetência* da Comunidade no domínio do ambiente foi posteriormente *constitucionalizada*[5] através dos artigos 130R a T do Acto Único Europeu (que entrou em vigor em 1987)[6]. Estas disposições estabelecem inequivocamente a competência da Comunidade para desenvolver uma política ambiental, avançando vários princípios conformadores da actuação dos seus órgãos nesta sede (integração, gestão racional, prevenção, correcção na fonte, poluidor-pagador e responsabilização – n.os 1 e 2 do artigo 130R). Além disso, a revisão do Tratado de Roma pelo Acto Único acarretou também alterações ao artigo 100, nomeadamente o aditamento de um artigo 100A, o qual permitia a adopção de medidas de harmonização legislativa, directa e indirecta-

---

A avaliação de impacto ambiental como princípio de Direito do Ambiente nos quadros internacional e europeu, Porto, 2000, pp. 38 ss. V. também L. PAREJO ALFONSO, "Origen y desarrollo del Derecho medioambiental en el ordenamiento comunitario europeo", *in Derecho medioambiental de la Unión Europea*, coord. de J. Picon Risquez, Madrid, 1996, pp. 41 ss.

[4] Cfr. X. DEBROUX, "Le choix de la base juridique dans l'action environnementale de l'Union Européenne", *in CDE*, 1995/3-4, pp. 383 ss., 384, 385; D. VANDERMEERSCH, "The Single European Act and the environmental policy of the European Economic Community", *in ELR*, 1987/6, pp. 407 ss., 410, 411.

[5] D. VANDERMEERSCH, *The Single European Act...*, cit., p. 407; P. MADDALENA, "L'ambiente valore costituzionale nell'ordinamento comunitario", *in CS*, II, 1999, pp. 945 ss., 948.

[6] Sobre estas disposições, vejam-se D. VANDERMEERSCH, *The Single European Act...*, cit., pp. 412 ss.; L. KRÄMER, "The Single European Act and environment protection: reflections on several new provisions in Community Law", *in CMLR*, 1987/24, pp. 659 ss., 663 ss.; F. ROELANTS DU VIVIER, J.-PIERRE HANNEQUART, "Une nouvelle stratégie européenne pour l'environnement dans le cadre de l'Acte Unique", *in RMC*, n.° 316, 1988, pp. 225 ss., *passim*.

mente[7] relacionadas com o estabelecimento e funcionamento do mercado interno e que tivessem, entre outras, incidência ambiental (cfr. os n.ºs 3, 4 e 5 daquela disposição). Ou seja, de uma situação de inexistência de base habilitante específica transitou-se para um quadro de habilitações alternativas, cuja delimitação não foi isenta de hesitações.

Na década de 90 do século XX, a magnitude da questão ambiental era por demais evidente[8]. A implementação, por parte da Comunidade, de uma política ambiental correspondia, não só a preocupações de harmonização das condições de concorrência no mercado interno, como também à constatação desse "carácter supra-regional, internacional e mesmo global da tarefa de protecção do ambiente"[9] e foi, coerentemente, reforçada com a aprovação do Tratado de Maastricht (cuja vigência se iniciou em 1993). Se é verdade que, em termos estritamente jurídicos, esta revisão do Tratado de Roma nada acrescentou à definição das bases legais de intervenção da Comunidade (de ora em diante, já não apenas económica) no domínio da protecção ambiental[10], não deve olvidar-se, em primeiro lugar, o relevo político do aditamento ao preâmbulo da referência ao envolvimento da Comunidade na tarefa conjunta de preservação do ambiente, no contexto do princípio do desenvolvi-

---

[7] Realce-se que, enquanto o artigo 100 pressupõe que as directivas de harmonização "tenham incidência directa" no estabelecimento e funcionamento do mercado comum, o novo artigo 100A substitui tal expressão por uma fórmula mais ampla: "tenham por objecto". Tal relação meramente indirecta constitui, em termos substantivos, a diferença fundamental entre o artigo 100 e o novo artigo 100A – X. DEBROUX, *Le choix...*, *cit.*, pp. 386, 387.

[8] Uma síntese do estado do ambiente na Europa na década de 90 do século XX pode ver-se, com detalhe, em M. MELO ROCHA, *A avaliação...*, *cit.*, pp. 55 ss.

[9] A. EPINEY, *Umweltrecht in der Europäischen Union*, Köln/Berlin/Bonn/München, 1997, p. 12, notando ainda que "Umweltschäden nicht an Staatsgrenzen halt".

[10] Refira-se que o maior problema que actualmente envolve a tomada de decisões com incidência ambiental (e não só) no plano comunitário parece ser o de responder à questão prévia colocada pelo princípio da subsidiariedade, hoje estabelecido como cláusula geral de repartição do exercício da competência entre Estados-membros e órgãos comunitários, no artigo 5 do Tratado de Roma (sobre as condições de aplicação deste princípio no domínio ambiental, leiam-se as considerações de H. SOMSEN, "Derecho comunitario del medio ambiente: Tratado, instituciones, procedimiento de decisión e instrumento jurídico", *in Derecho mediambiental de la Unión Europea*, coord. de J. Picon Risquez, Madrid, 1996, pp.1 ss., 32 ss., e de L. HANCHER, "EC Environmental policy – a pre-cautionary tale?", *in The precautionary principle and International Law*, org. de D. Freestone e E. Hey, The Hague/London/Boston, 1996, pp. 187 ss., 193 ss.).

Note-se, porém, que o princípio da subsidiariedade teve a sua *estreia comunitária* precisamente com o artigo 130R/4, ou seja, em matéria ambiental, o que nos leva a concluir que a aplicação da subsidiariedade em termos genéricos (a grande novidade introduzida pelo Tratado da

mento sustentável (considerando 8.º). Depois, em segundo lugar, e correspondentemente com a afirmação preambular, o Tratado da União integrou no lote de fins da Comunidade "o crescimento sustentado, não inflacionista e que respeite o ambiente" (artigo G), bem como inseriu a política de ambiente no lote de políticas comunitárias [artigo 3/1/k)][11]. Finalmente, em terceiro lugar, a segunda revisão oficial do Tratado de Roma introduziu algumas alterações no sentido do aperfeiçoamento do texto do artigo 130R[12], das quais sobrelevaríamos a referência aos princípios da cooperação internacional e da precaução.

A entrada em vigor do Tratado de Amesterdão, em 1998, deu mais um contributo para o reforço da legitimidade da actuação comunitária no plano da protecção ambiental, aditando um novo artigo especialmente dedicado ao princípio da integração. O actual artigo 6 do Tratado de Roma dispõe que "as exigências em matéria de protecção do ambiente devem ser integradas na definição e execução das políticas e acções da Comunidade previstas no artigo 3, em especial com o objectivo de promover um desenvolvimento sustentável" (numa clara intenção de entrelaçamento com a Declaração do Rio[13])[14], previsão que, em conjugação com os artigos 2, 3/1/l) e 174 a 176 (anteriores arti-

---

União, a par do procedimento de co-decisão – artigo 189B), em nada buliu com o sistema já instituído, desde o AUE, pelo artigo 130R/4. Talvez (também) por isso X. DEBROUX julgue que o Tratado da União europeia não trouxe "rien de nouveau" em sede ambiental – *Le choix...*, cit., p. 395.

[11] H. SOMSEN considera estes aditamentos mais importantes do ponto de vista político que jurídico dada, por um lado, a desnecessidade, desde a entrada em vigor do AUE, de recorrer ao artigo 235 – e concomitantemente, de estabelecer ligação entre as medidas a adoptar e os fins da Comunidade – e, por outro lado, a sua vertente meramente confirmativa relativamente à actuação passada – H. SOMSEN, *Derecho comunitario...*, cit., p. 21.

[12] Para mais detalhes, v. H. SOMSEN, *Derecho comunitario...*, cit., pp. 21 ss., e D. FREESTONE, "The 1992 Maastricht Treaty – Implications for european environmental law", in *EELR*, 1992/6, pp. 23 ss.

[13] M. SCHRÖDER, "Aktuelle Entwicklungen im europäischen Umweltrecht", in *N+R*, 1998/1, pp. 1 ss., 1. Expondo as dúvidas que se colocam quanto à diferenciação entre os "princípios" da integração e do desenvolvimento sustentado, C. MANUEL ALVES, "La protection intégrée de l'environnement en Droit Communautaire", in *REDE*, 2003/2, pp. 129 ss., 317, 138. Ao cabo e ao resto, o primeiro acentua os meios, enquanto o segundo aponta para um resultado; todavia, a prática demonstra que nenhum deles se assume como pressuposto de uma qualquer política ambiental, antes se conformam casuisticamente em função dos objectivos comerciais e económicos em presença (*idem*, 138).

[14] De acordo com a Comunicação da Comissão (2001) 264 final, de 15 de Maio de 2001, subordinada ao título *A sustainable Europe for a better world: A European Union Strategy for sustainable development*, o desenvolvimento sustentado "requires that economic growth supports

113

gos 130R, S e T), coloca o ambiente numa posição de supra-coordenação[15] (que não prioridade[16]) no contexto das políticas desenvolvidas pela Comunidade[17].

O artigo 37 da Carta dos Direitos Fundamentais da União Europeia, proclamada a 7 de Dezembro de 2000, vem sancionar este percurso, dispondo que "Todas as políticas da União devem integrar um elevado nível de protecção do ambiente e a melhoria da sua qualidade, e assegurá-los de acordo com o princípio do desenvolvimento sustentável". A tónica do entrelaçamento racional entre economia e ecologia é retomada no Tratado de Lisboa, de forma intensa. O novo artigo 2.º do Tratado da União Europeia sublinha, como objectivo da União (que sucede à Comunidade Europeia), o melhoramento da qualidade do ambiente a par da promoção da competitividade das empresas e do pleno emprego – aliado a um forte incentivo da investigação científica e do progresso tecnológico[18]. Este desígnio tem, coerentemente, uma refracção no plano da acção externa da União, que também se deverá pautar pela protecção dos valores do ambiente [cfr. o artigo 10A/f)].

A nossa intenção é apresentar uma selecção de casos com matizes ambientais através dos quais se possa compreender, por um lado, de que forma tem a Comunidade desenvolvido as suas competências nesta área e, por outro lado, quais as particularidades adjectivas que a tutela ambiental tem revelado e como têm estas sido encaradas pela jurisprudência. A realidade ambiental é, no plano substantivo, palco de convergência e divergência de interesses e valo-

---

social progress and respects the environment, that social policy underpins economic performance, and that environmental policy is cost-effective" – fórmula considerada "fraca" por W. SHEATE ("The EC Directive on strategic environmental assessment: a much-needed boost for environmental integration", in EELR, 2003/12, pp. 331 ss., 341), mas que vai de encontro à descaracterização que a noção de desenvolvimento sustentado sofreu na Cimeira do Rio.

[15] M. SCHRÖDER (Aktuelle Entwicklungen..., cit., p. 2) cognomina o artigo 6 de "Querschnittsklausel" (cláusula de transversalidade).

[16] A prioridade só existirá caso as medidas propostas impliquem danos graves e irreversíveis para bens ambientais, na opinião de S. BÄR e A.-GABRIELLE MAZUREK ("Le Droit européen de l'Environnement à la lecture du Traité d'Amsterdam: modifications et perspectives", in RJE, 1999/3, pp. 375 ss., 379).

[17] Neste sentido, P. MADDALENA, L'ambiente..., cit., p. 948.

[18] A estas normas devem somar-se os pré-existentes artigos 6 e 174 a 176, com ligeiras alterações; o aditamento de um artigo 6B, que incorpora o texto do protocolo relativo ao bem estar dos animais; e o entrelaçamento, anunciado no artigo 175, entre energia e ambiente, agora expressamente afirmado num novo Título XX (da Parte IV), dedicado à Política de Energia – todos do Tratado sobre o Funcionamento da União Europeia (sucessor do Tratado de Roma).

res que importa harmonizar; no plano adjectivo – em razão da configuração como conjunto de bens de fruição colectiva –, está na base da aplicação e desenvolvimento de noções como a de "efeito directo (horizontal) reflexo", bem como constituiu a temática inaugural do exercício do poder sancionatório atribuído ao Tribunal de Justiça pelo Tratado da União Europeia.

Como se verá, a esmagadora maioria dos casos (à excepção de dois, da mesma data, de resto) situa-se no pós-constitucionalização da política ambiental. A tónica, nesta primeira época, residiu na validação de actos adoptados pela Comunidade em matéria ambiental por referência a normas competenciais do Tratado (**1.**). Com a entrada em vigor do Acto Único Europeu, que consagrou três normas relativas à política de ambiente (artigos 130R/S/T, actuais 174, 175 e 176), abriu-se, algo paradoxalmente, uma fase de uma certa indefinição quanto à base jurídica, hesitando-se entre o artigo 100A (harmonização legislativa com vista à consolidação do mercado interno) e o (novo) artigo 130S (**2.**)[19]. Após este breve período, as questões "substancializam-se" sensivelmente (**3.**), sobretudo depois de o Tribunal de Justiça ter confirmado o artigo 130S (actual 175) como base preferencial dos actos com incidência directa na protecção do ambiente no Acórdão de 14 de Julho de 1994[20]:

> "Article 130r is confined to defining the general objectives of the Community in the matter of the environment. Responsibility for deciding what action is to be taken is conferred on the Council by Article 130s. Moreover, Article 130t states that the protective measures adopted pursuant to Article 130s are not to prevent any Member State from maintaining or introducing more stringent protective measures compatible with the Treaty" (consid. 57).

A apresentação dos arestos não obedece a um critério cronológico mas antes temático: um primeiro grupo de casos reporta-se a questões tendencialmente técnicas, de carácter adjectivo – no intuito de descortinar em que medida o interesse ambiental condiciona a evolução jurisprudencial na abordagem de questões processuais; um segundo grupo de casos reconduz-se à expressão do valor da protecção ambiental no quadro ponderativo de interesses, gerais e particulares, subjacentes à norma comunitária e à forma como essa ponderação é assimilada (ou não) pelos legisladores dos Estados-membros.

---

[19] A coexistência entre o artigo 100A e os artigos 130R e 130S suscitou dúvidas na jurisprudência, que hesitou em fazer dos segundos a verdadeira base jurídica de actuação da Comunidade em sede especificamente ambiental – cfr. X. DEBROUX, *Le choix...*, *cit.*, pp. 389 ss.

[20] Caso C-379/92.

1. A ABORDAGEM ANTERIOR AO ACTO ÚNICO EUROPEU:

A questão fundamental com que se debateu o Tribunal de Justiça nos primeiros anos de intervenção comunitária no domínio ambiental foi a de a justificar, à luz do princípio da especialidade. Não constando formalmente do Tratado, a penetração comunitária nessa área foi objecto de contestação, ainda que nunca particularmente intensa, por Estados que procuravam justificar o incumprimento de obrigações assumidas no plano comunitário.

1.1. A necessidade de confirmação da protecção do ambiente como atribuição comunitária: os Acórdãos Comissão contra a Itália (1980)[21]

Os dois casos pioneiros do contencioso ambiental comunitário foram decididos ainda antes da entrada em vigor do AUE e revelam a necessidade de afirmação da atribuição comunitária na matéria, motivada pela ausência de acolhimento formal.

A Itália defendia-se, no contexto de uma acção por incumprimento que lhe fora movida pela Comissão Europeia, de uma acusação de falta de transposição da directiva 73/404/CEE (proc. 91/79) – e da directiva 75/716/CEE (proc. 92/79). A primeira directiva promovia a harmonização das disposições nacionais em sede de produção de detergentes, visando incentivar os biodegradáveis e limitar a utilização dos não biodegradáveis, em nome da protecção do ambiente, especialmente da qualidade da água. A segunda directiva prendia-se com a composição dos combustíveis líquidos, estabelecendo limites de anidrido sulfúrico com vista à melhoria da qualidade do ar. Em ambos os casos, o Governo italiano, alegando não pretender pôr em causa a validade das directivas por ausência de atribuições comunitárias na matéria, sempre afirmou que a matéria da protecção do ambiente se encontrava "no limite das competências comunitárias, e que se estava, na realidade, em presença de uma convenção estabelecida sob a forma de directiva".

Perante esta argumentação, a Comissão contrapôs que as disposições das directivas tinham uma incidência directa sobre o estabelecimento e funcionamento do mercado comum, o que a eximia sequer de ter que provar que a competência em sede ambiental pertencia à Comunidade. As directivas foram adoptadas ao abrigo do artigo 100, no âmbito da harmonização legislativa com vista ao estabelecimento do mercado comum, e enquadravam-se nas

---

[21] Acórdãos do Tribunal de Justiça de 18 de Março de 1980, Casos 91/79 e 92/79.

medidas previstas no 1.º Programa de acção no âmbito da protecção do ambiente (1973/78).

O Tribunal de Justiça condenou a Itália à transposição das directivas, obtemperando, no considerando 8 do Acórdão (Caso 91/79):

> "Quant aux observations du gouvernement italien concernant la competence de la Communauté en la matière, il y a lieu d'observer que la directive n'a pas été prise uniquement dans le cadre du programme d'action des Communautés en matière d'environnement. Elle s'inscrit également dans le programme général en vue de l'élimination des entraves techniques aux échanges résultant des disparités entre les dispositions législatives, réglementaires et administratives des Etats membres adopté par le Conseil le 28 mai 1969. En ce sens, elle est valablement fondée sur l'article 100. En outre, il n'est nullement exclu que des dispositions en matière d'environnement puissent s'encadrer dans l'article 100 du traité. Les dispositions que nécessitent les considérations de santé et d'environnement peuvent être de nature à grever les entreprises auxquelles elles s'apliquent, et faute de rapprochement des dispositions nationales en la matière, la concurrence pourrait être sensiblement faussé".

Esta primeira abordagem jurisprudencial à temática das atribuições ambientais comunitárias saldou-se por uma vitória da solução improvisada que constituiu, durante mais de uma década, a aliança entre salvaguarda das condições de leal concorrência e protecção do ambiente e da saúde[22]. Noutros casos, quando a ligação à consolidação do mercado comum não era tão nítida, o Tribunal admitiu também que a protecção do ambiente se afigurava, com base na conjugação entre os artigos 2 e 235, como pressuposto da qualidade de vida dos povos da Europa[23].

---

[22] Cfr. também o Acórdão do Tribunal de Justiça de 7 de Fevereiro de 1985, Caso 240/83 (não transposição, pela Itália, de uma directiva sobre eliminação desregrada de óleos usados).

[23] Compulse-se, por exemplo, a decisão do Tribunal de Justiça no Caso C-57/89, opondo a Comissão à Alemanha, que deu origem ao Acórdão de 28 de Fevereiro de 1991 – ver *infra* no texto. Tratou-se de um caso de alegada violação, por parte da Alemanha, da directiva 79/409/ /CE, de 2 de Abril (Directiva Aves). O Tribunal nem respondeu ao argumento da Alemanha no sentido da invalidade da Directiva, em virtude de esta ter sido aprovada antes da constitucionalização da política de ambiente pelo Acto Único e se basear na ligação entre os artigos 2 e 235 – uma vez que, antes de 1986, o artigo 2 apenas contemplava objectivos estritamente económicos. O Advogado-Geral tão-pouco dispensou atenção a contradizer tal raciocínio, limitando-se a afirmar que

> "A protecção dos habitats *é um elemento importante da estratégia geral de protecção do meio ambiente. O desaparecimento e a poluição de* habitats *apropriados são as causas principais da taxa elevada de mortalidade de determinado número de espécies de aves cujo nível de população sofre uma diminuição importante. Acresce que as espécies de aves cujo número está a diminuir são, a maior parte das vezes, aves migradoras, o que confere à protecção dos* habi

2. A superabundância de bases jurídicas após o Acto Único Europeu

A coexistência entre o novo artigo 100A e os também recém introduzidos artigso 130R/S/T geraram uma certa incomodidade junto das instituições comunitárias, que reflecte, ao cabo e ao resto, a tensão entre uma integração puramente económica e uma integração que co-envolve a política económica na política de protecção ambiental. Na verdade, a escolha da base jurídica oscilou transitoriamente entre uma disposição que promovia a decisão por maioria qualificada e vedava a manutenção, por parte dos Estados-membros, de normas de protecção ambiental mais estritas (artigo 100A) e outro normativo que exigia a unanimidade como regra (até Maastricht), deixando uma maior margem de manobra aos Estados no sentido da manutenção de um nível de protecção mais elevado no plano ambiental (artigo 130S).

Duas decisões se destacam num traçado brevíssimo desta evolução: o Acórdão de 11 de Junho de 1991 (Caso C-300/89), no qual prevaleceu a perspectiva "economicista"; e o Acórdão de 17 de Março de 1993 (Caso C-155/91), que consagrou a visão mais "ecologista". Rótulos à parte, examinêmo-los sucintamente[24].

O primeiro caso opôs a Comissão ao Conselho, por este ter substituído a base competencial proposta para adopção de uma directiva relativa à redução dos efeitos poluentes dos resíduos da indústria de dióxido de titânio. A Comissão avançou com base no artigo 100A – por entender que a directiva tinha por "centro de gravidade" o melhoramento das condições de concorrência na indústria do dióxido de titânio, sendo a protecção ambiental um objectivo meramente lateral; o Conselho, por seu turno, considerou que a directiva 89/428/CEE tinha por "centro de gravidade" a supressão da poluição causada pelos resíduos daquela indústria, prendendo-se, portanto, directamente com a protecção ambiental e sanitária – daí ter substituído a base jurídica proposta pelo artigo 130S.

O Tribunal de Justiça adoptou uma posição que alguém qualificou como "salomónica"[25] – pelo menos à partida. Com efeito, perante a dificuldade de

---

tats *uma dimensão transfronteiriça que implica uma responsabilidade comum dos Estados-membros. No entanto, esta matéria incide igualmente sobre interesses económicos que são, muitas vezes, incompatíveis com o interesse do meio ambiente*" (consid. 1).

[24] Sobre esta evolução e debruçando-se sobre ambos os arestos, N. DE SADELEER, "La question du choix de la base juridique des actes communautaires ayant trait à la protection de l'environnement: symbiose ou opposition entre la politique d'établissement du marché intérieur et la politique de l'environnement?", in *RJE*, 1993/4, pp. 597 ss.

[25] K. St. BRADLEY, "L'arrêt dioxyde de titane: un jugement de Salomon? Observations au arrêt de la Cour de Justice du 11 juin 1991", in *CDE*, 1992/5-6, pp. 609 ss.

traçar uma clara linha divisória, a Alta Instância do Luxemburgo concluiu que a directiva tinha uma dupla finalidade: proteger o ambiente e promover as condições de concorrência no mercado interno (consid. 11). Estes dois objectivos revelavam-se "indissociáveis" (consid. 13). Mas não, todavia, as bases jurídicas em que assentam: por um lado, o artigo 100A prevê a adopção do procedimento de cooperação, no âmbito do qual o Parlamento Europeu, através de uma atitude desfavorável à posição comum do Conselho, pode forçar este a reunir a unanimidade para a ultrapassar; por outro lado, o artigo 130S consagra a regra da unanimidade na votação no Conselho e associa o Parlamento a este procedimento a título de mera consulta (ou seja, com intensidade de participação muito reduzida em face do primeiro dispositivo).

Em face destes meandros argumentativos, o Tribunal conclui que o cúmulo das bases jurídicas é impossível e que se deverá favorecer aquela que promover uma maior participação democrática. Levando a lógica às últimas consequências – e depois de ter frisado que o artigo 100A se apresenta como *lex specialis* em face do artigo 130S (consid. 8) –, o Tribunal remata desta forma:

> "22. A cet égard, il convient de relever d'abord que, aux termes de l'article 130R, paragraphe 2, deuxième phrase, du traité, «les exigences en matière de protection de l'environnement sont une composante des autres politiques de la Communauté». Ce principe implique qu'une mesure communautaire ne saurait relever des dispositions de l'article 130S en raison du seul fait qu'elle poursuit également des objectifs de protection de l'environnement.
>
> 23. Il convient de relever ensuite que, comme la Cour l'a jugé dans les arrêts du 18 mars 1980, Comission/Italie (…), les dispositions que nécessitent les considérations d'environnement peuvent être de nature à grever les entreprises auxquelles elles s'appliquent et, faute de rapprochement des dispositions nationales en la matière, la concurrence pourrait être sensiblement faussée. Il en découle qu'une action visant à rapprocher les règles nationales relatives aux conditions de production dans un secteur détreminé de l'industrie, dans le but d'éliminer les distorsions de concurrence dans ce secteur, est de nature à contribuer à la réalisation du marché intérieur et relève, de ce fait, du champ d'application de l'article 100A, disposition particulièrement adaptée aux fins de l'achèvement du marché intérieur.
>
> 24. Il convient de relever, enfin, que l'article 100A, paragraphe 3, oblige la Comission, dans ses propositions de mesures relatives au rapprochement des législations des États membres, qui ont pour objet l'établissement et le fonctionnement du marché intérieur, à prendre pour base un niveau de protection élevé, notamment en matière de protection de l'environnement. Cette disposition indique donc, expressément, que les objectifs de protection de l'environnement visés à l'article 130R pervent être poursuivis efficacement au moyen de mesures d'harmonisation arrêtées sur le fondement de l'article 100A".

Esta decisão gerou uma grande divisão na doutrina: para uns, ela promove o esvaziamento das normas do novo capítulo dedicado ao ambiente, *maxime* do artigo 130S[26]. BARNARD considera legítima a preocupação do Tribunal com a salvaguarda do princípio democrático, mas considera que uma tal postura fará recuar a competência da Comunidade em matéria ambiental para o estrito domínio da protecção da Natureza, onde dificilmente se entreverão ligações à concorrência. Além disso, não compreende como pôde o Tribunal qualificar o artigo 100A como especial e artigo 130S como geral, quando a realidade é exactamente a contrária[27]...

Para outros, o caso dióxido de titânio representa uma decisão equilibrada, que acautela a transversalidade voraz da protecção do ambiente através da análise da predominância deste objectivo nos actos normativos adoptados pelas instituições. "Sendo certo que a protecção do ambiente se tornou um objectivo de aplicação geral no âmbito da actividade legislativa da Comunidade, daí não decorre que o artigo 130S deva ser considerado como uma base jurídica apropriada para as medidas que visem assegurar tal protecção, nem que tal objectivo deva assumir uma prioridade absoluta", afirma BRADLEY[28]. O ambiente não terá ficado marginalizado com esta decisão; antes pelo contrário, ele deve ser adequadamente contextualizado nos diversos actos normativos comunitários.

No segundo caso, os opositores eram os mesmos, o pedido era idêntico e similar era também a causa de pedir. Desta feita, estava em causa uma directiva sobre a gestão de resíduos de origem industrial e doméstica, de acordo com os princípios da prevenção e da correcção na fonte, estabelecidos no artigo 130R do Tratado. Sem embargo de partir da mesma consideração adoptada no Acórdão *supra* mencionado (a gestão de resíduos como condicionante das normas de concorrência no mercado interno), o Tribunal vem agora afirmar que, aplicando-se à gestão de resíduos o princípio da proximidade (do local de eliminação), o trânsito destes circunscrever-se-á ao Estado-membro onde são produzidos, o que retira fundamento ao argumento de "livre circulação de mercadorias no mercado interno" invocado pela Comissão. Ora, assim sendo, e apesar de algumas disposições da directiva poderem influenciar as condições de funcionamento do mercado, cumpre reco-

---

[26] C. BARNARD, "Where politicians fear to tread? Commentary on the judgement of the ECJ of June 11, 1991, Case C-300/89", *in* ELR, 1992/2, pp. 127 ss.; N. DE SADELEER, *La question du choix...*, cit..

[27] C. BARNARD, *Where politicians fear to tread?*, cit., pp. 131, 132.

[28] K. St. BRADLEY, *L'arrêt dioxyde de titane:...*, cit., p. 628.

nhecer que o *fim determinante* do acto é a protecção ambiental. Obtemperou o Tribunal (consid. 19 a 21):

> *"Toutefois, et contrairement à ce que soutien la Comission, le seul fait que l'établissement ou le fonctionnement du marché intérieur est concerné ne suffit pas pour que l'article 100A du traité soit d'application. Il résulte, en effet, de la jurisprudence de la Cour, que le recours à l'article 100A n'est pas justifié lorsque l'acte à adopter n'a qu'accessoirement pour effet d'harmoniser les conditions du marché à l'intérieur de la Communauté.*
> *Tel est le cas en l'espèce. L'harmonisation prévue par l'article premier de la directive a pour objet principal d'assurer, dans le souci de protéger l'environnement, l'efficacité de la gestion des déchets dans la Communauté, quelle qu'en soit l'origine, et n'a qu'accessoirement des effets sur les conditions de la concurrence et des échanges. De ce fait, elle se distingue de la directive n.° 89/428/CEE, du Conseil, qui a fait l'objet de l'arrêt dioxyde de titane, précité, et qui vise à rapprocher les règles nationales relatives aux conditions de production dans un secteur déterminé de l'industrie, dans le but d'éliminer les distorsions de concurrence dans ce secteur.*
> *Dans ces conditions, il y a lieu de considérer que la directive attaquée a été valablement adoptée sur le seul fondement de l'article 130S du traité (...)".*

Apesar de não ter ficado particularmente explícito qualquer critério de demarcação entre as disposições envolvidas – dir-se-ia que a argumentação do Tribunal é quase intuitiva... –, a doutrina retira desta tomada de posição uma preferência pelo princípio do fim predominante[29]. Certo parece ser que, com esta segunda decisão, o Tribunal travou a tendência restritiva que adoptara na *decisão dióxido de titânio*, e insuflou de relevo os novos "artigos ambientais" do Tratado de Roma, que a vocação abrangente do artigo 100A colocava em risco de esvaziamento. Com a substituição da regra da unanimidade pela regra da maioria no artigo 130S, o Tratado de Maastricht neutralizou, de alguma forma, os motivos mais profundos da polémica. Por seu turno, o artigo 130T (actual 176) passou a consagrar a possibilidade de os Estados-membros manterem medidas de protecção de nível mais elevado no plano ambiental, assumindo-se uma clara prevalência da protecção do ambiente em face dos objectivos de integração (e uniformização) económica.

---

[29] Neste sentido, L. KRÄMER, *The Single European Act...*, cit., pp. 678 ss., *max.* 683; F. LÓPEZ RAMÓN, "Caracteres del derecho comunitario europeo ambiental", in *RAP*, n.° 142, 1997, pp. 53 ss., 67. Também N. DE SADELEER (*La question du choix...*, cit., p. 606) pensa que, com o Acórdão de 17 de Março de 1993, o Tribunal se baseou num princípio de que, sempre que os objectivos não estiverem inextrincavelmente ligados (como no caso do dióxido de titânio), a base jurídica da instituição se estabelecerá a partir da análise do fim preponderante do acto.

Apesar de ainda subsistirem, pontualmente, algumas dúvidas[30], o problema da base jurídica dos actos normativos no âmbito da protecção do ambiente parece sanado, sobretudo após a decisão de 1994 *supra* citada.

3. A ABORDAGEM POSTERIOR AO ACTO ÚNICO EUROPEU

Conforme se anunciou, a nossa intenção, na apresentação de casos que se segue, não é cronológica, mas temática. Elegemos algumas peças da jurisprudência comunitária que nos parecem especialmente demonstrativas, por um lado, dos matizes da abordagem processual da tutela ambiental (**3.1.**) e, por outro lado, da forma como o Tribunal tem afirmado a autonomia substantiva da ponderação dos valores ambientais em face de outros que a Comunidade tem a seu cargo (**3.2.**).

3.1. Particularidades processuais da tutela ambiental

Apesar de o Tratado de Roma ter expressamente acolhido a protecção ambiental no seu seio, no plano contencioso verifica-se um défice de protecção da realidade ambiental *de per se*, que passa pela inexistência do mecanismo da *actio popularis* e pelo entendimento restritivo que o Tribunal tem resistido em abandonar no que tange ao §4.º do artigo 230 do Tratado de Roma. O caso *Greenpeace* é bem elucidativo deste défice – *a)*.

No capítulo estritamente processual, um caso igualmente representativo é o conhecido *Mox Plant*. Tratou-se fundamentalmente de fazer valer a cláusula de exclusividade de jurisdição do Tribunal de Justiça relativamente a questões conexas com a política ambiental – e apesar de esta não ser política comum mas partilhada. O aresto constitui o culminar de um complexo processo de

---

[30] Cfr. o Parecer 2/00, de 6 de Dezembro de 2001, no qual o Tribunal dec Justiça teve que avaliar qual a base jurídica em que a Comunidade se deveria apoiar para celebrar o Protocolo de Cartagena (aprovado pela Conferência das Partes em 29 de Janeiro de 2000, em Montreal), sobre a prevenção de riscos biotecnológicos decorrentes da manipulação, do transporte, da utilização, da transferência e da libertação de organismos geneticamente modificados para a atmosfera.

A Comissão pretendia recorrer ao artigo 133.º, em sede de política comercial comum – e fá-lo-ia sem o concurso necessário dos Estados-membros. O Tribunal considerou que a celebração do acordo em nome da Comunidade só poderia ocorrer com base no artigo 175/1, uma vez que a finalidade do protocolo é a preservação da biodiversidade.

busca de uma solução jurisdicional para um litígio potencialmente sindicável em mais do que um tribunal internacional.

Próximo da decisão *Mox Plant* figura o caso do *Estreito de Berre,* que opôs a Comunidade à França numa acção por incumprimento. Este aresto serve para ilustrar não só o facto de o Tribunal de Justiça se considerar competente para sindicar o cabal cumprimento de compromissos internacionais assumidos pela Comunidade em sede de acordos mistos, como para atestar a sua apetência para controlar a adequação das medidas efectivamente implementadas, no terreno, pelos Estados-membros com vista a honrar tais vinculações internacionais – *c)*.

A estrutura dos bens ambientais tem levado o Tribunal a admitir uma distensão da noção de efeito directo, admitindo a invocação de normas de directivas para resolver problemas de diferença de tratamento invocadas por particulares, não contra particulares, mas contra as entidades que teriam o dever de aplicar as normas da directiva quando forem claras, precisas e incondicionais ou de interpretar o direito nacional conformemente com estas. A relação multipolar que se estabelece em sede de concorrência, num contexto em que a protecção ambiental provoca custos que devem ser igualmente suportados por todos os actores sob pena de falseamento da igualdade de oportunidades de mercado, gera um efeito que, mais do que filiado num qualquer efeito directo *reflexo* ou *objectivo*, se prende sobretudo com a força normativa das directivas (não transpostas ou incorrectamente transpostas), *maxime* após passado o prazo de transposição[31]. O caso *Delena Wells* foi por nós escolhido para demonstrar esta importante evolução – *d)*.

Ligação acidental, mas representativa, no contexto da jurisprudência ambiental, revela o Acórdão do Tribunal de Justiça de 4 de Julho de 2000 (proc. C-387/97), que opôs a Comissão à Grécia em sede de acção por incumprimento[32]. Na verdade, foi este o primeiro caso em que o Tribunal fez uso dos poderes que a revisão do artigo 228 do Tratado de Roma (anterior 171) propiciou. Tratou-se de uma condenação no pagamento de sanções pecuniárias por não acatamento de uma decisão do Tribunal na qual a Grécia era con-

---

[31] Pondo em causa o sentido da manutenção da noção de efeito directo em face da "dessubjectivização" que a aplicação das normas de directivas não transpostas/incorrectamente transpostas tem sofrido, SACHA PRECHAL, "Does direct effect still matter?", *in CMLR*, 2000/5, pp. 1047 ss.

[32] Sobre este acórdão, veja-se M.ª JOSÉ RANGEL MESQUITA, "Condenação de um Estado-membro da União Europeia no pagamento de sanções pecuniárias: um princípio com futuro", *in Estudos em homenagem ao Prof. Doutor Joaquim Moreira da Silva Cunha*, Lisboa, 2005, pp. 621 ss., 625 ss.

denada à transposição de duas directivas relativas ao tratamento de resíduos tóxicos, datada de 1992. Os oito anos decorridos sobre a primeira e inexecutada condenação justificaram a sequência para o segundo processo, no qual a Grécia veio a pagar 5.400.000,00 euros entre Julho de 2000 e Março de 2001, data em que finalmente transpôs as directivas em falta.

Esta decisão tem uma dupla valia: não só alerta para que o Tribunal de Justiça leva a sério os poderes que lhe permitem fazer valer a força de caso julgado das suas decisões contra Estados especialmente recalcitrantes no cumprimento; como ilumina o especial cuidado que o Tribunal tem dedicado à realidade da protecção do ambiente, lançando mão do poder referido precisamente num caso de violação grave e reiterada de uma obrigação com intensas conotações ecológicas e sanitárias. Sublinhe-se, aliás, que a acção por incumprimento tem servido para corrigir um vasto número de omissões normativas no plano ambiental, sendo que, em média, um terço dos casos que lhe são apresentados anualmente se reportam a problemas daquele teor.

Esta proporção não deve surpreender. A adopção de novos procedimentos e técnicas de protecção do ambiente coloca problemas de implementação de vária ordem: financeira, administrativa, sociológica. "É mais fácil regulamentar o direito dos regimes matrimoniais ou assegurar a livre circulação de mercadorias do que velar por que, no dia a dia, a qualidade da água, do ar, de certas zonas protegidas, seja não só salvaguardada como melhorada"[33]. A "revolução de costumes" imposta pela consciencialização ecológica impõe uma tomada de posição firme por parte dos "fiscais" do *bom comportamento ambiental* dos Estados-membros, atitude a que o Tribunal de Justiça não se tem furtado.

a) O Acórdão *Greenpeace Council e outros contra a Comissão* (de 2 de Abril de 1998) e o défice de tutela contenciosa ambiental no plano comunitário

O Acórdão *Greenpeace*[34] decidiu um recurso interposto de um despacho de inadmissibilidade do Tribunal de Primeira Instância[35] sobre uma acção de anulação proposta por uma coligação de associações ambientais e de particulares contra uma decisão da Comissão atributiva de um financiamento comunitário para a construção de duas centrais eléctricas nas Ilhas Canárias. O Tri-

---

[33] J.-Guy HUGLO, *L'application...*, *cit.*, p. 453.
[34] Caso C-321/95.
[35] Despacho do Tribunal de Primeira Instância, de 9 de Agosto de 1995 (Caso T-585/93).

bunal de Justiça confirmou o julgado, arredando a hipótese de os autores contestarem a medida em causa, em virtude da ausência de interesse directo e individual, conforme exigido no §4.º do artigo 230 do Tratado de Roma.

A posição do Tribunal de Justiça não causa espanto, sendo mais uma reafirmação do entendimento restritivo que subjaz à sua leitura do requisito de legitimidade processual particular no âmbito do artigo 230 do Tratado de Roma. O facto de a decisão ser susceptível de afectar, indiscriminadamente, toda a população das Ilhas Canárias, torna-a impermeável à invocação de um qualquer interesse especial por algum ou alguns cidadãos, impedindo a caracterização de uma lesão, ou ausência de vantagem, directa e individualizada.

Sublinhe-se que a presença de associações de defesa de interesses colectivos entre os autores não impediria, por si só, a confirmação da existência de interesses individualizados. O Tribunal encarrega-se de lembrar que, noutras situações, já admitiu a intervenção processual de associações em acções de anulação, nomeadamente em substituição dos seus membros (ou seja, caso fosse reconhecida a estes legitimidade individual nos termos do §4.º, evitando processos em massa)[36], e também sempre que qualquer norma procedimental lhes reconheça direitos de participação/consulta no procedimento de adopção do acto (e aí, mesmo na ausência de legitimidade individual dos membros)[37].

Nenhuma destas "excepções" se verifica, todavia, no caso *sub judice*. E o simples facto da presença de uma associação de fins ambientais não é identificado, no Tratado, como específico e justificativo de uma adaptação das condições de impugnação de iniciativa particular previstas no artigo 230 do Tratado de Roma. Não basta, como adverte o Advogado-Geral COSMOS nas suas Conclusões, constituir uma associação ambiental para contornar as condições do §4.º[38]. Cientes disso, os recorrentes, numa estratégia de persuasão gradual,

---

[36] Cfr., no entanto, as críticas tecidas pelo Advogado-Geral LENZ a esta postura (ainda) restritiva (nas Conclusões no caso *CIDA*, decidido pelo Acórdão do Tribunal de Justiça de 30 de Junho de 1988, proc. 297/86), defendendo que as associações sócio-profissionais deveriam ter acesso a juízo para garantia dos direitos dos seus associados *especialmente quando estes lhes não vejam reconhecida legitimidade processual individual pelo Tribunal*, nos termos do §4.º do artigo 230 do Tratado de Roma. A legitimidade associativa teria, nestes casos, um efeito duplo: por um lado, seria uma forma de compensar o défice de tutela; por outro lado, racionalizaria o uso da acção, concentrando a defesa nas mãos de uma única entidade, num único processo, o que teria vantagens ao nível da efectividade da tutela jurisdicional e da celeridade na administração da justiça.

[37] Acórdãos do Tribunal de Justiça de 2 de Fevereiro de 1988, Casos 67, 68 e 70/85; e de 24 de Março de 1993, Caso C-313/90.

[38] Cfr. o n.º 117 das Conclusões de G. COSMOS.

intentaram, a partir da via tradicional, sensibilizar o Tribunal para a necessidade de providenciar tutela adequada e eficaz de causas ambientais.

Assim, além de alegarem, em primeiro lugar, a afectação individual dos autores singulares[39], e de tentarem demonstrar, em segundo lugar, que vários dos membros dos autores associativos poderiam considerar-se individualmente afectados pela medida[40], os recorrentes, no recurso para o Tribunal de Justiça, acabaram por reclamar claramente a necessidade de, em coerência com o objectivo de protecção ambiental prosseguido pela Comunidade desde há décadas, as condições de propositura da acção de anulação deverem merecer da parte da Justiça comunitária um entendimento liberal. Mais: ao mesmo tempo que o Tratado se abre à tutela ambiental, fecham-se as portas a um controlo da legalidade das medidas com incidência ambiental – eis uma contradição flagrante, clamam os recorrentes. Detectar-se-ia mesmo, na posição do Tribunal, uma atitude de "discriminação ao contrário", pois que, perante a situação *sub judice*, as instâncias jurisdicionais nacionais, em regra, admitiriam o pedido.

Em face destas considerações, a associação *Greenpeace* e os restantes recorrentes tentaram convencer o Tribunal de Justiça a aceitar rever a interpretação dada ao §4.º do artigo 230 do Tratado de Roma:

> *"Para considerar que um determinado recorrente é individualmente afectado por um acto da Comunidade que implique violação de obrigações comunitárias em matéria de ambiente, este deverá demonstrar que satisfaz as três condições seguintes:*
> *a) ter sofrido pessoalmente (ou ser susceptível de sofrer pessoalmente) um prejuízo efectivo ou potencial por causa do comportamento alegadamente ilegal da instituição comunitária em causa, por exemplo, uma violação dos seus direitos em matéria de ambiente ou uma ofensa dos seus interesses em matéria de ambiente,*
> *b) que o prejuízo sofrido possa ser imputado ao acto impugnado,*

---

[39] Cfr. os §§ 35 e 36 do Despacho do Tribunal de Primeira Instância, *cit.*, no qual se referem as lesões, simultaneamente directas e colectivas, sofridas pelos autores singulares, desde um agricultor residente na Grande Canária, cuja forma de subsistência sofrerá prejuízos (bem assim como a de muitos outros agricultores locais), passando por um taxista residente na Grande Canária, que se verá individualmente afectado por força da diminuição do afluxo de turistas em virtude da degradação das condições de qualidade ambiental, até um residente local que se mudou para Tenerife para praticar *wind-surf* e receia a perturbação das condições dessa prática...

[40] Cfr. o §38 do Despacho do Tribunal de Primeira Instância, *cit.*, no qual se esclarece que todas as associações têm, como objectivo estatutário, a protecção da Natureza, sendo que a *Greenpeace Spain* conta com 1266 associados residentes nas Ilhas Canárias e a Tagoror Ecologista Alternativo vê a maioria dos seus 154 membros directamente afectados pela decisão.

c) que o prejuízo seja susceptível de ser reparado por um acórdão favorável" (consid. 23).

De acordo com o entendimento proposto, o Tribunal deveria considerar preenchido o pressuposto da legitimidade processual, julgando admissível o pedido. Concretamente, no que toca às associações de defesa do ambiente, elas devem ser consideradas partes legítimas

"(...) quando os seus objectivos sejam principalmente os da protecção do ambiente e um ou vários membros da organização forem individualmente afectados pelo acto comunitário impugnado, mas também, de modo autónomo, quando, tendo como objectivo principal a protecção do ambiente, demonstrarem ter um interesse específico na questão em discussão" (consid. 25).

Nenhuma destas razões, já o adiantámos, foi suficiente para convencer o Tribunal de Justiça a aceitar conhecer do pedido. A tentativa de individualização do interesse na protecção do ambiente como se de um direito subjectivo se tratasse não vingou – o que, aliás, é coerente com a natureza objectiva da tutela para que aponta o artigo 37 da Carta, bem como com a especificidade do bem jurídico *ambiente*. E a alusão a direitos procedimentais (de intervenção em procedimentos de avaliação de impacto ambiental, ao abrigo da Directiva 85/337), se é bastante para justificar o acesso a juízo no ordenamento interno em caso de violação dessas posições jurídicas e susceptível de conduzir à suscitação de um processo de questões prejudiciais; não é, todavia, suficiente, nem para aceder ao Tribunal de Justiça, nem para viabilizar a anulação, por parte deste órgão, de actos comunitários alegadamente lesivos do ambiente, adoptados no âmbito de um procedimento que não previa qualquer consulta pública[41].

O Acórdão *Greenpeace* tem o mérito de alertar para um vazio de protecção jurídica no âmbito comunitário no que toca a interesses colectivos, insusceptíveis de acolhimento, quer na letra, quer no espírito, do §4.º do artigo 230 do Tratado de Roma. Esta disposição foi claramente pensada para veicular a defesa contra violações de situações subjectivas individualizadas, independentemente da sua forma. A lesão de um bem de fruição colectiva extravasa esta lógica.

Claro está que, caso o acto objecto do pedido de anulação lese *directamente* interesses individualizados e *indirectamente* afecte a integridade e a qualidade de bens ambientais naturais, a aceitação da acção poderá, reflexamente, servir

---

[41] Chamando a atenção para esta disfunção, G. COSMOS, Conclusões no caso *Greenpeace Council e outros*, cit., n.º 59.

o objectivo de protecção ambiental. Nessa hipótese, problemática será a comprovação da legitimidade individual do autor, em face do entendimento restritivo perfilhado pela jurisprudência comunitária. No entanto, como sustenta o Advogado-Geral COSMOS nas suas Conclusões no processo,

> *"(...) não é impossível que uma ou várias pessoas afectadas, que constituem um «círculo fechado», o sejam de maneira particular e se distingam, por isso, de qualquer outra pessoa, individualizando-se, como consta do artigo 173, quarto parágrafo, do Tratado [actual 230/4]. Uma intervenção que afecte o ambiente como a que está em causa no processo, situa-se numa zona geográfica determinada, e a intensidade dos seus efeitos diminui à medida que nos afastamos do local da intervenção. Paralelamente, as pessoas que se encontram na proximidade das obras sofrem as suas consequências de outro modo e mais intensamente do que as que se encontram num local mais afastado, porque, precisamente, estas últimas se encontram a uma distância maior do centro da intervenção que afecta o ambiente. Daqui decorre, logicamente, que se poderia sustentar que as pessoas da primeira categoria constituem um «círculo» particularmente fechado e delimitado e se encontram, portanto, numa situação de facto que as caracteriza relativamente a qualquer outro sujeito de direito. O papel do órgão jurisdicional comunitário consiste então em delimitar, com base em critérios adequados, a dimensão deste círculo fechado, o comprimento do seu raio; logicamente, daqui resulta que as pessoas que se encontram dentro deste círculo devem ser consideradas como tendo legitimidade para recorrer do acto que comporta as consequências em questão para o ambiente"* (n.º 104).

Em nossa opinião e salvo o devido respeito pela retórica argumentativa dos autores, o litígio não poderia ter tido outro desfecho. O que não quer dizer que não qualifiquemos de imprescindível uma alteração ao artigo 230 do Tratado de Roma, designadamente a introdução de um novo parágrafo, no sentido do alargamento da legitimidade processual particular, no âmbito da defesa de interesses colectivos, a associações que, estatutariamente, tenham por objecto a protecção e promoção desses fins. Todavia, só uma revisão do Tratado, nos termos do artigo 48 do Tratado da União Europeia, poderá resolver este problema.

Repare-se que não estamos a propor a via da acção popular *tout court*, perspectiva que apavora os juízes comunitários pelo receio do dilúvio processual e que, dada a extensão territorial do espaço comunitário poderia, de facto, causar graves problemas de funcionamento ao sistema jurisdicional europeu – inquinando o objectivo de assegurar uma tutela jurisdicional eficaz. A sugestão da abertura à legitimidade associativa (independentemente da hipótese de defesa colectiva de interesses individuais, já aceite pelo Tribunal de Justiça porque enquadrável na letra do §4.º do artigo 230 do Tratado de Roma) teria, decerto, a vantagem de garantir a tutela de bens de fruição colectiva, mas sempre submetida ao *filtro* da ponderação da gravidade da situação pelos órgãos da associação, presumivelmente mais informados e menos manipuláveis[42].

A urgência da alteração do Tratado no sentido proposto é tanto maior quanto, por força da ratificação da Convenção de Aarhus pela Comunidade Europeia, foi aprovado em 6 de Setembro de 2006 o Regulamento 1367/2006, do Parlamento Europeu e do Conselho, relativo à aplicação das disposições da Convenção de Aarhus sobre o acesso à informação, participação do público no processo de tomada de decisão e acesso à justiça em matéria ambiental às instituições e órgãos comunitários. Deste Regulamento constam três disposições da máxima relevância para o assunto de que nos ocupamos: os artigos 10, 11 e 12. Destes normativos resulta que uma organização não governamental do ambiente que, nos termos do direito interno, tenha personalidade jurídica própria, não tenha fins lucrativos, tenha como fins primários a promoção da protecção ambiental e revele actuação efectiva há mais de dois anos, pode requerer o reexame de quaisquer actos ou omissões de instituições comunitárias, desde que tal pedido se insira no âmbito do seu fim e actividade (artigos 10 e 11). Tendo desenvolvido tal iniciativa procedimental, a organização em causa terá direito de acesso a juízo, "nos termos das disposições aplicáveis do Tratado" (artigo 12/1).

Note-se que esta disposição transforma em regra as situações que o Tribunal de Justiça só pontualmente vinha sancionando – aceitação da legitimidade processual por força da pré-existência de uma intervenção procedimental da associação, e somente no plano da tomada de decisão (não do reexame)[43]. E força a interpretação do "interesse directo e individual" a que se reporta o artigo 230, §4.º do Tratado de Roma, aí acolhendo interesses estatutários relativos à protecção e promoção de bens não individualizáveis e não apropriáveis. Mais se justifica, portanto, coordenar a letra do Tratado com a possibilidade aberta pelo Regulamento, sob pena de resistência do Tribunal ao que pode considerar uma "revisão encapotada" do Tratado de Roma.

---

[42] G. COSMOS (Conclusões no caso *Greenpeace Council e outros, cit.*, n.º 117) duvida, ainda assim, da bondade desta solução, recordando o considerável número de associações ambientais existentes nos Estados-membros. Porém, este argumento não resiste à possibilidade de apensação de processos, mecanismo de utilização comum no contencioso comunitário, sempre que existam acções paralelas contra o mesmo acto.

[43] Cfr. o §15 do Acórdão Greenpeace, no qual o Tribunal de Justiça recordou que "a existência de circunstâncias especiais, tais como o papel desempenhado por uma associação no âmbito de um processo que conduziu à adopção de um acto na acepção do artigo 173.º do Tratado [actual 230], pode justificar a admissibilidade de um recurso interposto por uma associação cujos membros não são directa e individualmente abrangidos pelo acto em causa".

Deve sublinhar-se, neste ponto, a importância da revisão do §4.º do artigo 230 promovida pelo Tratado de Lisboa. A nova redacção do artigo 230 do Tratado sobre o funcionamento da União Europeia *deixa cair* o advérbio "individualmente" das condições de definição da legitimidade processual de autores não institucionais, passando a ser possível a estes propor acção de anulação contra "actos regulamentares que lhes digam directamente respeito e que não necessitem de medidas de execução". Vejamos como será interpretada esta nova fórmula no capítulo dos interesses colectivos.

b) O Acórdão *Comissão contra a Irlanda* (de 30 de Maio de 2006) e a jurisdição exclusiva do Tribunal de Justiça em questões ambientais

Este processo colocou face a face Comissão e Irlanda numa acção por incumprimento. A Irlanda vinha-se opondo sistematicamente ao licenciamento de exploração da fábrica Mox, em Sellafield (na costa do Mar da Irlanda), promovida pelas autoridades do Reino Unido, por esta se destinar a reciclar plutónio, fazendo descargas para o mar e prejudicando o equilíbrio do meio marinho. Ao abrigo da Convenção de Montego Bay, pedira a constituição de um tribunal arbitral e, no interim, solicitara ao Tribunal Internacional do Direito do Mar a adopção de medidas provisórias até que lhe fosse fornecida informação cabal sobre os riscos associados aos resíduos lançados para o mar. Este tribunal indeferiu o pedido, considerando que o Reino Unido cumprira as suas funções de avaliação, gestão e publicitação do risco e exortando as partes a continuar a cooperar no sentido da minimização dos riscos. A Irlanda prosseguiu o litígio principal junto do tribunal arbitral.

A Comissão Europeia, tendo tomado conhecimento do litígio que opunha os dois Estados-membros no Tribunal Internacional do Direito do Mar, integrado na estrutura de uma convenção da qual a Comunidade é parte – tal como, à data, todos os Estados-membros, excepto a Dinamarca –, considerou ter havido violação da cláusula de reserva de jurisdição ínsita no artigo 292 do Tratado de Roma (que se reflecte igualmente no artigo 193 do Tratado da Comunidade Europeia da Energia Atómica, que aqui concorria também por força da natureza radioactiva dos resíduos lançados ao mar pela *Mox Plant*). O Reino-Unido já deduzira, de resto, a excepção de incompetência do Tribunal Internacional do Direito do Mar, invocando precisamente a reserva do artigo 292 do Tratado de Roma.

O Tribunal, apelando à opinião aduzida no parecer 2/2000, de 6 de Dezembro de 2001, confirmou que o artigo 175/1 do Tratado de Roma é base habilitativa da competência de celebração de acordos internacionais em sede de protecção do ambiente por parte da Comunidade. Tal conclusão é confirmada, segundo o Tribunal, pelo n.º 1 do artigo 174 do Tratado de Roma, que refere, entre os objectivos comunitários neste domínio, "a promoção, no plano internacional, de medidas destinadas a enfrentar os problemas regionais ou mundiais do ambiente". No plano do combate à poluição marinha, a Comunidade aprovou já um vasto conjunto de actos que demonstra a preempção de tal competência. Ora, daí resulta que

"(...) as disposições da Convenção [de Montego Bay] invocadas pela Irlanda no quadro do diferendo relativo à fábrica MOX submetido ao tribunal arbitral constituem regras que fazem parte da ordem jurídica comunitária. Por consequência, o Tribunal de Justiça é competente para conhecer dos diferendos relativos à interpretação e à aplicação das referidas disposições, bem como para apreciar o respeito das mesmas por parte de um Estado-membro" (consid. 121).

Restava, porém, avaliar se tal jurisdição é concorrente ou exclusiva. A essa questão o Tribunal respondeu inequivocamente (consid. 169 segs):

"(...) a obrigação dos Estados-membros, prevista no artigo 292 CE, de recorrerem ao sistema jurisdicional comunitário e de respeitarem a competência exclusiva do Tribunal de Justiça que dele constitui um elemento fundamental deve ser entendida como uma manifestação específica do seu dever mais geral de lealdade que decorre do artigo 10 CE.

(...)

O Tribunal de Justiça recordou que, em todos os domínios que correspondem aos objectivos do Tratado CE, o artigo 10 CE impõe aos Estados-membros que facilitem à Comunidade o cumprimento da sua missão e que se abstenham de tomar qualquer medida susceptível de pôr em perigo a realização dos objectivos dos mesmo Tratado (...). Os Estados-membros assumiram obrigações da mesma natureza no quadro do Tratado CEEA, nos termos do artigo 192.

O Tribunal de Justiça salientou também que os Estados-membros e as instituições comunitárias estão vinculados a uma obrigação de cooperação estreita na execução dos compromissos que assumiram por força de uma competência partilhada.

É assim especialmente no caso de um diferendo que, como o aqui em apreço, diz essencialmente respeito a compromissos decorrentes de um acordo misto que fazem parte de um domínio, o da protecção e preservação do meio marinho, em que as competências da Comunidade e dos Estados-membros são susceptíveis de estar estritamente imbrincadas (...).

O facto de se submeter um diferendo desta natureza a um órgão jurisdicional como o tribunal arbitral implica o risco de que um tribunal diferente do Tribunal de Justiça se pronuncie sobre o alcance de obrigações decorrentes, para os Estados-membros, do direito comunitário.

(...)

Nesta condições, a obrigação de cooperação estreita no quadro de um acordo misto implicava, por parte da Irlanda, um dever de informação e de consulta prévia das instituições comunitárias competentes antes de desencadear um processo de resolução do diferendo relativo à fábrica MOX no quadro da Convenção".

Esta posição do Tribunal consagra-o como o juiz natural dos litígios relativos à protecção ambiental perante outros tribunais com jurisdição potencialmente concorrente ao abrigo de convenções ratificadas pelos Estados-membros, pelo menos sempre que se demonstre que, no sector de incidência específico do litígio, houve preempção da competência dos Estados-membros pela Comunidade.

c) O Acórdão *Comissão contra a França* (de 7 de Outubro de 2004)[44] e a competência de controlo da adequação das medidas de implementação de vinculações internacionais no plano da protecção ambiental

No acórdão referido, o Tribunal de Justiça condenou a França por deficiente cumprimento das suas obrigações de implementação de duas convenções internacionais – a Convenção para a protecção do Mediterrâneo contra a poluição, assinada em Barcelona em 16 de Fevereiro de 1976 (e aprovada em nome da Comunidade em 1977), e a Convenção para a protecção do Mediterrâneo contra a poluição de origem telúrica, assinada em Atenas em 17 de Maio de 1980 (e aprovada em nome da Comunidade em 1983). Ambas as convenções foram ratificadas pela França; contudo, a poluição provocada pela central hidroeléctrica de Saint-Chamas, situada em território francês e munida de autorizações de descargas no Estreito de Berre – com comunicação directa para o Mediterrâneo através do canal de Caronte – concedidas pelas autoridades francesas, levou a Comissão a sindicar o incumprimento de vinculações internacionais perante o Tribunal de Justiça.

A decisão proferida no caso do Estreito de Berre é interessante a dois títulos:

i) por um lado, o Tribunal rechaça o argumento de incompetência esgrimido pelo Governo francês, baseado na inexistência de acto comunitário estatuidor das obrigações de controlo de descargas alegadamente violadas. Ainda que se trate de um acordo misto[45] e não de uma convenção estritamente subscrita pela Comunidade, cabe ao Tribunal do Luxemburgo avaliar

---

[44] Caso C-239/03.
[45] Sobre esta figura, veja-se F. LOUREIRO BASTOS, *Os acordos mistos em Direito Comunitário*, Lisboa, 1997.

do seu respeito, na medida em que os Estados-membros surgem como executores de compromissos *também* assumidos pela Comunidade e, por isso, *para com* ela:

> "(...) selon la jurisprudence, les accords mixtes conclus par la Communauté, ses États membres et des pays tiers ont le même statut dans l'ordre juridique communautaire que les accords purement communautaires, s'agissant des dispositions que relèvent de la compétence de la Communauté (...).
> La Cour en a tiré la conséquence que, en assurant le respect des engagements découlant d'un accord conclu par les institutions communautaires, les États membres remplissent dans l'ordre communautaire une obligation envers la Communauté qui a assumé la responsabilité pour la bonne exécution de l'accord (...).
> En l'espèce, les dispositions de la convention et du protocole recouvrent, sans aucun doute, un domaine relevant largement de la compétence communautaire.
> (...)
> La circonstance que les rejets d'eau douce et de limons en millieu marin, visés par le présent recours, n'ont pas encore fait l'objet d'une réglementation communautaire, n'est pas de nature à remettre en cause ce constat".

ii) Por outro lado, e porque se tratava de avaliar o respeito de normas impositivas de prestações *de facere* precisas – reduzir as descargas de *quaisquer* substâncias, mesmo não tóxicas para o ambiente marinho –, nomeadamente através da emissão de autorizações contendo limites e critérios de descarga. O Tribunal propôs-se então uma tarefa de averiguação rigorosa da adequação das medidas implementadas pelo Governo francês, apoiado em relatórios fornecidos por este, elaborados por entidades governamentais mas também por autoridades independentes. Da análise destes elementos, o Tribunal concluiu que:

> "Compte tenu de ce qui précède, même si l'on a pu assister à leur réduction au cours des années du fait des mesures sucessives prises dans le cadre du plan de reconquête, de grandes quantités d'eau douce, dont les variations saisonnières restent très importantes, ont été déversées, lors de la période correspondant à la fin de la procédure précontentieuse, par la centrale de Saint-Chamas dans l'Étang de Berre. En particulier, force est de constater qu'un volume moyen annuel d'eau rejeté même limité de 2,085 à 2,3 milliards de m^3 constitue une quantité considérable, particulièrement si on le compare au volume de l'étang de Berre (900 millions de m^3), lequel est deux fois moins important.
> L'influence néfaste de tels déversements pour l'équilibre écologique de l'étang de Berre, au regard tant de leurs quantités excessives, par rapport à la capacité de l'étang, que de leurs fluctuations, était notoirement connue, ainsi qu'il ressort, notamment, du rapport GIPREB, déposé un an après l'emission de l'avis motivé de la Comission. Cette circonstance témoigne, à elle seule, de l'insuffisance des mesures pri-

ses par les pouvoirs publics français au regard de l'obrigation énoncée à l'article 6, paragraphe 1, du protocole.

(...)

Selon le gouvernement français, la consigne d'exploitation, qui modifie les dispositions du cahier des charges, annexé au décret de 1972, portant sur les rejets dans l'étang de Berre des eaux érivées de la Durance, tient précisément compte du plan de reconquête de l'étang de Berre, lequel s'inscrit dans le cadre des prescriptions de la convention et du protocole. Cette consigne, dont les prescriptions reposeraient sur les critéres de l'annexe III de ce protocole, constituerait l'autorisation délivrée en vertu de l'article 6, paragraphe 3, dudit protocole.

À cet égard, il suffit de constater que la consigne d'exploitation a été aprouvée par la direction régionale de l'industrie de la recherche et de l'environnement, alors que la convention et le cahier des charges des chutes de Salon et de Saint-Chamas sur la Durance ont fait l'objet du decret de 1972.

(...)

Or, force est de constater, ainsi que l'a relevé la Comission, que cette disposition concerne exclusivement «les conditions d'ouvertures des vannes d'évacuation des crues» avant «la mise en service du barrage de la prise auxiliaire de Mallemort». Aucune mention n'est faite des conditions dans lequelles des substances, telles que celles énumérées à l'annexe II du protocle, peuvent être rejetées dans l'étang de Berre selon les critéres visant à éviter des atteintes à l'écosystème de celui-ci".

O Tribunal não se furta, como se vê, a um controlo cuidado da adequação das medidas, fácticas e jurídicas, legislativas e administrativas, que resultam das vinculações internacionais ambientais dos Estados-membros, sempre que tal controlo deva contribuir para a salvaguarda da posição da Comunidade enquanto parte do instrumento de que decorrem tais obrigações. Ao cabo e ao resto, esta decisão é, tal como o Acórdão *Mox Plant*, expressão perfeita do princípio da lealdade comunitária: os Estados-membros devem cumprir pontualmente as obrigações assumidas, quer elas decorram directamente de actos de direito comunitário, quer resultem de vinculações internacionais que a Comunidade sancionou e que reflectem interesses que abraçou.

d) O Acórdão *Delena Wells contra Secretary of State for Transport, Local Government and the Regions* (de 7 de Janeiro de 2004) e a trilaterização contenciosa da relação jurídica ambiental[46]

O caso Delena Wells revela o entrecruzamento de interesses que subjaz a muitos litígios ambientais, envolvendo, concretamente, o interesse económico

---

[46] Caso C-201/02.

de uma empresa, de uma banda; o interesse pessoal e patrimonial de um particular, de outra banda; e, finalmente, e ainda que de forma mediata (ou mediatizada pela pretensão do particular), o interesse estritamente ecológico. Atentemos nos contornos da situação.

A Sr.ª Wells adquiriu a sua moradia em 1984, num terreno abrangido por uma exploração mineira, Conygar Quarry, de há muito abandonada. Foi, em 1991, confrontada com a possível reabertura da mina, alegadamente ao abrigo de uma autorização antiga (datada de 1947). A empresa viu confirmado, em 1999, o direito a reiniciar a exploração, embora a autoridade competente lhe tivesse imposto uma actualização do conteúdo da mesma, impondo-lhe 54 novas condições de exploração Não exigiu, no entanto, qualquer avaliação de impacto ambiental, uma vez que o pedido foi decidido ao abrigo do *Planning and Compensation Act* de 1991, cujo âmbito de aplicação abrange apenas autorizações antigas – ou seja, concedidas anteriormente à transposição da directiva 85/337 (1.ª directiva do regime de avaliação de impacto ambiental).

Tendo questionado o *Secretary of State for Transport, Local Government and Regions* sobre a legalidade da actualização da autorização de 1947 sem prévia realização de avaliação dos impactos ambientais possíveis, a Sr.ª Wells não recebeu qualquer resposta. Solicitou então ao Tribunal que condenasse a entidade a dar resposta à sua pretensão, a qual, na sequência da intimação judicial dirigida ao *Secretary of State*, veio a ser indeferida. A Sr.ª Wells recorreu então novamente à justiça, contestando a legalidade da decisão de não revogação ou modificação da autorização concedida por ausência de prévia avaliação de impacto ambiental.

O Tribunal inglês colocou então ao Tribunal de Justiça um conjunto de questões prejudiciais, entre as quais a de saber se, ao sindicar a aplicação das normas da directiva 85/337 a um caso decidido a coberto de uma legislação nacional que não compreendia as obrigações por esta impostas, não se estaria a reconhecer efeito directo horizontal à directiva, ou pelo menos a fazer valer um efeito directo reverso/invertido. Ou seja, por um lado, pretendia-se dilucidar se a Sr.ª Wells não estaria, "por portas travessas", a fazer valer o seu direito de propriedade e à integridade física contra a empresa mineira; por outro lado, cumpria esclarecer se a invocação das normas da directiva que impõe a avaliação de impacto em situações que podem ter efeitos nocivos significativos para o ambiente contra o *Secretary of State* não redundaria num efeito directo invertido – isto é, impositivo de deveres – relativamente aos proprietários da mina de Conygar Quarry.

Depois de afastar quaisquer dúvidas sobre a aplicabilidade da directiva 85/337 ao caso *sub judice*, o Tribunal, tentando habilidosamente contornar a proibição auto-imposta de reconhecimento de efeito directo horizontal às directivas, concluiu, no §3.º da decisão:

> "*En vertu de l'article 10 CE, les autorités compétentes sont obligées de prendre, dans le cadre de leurs compétences, toutes les mesures générales ou particulières afin de remédier à l'omission de l'évaluation des incidences sur l'environnement d'un projet au sens de l'article 2, paragraphe 1, de la directive 85/337.*
>
> *Les modalités procédurales applicables dans ce contexte relèvent de l'ordre juridique interne de cheque État membre en vertu du principe de l'autonomie procédurale des États membres, à condition toutefois qu'elles ne soient pas moins favorables que celles régissant des situations similaires de nature interne (principe d'équivalence) et qu'elles ne rendent pas impossible en pratique ou excessivement difficile l'exercice des droits conférés par l'ordre juridique communautaire (principe d'effectivité).*
>
> *Á cet égard, il incombe au juge national d'établir s'il existe, en droit interne, la possibilité de retirer ou de suspendre une autorisation déjà accordée afin de soumettre ce projet à une évaluation de ses incidences sur l'environnement, conformément aux exigences de la directive 85/337, ou, à titre alternatif, si le particulier y consent, la possibilité pour ce dernier de réclamer la réparation du préjudice subi*".

Repare-se que, sendo certo que o princípio da segurança jurídica não consente, na perspectiva tradicional adoptada pelo Tribunal, que um particular invoque a clareza, precisão e incondicionalidade de normas de directivas não transpostas directamente contra outro particular – o que faz sentido, do ponto de vista formal, uma vez que o devedor da obrigação de transposição é o Estado/outra entidade com competência legislativa/administrativa, mas não tanto do ponto de vista material, como a situação *sub judice* atesta –, já a *mediação* da autoridade administrativa obrigada a aplicar a lei ou as normas da directiva dotadas de efeito directo, em caso de incorrecta ou inexistente transposição, permite ao Tribunal contornar o obstáculo. E, por outro lado, apesar de a invocação da directiva "se virar contra" os proprietários da mina, o efeito directo invertido não se verifica pois, desta feita, existe uma *mediação* particular que o neutraliza (ou seja, não é o Estado a agir em *tu quoque* – omitindo uma actuação devida e invocando essa omissão contra o particular –, mas um cidadão a exigir-lhe que reponha a legalidade comunitária, com isso acarretando, indirectamente, a imposição de deveres a outro cidadão).

Julgamos que esta decisão é um bom exemplo, não tanto da extensão da figura do efeito directo, mas da *força normativa da directiva* – que, de resto, já foi reconhecida pelo Tribunal como existindo mesmo antes do término do prazo de transposição (força normativa passiva ou reactiva)[47]. Este acto,

---

[47] Estamos a referir-nos à jurisprudência *Wallonie* – Acórdão do Tribunal de Justiça de 18 de Dezembro de 1997, Caso C-129/96. No consid. 45 desta decisão, o Tribunal, aplicando, ao

desde que albergando normas dotadas de clareza, precisão e incondicionalidade, tem um *efeito conformador* da actuação das autoridades administrativas que pode ir, desde a imposição a estas autoridades do dever de interpretação do direito nacional conformemente à directiva [cfr. *infra*, **3.2.d)**], até à desaplicação da legislação nacional contrária à directiva (força normativa activa ou propulsiva)[48] – nos termos da jurisprudência *Fratelli Costanzo*[49]. A convergência, no âmbito da protecção ambiental, de interesses sobrepostos que geram relações multilaterais (bem como no domínio da concorrência), propicia a percepção de dimensões não típicas da directiva, que cada vez mais se aproxima do regulamento[50].

---

cabo e ao resto, o princípio *pacta sunt servanda* no contexto comunitário, obtemperou que "resulta da aplicação conjugada dos artigos 5, segundo parágrafo, e 189, terceiro parágrafo (actuais artigos 10 e 249), do Tratado e da própria directiva que os Estados-membros, apesar de não estarem obrigados a adoptar tais medidas antes de expirar o prazo de transposição, devem abster-se, durante esse prazo, de adoptar disposições susceptíveis de comprometer seriamente o resultado prescrito por essa directiva".

[48] Ou, na expressão do Advogado-Geral A. G. LÉGER, nas Conclusões ao Caso *Linster* (Acórdão do Tribunal de Justiça de 19 de Setembro de 2000, Caso C-287/98), "invocabilité de substitution" – por oposição a "invocabilité d'exclusion" (a força reactiva de que falámos).

[49] Acórdão do Tribunal de Justiça de 22 de Junho de 1989, Caso 103/88. No consid. 31, o Tribunal, depois de ter concluído no sentido do dever de desaplicação do direito nacional contrário à directiva sobre contratos públicos por parte da Administração (consid. 19) afirmou que *"Il serait par ailleurs contradictoire de juger que les particuliers sont fondés à invoquer les dispositions d'une directive remplissant les conditions dégagées ci-dessus, devant les juridictions nationales, en vue de faire censurer l'administration, et d'estimer néanmoins que celle-ci n'a pas l'obligation d'appliquer les dispositions de la directive en écartant celles du droit national qui n'y sont pas conformes. Il en résulte que, lorsque sont remplies les conditions requises par la jurisprudence de la Cour pour que les dispositions d'une directive puissent être invoquées par les particuliers devant les juridictions nationales, tous les organes de l'administration, y compris les autorités décentralisées, telles les communes, sont tenues d'en faire application"*.

[50] Este "public law effect" da directiva (efeito objectivo, efeito de Direito Público), na expressão de SACHA PRECHAL (*Does direct effect...*, *cit.*, p. 1069), ganha ainda maior importância quando se pensa na distorsão existente entre os pressupostos da acção por incumprimento e no reenvio prejudicial: na primeira, está em causa o puro e simples incumprimento, independentemente da prova de qualquer dano individual; no segundo, o particular, em regra (ressalvados os casos de acções promovidas por actores populares) invocará a lesão de um direito para suscitar o reenvio perante o tribunal nacional. Conforme frisa a Autora citada (*loc. cit.*, p. 1067), "Although the procedures as such may differ, from the point of view of judicial activity involved there is no difference: a court is a court is a court, and needs workable indications to do the job".

3.2. A autonomia do interesse de protecção do ambiente

A jurisprudência comunitária tem revelado um particular apreço pela tutela ambiental, sem, no entanto, a transformar em política prevalecente no contexto dos interesses que a Comunidade tem a seu cargo. Um entusiasmo especial lhe mereceu, todavia, a protecção ambiental, no tocante à instrumentalidade da tutela penal no Acórdão de 13 de Setembro de 2005, no qual entendeu ser a Comunidade competente para estabelecer sanções penais quando estas se revelam necessárias à eficaz salvaguarda dos bens ambientais – *a)*.

Exemplo da equação ambiente/qualidade de via das populações é dado no Acórdão de 28 de Fevereiro de 1991, no qual a República federal da Alemanha se viu a braços com uma acção de incumprimento do Tratado proposta pela Comissão por alegada violação da directiva aves em virtude da construção de um dique. Os critérios da indispensabilidade da intervenção humana, da afectação mínima dos valores ecológicos e da compensação ecológica estão bem patentes neste caso – *b)*.

Se esta decisão espelha o difícil equilíbrio de interesses que pontua o Direito Comunitário do Ambiente, o caso *PreussenElektra*, pelo contrário, é um manifesto do Tribunal a favor do ambiente em detrimento da salvaguarda das condições de leal concorrência no mercado interno. É uma decisão que, pelo seu carácter controverso, julgámos dever incluir nesta resenha breve – *c)*.

A força normativa das directivas – o efeito conformativo de que falámos *supra* – está bem patente no Acórdão do Tribunal de Justiça de 7 de Setembro de 2004. Este processo é resultado de um reenvio prejudicial promovido por um juiz holandês numa acção intentada por uma organização de defesa do ambiente contra um acto autorizativo de pesca alegadamente causadora de risco para espécies piscícolas. Nos autos, o Tribunal deixou bem clara a necessidade de interpretação, por parte das autoridades administrativas, do direito nacional *in favor ambiente* – *d)*.

Na senda da maximização do efeito das directivas, o Tribunal de Justiça chegou mesmo a admitir que a margem de livre conformação deixada aos Estados-membros pode ser sindicada pelas instâncias jurisdicionais. O Acórdão *Kraaijeveld* (1996) atesta este "avanço" sobre a auto-determinação legislativa dos Estados num domínio em que ela estaria, à partida e por força da natureza da directiva, excluída – *e)*.

Questionável se afigurou também a um tribunal nacional a força normativa da directiva não transposta entre o término do prazo de transposição e a efectivação desta por diploma nacional. O caso *Bund Naturschutz Bayern* (1994) constitui um precedente importante no tocante à obrigação de inclusão de um período transitório em diplomas que efectivem tardiamente a transposição de directivas comunitárias – *f*).

Uma outra consequência do influxo do princípio da prevenção consagrado no artigo 174/2 do Tratado de Roma é o banimento da figura dos actos tácitos. Prevenir é decidir ponderadamente – logo, de forma expressa. O Tribunal não faz concessões – *g*).

Finalmente, no Acórdão *Pfizer*, o Tribunal de Primeira Instância utiliza o princípio da precaução como *ratio decidendi* de um complexo caso de revogação de autorizações de comercialização de um determinado antibiótico. Num caso em que as incertezas abundavam, o Tribunal adoptou uma perspectiva muito próxima do risco zero, numa abordagem algo desequilibrada que só a importância dos interesses em jogo – a vida humana – pode justificar. O caso é digno de figurar nesta amostra pois constitui a primeira situação em que a jurisprudência comunitária resolve um litígio por apelo directo ao princípio da precaução – ou seja, destituído de mediação legislativa que eventualmente o absorvesse – *h*).

a) O Acórdão *Comissão contra o Conselho* (de 13 de Setembro de 2005) e a *vis expansiva* da Comunidade para o estabelecimento de sanções por prática de crimes ambientais

O problema colocado ao Tribunal de Justiça residiu em apreciar, no âmbito de uma acção de anulação, a validade da decisão-quadro 2003/80/JAI do Conselho, de 27 de Janeiro de 2003[51], sobre protecção do ambiente através do Direito Penal[52]. Este acto, como o seu *nomen juris* indica, foi adoptado pelos Estados-membros ao abrigo do 3.º Pilar, ou seja, num domínio em que pontifica a intergovernamentalidade em razão da natureza das atribuições prosseguidas. A Comissão, invocando o princípio da efectividade do Direito Comunitário e o facto de os artigos 174 a 176 do Tratado de Roma sustentarem a acção comunitária em matéria ambiental – muito concretamente, no caso *sub judice*, o artigo 175 –, considerou a decisão-quadro inválida, por entender que é à Comunidade que compete determinar a aplicação de san-

---

[51] Sobre esta decisão-quadro, F. COMTE, "Criminal Environmental Law and Community competence", *in EELR*, 2003/5, pp. 147 ss., 148 ss.

[52] A decisão-quadro prende-se estreitamente com a Convenção sobre a protecção do ambiente através do Direito Penal celebrada em Estrasburgo, a 4 de Novembro de 1998, no âmbito do Conselho da Europa, da qual reproduz várias disposições e adita outras. Cfr. A. SZÖNYI DANDACHI, "La Convention sur la protection de l'environnement par le Droit Pénal", *in RJE*, 2003/3, pp. 281 ss., *max*. 288.

ções em matéria de ambiente, "sempre que tal se revele necessário para atingir um objectivo comunitário".

O Tribunal de Justiça, depois de apelar expressamente a anteriores pronúncias no sentido de que, "em princípio, a legislação penal como as regras de processo penal não são abrangidas pelo âmbito da competência da Comunidade" (consid. 47), sublinha, em contrapartida, que

> "*quando a aplicação de sanções penais efectivas, proporcionadas e dissuasivas pelas autoridades nacionais competentes constitua uma medida indispensável para lutar contra os atentados graves ao ambiente, esta última conclusão não pode impedir o legislador comunitário de tomar medidas relacionadas com o direito penal dos Estados-membros que considere necessárias para garantir a plena efectividade das normas que promulgue em matéria de protecção do ambiente*" (consid. 48).

Para não deixar a afirmação sem qualquer suporte normativo, o Tribunal de Justiça conclui que os preceitos da decisão-quadro relativos à protecção penal poderiam ter sido adoptados ao abrigo do artigo 175 do Tratado de Roma (consid. 51). Logo, esta teria que ser considerada inválida.

O interesse desta decisão reside tanto na abordagem "ambientalmente amiga" preconizada pelo Tribunal de Justiça – bem demonstrada na argumentação ancorada no princípio da máxima efectividade da legislação ambiental –, como na afirmação da competência da Comunidade para o estabelecimento de sanções penais através de instrumentos de harmonização. Este último aspecto é controverso e já foi por nós objecto de análise noutro local[53]. Quanto à dimensão ambiental do acórdão, ela é significativa na medida em que enfatiza o relevo que o Tribunal reconhece à tutela dos valores do ambiente, mais a mais num domínio em que a atribuição comunitária é partilhada e não exclusiva. No fundo, a decisão surge como um propulsor da utilização de uma técnica altamente agressiva do ponto de vista da soberania num domínio especialmente valorado pelo Tribunal – e, desde logo, pela própria Comissão.

b) O Acórdão *Comissão contra a (República federal da) Alemanha* (de 28 de Fevereiro de 1991) e a equação preservação do ambiente/qualidade de vida das populações[54]

Este processo, que tem por base uma acção por incumprimento movida pela Comissão contra a Alemanha por alegada violação da directiva 79/409/

---

[53] C. AMADO GOMES, *Jurisprudência dirigente ou vinculação à Constituição?, cit.*.

[54] Sobre esta decisão, v. N. DE SADELEER, "Les conflits d'intérêts portant sur la protection des milieux naturels en Droit Communautaire", *in RJE*, 1992/3, pp. 356 ss.

/CEE, do Conselho, de 2 de Abril de 1979 (Directiva Aves), atesta bem o *iter* argumentativo do Tribunal no que toca à ponderação do interesse ambiental no contexto de outros interesses acolhidos no Tratado. Estava em causa a construção de um dique nas zonas de Leybucht e Leyhörn, cuja implantação implicaria alegadamente um severo dano para um *habitat* de aves protegidas constituído à sombra de legislação filiada na directiva referida. A Alemanha invocava razões imperiosas de salvaguarda da integridade das populações ribeirinhas contra as intempéries para justificar a obra; a Comissão, por seu turno, caracterizava o interesse de preservação ecológica das espécies como prioritário, pretendendo obstar à consumação dos trabalhos e exigindo a reposição do *statu quo ante*.

Na sua defesa, o Estado alemão tentou demonstrar – e conseguiu convencer o Tribunal da valia deste argumento – que a construção reunia três pressupostos:

- em primeiro lugar, afigurava-se indispensável do ponto de vista da segurança das populações, não podendo ser substituída por qualquer outra medida;
- em segundo lugar, a configuração do dique circunscrevia os danos causados aos *habitats* ao mínimo necessário;
- em terceiro lugar, o dano era minimizado através da adopção de medidas compensatórias.

Uma vez submetida a equação interesse ambiental/segurança das populações à ponderação do Tribunal, este decidiu favoravelmente aos interesses da Alemanha, sem deixar de vincar a excepcionalidade da derrogação do valor da preservação ecológica imposta pela directiva (consid. 21 e segs):

"(...) Daqui resulta que a faculdade dos Estados-membros de reduzir a superfície de uma zona de protecção especial só se pode justificar por razões excepcionais.
 Tais razões devem corresponder a um interesse geral superior ao protegido pelo objectivo ecológico visado pela directiva. Nesse contexto, os interesses enunciados no artigo 2.º da directiva, ou seja, as exigências económicas e de recreio, não podem entrar em linha de conta.
 (...) No que respeita ao fundamento invocado no presente processo, assinale-se que o perigo de inundações e a protecção da costa constituem razões suficientemente sérias para justificar os trabalhos de construção de diques e de reforço das estruturas costeiras, na condição de que tais medidas se limitem ao estritamente necessário e provoquem a mínima redução possível da zona de protecção especial.
 A este propósito, há no entanto que ter presente que, no que respeita à parte do projecto relativa à zona de Leyhörn, outras considerações atinentes não apenas à segurança costeiras mas igualmente à preocupação de garantir o acesso das embarca-

ções dos pescadores de Greetsiel a esse porto tiveram influência no traçado do dique. À luz dos princípios de interpretação do artigo 4.º, n.º 4, da directiva, acima enunciado, a tomada em consideração de tal interesse é, em princípio, incompatível com as exigências desta última disposição.

Impõe-se, porém, sublinhar que esta parte do projecto tem igualmente repercussões positivas concretas para os habitats das aves. Efectivamente, a realização dos trabalhos permitirá o encerramento de dois canais de navegação que atravessam a Leybucht, de modo que esta zona passará a conhecer uma calma absoluta. Além disso, a decisão de aprovação dos planos prevê um regime de protecção rigoroso para a zona de Leyhörn. O dique que protegia anteriormente a zona de Hauener Hooge será aberto, expondo assim novamente uma ampla zona ao movimento das marés e permitindo, com isso, a formação de prados salgados, de considerável valor ecológico".

Este caso, para além de constituir um bom exemplo da aplicação do princípio da proporcionalidade e da aptidão deste para a resolução de conflitos de interesses ambientais[55], alerta ainda para a sindicabilidade do poder de classificação de zonas da Rede Natura 2000, pelo menos relativamente à possibilidade de alteração ou diminuição de tais zonas – como se o Tribunal estabelecesse uma proibição do retrocesso em sede de preservação ecológica. A Alta Instância do Luxemburgo veio posteriormente reiterar esta posição, aprofundando-a, num aresto igualmente paradigmático: o das *Marismas de Santoña*[56]. Este processo por incumprimento movido pela Comissão contra o Estado Espanhol redundou na condenação deste por não ter procedido à classificação das *Marismas* como zona de protecção especial, nos termos da directiva 79/409/CE e dos critérios aí enunciados[57].

O caso do dique de Leybucht e Leyhörn revela ainda uma outra vertente, prévia, que ilumina os meios que o Tratado veicula à Comissão, também no domínio do ambiente, a fim de salvaguardar eficazmente o cumprimento das obrigações decorrentes do Direito comunitário originário e derivado. A premência da suspensão das obras originou, da parte da Comissão, um pedido

---

[55] Cfr. a análise dos pressupostos da directiva lidos à luz do critério de proporcionalidade utilizado no Acórdão em W. WILS, "La protection des habitats naturels en Droit Communautaire", *in CDE*, 1994/3-4, pp. 398 ss., 417-418.

[56] Acórdão de 2 de Agosto de 1993, Caso C-355/90.

[57] No plano da protecção dos sítios da Rede Natura 2000, Portugal já foi também alvo de uma condenação do Tribunal de Justiça em virtude de, por um lado, não ter transposto e, por outro lado, de ter transposto incorrectamente normas da directiva 79/409/CE no DL 140/99, 24 de Abril. O Acórdão do Tribunal, de 24 de Junho de 2003 (Caso C-72/02) determinou a introdução de alterações no diploma, que vieram a concretizar-se no DL 49/2005, de 24 de Fevereiro.

de medidas provisórias que se apresentou como uma tentativa de prevenir o agravamento dos danos e de evitar o facto consumado: a construção do dique.

Valendo-se da norma do artigo 243 do Tratado de Roma (então 186), a Comissão solicitou ao Tribunal que ordenasse a suspensão dos trabalhos, uma vez que os valores ecológicos em jogo eram de relevo, ao contrário do interesse económico, que não seria consideravelmente afectado por uma mera suspensão da obra. O Tribunal de Justiça, no entanto, rechaçou este pedido no Despacho de 16 de Agosto de 1989 (note-se: 2 anos antes da decisão emitida na acção por incumprimento)[58], com base em dois argumentos: um primeiro, relativo à inexistência de urgência, já que a Comissão, tendo sido alertada para o problema por associações ecologistas alemãs em 1984, só em 1989 apresentara o pedido ao Tribunal – já a obra ia a meio; em segundo lugar, o cenário de grave atentado ao equilíbrio ecológico da zona não se verificaria, uma vez que o turismo de massas que a Comissão considerava poder arruinar o sossego da zona ficava, na realidade, fortemente restringido por força da redução das condições de navegabilidade em Leybucht.

Não tendo ficado provada a urgência – muito por culpa do atraso na actuação da Comissão –, o pedido de medidas provisórias foi desatendido. Mas não deixa de ser interessante aquilatar a mais-valia que o pedido de medidas provisórias revela em situações de tutela ambiental, uma vez que a concessão destas pode ser a única forma de salvaguardar a integridade dos bens até emissão de decisão final. Melhor solução se atingiria caso a Comissão, no âmbito do procedimento pré-contencioso e uma vez verificado o risco de lesão grave de bens ambientais, pudesse decretar, por si só, medidas provisórias. Mas tal poder só por revisão do Tratado se poderia tornar uma realidade[59].

c) O Acórdão *PreussenElektra contra Schleswag* (de 13 de Março de 2001) e a cedência a uma lógica "ambientalmente amiga"[60]

Este aresto permite fazer o contraponto com o anterior, na medida em que o Tribunal de Justiça surge, na opinião da doutrina que sobre ele se debruçou,

---

[58] Caso 57/98 R.

[59] Cfr. as sugestões de R. WILLIAMS, que se orientam no sentido de conferir à Agência Europeia do Ambiente (criada pelo Regulamento do Conselho 1210/90, de 7 de Maio) poderes de fiscalização das infracções ambientais (a par das suas competências de recolha e coordenação de informação e consultiva), dado que a Comissão, devido à magnitude da tarefa e escassez de meios, é manifestamente incapaz de se desincumbir eficazmente da missão.

[60] Caso C-379/98.

com uma atitude claramente *pro ambiente*, em desfavor do objectivo de protecção das condições de concorrência entre as empresas no espaço comunitário[61]. Na verdade, esta decisão, muito criticável de um ponto de vista das regras da concorrência e da livre circulação de mercadorias, é em contrapartida caracterizada como um "incentivo à criação de legislação ambientalmente amiga"[62]. Descrevamos os seus traços gerais.

A *PreussenElektra* é uma empresa privada do terceiro sector de distribuição de energia da Alemanha (nível de distribuição federal), à qual é imposta, pelo artigo 4.º da *Stromeinspeisungsgesetz* (Lei das energias renováveis, de 1991), uma obrigação de compra dos excedentes energéticos recebidos por empresas que operem no segundo sector (regional) provenientes de fontes de energia renováveis (no caso, a empresa *Schleswag AG*), sempre que esse excedente corresponda a pelo menos 5% da energia por estes fornecida. Como a energia renovável beneficia de preços especiais, a "indemnização" paga pela empresa distribuidora do patamar superior pode ascender a uma verba equivalente a 90% do preço da energia produzida por fontes tradicionais (casos da energia solar e eólica). Por força da expansão dos parques eólicos, o que começou por ser uma obrigação de compensação da *Preussen Elektra* à *Schleswag* por quantia ínfima, em 1991 – 0,77% da energia redistribuída –, transformou-se sete anos mais tarde numa verba consideravelmente superior, correspondente a 15% da energia redistribuída para o nível superior, com uma expressão pecuniária de 10 milhões de marcos/mês!

Recusando o pagamento de tal quantia, a *PreussenElektra* invocou junto do *Landgericht Kiel* uma questão prejudicial de validade do artigo 4.º da *Stromeinspeisungsgesetz* por alegada violação dos artigos 92 e 30 do Tratado de Roma, caracterizando a obrigação de compra como um auxílio de Estado indirecto e como uma medida de efeito equivalente a uma restrição quantitativa, que tem por efeito entravar a livre circulação de mercadorias (neste caso, a energia) entre Estados-membros. Realce-se que estes argumentos assentavam em que, relativamente ao artigo 92, o Estado alemão veria reduzidas as suas receitas fiscais, uma vez que esta "indemnização" faz reduzir o lucro tributável da *PreussenElektra*; no que tange ao artigo 30, tentava demonstrar que a obrigação de indemnização da *Schleswag* pelos excedentes energéticos recebidos na sua rede provenientes de centrais renováveis (implantadas local-

---

[61] Sobre este caso, vejam-se M. BRONCKERS e R. VAN DER VLIES, "The European Court's *PreussenElektra* judgement: tensions betweeen E.U. principles and national renewable energy initiatives", *in ECLR*, 2001, pp. 458 ss., *max.* 462 ss.; B. DELVAUX, "The EC State Aid regime regarding renewables: opportunities and pitfalls", *in EELR*, 2003/4, pp. 103 ss., *max.* 108 ss.

[62] B. DELVAUX, *The EC State Aid...*, *cit.*, p. 112.

mente) constituía, reflexamente, um entrave à importação de energia renovável de Estados terceiros (pois esta revelar-se-ia desnecessária), não coberta pelas cláusulas derrogatórias previstas naquela disposição.

O Tribunal de Justiça rechaçou ambos os argumentos, considerando a obrigação de compra compatível com o Direito Comunitário:

i) Depois de reconhecer que é incontestável que a obrigação de compra de energia renovável, pela *Schleswag*, excedendo as necessidades de distribuição que provê, constitui um benefício para os produtores daquele tipo de energia, o Tribunal afirma que o mecanismo de redistribuição de perdas instituído pela *Stromeinspeisungsgesetz* não se afigura contrário à legislação comunitária e não viola a proibição dos auxílios de Estado porque a *PreussenElektra* é uma entidade privada – logo, não há concessão do auxílio por uma entidade pública –, e o facto de o Estado ver diminuídas as suas receitas fiscais em razão da redução das margens de lucro das empresas oneradas com a obrigação de compra representa uma consequência inerente a tal regulamentação que se não reflecte directamente na atribuição aos produtores de energias renováveis de ajudas de Estado (consid. 54 a 67);

ii) Começando por circunscrever a obrigação de compra ao sector das energias renováveis e a situações bem delimitadas, o Tribunal obtempera que para aferir se a restrição é legítima, cumpre atentar em dois aspectos: por um lado, o objectivo da regulamentação em causa; por outro lado, as características do mercado da electricidade. Ora, ao admitir restrições às importações que visem proteger a saúde e vida das pessoas e animais, o artigo 30 contém uma clara autorização de cláusulas derrogatórias em nome de fins de protecção ambiental – e os incentivos à produção de energias renováveis, pela intrínseca ligação às metas de Quioto, de uma banda, e em razão do seu papel fulcral no contexto da racionalização dos recursos energéticos, de outra banda, vão ao encontro dessa finalidade. No que concerne às características do mercado, o Tribunal recorda que, pelo menos enquanto não estiver operativo o mecanismo de atribuição dos certificados de origem, a electricidade circulante na rede não é identificável, nem em termos geográficos, nem em termos de determinação da fonte de que provém. Assim, não considera existir qualquer entrave à importação de energias renováveis (considerandos 68 a 80).

A fundamentação do Acórdão, como se disse, é tudo menos pacífica: por um lado, porque o Tribunal atém-se a uma qualificação puramente subjectiva do auxílio de Estado, em vez de a complementar com um critério finalístico. Por outro lado, na medida em que não resulta imediatamente do artigo 30 a consagração de derrogações por motivos de protecção ambiental, abrindo-se um precedente de consequências imprevisíveis. Melhor teria sido, segundo BRONCKERS e VAN DER VLIES, a recondução do mecanismo da *Stromeinspeisungsgesetz* ao grupo de auxílios susceptíveis de serem julgados compatíveis com o mercado comum, de acordo com os critérios da Comissão[63]. Ou, diríamos nós, de tentar reconduzir este auxílio à alínea c) do n.º 3 do artigo 87 do Tratado de Roma ["auxílios destinados a facilitar o desenvolvimento de certas actividades (...), quando não alterem as condições de trocas comerciais de maneira que contrariem o interesse comum"].

Notória é a preocupação do Tribunal na prevalência do interesse ambiental, sancionando a retribuição acrescida da electricidade produzida a partir de fontes de energia renováveis. O equilíbrio revelado na decisão anteriormente referida surge aqui bastante afectado pela clara tomada de posição favorável ao desenvolvimento de energias renováveis.

d) O Acórdão *Lanelijke Vereniging contra Staatssecretaris van Landbouw* (de 7 de Setembro de 2004)[64], e o dever de interpretação *in favor ambiente*

Discutia-se neste processo de reenvio prejudicial a necessidade de proceder a avaliação de incidências ambientais de uma autorização de pesca tradicional (com gaiolas) que vinha sendo concedida desde há décadas numa zona integrada na rede de sítios Natura 2000. A legislação ambiental holandesa impôs, desde 1998, a renovação anual das licenças de pesca no mar de Wadden, mas não a prévia avaliação de incidências ambientais. Ora, a directiva *habitats* (Directiva 92/43/CEE, do Conselho, de 21 de Maio de 1992) obriga à avaliação de incidências relativamente a planos e projectos, mas não define estes conceitos. Caberiam as autorizações de pesca nestas noções?

O Tribunal entendeu que deve adoptar-se uma interpretação ampla das noções de *plano* e *programa*, uma vez que se trata da viabilização de actividades intrusivas no equilíbrio de ecossistemas particularmente frágeis. Em presença de um risco, não passível de exclusão à luz dos melhores conhecimentos científicos, de afectação do ecossistema, a recondução da autorização àquelas noções é imperiosa:

---

[63] M. BRONCKERS e R. VAN DER VLIES, *The European Court's...*, *cit.*, p. 466.
[64] Caso C-127/02.

"(...) Tal interpretação da condição a que está subordinada a avaliação dos efeitos de um plano ou projecto num sítio determinado, que implica, em caso de dúvida quanto à existência de efeitos significativos, se deva proceder a tal avaliação, permite evitar, de forma eficaz, que sejam autorizados planos ou projectos que afectem a integridade do sítio em causa e contribui, assim, para realizar, em conformidade com o terceiro considerando e com o artigo 2.º, n.º 1, da directiva habitats, o seu objectivo principal, a saber, assegurar a biodiversidade através da conservação dos habitats naturais bem como da fauna e da flora selvagens.

Tendo em conta o exposto, há que responder (...) que o artigo 6.º, n.º 3, primeiro período, da directiva habitats deve ser interpretado no sentido de que qualquer plano ou projecto não directamente relacionado com a gestão do sítio e não necessário para essa gestão será objecto de uma avaliação adequada das suas incidências no mesmo à luz dos objectivos de conservação desse sítio, quando não se possa excluir, com base em elementos objectivos, que tal plano ou projecto afecte o referido sítio de modo significativo, individualmente ou em conjugação com outros planos ou projectos" (consid. 44 e 45).

O Tribunal frisou ainda que os órgãos jurisdicionais nacionais não estão inibidos de fiscalizar os limites impostos à margem de livre apreciação administrativa pela legislação nacional, no sentido de confrontar os critérios utilizados com aqueles que constam de directivas não transpostas e aplicáveis ao caso concreto (consid. 70). Fica mais uma vez atestado o efeito normativo conformativo da directiva não atempadamente transposta, à qual ainda assim as Administrações nacionais deverão ir beber os parâmetros decisórios na emissão de actos autorizativos ambientais.

e) O Acórdão *Kraaijeveld* (de 24 de Outubro de 1996)[65] e a sindicabilidade da auto-determinação legislativa ambiental pelos tribunais nacionais

O problema em discussão no caso *Kraaijeveld* prendia-se, uma vez mais, com a interpretação da directiva da avaliação de impacto ambiental, desta feita com a questão de saber se as obras de construção de um dique estariam abrangidas pelo Anexo II. Segundo o Governo holandês, as obras de construção de um dique teriam efeitos consideravelmente reduzidos nos ecossistemas fluviais e por isso deveriam considerar-se excluídas de AIA, ao contrário de obras de regularização dos cursos de água e de canalização, essas sim, gerando impactos consideráveis na fauna e flora aquáticas. A directiva concederia ao Estado mar-

---

[65] Caso C-72/95.

gem de inclusão e exclusão de projectos no Anexo II tendo em consideração, precisamente, o impacto previsível no meio ambiente.

O Tribunal rechaçou os argumentos do Governo holandês, discreteando como segue:

"50. *Todavia, embora o artigo 4, n.º 2, segundo parágrafo, da directiva confira aos Estados-membros uma margem de apreciação para especificar certos tipos de projectos a submeter a uma avaliação ou para fixar critérios e/ou limiares a reter, essa margem de apreciação tem os seus limites na obrigação, enunciada no artgo 2, n.º 1, de submeter a um estudo do impacte ambiental os projectos susceptíveis de ter efeitos significativos no ambiente, nomeadamente pela sua natureza, dimensões ou localização.*
(...)
52. *Numa situação como a do caso de figura, há que admitir que o Estado-membro em causa tinha o direito de fixar critérios de dimensões dos diques, para determinar quais os projectos relativos aos diques que devem ser objecto de um estudo de impacto ambiental. A questão de saber se, ao fixar esses critérios, o Estado-membro excedeu a sua margem de apreciação não depende de uma apreciação global das características dos projectos dessa natureza, previsíveis no território do Estado-membro.*
(...)
59. *A circunstância de, no caso de figura, os Estados-membros disporem, por força dos artigos 2, n.º 1, e 4, n.º 2, da directiva, de uma margem de apreciação, não exclui, no entanto, que possa ser efectuada uma fiscalização jurisdicional a fim de verificar se as autoridades nacionais não excederam a referida margem de apreciação* (...).
(...)
61. *No caso de essa margem de apreciação ter sido ultrapassada e de, portanto, deverem ser afastadas as disposições nacionais a esse respeito, compete às autoridades do Estado-membro, no âmbito das suas competências, adptar todas as meidas necessárias, gerais ou especiais, para que os projectos sejam examinados a fim de determinar se os mesmos são susceptíveis de ter efeitos significativos no ambiente e, na afirmativa, para que sejam submetidos a um estudo de impacto ambiental*".

Ao cabo e ao resto, o que o Tribunal de Justiça fez foi apelar a um controlo mínimo da livre de margem apreciação dos Estados, similar ao que realizam no tocante aos poderes discricionários – apelando à teoria francesa do "erreur manifeste d'appréciation". Os tribunais nacionais, ao efectuarem este tipo de controlo não se estarão a substituir às autoridades nacionais, mas tão-só a constatar um grave e ostensivo défice de execução das suas competências de regulação de interesses simultaneamente nacionais e comunitários[66].

---

[66] O Tribunal de Justiça teve já oportunidade de confirmar esta posição no Acórdão de 9 de Novembro de 1999 (*Comissão contra Itália*, Caso C-365/97).

f) O Acórdão *Bund Naturschutz Bayern* (de 9 de Agosto de 1994)[67] e a *força normativa interina* das directivas

Neste aresto, o Tribunal de Justiça debruçou-se sobre um pedido de interpretação da Directiva 85/337, com vista a averiguar se a transposição tardia desta poderia envolver, para o legislador nacional, a obrigação de sujeitar projectos iniciados no período decorrido entre o final do prazo de transposição e a transposição efectiva. Por outras palavras, o que se pretendia descortinar era se a previsão de um período transitório que vinculava proponentes e autoridades administrativas à aplicação do diploma sempre que os projectos já se tivessem iniciado mas não fossem ainda públicos – excluindo, portanto, os que tivessem merecido já publicidade – era compatível com a directiva e do Direito Comunitário.

O Tribunal foi claro na resposta, embora tenha deixado em suspenso um problema conexo, fora da apreciação do caso *sub judice*:

"*18. (...) há que salientar que não há qualquer indício na directiva que permita interpretá-la no sentido de que autoriza os Estados-membros a dispensar da obrigação de avaliação dos efeitos no ambiente os projectos cujos processos de aprovação foram iniciados depois da data-limite de 3 de Julho de 1988. Bem pelo contrário, todas as disposições da directiva foram formuladas em função da consideração de que esta deveria estar transposta nas ordens jurídicas dos Estados-membros o mais tardar em 3 de Julho de 1988.*

19. Deste modo, independentemente da questão da saber se a directiva permite a um Estado-membro introduzir um regime transitório relativamente aos processos de aprovação iniciados e já em curso antes da data-limite de 3 de Julho de 1988, *a directiva opõe-se de qualquer modo à introdução, relativamente aos processos iniciados depois dessa data, de um regime como o que está em causa no processo principal, por uma lei nacional que, em violação da directiva, a transpõe tardiamente na ordem jurídica interna. Tal interpretação conduziria a um adiamento da data-limite de 3 de Julho de 1988 e seria contrária às obrigações decorrentes dessa directiva*" (realçado nosso).

Esta jurisprudência parece dispensar a verificação da clareza, precisão e incondicionalidade das normas da directiva, apontando para a obrigatoriedade de aplicação do procedimento introduzido pela directiva desde que expire a data-limite para a sua transposição, independentemente de saber se, à data do início de vigência do diploma que a transpõe os procedimentos iniciados antes dessa vigência e posteriormente à data-limite de transposição se encontram

---

[67] Caso C-396/92.

concluídos e/ou ainda em decurso. A opção de aplicação das normas da directiva a procedimentos já "fechados" coloca questões complexas, que envolvem, no limite, a invalidação dos actos e a necessidade de repetição do procedimento autorizativo. Nada que o Tribunal não tenha já sancionado, de resto[68].

Em aberto fica a questão de saber se procedimentos iniciados antes da data-limite de transposição deverão, caso se concluam antes do início de vigência do diploma nacional que procede àquela, ser submetidos às normas da directiva. Parece-nos que o raciocínio do Tribunal contém, ainda que implicitamente, essa constatação.

g) O Acórdão *Comissão contra Bélgica* (de 14 de Junho de 2001) e a questão da desconformidade da figura da autorização tácita com a protecção do ambiente

A figura do acto tácito, nomeadamente no campo dos actos autorizativos ambientais, foi objecto da atenção do Tribunal de Justiça num caso em que a Bélgica transpôs um conjunto de directivas sobre poluição de águas e tratamento de resíduos de forma alegadamente incorrecta, na perspectiva da Comissão[69]. O problema detectado prendia-se com o sistema de concessão tácita de autorizações, que demitia as autoridades administrativas belgas dos seus deveres de avaliação e gestão do risco provocado por empresas que procedessem a descargas poluentes para o meio hídrico.

Não era, na verdade, a primeira vez que o Tribunal se debruçada sobre a questão dos actos silentes. Já em 1991[70], a Alta Instância do Luxemburgo manifestara a sua discordância relativamente ao uso desta técnica no domínio ambiental, que vinha adoptando em jurisprudência constante posterior, e reiterou a sua posição neste acórdão (consid. 16):

> *"Resulta desta jurisprudência que uma autorização tácita não pode ser compatível com as exigências das directivas visadas pela presente acção, uma vez que estas prevêem, quer no que respeita às Directivas 75/442, 76/646/, 80/68 e 84/360, mecanismos de autorizações prévias, quer no que respeita à Directiva 85/337, processos de avaliação que precedem a concessão de uma autorização. As autoridades nacionais são, por conseguinte, obrigadas, nos termos de cada uma destas directivas, a examinar, caso a caso, todos os pedidos de autorização apresentados".*

---

[68] Cfr. o caso *Erich Ciola* (Acórdão de 29 de Abril de 1999, Caso C-224/97), no qual o Tribunal não se coibiu de afirmar que o respeito pelas obrigações do Tratado envolve a desaplicação, quer de disposições legislativas, quer administrativas (consid. 26 e ss.).

[69] Caso C-230/00.

[70] Acórdão do Tribunal de Justiça de 28 de Fevereiro de 1991, Caso C-360/87).

Esta jurisprudência é de enorme importância para a problemática da protecção ambiental, na medida em que expõe o núcleo duro da função administrativa nesta sede: a avaliação e prevenção do risco. Na verdade, esta tarefa vê-se inequivocamente amputada através da inclusão da figura das autorizações tácitas, pois estas *ficcionam* uma ponderação – para além de poderem distorcer a fase procedimental da consulta pública (se redundarem na supressão do procedimento) e de neutralizarem o dever de fundamentação. Repara-se que o Tribunal de Justiça fez questão de sublinhar (na linha da jurisprudência *Linster*[71]) que a proibição da técnica da autorização tácita não vale apenas para actos autorizativos finais, mas de igual modo para a declaração de impacto ambiental (veja-se a referência expressa à directiva 85/337).

A prevalência do princípio da prevenção é o argumento de fundo que justifica esta linha de raciocínio. Como acentua o Advogado-Geral JEAN MISCHO, a regra do acto expresso é inarredável no plano da concessão de autorizações com incidências ambientais, uma vez que "(...) na falta de tal acto, não é possível assegurar que as autorizações só sejam concedidas depois de reunidas as condições colocadas pelas directivas, tanto relativas ao conteúdo das autorizações como aos processos de estudos prévios à sua concessão" (consid. 10 das Conclusões)[72].

h) O Acórdão *Pfizer Animal Health S.A. contra o Conselho* (de 11 de Setembro de 2002) e o acolhimento expresso do princípio da precaução pela jurisprudência comunitária (de 1.ª instância)

O caso *Pfizer*[73] foi a decisão pioneira em sede de aplicação nominada do princípio da precaução. Deve sublinhar-se que a lógica da antecipação do

---

[71] *Cit.* (cfr. o consid. 56).

[72] Esta a razão que leva J. E. FIGUEIREDO DIAS (em 2001) a retirar desta jurisprudência a conclusão de que "as leis nacionais que prevejam a formação de actos tácitos, sempre deveriam fazê-lo no sentido do indeferimento, isto é, no da formação de acto tácito negativo" – "Anotação ao Acórdão do TJCE de 14 de Junho de 2001", in *Revista do CEDOUA*, 2001/2, pp. 72 ss., 73.

O Autor escreve numa altura em que o CPTA não se encontrava ainda em vigor. Actualmente, quereria certamente dizer que as normas que estabelecem o regime de procedimentos autorizativos ambientais devem vincular as autoridades administrativas competentes à emanação de actos expressos, sob pena de o interessado lançar mão da acção administrativa especial para condenação à prática de acto devido.

[73] Acórdão do Tribunal de Primeira Instância de 11 de Setembro de 2002, Caso T-13/99. Para uma análise desta decisão, W. DOUMA, "Fleshing out the precautionary principle by the Court of First Instance", in *JEL*, 2003/3, pp. 394 ss.; J. L. CRUZ VILAÇA, "The precautionary principle in EC Law", in *European Public Law*, 2004/2, pp. 369 ss., 378 ss.

risco já de há muito vinha sendo utilizada pela Justiça Comunitária, nomeadamente pelo Tribunal de Justiça – desde logo no paradigmático caso da "doença das vacas loucas", que suscitou pedidos de medidas provisórias da parte da Coroa britânica contra a decisão de embargo à carne bovina inglesa decretada pelas autoridades europeias[74] –, embora o princípio da precaução nunca tivesse sido claramente invocado – e nomeado – como *ratio decidendi*. Alheio a esta subtileza argumentativa não será, decerto, o risco de unilateralização de medidas derrogatórias da legislação comunitária eventualmente adoptáveis ao abrigo do artigo 30 do Tratado de Roma propulsionado pela adopção irreflectida do princípio. E isto apesar do acolhimento expresso – quiçá temerário – que a máxima mereceu na segunda revisão do Tratado de Roma, operada pelo Tratado da União Europeia, que o incluiu no elenco de princípios presente no artigo 174/2 do Tratado de Roma. Bem assim como da aceitação que mereceu da parte da Comissão Europeia (cfr. a *Comunicação da Comissão sobre o princípio da precaução*, de 2 de Fevereiro de 2000[75]).

No Acórdão *sub judice* discutia-se a validade de um regulamento comunitário que vedava a comercialização de um antibiótico utilizado como aditivo nos alimentos para animais (virginiamicina). A empresa *Pfizer*, líder do mercado, sentiu-se especialmente lesada com a adopção deste normativo, na medida em que ele determinava a revogação das autorizações que até então detinha. Daí que tenha apresentado um pedido de suspensão total ou parcial da eficácia do regulamento (actual artigo 242 do Tratado de Roma) até à decisão da acção de anulação que contra ele intentou, ao abrigo do artigo 230, §4.º do Tratado de Roma. O Tribunal de Primeira Instância recusou dar provimento a este pedido e o Tribunal de Justiça confirmou o indeferimento, uma vez que as razões de urgência alegadas pela requerente claudicavam em face do prevalecente interesse público de salvaguarda da saúde[76].

No âmbito da acção de anulação intentada pela *Pfizer*, o Tribunal de Primeira Instância baseou a sua decisão de não provimento no princípio da precaução. O Tribunal descreveu longamente a relação entre risco e precaução (consid. 136 segs), analisando a conduta das autoridades comunitárias com vista à adopção do regulamento proibitivo. Note-se que a decisão do Tribunal de Primeira Instância foi prolatada: i) apesar de o comité de peritos consultado pela Comissão se ter pronunciado no sentido da inexistência de risco

---

[74] Acórdão de 12 de Julho de 1996, Caso C-180/96.
[75] COM (2000) 1 final, de 2 de Fevereiro de 2000. Sobre esta declaração, veja-se N. McNeils, "EU Communication on the precautionary principle", *in JIEL*, 2000, pp. 545 ss.
[76] Acórdão do Tribunal de Primeira Instância de 30 de Junho de 1999, Caso T-13/99 R, e Acórdão do Tribunal de Justiça de 18 de Novembro de 1999, Caso C-329/99 P(R).

para a saúde, animal e humana, da utilização do antibiótica em causa; ii) tendo o Tribunal sublinhado que a decisão não deveria apoiar-se numa "abordagem puramente hipotética do risco, assente em meras suposições ainda não cientificamente comprovadas" (consid. 143); iii) aceitando o Tribunal que, em cenários de incerteza, de controvérsia entre os cientistas, o decisor deve adoptar as medidas que lhe parecerem "mais adequadas e necessárias para evitar a realização do risco" (consid. 163), embora tal operação não fique imune ao controlo jurisdicional.

No considerando 162 do Acórdão, discreteou o Tribunal:

"*Nestes termos, a avaliação científica dos riscos, realizada por peritos científicos, deve dar à autoridade pública competente uma informação suficientemente fiável e sólida que lhe permita apreender todo o alcance da questão científica colocada e determinar a sua política com pleno conhecimento de causa. Por conseguinte, e caso contrário adoptaria medidas arbitrárias que em caso algum podem ser legitimadas pelo princípio da precaução, a autoridade pública competente deve velar por que as medidas que toma, mesmo que se trate de medidas preventivas, sejam baseadas numa avaliação científica dos riscos tão exaustiva quanto possível, tendo em conta as circunstâncias do caso concreto*".

Uma vez que, embora na posse um parecer que concluia pela inexistência de risco actual[77], a Comissão decidira seguir os estudos apresentados por outros peritos, fundamentando a sua decisão de acordo com as conclusões destes no sentido da susceptibilidade de eclosão de riscos em virtude da utilização do antibiótico, o Tribunal de Primeira Instância não se reconheceu competente para rever tal decisão. Detendo a Comissão uma larga margem de livre decisão, "nomeadamente no que respeita à determinação do nível de risco considerado inaceitável para a sociedade" (consid. 167), não é aceitável que o Tribunal se lhe substitua, salvo detecção de erro manifesto ou desvio de poder – o que não entendeu ser o caso.

Quando assumiu tomar uma decisão muito próxima – ou mesmo idêntica – do risco zero, a Comissão realizou uma ponderação de interesses em que a salvaguarda da saúde humana preferiu ao interesse económico das empresas que comercializavam os aditivos alimentares. Uma vez questionada sobre qual a prova que deveria ser feita para justificar a retirada da virginiamicina do mercado, a Pfizer respondeu que "*Tal seria provado pela primeira infecção ou*

---

[77] O Comité de peritos afirmou que a utilização da virgianimicina como factor de crescimento constituia um "perigo" para a saúde humana mas que, em razão da insuficiência dos dados científicos quantitativos disponíveis, não era possível proceder a uma avaliação científica completa dos riscos relacionados com o produto.

pela primeira prova de colonização ou a primeira prova de transferência para um ser humano" (consid. 379) – tentando assim refutar a indispensabilidade que a Comissão imputava à proibição de comercialização. A esta observação retorquiu o Tribunal que "*se houvesse que esperar pela conclusão de tais investigações para que fosse reconhecido às instituições comunitárias o poder de tomar medidas de protecção preventivas, o princípio da precaução, cujo objectivo é evitar a superveniência de tais efeitos adversos, ficaria privado do seu efeito útil*" (consid. 386).

A tentativa da *Pfizer* para demonstrar a irrazoabilidade – o "erro manifesto de apreciação" – da ponderação da Comissão soçobrou perante a preferência do Tribunal de Primeira Instância pela salvaguarda do interesse sanitário. A empresa não conseguiu provar, irrefutavelmente, que o virgianimicina seria inócuo – *diabolica probatio* seria essa, de resto... E perante esta incapacidade, o Tribunal de Primeira Instância rematou:

"*Não cabe ao Tribunal apreciar a procedência de uma ou de outra posição científica defendida perante ele e substituir a apreciação das instituições comunitárias, a quem o Tratado conferiu esta missão, pela sua. Com base no que precede, o Tribunal considera todavia que os argumentos das partes, **confortados de ambos os lados por opiniões de peritos eminentes**, demonstram que existia, no momento da adopção do regulamento impugnado, uma grande incerteza quanto à relação entre a utilização da virgianimicina como aditivo na alimentação animal e o desenvolvimento da resistência às estreptograminas no homem. Ora, na medida em que as instituições comunitárias puderam validamente considerar que dispunham de um fundamento científico bastante quanto à existência desta relação, a mera existência de indicações científicas em sentido contrário não é susceptível de mostrar que as instituições comunitárias transpuseram os limites do seu poder de apreciação ao considerarem que existia um risco para a saúde humana*" (consid. 393 – realçado nosso).

Nesta decisão, é cristalina a associação entre precaução e proporcionalidade. No fundo, o que o Tribunal de Primeira Instância admite é que as autoridades comunitárias estão investidas em deveres de protecção de bens fundamentais, tais como a saúde pública, facto que não deve conduzi-las a sacrificar, arbitrariamente, outros interesses, públicos ou particulares[78]. Perante dúvidas

---

[78] Idêntica argumentação seguiu o Tribunal de Primeira Instância num caso mais recente, no qual estava em causa a efectivação de responsabilidade extracontratual da Comunidade requerida pela empresa *Malagutti-Vezinhet SA*, em virtude de anúncios veiculados pela Comissão no sentido da retirada do mercado de vários lotes de maçãs comercializadas pela empresa referida, por acusarem um teor de um dado plaguicida (dicofol) superior ao permitido, facto que poderia causar riscos à saúde pública (Acórdão de 10 de Março de 2004, proc. T-177/02). O Tribunal de Primeira Instância considerou que, em face dos bens jurídicos em jogo, a pon-

fundamentadas sobre a lesividade de um produto, e apesar do apoio igualmente credível da tese da não lesividade, a Comissão optou por seguir as primeiras, proibindo a comercialização do antibiótico. É uma opção fundamentalmente política, que afirma a supremacia da saúde humana sobre os interesses económicos da *Pfizer,* reduzindo o risco a zero – e que deixa dúvidas sobre a inevitabilidade da medida.

Desta amostragem, podemos concluir que a jurisprudência do Tribunal de Justiça tem sido fértil no domínio ambiental – o que, infelizmente, não é um bom sinal. Mas a abertura revelada pelo Tribunal, nomeadamente no plano da maximização do efeito conformativo das directivas – quer directamente, quer através do apelo à interpretação do direito nacional conformemente a directivas não transpostas ou incorrectamente transpostas –, é demonstrativa do índice de protecção que lhe dedica, ainda que com desequilíbrios (patentes, por exemplo, na jurisprudência *Greenpeace* e na jurisprudência *PreussenElektra*). Na sombra fica o problema da indemnização por danos ecológicos provocados pela incorrecta aplicação do Direito Comunitário, muito concretamente nas situações em que nem a aplicação directa das normas da directiva é possível (por ausência de clareza, precisão e incondicionalidade), nem a interpretação conforme é suficiente para ultrapassar a desuniformidade regulativa (*v.g.*, porque o direito nacional é inexistente ou totalmente incompatível com a operação interpretativa).

Dir-se-ia que as soluções resultantes da jurisprudência *Francovich* e *Brasserie du Pêcheur*[79] seriam aplicáveis nesta hipótese[80]. Contudo, não nos olvidemos das condições de utilização desta jurisprudência: atribuição pelas normas de Direito Comunitário de direitos a particulares; de conteúdo identificável a partir das normas em jogo; nexo de causalidade entre a violação cometida pelo Estado e o prejuízo sofrido pelos lesados. Ora, a questão que se coloca relativamente aos danos ecológicos é a *despersonalização* do dano – o que afasta, julgamos, a aplicação desta jurisprudência. De resto, a posição do Tribunal quanto à admissibilidade de acção popular no contencioso comunitário parece indiciar uma menor sensibilização para este ponto. Note-se, todavia, que

---

deração realizada pela Comissão fora correcta, desestimando o pedido indemnizatório da *Malagutti-Vezinhet SA.* Cfr. a anotação a este aresto de L. GONZÁLEZ VAQUÉ, "La sentencia «Malagutti-Vezinhet»: quién es responsable de la información facilitada por el sistema comunitario de alerta en el ámbito de la seguridad de los productos?", in *Revista de Derecho Comunitario Europeo*, 2004/19, pp. 917 ss.

[79] Acórdãos do Tribunal de Justiça de 19 de Novembro de 1991, Casos C-6 e 9/90, e de 5 de Março de 1996, Casos C-46 e 48/93, respectivamente.

[80] Sobre este ponto, v. M. PÂQUES, *Trois remèdes...*, cit., pp. 190 ss.

mesmo que o dano possa ser entendido em sentido amplo, fica ainda por resolver o problema das modalidades do seu ressarcimento, pelo menos sempre que a restauração natural seja impossível – que fica dependente de o Estado incumpridor consagrar mecanismos de afectação de quantias a fins de protecção e promoção ambiental (bem como, no plano do processo de reenvio prejudicial, de consagrar a figura da legitimidade popular, permitindo a autores desinteressados sindicar o ressarcimento do dano junto dos tribunais nacionais).

Lisboa, Junho de 2008

Leituras aconselhadas:

J.-Guy Huglo, "L'application par les États membres des normes communautaires en matière d'environnement", *in Revue Trimestrielle de Droit Européen*, 1994, pp. 451 ss.
R. Williams, "The European Commission and the enforcement of environmental law: an invidious position", *in Yearbook of European Law*, vol. 14, 1994, pp. 351 ss.
M. Pâques, "Trois remèdes à l'inexécution du Droit Communautaire: utilité pour l'environnement?", *in Revue de Droit International et de Droit Comparé*, 1996, pp. 135 ss.
C. Plaza Martín, *Derecho Ambiental de la Unión Europeia*, Valencia, 2005 (*max.* Parte IV, pp. 1087 ss.)

Endereços úteis:

http:\curia.europa.eu

DA NECESSIDADE DE UM PARADIGMA DE CRIMINALIZAÇÃO PARA UM DIREITO PENAL EUROPEU

ANA RITA GIL[*]

> SUMÁRIO: 1. Introdução; 2. A "técnica de construção" do Direito Penal Europeu; 2.1. A via: harmonização das legislações penais; 2.2. O instrumento: a Decisão-Quadro e a Directiva; 3. Reflexões sobre a construção em curso; 3.1. O "método de construção"; 3.2. As áreas de intervenção; 3.3. A actual inexistência de um paradigma de criminalização; 4. Que paradigma de criminalização para um Direito Penal Europeu?; 4.1. A importância da definição de um paradigma; 4.2. O paradigma tradicional; 4.3. A adaptação do paradigma tradicional a um Direito Penal Europeu; 5. Direito Penal Europeu ou Direito Europeu Penal?; 6. Conclusão.

1. INTRODUÇÃO

No início, a matéria penal era estranha à integração europeia[1]. Dois factores vieram reclamar a intervenção penal na União Europeia (UE). Em primeiro lugar, a livre circulação de pessoas, bens e serviços, que acarretou o desenvolvimento paralelo de uma livre circulação de bens e serviços ilegais. Tornou-se inevitável, para responder a uma criminalidade sem fronteiras,

---

[*] Doutoranda da Faculdade de Direito da Universidade Nova de Lisboa. O presente estudo corresponde, com algumas adaptações justificadas pela entrada em vigor do Tratado de Lisboa, ao Relatório apresentado em Outubro de 2007 ao Seminário de Direito Penal do 7.º Programa de Doutoramento, sob a regência da Professora Doutora Anabela Miranda Rodrigues.

[1] Invoca-se, inclusivamente, a originalidade das Comunidades Europeias nesse ponto, já que as comunidades políticas clássicas surgem mediante actos de força ou mediante poderes constituintes e, através deles, desde o primeiro momento, a manutenção do poder constituído é feita mediante a ameaça da sanção penal. V. Amparo Lozano Maneiro, "Hacia una Política Penal Común: Posibilidades y Obstáculos", *Revista de Derecho Comunitario Europeo*, Madrid, n.10, Julio/Deciembre 2001, p. 522.

a criação de um espaço também sem fronteiras ao nível da justiça penal[2]. Em segundo lugar, outro caminho conduziu à emergência de um Direito Penal Europeu: o da necessidade de protecção dos interesses especificamente comunitários, em particular os interesses financeiros da Comunidade (CE), que reclamavam uma protecção análoga à que é dispensada no plano interno aos correspondentes dos Estados. Em ambos os casos, pois, o Direito Penal foi chamado à colação, não por visar revelar um "ethos jurídico europeu"[3], mas por fruto da necessidade[4].

Com a entrada em vigor do Tratado de Amesterdão, em 1 de Maio de 1999, o enquadramento normativo da matéria penal transitou de uma cooperação interestadual para uma integração supra-estadual[5]. Foi a era da institucionalização do espaço de liberdade, segurança e justiça (no art. 29.º TUE), que veio permitir um outro salto: não se tratava mais apenas de cooperar para que os Estados promovessem o respeito das leis penais de cada um, mas de realizar em comum "um espaço onde os mesmos valores são defendidos"[6]. A partir de então a UE encontra-se a construir um espaço penal homogéneo[7] em torno de

---

[2] O Direito Penal Europeu surgiu, inicialmente, como fazendo parte das "medidas compensatórias" adoptadas para acompanhar a abertura das fronteiras e garantir que as várias liberdades eram exercidas nas melhores condições. A matéria penal revestiu inicialmente contornos de interestadualidade e cooperação, que o Tratado de Maastricht, entrado em vigor em 1 de Novembro de 1993, institucionalizou na UE através da criação do III.º Pilar.

[3] Pedro Caeiro, "Perspectivas de Formação de um Direito Penal da União Europeia", *Revista Portuguesa de Ciência Criminal*, Coimbra, ano 6, Abril/Junho 1996, p. 203.

[4] Face a esta situação de *necessidade* surgiram várias reacções negativas por parte dos Estados, que invocaram a perda de poderes a nível penal, considerados o "núcleo duro" da soberania. Porém, esta visão tem-se revelado redutora. Como refere Carlota Pizarro de Almeida, "a partir do momento em que o crime não se contém dentro dos limites da soberania, esta passa a ser um entrave: impõem-se actuações conjugadas num espaço que se tornou comum". Cfr. "A Cooperação Judiciária Internacional", in AA.VV., *Jornadas de Direito Processual Penal e Direitos Fundamentais*, Coimbra, Almedina, p. 394. A verdadeira perda de soberania efectiva-se, sim, com a violação das leis penais dos Estados e com a impunidade dos infractores. Compreendeu-se, assim, que o restabelecimento da "soberania da lei" só era possível com uma partilha das competências soberanas dos Estados. Nesse sentido, Anabela Miranda Rodrigues e José Luís Lopes da Mota, *Para uma Política Criminal Europeia*, Coimbra, Coimbra Editora, 2002, p. 37.

[5] Demonstrativo desta evolução foi o maior relevo concedido às instituições europeias nos processos decisórios. Para mais desenvolvimentos, v. Constança Urbano de Sousa, "A Cooperação policial e judiciária em matéria penal na União Europeia", *Polícia e Justiça*, Coimbra, IIIª Série, n.2, Julho-Dez. 2003, p. 14 ss. e 28 ss.

[6] Anabela Miranda Rodrigues e José Luís Lopes da Mota, *Para uma Política...*, cit., p. 36.

[7] Anabela Miranda Rodrigues, "O Mandado de Detenção Europeu – na Via da Construção de um Sistema Penal Europeu: Um Passo ou um Salto?", *RPCC*, Coimbra, ano 13, n.1, Jan.--Março 2003, p. 55.

quatro eixos definidos no Conselho Europeu de Tampere[8]: harmonização do direito substantivo, reconhecimento mútuo das decisões judiciais, coordenação das investigações e protecção dos direitos fundamentais nos processos penais. O primeiro destes eixos – a harmonização do direito substantivo, criada pelo Tratado de Amesterdão, consubstancia o principal instrumento para a construção de um Direito Penal Europeu. Através desta via, existem normas emanadas pela UE em matéria penal, que podem impor a incriminação de determinados comportamentos através do direito interno de cada Estado-membro.

Mas podemos falar já da existência de um Direito Penal Europeu? Em 1996 escrevia Figueiredo Dias que não existia ainda um Direito Penal comunitário e supra nacional de aplicação directa pelos Estados-Membros. Não se podia, de facto, reconhecer às instâncias ou órgãos comunitários um verdadeiro *ius puniendi* positivo, já que elas não tinham competência para sem mais, i.e., sem a mediação do legislador penal dos Estados-Membros, impor a punibilidade de uma conduta[9]. Estas teriam de o fazer sempre por via da harmonização ou da assimilação[10], i.e., no quadro de exigências do Direito Penal nacional. Essa situação mantém-se no essencial nos nossos dias. O Direito Penal Europeu é, pois, ainda, um *Direito virtual*, que só ganha existência a partir do momento em que é Direito nacional. O que existe actualmente, assim, são sistemas penais harmonizados por via europeia, ou quanto muito, um sistema de justiça penal integrado, ou "em rede", entre as regras e actores dos Estados--Membros, por um lado, e as normas europeias e actores europeus, por outro[11].

---

[8] Conselho Europeu realizado em 15 e 16 de Outubro de 1999.

[9] Cfr. *Direito Penal – Questões Fundamentais – A doutrina geral do Crime*, Coimbra, Faculdade de Direito da Universidade de Coimbra, p. 16. Refere porém o autor: "pode já falar-se de um *ius puniendi* negativo das instâncias comunitárias, da legitimidade para impor normas que se projectam no estreitamento ou recuo do Direito Penal estadual".

[10] A técnica da assimilação, elaborada pelo TJ, é uma decorrência do princípio da lealdade (art. 10.º TCE). Encontra-se hoje prevista no art. 280.º, n.2 TCE e proíbe que se distinga entre interesses nacionais e europeus equivalentes, fazendo com que um Estado, que puna a fraude tributária, p.ex., o faça da mesma forma no que toca à fraude aduaneira comunitária. O Direito Comunitário, neste ponto, pode obrigar a harmonizar indirectamente o Direito Penal. Assim, John Vervaele, "La europeización del Derecho penal y la dimensión penal de la integración europea", *Revista Penal*, Madrid, Enero, 2005, n. 15, p. 171. Esta técnica tem vindo a demonstrar-se insuficiente na protecção dos interesses comunitários, face à disparidade das soluções consagradas nos vários ordenamentos jurídicos.

[11] Joachim Vogel, "The European Integrated Criminal Justice System and its Constitutional Framework", *Maastricht Journal of European and Comparative Law*, Maastricht, vol. 12, n. 2, 2005, p. 127.

Porém, algumas evoluções recentes vieram colocar em causa esta situação, nomeadamente, antes da entrada em vigor do Tratado de Lisboa, a afirmação do efeito directo das Decisões-Quadro[12] e da competência penal "por anexação" da Comunidade[13], agora confirmadas no Tratado de Funcionamento da União Europeia (TFUE). De facto, o art. 83.° deste último não ressalva a inexistência de efeito directo dos instrumentos jurídicos em matéria penal, como fazia anteriormente o art. 34.°, n.1, b) TUE[14]. Por outro lado, estabelece a competência a chamada competência penal da UE "por anexação", como se verá mais à frente. As tendências actuais demonstram, pois, não só a emergência de um Direito Penal Europeu mas, sobretudo, a sua *aceleração*[15]. Por outro lado, a consciencialização de que interesses próprios da comunidade são merecedores de protecção penal, invoca o surgimento de um conceito de *Direito Europeu Penal*, como o conjunto de normas criadas pela União Europeia e aplicadas por instituições judiciárias europeias. O Tratado que estabelece uma Constituição para a Europa dava alguma cobertura a esta ideia[16], tendo nisso sido seguido pelo TFUE[17].

Faz sentido, então, discutir que paradigma de criminalização deverá pautar o surgimento de um Direito Penal Europeu, já que o mesmo contém verdadeiras normas incriminadoras, ainda que indirectamente, e ameaça uma evolução galopante. O que nos propomos fazer, neste contexto, é reflectir, primeiramente, sobre a construção do Direito Penal Europeu que tem vindo a ser feita e, posteriormente, indagar qual deverá ser o paradigma de criminalização para esse Direito Penal, face à actual inexistência de um verdadeiro paradigma.

---

[12] Cfr. Ac. *Pupino*, (de 16.06.2005, proc. n. C-105/03, Rec. 2005, p. I-5285).

[13] Tal competência foi afirmada no Ac. *Comissão v. Conselho* (de 12.09.2005, proc. n. C-176/03, Rec. 2005, p. I-7879), mas levantava algumas dúvidas à luz do TCE, na falta de uma base jurídica expressa que permitisse uma harmonização directa em matéria penal. A Comissão Europeia e o Parlamento Europeu defendiam que o Direito Comunitário podia impor sanções penais a nível das áreas da sua competência, quando essas sanções fossem necessárias para garantir eficácia das imposições comunitárias.

[14] Não obstante, julgamos que não se vá tão longe ao ponto de se reconhecer a aplicabilidade directa desses instrumentos para fundamentar a responsabilidade penal de um indivíduo prevista numa norma incriminatória não transposta. A jurisprudência do TJ aponta nesse sentido. Cfr., em particular, o ponto 46 do Ac. *Pupino*.

[15] Anabela Miranda Rodrigues, "A Emergência de Um «Direito Penal Europeu» Questões Urgentes de Política Criminal", *Estratégia*, Lisboa, n. 18-19, 1.°/2.° Semestre, 2005, p. 147.

[16] Assim, o art. III-274.°, que previa a criação de uma Procuradoria Europeia a partir da Eurojust a fim de combater as infracções lesivas dos interesses financeiros da UE.

[17] Art. 86.°.

2. A "TÉCNICA DE CONSTRUÇÃO" DO DIREITO PENAL EUROPEU

2.1. A via: harmonização das legislações penais

2.1.1. Enquadramento

Com o Tratado de Amesterdão, a UE abandonou uma visão exclusivamente interestadual e decidiu entrar decisivamente no domínio material das infracções penais, em direcção à construção progressiva de um espaço penal homogéneo. Isto, através de uma técnica que passou a ser autonomamente consagrada neste domínio – a aproximação das legislações penais, prevista no art. 29.º §3 e na al. e) do art. 31.º do TUE então em vigor. Com ela teve-se em vista a adopção de regras mínimas quanto aos elementos constitutivos de infracções penais, e quanto às sanções aplicáveis nos domínios aí enumerados.

Esta técnica mantém-se no TFUE, nos termos dos art. 82.º, n.º 1 e 83.º. Trata-se da técnica da harmonização, que visa a aproximação das normas estaduais, reduzindo as diferenças mais significativas entre estas[18]. Harmonizar sistemas normativos diferentes consiste, assim, em estabelecer entre os mesmos similitudes "em função de um objectivo concertado, e, por isso, o seu alinhamento sob uma regra modelo"[19]. Mas implica, por outro lado, a permissão de manutenção de algumas diversidades, permitindo-se a adaptação às especificidades nacionais, e daí se distinguindo da uniformização[20].

Para alguns autores, esta técnica consubstancia, "em embrião, a primeira previsão de crimes contra a União", com a criação de obrigações de punição através da mediação dos Direitos Penais nacionais[21]. A técnica de harmoniza-

---

[18] Para um estudo detalhado da noção de aproximação neste contexto, cfr. Anne Weyembergh, *L'harmonisation des législations: condition de l'espace pénal européen et révélateur de ses tensions*, Bruxelles, Editions Université de Bruxelles, 2004, p. 29 ss.

[19] Anne Weyembergh, *L'harmonisation...*, cit., p. 33.

[20] Sobre a dicotomia unidade-diversidade no domínio penal, cfr. Anne Weyembergh, *L'harmonisation...*, cit., p. 38. A autora expõe a delicadeza dessa dialéctica, referindo que uma total uniformização é redutora, já que elimina as riquezas proporcionadas pela diversidade, enquanto que a total disparidade de soluções jurídicas leva a desequilíbrios difíceis de contornar. É certo que, no domínio penal, os trabalhos de harmonização se tornam muito complexos, devido a diversidades estruturais como as que dividem os sistemas de *common law* e os de *civil law*, bem como as que dividem os sistemas de estrutura acusatória e os de estrutura inquisitória.

[21] Nuno Piçarra, "O Espaço de Liberdade, Segurança e Justiça após a assinatura do Tratado que estabelece uma Constituição para a Europa: Balanço e Perspectivas", *Polícia e Justiça*, Coimbra, IIIª Série, n. 5, Jan.-Jun. 2005, p. 57.

ção implica a adaptação das normas penais dos Estados-Membros, podendo impor o seu alargamento ou inclusivamente a criação de novas normas para a incriminação de comportamentos até então não punidos.

De facto, pela análise dos instrumentos que até agora foram usados para promover a harmonização das legislações penais – até à entrada em vigor do Tratado de Lisboa, as Decisões-Quadro (DQ) – vemos que elas, se não são consagradoras de um *ius puniendi directo* da UE, têm claramente em si a expressão de um *ius puniendi indirecto*. Assim, por exemplo, são usadas expressões como "os Estados-Membros devem tomar as medidas necessárias para garantir que sejam consideradas infracção penal"[22] ou "sejam puníveis como infracção penal"[23]. Nas respectivas Propostas refere-se expressamente, várias vezes, que os Estados-Membros "são obrigados" a qualificar como infracção penal determinados comportamentos[24]. Bom exemplo do poder de criminalização que acaba por ser conferido à UE através desta técnica, é o dado pela DQ relativa à luta contra o terrorismo, uma vez que muitos Estados não previam especificamente um crime de terrorismo[25], tendo de o ter feito após a adopção desse instrumento.

2.1.2. Funções da harmonização

São vários os autores que criticam a inexistência de reflexão sobre a necessidade de harmonização das legislações penais, tradicionalmente encarada como visando melhorar a cooperação judicial penal e contornar o clássico obstáculo da dupla incriminação[26]. A harmonização reveste hoje,

---

[22] Art. 2.º, n.1 da DQ n. 2003/568/JAI do Conselho de 22 de Julho de 2003, relativa ao combate à corrupção no sector privado, art. 2.º, n.1 da DQ n. 2001/413/JAI do Conselho, de 28 de Maio de 2001, relativa ao combate à fraude à contrafacção de meios de pagamento que não em numerário, art. 2.º, n.1 da DQ n. 2005/667/JAI do Conselho, de 12 de Julho de 2005, destinada a reforçar o quadro penal para a repressão da poluição por navios.

[23] Art. 2.º, n.1 da a DQ n. 2005/222/JAI do Conselho, de 24 de Fevereiro de 2005, relativa a ataques contra os sistemas de informação e os art. 2.ºe 3.º da DQ 2004/68/JAI do Conselho, de 22 de Dezembro de 2003, relativa à luta contra a exploração sexual de crianças, art. 1.º da DQ n. 2002/629/JAI do Conselho, de 19 de Julho de 2002, relativa à luta contra o Tráfico de Seres Humanos.

[24] Assim, a Proposta de DQ relativa ao tráfico ilícito de droga. Cfr. COM/2001/0259 final.

[25] Cfr. ponto 3 da respectiva proposta (COM/2001/0521 final).

[26] Cfr. Anne Weyembergh, "Aproximation of Criminal Laws, the Constitutional Treaty and the Hague Programme", *Common Market Law Review*, London, vol. 42, n.6, Dec. 2005, p. 1584. A autora refere, em especial, o Programa da Haia, para quem a harmonização é encarada apenas como um instrumento para facilitar o reconhecimento mútuo e a cooperação.

para além de funções "auxiliares", outras funções, que poderemos apelidar de "autónomas".

   a. *Funções auxiliares: melhoria da cooperação judiciária e reconhecimento mútuo*

Como se viu, o surgimento de um espaço penal europeu teve como ponto de partida a necessidade de cooperação judiciária face ao fenómeno da crescente criminalidade transnacional. Para efectivar esta cooperação, o princípio do reconhecimento mútuo das decisões em matéria penal foi um dos meios convocados, tendo sido eleito pelo Conselho Europeu de Tampere como "pedra angular" da cooperação judiciária na União[27]. Este mecanismo, ao implicar o reconhecimento e execução automáticos das decisões judiciárias dos vários Estados-Membros pelos seus pares, reclama a existência de confiança mútua entre os mesmos. Ora, cedo se concluiu que, para a existência dessa confiança mútua, era necessário um mínimo de harmonização das legislações dos Estados, sem a qual aquela não deixaria de ser utópica[28].

A harmonização é ainda necessária devido à supressão do clássico requisito da dupla incriminação por alguns instrumentos da UE[29]. Neste caso, a harmonização das incriminações é reclamada por imperativos de legitimidade, sob pena de se intensificar a tendência securitária que se faz já sentir no espaço penal europeu, por deixar de interessar aos Estados averiguar "que crime é", mas apenas interessando saber que "é crime"[30].

De uma perspectiva inversa, é ilusório harmonizar tudo[31], pelo que não se poderá prescindir da técnica do reconhecimento mútuo. Assim, harmoniza-

---

[27] Conclusão 33.

[28] Anne Weyembergh, "Aproximation ..." *cit.*, p. 169. A autora refere que, na época actual, os Estados estão longe de confiar nos sistemas de justiça penal dos outros. Daí que duvide que a instauração do princípio do reconhecimento mútuo, que pressupõe necessariamente a confiança mútua, seja possível sem uma "larga" harmonização. Nesse sentido, a declaração adoptada pelo Conselho, aquando da aprovação da DQ n. 2002/584/JAI do Conselho, de 13 de Junho de 2002, relativa ao Mandado de Detenção Europeu, de acordo com a qual se deviam prosseguir os trabalhos de harmonização das infracções referidas no n. 2 do art. 2.º da referida DQ.

[29] Art. 2.º, n.2 da DQ sobre o Mandado de Detenção Europeu, e art. 3.º, n.2 da DQ 2003/577/JAI do Conselho, de 22 de Julho de 2003, relativa à execução na União Europeia das decisões de congelamento de bens ou de provas (JO L 196 de 2.8.2003).

[30] Expressão ilustrativa usada por Anabela Miranda Rodrigues, "O Mandado...", *cit.*, p. 44.

[31] Gilles de Kerchove, "L'espace judiciaire pénal européen après Amsterdam et le sommet de Tampere", in AA.VV., *Vers un Espace Judiciaire Pénal Européen*, Bruxelles, Éditions de l'Université de Bruxelles, p. 13.

ção e reconhecimento mútuo são duas técnicas complementares para a criação do espaço penal europeu. Assim eram encaradas pelos art. I-42.º, n. 1, a) e b), III-257.º, n. 3, III-270.º do Tratado que estabelece uma Constituição para a Europa, e assim o continuam a ser, pelos art. 67.º, n. 3 e art. 82.º do TFUE.

Ainda no âmbito das "funções auxiliares" da harmonização, podemos invocar o bom funcionamento dos actores que foram criados no âmbito do III.º Pilar. De facto, a atribuição de poderes reforçados à Europol e Eurojust pressupõe que se defina de forma harmonizada as formas de criminalidade que estes devem investigar e perseguir[32].

b. Funções "autónomas" da harmonização

A harmonização das incriminações, não sendo embora um fim em si mesmo, visa desempenhar também funções autónomas. Desde logo, contribuir para a luta eficaz contra a criminalidade, o que visa não só o objectivo da segurança, mas também o da liberdade, concebida como a "liberdade de viver num ambiente em que a lei é respeitada", bem como o da justiça, já que "os comportamentos criminais devem ser respondidos com a mesma eficácia em toda a UE"[33]. A harmonização contribui, assim, por um lado, para dar aos cidadãos um "sentimento comum de justiça", um dos objectivos da construção do espaço de liberdade, segurança e justiça referido no Plano de Acção de Viena. Por outro lado, permite evitar que se produza o efeito "santuário" para os criminosos, por alguns Estados-Membros serem menos severos na punição de determinados factos, já que a criminalidade sabe tirar partido das divergências jurídicas existentes entre estes[34].

Gilles de Kerchove aponta ainda aquilo a que chama "função simbólica", referindo que, independentemente do seu carácter transfronteiriço, a UE pode ter interesse em harmonizar a penalização de um comportamento porque o mesmo comporta um atentado aos valores que constituem o seu património[35]. Julgamos, porém, que esta função não deverá ser chamada "simbólica", já que isso poderá sugerir a adopção de uma concepção de um "Direito Penal simbólico", que não merece o nosso acordo. Julgamos que o que aqui está em causa é uma função de protecção dos valores essenciais da UE, i.e., de

---

[32] Gilles de Kerchove, "Améliorations institutionnelles à apporter au titre VI du traité sur l'Union Européenne dans le domaine de la sécurité intérieure", *in* AA.VV., *Quelles reformes pour l'espace pénal européen?*, Bruxelles, Éditions de l'Université de Bruxelles 2003, p. 32.

[33] Anne Weyembergh, *L'harmonisation...*, *cit.*, p. 179.

[34] Anabela Miranda Rodrigues, "A Emergência...", *cit.*, p. 152.

[35] "Améliorations...", *cit.*, p. 31.

autênticos bens jurídicos dotados de dignidade penal. Nesse sentido, o papel da harmonização é o da concretização de uma política criminal europeia[36]. E isto porque é através dela que se manifesta a veia criativa da União Europeia, em direcção a um *ius puniendi* positivo, e não tanto através da técnica do reconhecimento mútuo, em que o poder criminalizador e criativo compete ainda aos Estados-Membros.

2.2. O instrumento: Decisão-Quadro e Directiva

Os instrumentos típicos do III.º Pilar em Amesterdão eram as Decisões-Quadro (DQ)[37]. Era pela via das DQ que cabia a aproximação das legislações penais dos Estados-Membros, nos termos do art. 34.º, n. 2, al. c) do TUE. Até à entrada em vigor do Tratado de Lisboa elas foram, pois, o instrumento da harmonização, e, por isso, a principal ferramenta de criação de Direito Penal material. Elas eram instrumentos que vinculavam os Estados-Membros quanto aos resultados a alcançar, deixando, no entanto, às instâncias nacionais a competência quanto à forma e aos meios, estando por isso muito próximas das Directivas no âmbito do I.º Pilar, embora se referisse expressamente que não produziam efeito directo[38]. Eram, por isso, instrumentos de legislação indirecta[39], pressupondo a adopção de normas de Direito interno para a produção dos seus efeitos. Para alguns autores tratava-se de um instrumento a meio caminho entre Directiva e Tratado de Direito Internacional[40-41].

---

[36] Anabela Miranda Rodrigues, "A Emergência...", *cit.*, p. 152.
[37] Para além desse instrumento, eram ainda previstas no art. 34.º, n. 2 TUE as posições comuns que, nos termos da al. a) se destinavam a definir "a abordagem da União em relação a uma qualquer questão específica", as decisões, previstas na al. b), utilizadas para outros efeitos que não a aproximação das legislações entre os Estados-Membros, e as convenções, que já existiam no Tratado de Maastricht (art. K.3, n.2), mas que sofreram uma grande flexibilização com o Tratado de Amesterdão. Para mais desenvolvimentos sobre o regime jurídico destes vários instrumentos, v. Anabela Miranda Rodrigues e José Luís Lopes da Mota, *Para uma Política...*, *cit.*, p. 81 ss.
[38] Afirmação que posteriormente se tornou relativa, face ao já referido Ac. *Pupino*.
[39] A expressão é de Constança Urbano de Sousa, "A Cooperação...", *cit.*, p. 28.
[40] Moritz Vormbaum, "El desarrollo de la Unión Europea y su influencia sobre el Derecho Penal europeo", *Revista Penal*, Madrid, n. 19, 2007, p. 101.
[41] No âmbito do TUE foram adoptadas várias DQ. Para a questão que aqui nos ocupa, limitar-nos-emos a referir aquelas que influem no Direito material dos Estados-Membros, por estabelecerem elementos mínimos quanto às incriminações e, por isso, terem em si o embrião de verdadeiras normas incriminadoras. São assim de referir: a DQ 2000/383/JAI, de 29 de Maio de 2000, sobre o reforço da protecção contra a contrafacção de moeda na perspectiva da intro-

Não obstante, ainda no anterior quadro jurídico da UE, também a Directiva começou a ser usada como um instrumento para impor a criminalização de determinadas condutas no quadro do I.º Pilar[42]. Com a entrada em vigor do Tratado de Lisboa, esse passou a ser o instrumento competente para a harmonização das incriminações nos termos do art. 83.º do TFUE.

3. REFLEXÕES SOBRE A CONSTRUÇÃO EM CURSO

Há que reflectir vários aspectos face à panóplia de instrumentos que têm vindo a construir paulatinamente incriminações nas mais variadas áreas. Estamos perante a criação de um Direito Penal material europeu por sectores, como se de uma manta de retalhos se tratasse. O método de construção será o mais adequado? E as incriminações que foram criadas, têm uma base jurídica nos Tratados? E que bens jurídicos visam proteger? Que política criminal foi esta que indicou que aqueles sectores eram os de harmonização prioritária?

---

dução do euro, alterada pela DQ do Conselho n. 2001/888/JAI, de 6 de Dezembro de 2001, a DQ n. 2001/413/JAI do Conselho, de 28 de Maio de 2001, relativa ao combate à fraude e à contrafacção de meios de pagamento que não em numerário, a DQ n. 2001/500/JAI do Conselho, de 26 de Junho de 2001, relativa ao branqueamento de capitais, a DQ n. 2002/475/JAI, do Conselho, de 13 de Junho de 2002, relativa à luta contra o terrorismo, a DQ n. 2002/629/JAI do Conselho, de 19 de Julho de 2002, relativa à luta contra o tráfico de Seres Humanos, a DQ n. 2002/946/JAI do Conselho, de 28 de Novembro de 2002, relativa ao reforço do quadro penal para a prevenção de auxílio à entrada, ao trânsito e à residência irregulares, a DQ n. 2003/80/JAI do Conselho, de 27 de Janeiro de 2003, sobre a protecção penal do ambiente, a DQ n. 2003/568/JAI do Conselho de 22 de Julho de 2003, relativa ao combate à corrupção no sector privado, a DQ 2004/68/JAI do Conselho, de 22 de Dezembro de 2003, relativa à luta contra a exploração sexual de crianças, a DQ n. 2004/747/JAI do Conselho, de 25 de Outubro de 2004, que adopta regras mínimas quanto aos elementos constitutivos das infracções penais e às sanções aplicáveis no domínio do tráfico ilícito de droga, a DQ n. 2005/222/JAI do Conselho, de 24 de Fevereiro de 2005, relativa a ataques contra os sistemas de informação, a DQ n. 2005/667/JAI do Conselho, de 12 de Julho de 2005, destinada a reforçar o quadro penal para a repressão da poluição por navios e a DQ n. 2008/913/JAI do Conselho, de 28 de Novembro de 2008, relativa à luta por via do direito penal contra certas formas e manifestações de racismo e xenofobia.

[42] Tome-se como exemplo Directiva 2008/99/CE do Parlamento Europeu e do Conselho, de 19 de Novembro de 2008, relativa à protecção do ambiente através do direito penal e a proposta de Directiva relativa à protecção dos interesses financeiros da Comunidade (COM/2001/272 final).

3.1. O "método de construção"

3.1.1. *Construção* inversa: *da parte especial para a parte geral*

A primeira observação que nos suscitam os trabalhos desenvolvidos através das várias DQ referidas é a falta de tomada em consideração do sistema penal na sua globalidade. Este Direito Penal Europeu tem vindo a nascer de forma inversa à de um sistema jurídico que se quer coerente, por se criarem primeiro as infracções especiais, e não uma parte geral. Ora, essa parte geral é fundamental para se poder falar de um sistema coerente e uno, e especificamente, no que ao Direito Penal Europeu diz respeito, para que seja possível uma aplicação equivalente dos vários tipos incriminadores assim criados[43]. Isto é tão mais grave quando a maior parte dos instrumentos referem conceitos próprios da parte geral de um sistema de Direito Penal, como *tentativa, comparticipação* e *responsabilidade penal das pessoas morais,* conceitos que serão densificados pelos vários Direitos nacionais, o que agravará a incoerência na aplicação dos tipos. Um esforço de harmonização de uma parte geral do Direito Penal Europeu é, pois, imprescindível[44].

Mas a construção *inversa* faz-se também com a aprovação de alguns instrumentos que visam reforçar a cooperação das entidades judiciárias, sem que haja um Direito substantivo sólido de base para suportar essa cooperação. Essa situação foi já referida por alguns autores como trazendo "o perigo de perversão da lógica penalista", a propósito, em particular, do instrumento do Mandado de Detenção Europeu[45].

A descontinuidade dos trabalhos coloca em perigo a realização coerente de um Direito Penal Europeu, que se possa apelidar de um *sistema* de Direito

---

[43] Neste último sentido, também Tiedemann, *apud* Silva Sánchez, "Crítica a los principios inspiradores del pretendido Derecho Penal Europeo", in AA.VV., *La Política Criminal en Europa*, Atelier, 2004, p. 3.

[44] Num sentido semelhante, Pedro Caeiro: "um sistema de Direito Penal só pode ser construído através da harmonização, não do Direito Penal positivo dos Estados-Membros, mas da ciência penal europeia". Cfr. "Perspectivas...", *cit.,* p. 207. Mário Ferreira Monte, por sua vez, defende que é na parte geral que estão vertidos os grandes princípios ou regras que constituem o chamado "núcleo duro" do Direito Penal. Não obstante, o autor defende a similitude das regras da parte geral dos vários códigos estaduais, referindo ser inegável "a pretensão universalista do Direito Penal". Cfr. "Da Autonomia Constitucional do Direito Penal Nacional à Necessidade de um Direito Penal Europeu", *in Estudos de Comemoração do Décimo Aniversário da Licenciatura em Direito da Universidade do Minho,* Coimbra, Almedina, 2004, p. 710.

[45] Manuel Monteiro Guedes Valente, *O Mandado de Detenção Europeu,* Coimbra, Almedina, 2006, p. 30.

Penal e por isso seja capaz de dar, por sua vez, uma resposta integrada e coerente à realização dos três objectivos interligados de liberdade, segurança e justiça.

3.1.2. Construção "superficial"

Em segundo lugar, há que referir que a harmonização das legislações penais se fica pelo limiar das regras mínimas, deixando aos Estados liberdade para irem mais além do que lhes é exigido. Os instrumentos que têm vindo a ser adoptados de acordo com esta técnica são fruto de compromissos e de concessões mútuas que muitas das vezes desvirtuam a sua substância[46]. De facto, para satisfazerem as aspirações dos Estados, prevêm inúmeras "portas de saída"[47] que acabam por permitir, afinal, a manutenção do regime que cada um deles mantinha inicialmente, como se se tratassem de convenções às quais os Estados pudessem livremente fazer as suas reservas.

Trata-se, enfim, de uma harmonização "de superfície"[48], não traduzindo uma verdadeira interiorização de valores básicos e essenciais.

Esta técnica mantinha-se no Tratado que estabelece uma Constituição para a Europa e foi retomada no TFUE, que mantém o método da aproximação das decisões penais nos art. 67.º e 82.º, e prevê o estabelecimento de *regras mínimas* relativas à definição das infracções e das sanções penais no art. 83.º, n. 1.

3.2. As áreas de intervenção

Antes de se avançar na construção de um Direito Penal Europeu, é necessário, antes de mais, determinar em que âmbitos se deve proceder à harmoni-

---

[46] Sophie Garcia-Jourdan, *L'emergence d'un espace de liberté, de securité et de justice*, Bruxelles, Bruylant, 2005, p. 654. A autora refere ainda que, em consequência destas limitações, os instrumentos assim adoptados são instrumentos complexos, não respeitando as exigências do princípio da legalidade, no sentido de as leis penais comportarem regras claras e precisas.

[47] A expressão é de Daniel Flore, "Droit Pénal Matériel et Union Européenne", *in* AA.VV., *Quelles Reformes pour l'Espace Pénal Européen?*, Bruxelles, Éditions Université de Bruxelles, 2003, p. 55. Essas portas de saída são, por exemplo, a formulação de excepções, de derrogações ou o reenvio ao Direito nacional. Veja-se, por exemplo, o art. 3.2 da DQ relativa à exploração sexual de crianças e pornografia infantil.

[48] Anne Weyembergh, *L'harmonisation...*, *cit.*, p. 57 e também Daniel Flore, "Droit Pénal...", *cit.*, p. 73.

zação das legislações penais. Qual deverá ser a sua amplitude? Deverá acolher-se uma solução maximalista, tendente a harmonizar a totalidade do Direito Penal interno dos Estados-Membros, ou restringir a intervenção das instâncias europeias a alguns domínios rigorosamente delimitados? A solução terá de passar pela última das duas possibilidades. Nos restantes domínios, os Estados poderão cooperar através dos mecanismos tradicionais. Resta saber quais os domínios em que poderá actuar um Direito Penal Europeu.

3.2.1. *Regime do TUE antes da entrada em vigor do Tratado de Lisboa*

De acordo com o artigo 31.º, n.1, al. e) do TUE, os domínios que podiam ser objecto de harmonização eram a criminalidade organizada, o terrorismo e o tráfico de droga. Para alguns autores, esta enumeração abria caminho à criação de "infracções da União", de lógica federal[49].

A primeira dificuldade prendia-se com a determinação do sentido da expressão "criminalidade organizada", que, para além de ser vaga, conciliava-se mal com a sua enumeração junto dos crimes de "terrorismo" e de "tráfico ilícito de drogas", que aparecem as mais das vezes sob a forma organizada[50].

A segunda dificuldade respeitava à conciliação desta disposição com o art. 29.º do mesmo Tratado, que falava na prevenção e combate aos seguintes fenómenos: racismo e xenofobia, terrorismo, tráfico de seres humanos e crimes contra as crianças, tráfico ilícito de droga, tráfico ilícito de armas, corrupção e fraude. Referia ser um dos meios para esse combate "uma aproximação, quando necessário, das disposições de Direito Penal dos Estados-Membros" remetendo para o art. 31.º, n.1, al. e), que, como se viu, apenas referia alguns destes domínios. Daqui se vê a complexidade na conjugação destes dois normativos.

Estes dois aspectos contribuíam para uma insegurança na determinação dos domínios em que o Conselho podia exercer a sua competência, numa área em que, mais do que em nenhuma outra, deveria vigorar o princípio da certeza.

O Plano de Acção de Viena[51] veio estabelecer a necessidade de identificar que formas específicas de crime ganhariam em ser combatidas mediante uma

---

[49] Anabela Miranda Rodrigues e José Luís Lopes da Mota, *Para uma Política...*, cit., p. 77.
[50] Moritz Vormbaum, "El desarrollo...", *cit.*, p. 103.
[51] Adoptado em 3 de Dezembro de 1998 pelo Conselho, JOCE n. C 19, de 23-01-1999, p. 1 ss.

abordagem geral da UE, "tais como a criminalidade informática, nomeadamente a pornografia infantil na internet, o racismo e a xenofobia, o tráfico de estupefacientes, e a aproximação das infracções neste domínio" (concl. 51, al. a). Em Tampere, por sua vez, incentivaram-se esforços para que fossem aprovadas definições, incriminações e sanções comuns que deveriam "incidir em primeiro lugar num número limitado de sectores de particular importância, tais como a criminalidade financeira (branqueamento de capitais, corrupção, contrafacção do euro), o tráfico de droga, o tráfico de seres humanos, nomeadamente a exploração de mulheres, a exploração sexual de crianças, os crimes de alta tecnologia e os crimes contra o ambiente" (concl. n. 48).

Estes dois textos, de natureza meramente programática, pareciam pretender alargar as possibilidades de aproximação das legislações penais dos Estados-Membros previstas no TUE[52], podendo pôr em causa o princípio da competência por atribuição. A única possibilidade de se realizar uma interpretação compatível com o art. 31.º era a de considerar que os domínios de acção referidos nos Programas apenas podiam ser harmonizados se dissessem respeito a situações de criminalidade organizada[53]. De opinião contrária era Anne Weyembergh, para quem o TUE não estabelecia uma limitação dos domínios passíveis de harmonização, identificando apenas prioridades. A autora considerava, por isso, "incoerente" excluir avanços noutros domínios[54]. A sua interpretação foi, de certa forma, reforçada com o Programa da Haia[55]. Parece-nos, no entanto, que a incoerência se encontrava nos Programas referidos, e não no TUE. Eram aqueles que se tinham de compatibilizar com este, e não o contrário.

---

[52] Também nesse sentido, Sónia Fidalgo, "Direito Penal Europeu: entre uma Europa Securitária e uma Europa Solidária", *BFDUC*, Coimbra, vol. LXXXI, 2005, p. 951.

[53] Nesse sentido, a al. b) da concl. 46 do Plano de acção de Viena, que estabelece "dever-se-á dar prioridade, *na medida em que estiverem relacionados com o crime organizado, ao terrorismo e ao tráfico de droga*, a infracções tais como o tráfico de seres humanos e a exploração sexual de crianças, a infracções à legislação sobre o tráfico de estupefacientes, à corrupção, à fraude informática, às infracções cometidas por terroristas, às infracções cometidas contra o ambiente, às infracções cometidas através da Internet e ao branqueamento de capitais relacionado com estas diversas formas de criminalidade" (sublinhado nosso). Parece-nos que a conclusão 51 deverá ser lida a esta luz.

[54] Cfr. "L'avenir des mécanismes de coopération judiciaire pénale entre les Etats membres de l'Union européenne", *in Vers un Espace Judiciaire Pénal Européen*, Bruxelles, Éditions de l'Université de Bruxelles, p. 170, e também *L'harmonisation...*, *cit.*, p. 121.

[55] Conclusões da Presidência do Conselho Europeu de Bruxelas, de 4/5 de Novembro de 2004, p. 38. O Programa refere que "deverá ser dada *prioridade* aos domínios de criminalidade a que os tratados fazem expressamente referência" (sublinhado nosso), parecendo admitir, assim, a possibilidade de estender essa competência a outras áreas.

3.2.2. *Instrumentos adoptados até à entrada em vigor do Tratado de Lisboa*

A acção harmonizadora do Conselho, até à entrada em vigor do Tratado de Lisboa, foi muito para além dos três domínios previstos no art. 31.º, n. 1, al. e) do TUE, havendo várias dúvidas quanto à base jurídica de alguns dos instrumentos adoptados.

Numa situação intermédia encontram-se as DQ relativas aos domínios enumerados no art. 29.º TUE, mas omitidos no art. 31.º, e) TUE. Tal é o caso das DQ relativas à luta contra o tráfico de seres humanos e à luta contra a exploração sexual de crianças e pornografia infantil, cujos preâmbulos fundamentam as suas bases jurídicas no art. 29.º TUE, mas também no art. 31.º, al. e), sem justificar a sua inserção neste número. Não obstante, estas DQ poderiam cair no domínio amplo da "criminalidade organizada".

Dúvidas maiores suscitam os instrumentos que não se encontravam enumerados em nenhuma norma do TUE. É, desde logo, o caso da DQ relativa ao combate à fraude e à contrafacção de meios de pagamento que não em numerário, um dos primeiros instrumentos adoptados. Esta invoca como base normativa o artigo 34.º, n.2, que se limitava, no entanto, a prever a DQ como fonte de Direito do III.º Pilar. No mesmo sentido, a DQ relativa à contrafacção do euro, bem como a destinada a reforçar o quadro penal para a repressão da poluição por navios, que invocam como normas habilitantes a al. e) do n.1 art. 31.º do TUE e o n. 2, al. b) do art. 34.º, não explicando a sua inclusão nos domínios aí referidos[56].

3.2.3. *Regime previsto no Tratado de Funcionamento da União Europeia*

O art. 83.º do TFUE estabelece como instrumento jurídico competente para a definição de infracções penais a Directiva[57], abandonando assim o recurso às DQ. A Directiva é adoptada através do processo legislativo ordinário e poderá estabelecer regras mínimas quanto à definição das infracções

---

[56] Dúbia é ainda a escolha da base jurídica da DQ relativa a ataques contra sistemas de informação, que compreende o art. 29.º, o art. 30.º, al. a) (que dizia respeito à cooperação operacional entre autoridades), o art. 31.º e o art. 34.º, b). A proposta tenta justificá-lo referindo que as normas mínimas em causa dizem respeito "em larga medida em matéria de criminalidade organizada e de terrorismo" (Cfr. COM/2002/0173 final).

[57] Diferente era o instrumento previsto no art. III-271.º do Tratado que estabelece uma Constituição para a Europa: a lei-quadro europeia. Excluindo esta diferença, o regime do TFUE retomou *grosso modo* as soluções materiais do Tratado que estabelece uma Constituição para a Europa.

penais "em domínios de criminalidade particularmente grave com dimensão transfronteiriça que resulte da natureza ou das incidências dessas infracções ou ainda a especial necessidade de as combater, assente em bases comuns". No §2, o art. 83.º especifica quais são os domínios da criminalidade em causa: "terrorismo, tráfico de seres humanos e exploração sexual de mulheres e crianças, tráfico de droga e de armas, branqueamento de capitais, corrupção, contrafacção de meios de pagamento, criminalidade informática e criminalidade organizada". Nos termos do §3, o Conselho pode, "consoante a evolução da criminalidade", adoptar uma decisão europeia por unanimidade que identifique outros domínios de harmonização que preencham os critérios acima enumerados[58].

Alguns autores defendem que esta solução reflecte uma orientação de política criminal europeia, estabelecendo uma "lista aberta de crimes contra a União"[59]. O paradigma de criminalização de um Direito Penal Europeu dirá respeito, então, ao carácter grave e transnacional de um comportamento. Ele merece algumas considerações. Primeiro que tudo, não nos parece ser apenas coincidência que os vários domínios de criminalidade enumerados correspondam *grosso modo* àqueles em que já se legislou, como se de uma legitimação *a posteriori* se tratasse. Em segundo lugar, é de criticar a manutenção da expressão vaga "criminalidade organizada", que legitimou, sob o auspício do art. 31.º, n. 1, e) do TUE, a adopção de DQ sobre os mais variados tipos de ilícitos.

---

[58] Foram consagrados os critérios propostos pelo grupo de Trabalho X – Liberdade, Segurança e Justiça da Convenção Europeia (Cfr. CONV 426/2, p. 9 ss.). A proposta era cumular os critérios de gravidade e transnacionalidade como condições para a harmonização do Direito material. Um segundo critério dizia respeito à aproximação das medidas penais dos Estados-Membros nos casos de infracções cometidas contra interesses comuns europeus que são objecto de uma política comum da UE, se as regras não penais fossem insuficientes. Um terceiro critério defendia que a intervenção penal europeia deveria ter lugar quando fosse necessária para suscitar uma confiança mútua suficiente em vista a permitir a plena aplicação do reconhecimento mútuo das decisões judiciais ou para garantir a eficácia dos instrumentos de cooperação policial e judiciária postos em prática pela UE. Esta última proposta não foi consagrada, decisão que foi de aplaudir, já que reduzia a harmonização às suas funções auxiliares.

[59] Nuno Piçarra, a propósito do Tratado que estabelece uma Constituição para a Europa (cujas soluções eram idênticas), "O Espaço de Liberdade, Segurança e Justiça no Tratado que estabelece uma Constituição para a Europa: unificação e aprofundamento", *O Direito*, Coimbra, ano 137, 2005, n. IV-V, p. 1002. O autor refere que estes crimes, de lógica embora federalista, se distinguem dos *crimes against the United States* do Direito federal norte-americano, já que a lei federal que os prevê não depende de qualquer transposição e é directamente executada e aplicada pelas autoridades federais.

Por fim, a possibilidade conferida pelo §3 merece algumas considerações particulares. Embora seja desejável a manutenção de alguma flexibilidade, sob pena de se ter de alterar o Tratado de cada vez que haja necessidade de punir penalmente um novo comportamento, se o uso que lhe for dado não for estritamente enquadrado, esta disposição comporta o risco de um recurso desordenado ao Direito Penal. Tal risco é agravado pelo n. 2 do art. 83.º, que estipula que "sempre que a aproximação de disposições legislativas e regulamentares dos Estados-Membros em matéria penal se afigure indispensável para assegurar a execução eficaz de uma política da União num domínio que tenha sido objecto de medidas de harmonização, podem ser estabelecidas por meio de Directivas regras mínimas relativas à definição das infracções penais e das sanções no domínio em causa"[60]. Neste caso não é necessário o critério da gravidade e transnacionalidade para que possa existir intervenção penal. Trata-se da competência penal por anexação, legitimada pelo Ac. de 12.09.2005, *Comissão/Conselho*, e que por isso já começara a ser usada ainda à luz do anterior regime.

Porém, não podemos deixar de referir que esta "extensão" e indeterminação de competências penais é limitada pela possibilidade de recurso, por parte dos Estados-Membros, ao "travão de emergência" previsto pelo n. 3 do art. 83.º, nos termos do qual, se um Estado-Membro considerar que um projecto de Directiva prejudica "aspectos fundamentais do seu sistema de justiça penal"[61], pode solicitar que esse projecto seja submetido ao Conselho Europeu[62]. Trata-se de uma solução equilibrada, e que visa contrabalançar a adopção do processo legislativo ordinário em matéria penal, aliada à extensão dos domínios susceptíveis de harmonização penal, que poderiam incrementar o perigo de se ter "um Direito Penal que não se quer"[63].

Uma outra categoria – as "infracções lesivas dos interesses financeiros da União" é ainda prevista pelo art. 86.º. É consagrada, para o seu combate, a

---

[60] Trata-se da já apelidada *cláusula de acessoriedade aberta*, por Weigend, *apud* Augusto Silva Dias, "De que Direito Penal precisamos nós Europeus? Um olhar sobre algumas propostas recentes de constituição de um Direito Penal Comunitário", *RPCC*, Coimbra, Ano 14, n. 3, Julho-Setembro 2004, p. 318.

[61] Há ainda dúvidas sobre o que significam esses "aspectos fundamentais". Cremos que poderão ser, desde logo, as normas que integram as Constituições. Assim, Quintero Olivares *apud* Mário Ferreira Monte, "Da Autonomia...", *cit.*, p. 708.

[62] Nesse caso, fica suspenso o processo legislativo ordinário. Em último caso, as negociações podem prosseguir com a criação de uma cooperação reforçada.

[63] Esta solução não merece o acordo de parte da doutrina, que a acusou, no contexto do Tratado que estabelece uma Constituição para a Europa, de reintroduzir um veto nesta área. Assim, John Vervaele, "La europeización...", *cit.*, p. 182.

criação de uma Procuradoria Europeia. Aqui a lógica federal é mais acentuada[64] encontrando-se, em embrião, o *Direito Europeu Penal*.

3.2.4. Quo vadis, *harmonização*? A necessidade de repensar as áreas de intervenção de um Direito Penal Europeu.

O TFUE, tal como as soluções do mal sucedido Tratado que estabelece uma Constituição para a Europa, continua a não resolver satisfatoriamente a determinação dos domínios de competência penal da UE, tanto mais que os critérios de transnacionalidade e de gravidade são difíceis de determinar e a prevista "competência penal por anexação" parece uma porta aberta ao recurso indiscriminado ao Direito Penal[65]. São vários os autores que clamam por uma reflexão aprofundada sobre as áreas para as quais o Direito Penal Europeu tem uma palavra a dar[66]. Porém, a determinação de limites rígidos ao exercício de aproximação é ilusória, já que a UE e, em especial, o Direito Penal Europeu, estão em construção, evoluindo os seus objectivos dinâmica e permanentemente, pelo que o equilíbrio a encontrar entre unidade e diversidade é também mutável, como o demonstram as experiências federais. Assim, são vários os autores que, por seu turno, criticam a inserção de uma lista de infracções que circunscreva a competência da União em matéria legislativa[67].

Como saber quais as áreas em que, afinal, o Direito Penal Europeu pode intervir, se as soluções legais vigentes e em construção não oferecem respos-

---

[64] Para mais desenvolvimentos, v. Nuno Piçarra, "O espaço de liberdade, segurança e justiça no Tratado que estabelece uma Constituição para a Europa...", *cit.*, p. 1005.

[65] Esse receio justifica-se ainda mais face à Comunicação da Comissão ao Parlamento e ao Conselho sobre as consequências do Ac. do TJ de 13.09.05 (COM/2005/583 final), em que se refere que a decisão do TJ afecta diversas DQ e Directivas entretanto aprovadas com base jurídica errada. A Comissão propõe, como medida para repor a legalidade, a preservação da substância dos actos mas a sua convolação para a forma jurídica adequada, com o acordo prévio da Comissão, do Conselho e do Parlamento. Ora, algumas das DQ em causa foram adoptadas por iniciativa de Estados-Membros, como a DQ relativa à imigração ilegal, que teve na sua origem uma proposta francesa e a DQ relativa à Corrupção no sector privado, por iniciativa da Dinamarca. A Comissão não questiona a necessidade destas para as políticas da Comunidade, considerando natural a admissão em bloco dos vários actos.

[66] A falta de rumo assinalada quanto ao caminho do Direito Penal Europeu material leva-os, por exemplo, a propor a adopção de um programa de aproximação das legislações penais, à semelhança do que foi realizado a nível do reconhecimento mútuo (JO n. C 12/10 de 12.01.2001), que defina com claridade as áreas a aproximar e o grau de aproximação a levar a cabo (assim, Anne Weyembergh, *L'harmonisation...*, *cit.*, p. 303 ss.).

[67] Gilles de Kerchove, "Améliorations...", *cit.*, p. 32.

tas satisfatórias, e não é desejável optar por um catálogo taxativo de domínios de intervenção? A resposta a esta questão só poderá passar pela construção de um paradigma político-criminal, que nos diga claramente para que necessitamos nós de um Direito Penal Europeu. Tal paradigma ainda não existe verdadeiramente.

3.3. A actual inexistência de um paradigma de criminalização

3.3.1. *A falta de um debate e um Direito Penal conjuntural*

São vários os autores que invocam faltar ao Direito Penal Europeu "um pensamento" ou uma "ideia" que dê coerência às várias iniciativas[68]. De facto, o arsenal jurídico que se foi obtendo não se desenvolveu como fruto de um debate público sobre os valores que os Estados-Membros consideravam dignos de tutela penal e os meios adequados para os proteger. A única directriz global era a constituída pelos objectivos do TUE de manutenção e desenvolvimento de um espaço de liberdade, segurança e justiça. É certo que os mesmos foram desenvolvidos por vários programas políticos. Porém, estes não aprofundaram de forma sistemática os problemas respeitantes à aproximação das incriminações dos Estados-Membros, e os que o fizeram levantavam dúvidas quanto à sua compatibilidade com os Tratados, como se viu.

O poder de iniciativa por parte dos Estados-Membros no quadro do anterior TUE foi invocado como um dos responsáveis desta construção penal em avulso. Alegava-se que estes o exerciam como reacção a acontecimentos nacionais[69] e que o conteúdo das propostas era frequentemente o retrato fiel das suas próprias legislações[70]. O TFUE evita este problema ao adoptar no art. 83.º o processo legislativo ordinário em matéria penal, que, nos termos do art. 289.º, é desencadeado com proposta da Comissão.

---

[68] Anabela Miranda Rodrigues, "Política Criminal – Novos Desafios, Velhos Rumos", *Lusíada, Direito,* Lisboa, 2ª série, n.3 (2005), p. 28, Anne Weyembergh, *L' harmonisation...*, *cit.,* p. 259 ss. e Henri Labayle, "Instruments et procédures de l'espace de liberté, sécurité et justice: quelques réflexions critiques", *in* AA.VV., *Quelles reformes pour l'espace pénal européen,* Gilles de Kerchove et Anne Weyembergh (edit.), 2émme édition, Bruxelles, Éditions de l'Université de Bruxelles, 2003, p. 44 ss.

[69] Gilles de Kerchove, "Améliorations...", *cit.,* p. 30.

[70] Anne Weyembergh, *L'harmonisation...*, *cit.,* p. 123. A autora invoca como exemplo a iniciativa francesa para a adopção da DQ destinada a reforçar o quadro penal para a repressão da imigração ilegal.

Por outro lado, não se especifica o que motiva a escolha das infracções que devem ser objecto de harmonização: será a sua gravidade, o seu carácter transnacional ou, como refere Anne Weyembergh, os dramas da actualidade? A autora elege este último critério como sendo aquele que maior peso tem revestido[71], referindo que os trabalhos de harmonização traduzem a vontade de tomar posição sobre certos problemas que focalizam a atenção da opinião pública, em domínios sujeitos às pressões dos *media* e às reacções emotivas das populações[72].

O Direito Penal Europeu está a nascer de raiz deste *estado de coisas*. Enquanto que os Direitos Penais internos já se encontram sedimentados por décadas de elaboração doutrinal e político-criminal, falta esta elaboração ao Direito Penal Europeu emergente. Sem a mesma, uma construção do Direito Penal "por reacção" torna-se perigosa, pelo que urge pensá-lo, sob pena de termos um Direito aleatório, em que a "criação" foge à vontade do "criador"[73].

3.3.2. *Os valores invocados pelas Decisões-Quadro*

Como tem a UE justificado as incriminações que tem criado? Em alguns dos trabalhos preparatórios denota-se a preocupação em justificar as incriminações com a salvaguarda de alguns valores reputados como essenciais. Tal é o caso, por exemplo, da DQ relativa à luta contra o racismo e a xenofobia, que declara que "o racismo e a xenofobia constituem violação clara dos princípios da liberdade, da democracia, do respeito pelos Direitos do Homem e

---

[71] Podem ser dados vários exemplos. Desde logo, a DQ relativa ao reforço do quadro penal para a prevenção de auxílio à entrada, ao trânsito e à residência irregulares, que teve na sua base uma proposta francesa cuja adopção foi marcada pelo caso de Douvres, em que dezenas de pessoas de nacionalidade chinesa morreram asfixiadas ao tentarem entrar ilegalmente em costa inglesa. Por outro lado, a DQ relativa ao combate ao terrorismo, marcada pelos acontecimentos dos atentados terroristas de 11 de Setembro e de 11 de Março. É ainda de citar a DQ relativa à penalização da poluição provocada por navios, que tem claramente por base o caso *Prestige*.

[72] Nesse sentido, veja-se a introdução ao Relatório final do Grupo de Trabalho sobre o Espaço de Liberdade, Segurança e Justiça para a Convenção (CONV 426/02), que refere expressamente "a batalha contra a criminalidade constitui uma área em que a União pode demonstrar com a maior visibilidade o quanto é importante para os seus cidadãos." Também Moritz Vormbaum defende que o Conselho Europeu usa o Direito Penal para realizar a sua política, actuando quase exclusivamente perante problemas actuais e muito publicitados. Cfr. "El desarrollo...", *cit.*, p. 103 ss.

[73] A expressão é de Anabela Miranda Rodrigues, "Política Criminal...", *cit.*, p. 28.

das liberdades fundamentais, bem como do Estado de direito, princípios nos quais assenta a União Europeia e que são comuns aos Estados-Membros"[74]. Esta DQ apela para determinados bens jurídicos, fundamentando a sua essencialidade e consenso, sendo para nós, por isso, um bom exemplo para um paradigma de criminalização. A DQ relativa à luta contra o terrorismo constitui outro bom exemplo, ao referir no seu preâmbulo "A União Europeia baseia-se nos valores universais da dignidade humana, da liberdade, da igualdade e da solidariedade, do respeito dos direitos do Homem e das liberdades fundamentais. Assenta no princípio da democracia e do Estado de Direito, princípios estes que são comuns aos Estados-Membros. O terrorismo constitui uma das mais graves violações desses princípios"[75].

Outras DQ demonstraram a falta de consenso existente quanto aos concretos bens a proteger. Esse é o caso da DQ relativa à luta contra a exploração sexual de crianças e a pornografia infantil[76], e ainda, no nosso entender, da DQ relativa à luta contra o tráfico de seres humanos[77].

Porém, noutras DQ, as incriminações são justificadas com outros tipos de conceitos, como por exemplo, simples interesses, como os interesses financeiros da Comunidade, ou simples condições para o bem-estar comum[78].

---

[74] Considerando 1.

[75] 1.º e 2.º considerandos.

[76] O preâmbulo refere que "a exploração sexual de crianças e a pornografia infantil constituem graves violações dos direitos humanos e do direito fundamental da criança a uma educação e um desenvolvimento harmoniosos". No entanto as discussões desenvolvidas no decorrer dos trabalhos demonstram a falta de acordo quanto ao bem jurídico a proteger. De facto, no que diz respeito à noção de pedopornografia, levantou-se a questão de saber se esta devia abranger apenas imagens em que tenham sido usados menores reais ou também imagens virtuais de menores ou de maiores que aparentem ser menores. Isso dependeria, no nosso entender, do bem jurídico que se pretendia tutelar, e, por isso, de saber se o objectivo do instrumento era a defesa dos menores enquanto tais contra serviços sexuais, ou evitar que os menores fossem representados como objectos sexuais de forma geral. Para mais desenvolvimentos sobre este debate, cfr. Stéphanie Bosly e Mathieu Van Ravestein, "L'harmonisation des incriminations", in AA.VV., *Actualités de Droit Pénal Européen*, Bruxelles, La Charte, 2003, p. 33 ss.

[77] O preâmbulo da DQ relativa à luta contra o tráfico de seres humanos refere que o "tráfico constitui uma grave violação dos direitos humanos fundamentais e da dignidade humana". Não obstante, apenas é tido em conta o tráfico para fins de exploração sexual ou laboral. Ficaram, assim, de fora, outros comportamentos que atentam igualmente contra aqueles bens jurídicos. Tal é o caso, desde logo, do tráfico de crianças para adopção, e do tráfico de órgãos e tecidos humanos (esta última forma de tráfico foi posteriormente alvo de uma proposta de DQ por iniciativa da república helénica – 2003/C 100/13).

[78] Joachim Vogel, "Política criminal y dogmática penal europeas", *Revista Penal*, Madrid, n. 11, 2003, p. 147.

3.3.3. As consequências da falta de um política criminal europeia

A falta um debate aprofundado sobre os valores a proteger por um Direito Penal Europeu acarretará, no nosso entender, várias consequências indesejáveis. Desde logo, e como se tem trabalhado com base num *suposto* consenso, como refere Anabela Miranda Rodrigues[79], "as peças de um puzzle são dispostas e tendem a tornar-se um sistema. É grande, pois, o risco de se ter como resultado um sistema penal que não se escolheu consciente e deliberadamente". Por outro lado, este Direito Penal reaccionário e impulsivo tem potenciado um ambiente de securitarismo, já que se tem vindo a traduzir num aumento do poder punitivo dos Estados[80]. De facto, a harmonização do Direito Penal acabou por se tornar uma "pura ampliação da penalidade"[81], em que instrumentos tendentes à descriminalização de condutas não são adoptados, e em que se poderá levantar a dúvida da violação do princípio da proporcionalidade e da intervenção de *ultima ratio*.

Para além disso, este Direito Penal *publicitário* reflecte-se ao nível da própria construção dos tipos, fazendo com que se negligenciem comportamentos repreensíveis, mas sem visibilidade[82], ou pelo contrário, que se abarquem comportamentos que não deveriam ser cobertos pelas incriminações realizadas. A falta de uma reflexão aprofundada tem também reflexo a nível das sanções penais. Assim, por exemplo, são previstas sanções de igual gravidade na DQ relativa à contrafacção na perspectiva da introdução do euro e na DQ relativa ao combate ao tráfico de seres humanos. Duvidamos que isto signifique que a UE entende que o primeiro atente contra um bem jurídico de dignidade equiparável ao segundo[83].

Há que questionar da legitimidade e da necessidade das incriminações, antes de se avançar com novas medidas à luz dos processos decisórios previstos pelo TFUE. Assim o reconheceu a Comissão na sua Comunicação ao Conselho e ao Parlamento Europeu de 2004, relativamente ao balanço do pro-

---

[79] Cfr. "Política Criminal...", *cit.,* p. 29.

[80] Também no sentido de que a falta de uma política criminal potencia o carácter "*prioritariamente repressivo*" do Direito Penal, v. Anabela Miranda Rodrigues, "Política Criminal...", *cit.,* p. 29.

[81] Moritz Vormbaum, "El desarrollo...", *cit.,* p. 104.

[82] Foi isso que sucedeu inicialmente com a acção comum de 24 de Fevereiro 1997 sobre a luta contra o tráfico de seres humanos, que apenas se preocupava com o tráfico para fins de exploração sexual, deixando de fora o tráfico para outros fins, como mão-de-obra ilegal.

[83] Relembremos que uma das funções do bem jurídico é, precisamente, a determinação da medida da pena. Cfr. Santiago Mir Puig, *Derecho Penal – Parte General*, 6.ª Ed., Barcelona, Editorial Repertor, 2002, p. 165.

grama de Tampere e a futuras orientações, que inseriu a criação de uma política penal coerente para a União como um dos quatro objectivos prioritários do domínio penal[84-85].

4. QUE PARADIGMA DE CRIMINALIZAÇÃO PARA UM DIREITO PENAL EUROPEU?

4.1. A importância da definição de um paradigma

A política criminal traduz-se na definição das estratégias de controlo social do fenómeno do crime e constitui, ao lado da dogmática penal e da criminologia, a base de construção de qualquer sistema de Direito Penal. A política criminal é, assim, "competente para definir os limites últimos da punibilidade"[86].

Ora, é de uma política criminal, que esclareça a sua função e áreas de intervenção, de que o Direito Penal Europeu necessita. Uma política criminal que desenhe o paradigma de criminalização desse Direito em emergência. Tal política criminal funcionará de padrão crítico do Direito Penal Europeu já constituído e a constituir. Por outro lado, dar-lhe-á, não só a necessária coerência sistemática, mas também legitimidade. Só com uma política criminal europeia coerente e integrada se poderá viver um equilíbrio entre os valores liberdade – segurança – justiça.

Resta saber que modelo político-criminal adoptar. Acreditamos que esse modelo terá de ser construído à luz dos princípios da tradição europeia herdada do Iluminismo, que integram a "constituição política e jurídica profunda da Europa"[87]. Relembremos brevemente em que consiste esse paradigma, que assenta na função do Direito Penal como direito de tutela subsidiária de bens jurídicos fundamentais.

---

[84] Paralelamente à prossecução do reconhecimento mútuo, ao reforço da confiança mútua e à centralização do papel da Eurojust. Cfr. COM/2004/401, final, de 2 de Junho de 2004, p. 12 ss.

[85] Outro aspecto essencial para o combate à tendência de securitarismo será a tarefa de harmonização em matéria de processos penais e de garantias processuais. Para mais desenvolvimentos sobre este aspecto, v. Anabela Miranda Rodrigues, "O Mandado de Detenção Europeu...", *cit.*, p. 59.

[86] Jorge Figueiredo Dias, *Direito Penal – Questões Fundamentais...*, *cit.*, p. 29.

[87] A expressão é de Jen-Marc Ferry, *apud* Augusto Silva Dias, "De que Direito...", *cit.*, p. 307.

4.2. O paradigma tradicional

4.2.1. *A função do bem jurídico fundamental*

O conceito de bem jurídico fundamental é utilizado simultaneamente como um instrumento de dogmática penal, de *lege lata*, como sendo o valor efectivamente protegido por uma norma penal[88] e como um instrumento de política-criminal, de *lege ferenda*, como valor que merece ser protegido. A noção de bem jurídico deverá ser tal que possa funcionar como padrão crítico não só do Direito Penal constituído, mas também do Direito Penal a constituir e, por isso, como instrumento de política criminal. O conceito de bem jurídico assume-se, assim, com um sentido garantístico, limitador do poder punitivo[89].

4.2.2. *Noção de bem jurídico fundamental*

A noção de bem jurídico fundamental que hoje se deve ter presente parte do pressuposto de que não cabe ao Direito Penal *promover* a consciencialização ético-social da importância fundamental de certos bens para a vida comunitária mas sim *reflectir* a consciencialização existente[90]. A noção de bem jurídico deverá encontrar-se por referência a um critério ético-social[91], na consciência de uma comunidade historicamente situada num determinado tempo e espaço, só devendo, por isso, ser considerados como bens jurídicos fundamentais os valores essenciais para a realização de cada um dos membros da sociedade. Esse conceito corresponderá, enfim, "aos valores individuais e comunitários essenciais à realização pessoal e à convivência social"[92]. Este referente axiológico é o que dá o atributo de dignidade penal ao bem jurídico[93].

---

[88] E que, assim, exerce uma função sistemática, como elemento de interpretação e uma função metodológica, de critério de medida da pena. Assim, Santiago Mir Puig, *Derecho Penal...*, *cit.*, p. 165.

[89] Conceição Ferreira da Cunha, *Constituição e Crime*, Porto, Universidade Católica Portuguesa Editora, 1995, p. 72.

[90] Américo Taipa de Carvalho, *Direito Penal – Parte Geral – Questões Fundamentais*, Lisboa, Publicações Universidade Católica, 2003, p. 69.

[91] Expressão de Américo Taipa de Carvalho, cfr. *Direito Penal...*, *cit.*, p. 64. Figueiredo Dias prefere a expressão "unidade de aspectos ônticos e axiológicos". Cfr. "Os novos rumos da política criminal e o Direito Penal português do futuro", *Revista da Ordem dos Advogados*, Lisboa, ano 43, 1983, p. 15.

[92] Américo Taipa de Carvalho, *Direito Penal...*, *cit.*, p. 60. No mesmo sentido, Hans-Heinrich Jescheck e Thomas Weigerd, que referem tratar-se de bens vitais imprescindíveis para a

Os mesmos terão de recolher, por outro lado, o maior consenso social possível[94], pelo que, em caso de dúvida se deve optar pela não punição. Este critério legitimador do bem jurídico digno de tutela penal ancora-se no princípio democrático. Nesse sentido, alguns autores realizam um interessante paralelo entre o princípio "in dubio pro reu", dirigido ao juiz, com o princípio, dirigido ao legislador "nenhuma norma penal sem protecção de bens jurídicos fundamentais"[95].

4.2.3. Critério de materialização: a referência aos valores protegidos pelo sistema constitucional

Reconhecendo-se ser o referido critério ético-social demasiado difuso, foi necessário encontrar um meio idóneo para a sua materialização, que fosse simultaneamente transistemático em relação ao Direito Penal e vinculante e limitativo do poder punitivo. A base para a materialização dos valores dignos de tutela penal encontrou-se na Constituição estadual, por ser ela a expressão da concepção ética fundamental vigente na sociedade[96]. Esses valores podem não estar expressos no texto constitucional, mas integrar a Constituição em sentido material, enquanto conjunto de princípios, direitos e valores funda-

---

convivência das pessoas na comunidade (Cfr. *Tratado de Derecho Penal – Parte General*, 5ª Edição, trad. José Luís Manzanares Samaniego, Granada, Editorial Comares, 1996, p. 8.).

[93] Os bens jurídicos assim encontrados não têm de se referir apenas ao indivíduo, podendo encontrar-se bens jurídicos supra-individuais e igualmente fundamentais na sociedade, desde que sirvam para o melhor desenvolvimento da personalidade dos indivíduos que integram a mesma. Não obstante, é possível hoje referir-se bens jurídicos supra-individuais que apontam já para a sua configuração como valores autónomos. O caso mais flagrante é, sem dúvida, o do ambiente. Sobre estes pontos, cfr. Anabela Miranda Rodrigues, *A Determinação da Medida da Pena Privativa de Liberdade*, Coimbra, Coimbra Editora, 1995, p. 269.

[94] Assim, Joaquín Cuello Contreras, *El Derecho Penal Español – Parte General*, Madrid, Dykinson, 2002, p. 65 ss.

[95] É o caso de Jäger. Cfr. Conceição Ferreira da Cunha, *Constituição...*, *cit.*, p. 81.

[96] Conceição Ferreira da Cunha, *Constituição...*, *cit.*, p. 117. Os princípios influentes em matéria penal vão desde o tipo de Estado até ao catálogo de direitos fundamentais. Inserindo-se a nossa Constituição na linha das Constituições sociais emergentes do pós guerra, os seus dois pilares fundamentais são a pessoa humana (art. 1.º) e o sistema social, pelo que os direitos e valores aí consagrados se desenvolvem em função destas linhas orientadoras. Os direitos-deveres individuais, radicados directamente na ideia de protecção do valor da dignidade humanas seriam protegidos pelo Direito Penal tradicional, clássico ou primário, enquanto que os direitos-deveres sociais seriam protegidos pelo Direito Penal Administrativo, social ou secundário. Tal é a posição de Figueiredo Dias, *Direito Penal – Questões Fundamentais...*, *cit*, p. 58.

mentais de uma ordem jurídica, que decorrem do sentido da Constituição[97]. Assim, os bens jurídicos dignos de tutela penal devem encontrar-se através da ordem axiológica jurídico-constitucional, existindo um desses bens quando se achar reflectido, através de uma relação de analogia material, num valor jurídico-constitucionalmente reconhecido[98].

Através da eleição da Constituição como o padrão de referência, não só se elegem os bens jurídicos essenciais para a vida em comunidade, como se dota o Direito Penal da necessária legitimidade: como a pena criminal sacrifica bens pessoais constitucionalmente protegidos, o recurso à mesma só encontra justificação se tiver por finalidade a tutela de bens também eles protegidos constitucionalmente. Nesse sentido aponta decisivamente o art. 18.º, n. 2 da CRP. Por outro lado, consegue-se a necessária limitação da actividade do legislador. Nesse sentido, o art. 3.º, n.2 CRP, que prescreve que toda a actividade estadual se submete à Constituição e, por isso, também a actividade de incriminação.

Assim, a "ordem axiológica jurídico-constitucional constitui o quadro de referência e, simultaneamente, o critério regulativo e delimitativo do âmbito de uma aceitável e necessária actividade punitiva do Estado"[99]. Nesse sentido tem caminhado a maior parte da doutrina penal dos países europeus[100].

---

[97] Assim, José Sousa Brito, "A Lei Penal na Constituição", in AA.VV., *Estudos sobre a Constituição*, coordenação de Jorge Miranda, 2.º vol., Lisboa, Petrony, 1978, p. 226 e Conceição Ferreira da Cunha, *Constituição...*, *cit.*, p. 116. Só a ideia de uma Constituição como ordem de valores aberta e em permanente desenvolvimento poderá responder à necessária mutabilidade do conceito de bem jurídico.

[98] Nesse sentido Figueiredo Dias, *Direito Penal – Questões Fundamentais...*, *cit.*, p. 57 ss. Tal relação não é de identidade, já que ao concretizar valores constitucionais, o Direito Penal poderá ter em conta apenas alguns aspectos do valor em causa ou entender protegê-lo apenas em relação a algumas formas de agressão. Assim, Conceição Ferreira da Cunha, *Constituição...,cit.*, p. 206.

[99] Figueiredo Dias, "O Movimento da Descriminalização e o ilícito de mera ordenação social", in AA.VV., *Jornadas de Direito Criminal*, vol. I, Lisboa, Centro de Estudos Judiciários, 1996, p. 322.

[100] Cfr. desde logo, Joaquín Cuello Contreras, *El Derecho...*, *cit.*, p. 60, Claus Roxin, *Derecho Penal, Parte General*, Tomo I, trad. Diego-Manuel Luzón Peña, Miguel Díaz y García Conlledo, Javier de Vicente Remesal, Madrid, Civitas, 2003, p. 56 e, no que toca ao ordenamento jurídico italiano, v. Francesco Palazzo, "Constitutionalisme en droit pénal et droits fondamentaux", *Revue de Science Criminelle et de Droit Pénal Comparé*, Paris, n. 4, Oct./Dec. 2003, p. 712.

4.2.4. *O princípio da* ultima ratio *da intervenção penal*

O Direito Penal é o ramo jurídico de tutela de *ultima ratio* de bens jurídicos, pelo que, para poder intervir, é necessário que a tutela penal seja necessária, proporcional, e seja a forma mais adequada para a protecção de um bem jurídico digno da mesma. Assim se dá cumprimento ao art. 18.º, n. 2, 2.ª parte da CRP. Assim, o Direito Penal só deverá intervir quando faleçam outros meios de protecção. Com a intervenção deste princípio, somos chegados à conclusão de que o Direito Penal só protege uma parte dos bens jurídicos dignos dessa tutela, e mesmo os que são protegidos, muitas vezes apenas o são perante certas formas de ataque. Trata-se aqui do que correntemente se chama a tutela fragmentária do Direito Penal[101].

Se o legislador for para além destes parâmetros, incorrerá em violação do princípio da proibição do excesso. O Tribunal Constitucional terá legitimidade para controlar não só os casos em que se desrespeita o princípio da proporcionalidade nestes termos, mas também os casos em que a ordem dos bens penais "subverte de forma evidente a ordenação valorativa constitucional"[102].

Só um Direito Penal de protecção de bens jurídicos faz sentido, por ser a única concepção que se coaduna com o princípio do Estado de Direito democrático, de acordo com a qual o Estado só deve intervir nos direitos e liberdades fundamentais quando for imprescindível para assegurar outros bens fundamentais, como aponta decisivamente o art. 18.º, n. 2 da CRP.

Ora, até hoje a política criminal tem sido encarada como sendo imanente ao sistema jurídico-constitucional, encontrando-se o seu rumo no quadro de valores intra-comunitários, positivados pela Constituição[103]. Será possível adaptar esta concepção, que faz da Constituição estadual o marco da política criminal, a um emergente Direito Penal Europeu?

---

[101] Claus Roxin, *Derecho Penal...*, *cit.*, p. 65.

[102] Conceição Ferreira da Cunha, *Constituição...*, *cit.*, p. 213. No entanto, apenas quando estes se apresentem como violações *manifestas*, já que "o juízo de constitucionalidade se não pode confundir com um juízo sobre o mérito da lei, pelo que não cabe ao Tribunal Constitucional substituir-se ao legislador na determinação das opções políticas sobre a necessidade ou a conveniência na criminalização de certos comportamentos", sob pena de violação do princípio da separação dos poderes. Assim, o Ac. TC n. 99/2002, proc. n. 482/01, ponto 6.

[103] Figueiredo Dias, "Os Novos rumos da política criminal...", *cit.*, p. 12.

4.3. A adaptação do paradigma tradicional a um Direito Penal Europeu

Joachim Vogel refere ser estranha à dogmática penal europeia o conceito de bem jurídico[104], defendendo que os tipos penais europeus se justificam também através de interesses importantes para o bem-estar comum. Ora, o conceito de interesse não confere a necessária legitimidade ao Direito Penal, seja ele um Direito Penal estadual ou um Direito Penal Europeu[105]. O mesmo se diga de um Direito Penal que vise proteger determinadas funções europeias e encontrar na protecção de interesses funcionais um paradigma de criminalização para um Direito Penal Europeu[106].

O Direito Penal Europeu terá de ser, ele também, um Direito Penal legítimo. E essa legitimidade só pode ser alcançada através da sua configuração como um ramo do Direito de tutela de *ultima ratio* de bens jurídicos fundamentais. Um Direito Penal Europeu construído à margem deste paradigma não só padecerá de legitimidade, como também será estranho às convicções básicas dos europeus, podendo ter baixos níveis de aceitação[107].

4.3.1. Bens Jurídicos Europeus

O grande desafio do emergente Direito Penal Europeu será deixar de se situar no modelo legal próprio da Europa de mercado, centralizada na pro-

---

[104] Cfr. "Política criminal...", *cit.*, p. 146 ss. Contudo, há que referir que o autor adopta o conceito metodológico de bem jurídico, o que poderá justificar as suas conclusões.

[105] De facto, o Direito Penal não se funda numa lógica de composição de interesses. Senão, como refere José de Faria Costa, qual a razão para o Direito Penal pender para a defesa de um interesse ao invés do seu antagónico? Por outro lado, os interesses são subjectivos, e, por isso, particulares e específicos, enquanto que o Direito Penal apela para grandes consensos sociais. O interesse é a relação que se estabelece entre o homem e o bem. Para essa relação ser elevada à dignidade de protecção penal, tem de ser axiologicamente relevante, "porquanto potenciadora do livre desenvolvimento do homem e da comunidade, tendo de estar inserida nas finalidades precípuas que a ordem jurídica constantemente redefine", sendo que "só certas e precisas relações (sempre determinadas pelos valores) ascendem à categoria de protecção jurídico-penal". Cfr. *O Perigo em Direito Penal*, Coimbra, Coimbra Editora, 2000, p. 59-63.

[106] Tal consideração desembocaria na defesa de uma concepção sociológica sistémico-funcionalista do Direito Penal. Esta, na esteira de Jakobs, considera função do Direito Penal a garantia da funcionalidade do sistema social. Assim, os bens que reclamariam a intervenção penal reconduzir-se-iam a *expectativas sociais de acção*, i.e., a essas condições de funcionalidade. Neste contexto, o Direito Penal Europeu passaria a proteger funções ao invés de bens jurídicos, pelo que padeceria de legitimidade, já que o sistema não se auto-legitima.

[107] Augusto Silva Dias, "De que Direito..." *cit.*, p. 309. É essa também a posição de António Manuel de Almeida Costa, "Alguns Princípios para um Direito e Processos Penais Europeus", *RPCC*, Coimbra, ano 4, Abril-Junho de 1994, p. 205.

tecção de interesses, para se passar a situar num modelo de tutela de bens jurídicos identificados com valores e princípios ético-sociais[108].

Ora, é possível falar-se de *bens jurídicos europeus*, de bens fundamentais ao desenvolvimento harmonioso da UE. Tais bens podem não ser inteiramente *novos*, mas aparecem com "um outro figurino"[109]. Esses bens jurídicos são os da própria UE (em causa quando se pretende proteger a legalidade financeira, a moeda única, ou lutar contra a fraude e corrupção interna no seio das instituições comunitárias)[110], bens jurídicos, por isso, "institucionais", mas também bens jurídicos pessoais (postos em perigo pela criminalidade transnacional). Os seus titulares podem, assim, ser tanto as próprias instâncias comunitárias, como os cidadãos europeus.

Estes bens jurídicos têm de revestir dois requisitos: a fundamentalidade e um amplo consenso. Só os valores assim encontrados serão dignos de tutela penal por parte de um Direito Penal Europeu, pelo que a competência penal deverá limitar-se à sua protecção.

Ora, parece-nos haver possibilidade para afirmar a existência desses valores no Direito Europeu. De facto, tem vindo a ser desenvolvida paulatinamente a consciência da partilha de determinados valores reputados essenciais por todos os Estados-Membros e, por isso, valores que fazem parte do património da UE. Demonstrativo desse consenso eram, desde logo, o preâmbulo e o n.1 do art. 6.º do TUE, que referiam os princípios da liberdade, da democracia, do respeito pelos Direitos do Homem e liberdades fundamentais e do Estado de Direito. Estes valores foram sendo sucessivamente revelados, quer através da acção do TJ[111], quer através de fontes informais, como a Declaração sobre a Identidade Europeia, aprovada no Conselho Europeu de Copenhaga de 1973. Os trabalhos preparatórios do Tratado que estabelece uma Constituição para a Europa referiam a importância de os cidadãos se aperceberem de que "tomou forma um verdadeiro sentimento de ordem pública europeia"[112]. O Tratado de Lisboa inseriu no TUE o art. 2.º, nos termos do qual a União se funda "nos valores do respeito pela dignidade humana, da

---

[108] J. Terradillos Basoco, "La Constitución para Europa: Un Reto Político-Criminal", *Revista de Derecho Comunitario Europeo*, Madrid, n. 20, ano 9, Enero/Abril 2005, p. 42.

[109] Mário Ferreira Monte, "Da Autonomia...", *cit.*, p. 713.

[110] Augusto Silva Dias, "De que Direito...", *cit.*, p. 318.

[111] Para um estudo detalhado das várias fases de protecção dos direitos fundamentais por parte do TJ, v. Ana Maria Guerra Martins, *Curso de Direito Constitucional da União Europeia*, Coimbra, Almedina, 2004, p. 226 ss.

[112] Relatório do Grupo de Trabalho sobre o Espaço de Liberdade, Segurança e Justiça (CONV 42/02), p. 2.

liberdade, da democracia, da igualdade, do Estado de Direito, do respeito pelos direitos do Homem", sendo esses valores "comuns aos Estados-Membros, numa sociedade caracterizada pelo pluralismo, a não discriminação, a tolerância, a justiça, a solidariedade e a igualdade entre homens e mulheres". A UE é, pois, cada vez mais encarada como uma ordem de valores, que inclusivamente marcam a sua afirmação e identidade perante o resto do mundo.

Este acervo é objecto de protecção a vários níveis. Desde logo, a entrada para a UE está condicionada a que os Estados candidatos respeitem esses valores (art. 49.º TUE). O desrespeito dos mesmos por parte dos Estados poderá levar à adopção das medidas preventivas e sancionatórias previstas no art. 7.º TUE.

A concretização destes valores não está, porém, imune a dificuldades, já que varia de Estado para Estado[113], e a evolução subsequente não se afigura fácil na determinação de um denominador comum, já que a UE evoluiu de 15 para 27 Estados-membros. Por outro lado, são algumas as vozes cépticas no que diz respeito à existência deste acervo, face à *desconfiança mútua* que os Estados têm revelado a nível dos seus sistemas penais[114].

4.3.2. Critério de materialização

a. Até à entrada em vigor do Tratado de Lisboa

Na falta de uma Constituição Europeia[115], e antes da entrada em vigor do Tratado de Lisboa, onde se podiam encontrar os valores dotados daquela fundamentalidade e essencialidade que os permitiam ser dignos de tutela de um Direito Penal Europeu? A sua concretização não se afigurava fácil. No entanto, o TUE já oferecia base para essa materialização, através dos valores directamente consagrados no mesmo e dos princípios gerais de direito comunitário revelados jurisprudencialmente, nomeadamente por referência ao art. 6.º TUE. Este referia: "A União respeitará os direitos fundamentais,

---

[113] Desde logo, no que toca ao princípio da legalidade, vejam-se as divergências entre o sistema continental e o sistema de *common law*.

[114] Assim, Henri Labayle, "Droits de l'Homme et sécurité intérieure de l'Union, l'équation impossible", *Revue des Affaires Européennes*, Paris, n.1, 2006, p. 103.

[115] No sentido de que os tratados não tinham uma natureza constitucional, v. Hugues Dumont e Sébastien Van Drooghenbroeck, "La Contribuition de la Charte à la Constitutionalisation du droit de l'Union Européene", *in* AA.VV., *La Charte des Droits Fondamentaux de l'Union Européenne*, Bruxelles, Bruylant, 2002, p. 3 ss.

tal como os garante a Convenção Europeia de Salvaguarda dos Direitos do Homem e das Liberdades Fundamentais (...), e tal como resultam das tradições constitucionais comuns aos Estados-Membros". Os valores dignos de protecção penal podiam, por isso, ser encontrados através da CEDH e das Constituições dos vários Estados[116].

Estes valores vigoravam na UE com o estatuto de *princípios gerais de direito* e encontravam-se estreitamente ligados e dependentes da configuração feita por parte do TJ. Este sistema gerava uma certa insegurança e imprevisibilidade sobre o que constituía o acervo comum de valores da UE. No entanto, a Carta dos Direitos Fundamentais da UE (CDF)[117], podia ser chamada a desempenhar um papel importante, apesar de então ser desprovida de força jurídica obrigatória. De facto, ela já vinha sendo invocada em variadas situações como instrumento de codificação dos direitos do Homem[118], podendo ser-lhe reconhecido o estatuto de fonte reveladora dos valores dignos de tutela penal por parte da UE[119]. Este mesmo exercício foi realizado na proposta de DQ relativa à repressão das violações da propriedade intelectual, que refere que "em termos de impacto sobre os direitos fundamentais, (...) esta iniciativa se destina directamente a aplicar o n.2 do art. 17.º da Carta dos Direitos Fundamentais nos termos da qual é «protegida a propriedade intelectual»"[120]. A Carta teve assim, o grande mérito de ter posto a descoberto esse conjunto de valores comuns que já faziam parte do património da UE. Ela pode ser usada como um repositório dos valores sobre os quais há um consenso, já que tem as suas raízes nas tradições constitucionais comuns aos vários Estados-

---

[116] Resta saber o que se deve entender por "tradições constitucionais comuns aos Estados--Membros". A doutrina tem entendido que não se visa seguir uma aproximação do "mínimo denominador comum", mas sim "um nível elevado de protecção, adaptado ao Direito da União e em harmonia com as tradições constitucionais comuns", na base de uma comparação e avaliação crítica dos sistemas nacionais. Assim, Jörg Gerkrath, "Les principes généraux du droit ont-ils encore un avenir en tant qu'instruments de protection des droits fondamentaux dans l'Union Européenne?" *Revue des Affaires Européennes*, n. 1, 2006, p. 40.

[117] A CDF foi adoptada sob a forma de declaração solene em nome do Parlamento Europeu, da Comissão Europeia e do Conselho da União Europeia, no Conselho Europeu de Nice de 7 de Dezembro de 2000.

[118] Para um estudo detalhado deste uso, v. Sionaidh Douglas-Scott, "The Charter of Fundamental Rights as a Constitutional Document", *European Human Rights Law Review*, London, issue 1, 2004, p. 43.

[119] Assim, Francesco Palazzo, "Constitucionalisme...", *cit.*, p. 714.

[120] COM 2005/0276 final. A proposta refere ainda que "a natureza das penas foi escolhida em função da gravidade dos diferentes comportamentos condenáveis, em aplicação do n. 3 do art. 49.º da Carta, nos termos do qual as penas não devem ser desproporcionadas em relação à infracção".

Membros[121]. É um instrumento, enfim, que vem permitir mais segurança e certeza jurídicas, podendo constituir uma fonte de estabilidade que limite o apetite criminalizador da UE.

b. Com a entrada em vigor do Tratado de Lisboa

Com a entrada em vigor do Tratado de Lisboa, duas alterações produziram-se neste domínio: por um lado, a CDF tornou-se juridicamente vinculativa, de acordo com a redacção do art. 6.º, n.1 do TUE, e, por outro, a UE aderirá à CEDH, de acordo com a redacção do n.2 do mesmo normativo[122].

A CDF, tendo o mesmo valor jurídico dos Tratados, integra o topo das fontes jurídicas europeias, passando a ser o primeiro ponto de referência dos valores dignos de tutela penal. Ela não constituiu, ainda assim, um catálogo exaustivo desses valores, já que o n.3 do art. 6.º do TUE adopta a mesma solução material do anterior art. 6.º, n.2, no sentido de fazerem parte da UE, enquanto princípios gerais, os direitos fundamentais tal como resultam das tradições constitucionais comuns aos Estados-membros. A UE conhecerá, assim, ainda outros direitos fundamentais para além dos escritos. Trata-se de adaptar neste contexto a doutrina constitucional, de acordo com a qual os catálogos de direitos fundamentais não são exaustivos. De qualquer forma, o catálogo dos direitos previsto na CDF é já bastante extenso, oferecendo protecção não só aos direitos de 1.º e 2.º geração, como ainda aos de 3ª geração, como a protecção de dados pessoais ou da bioética. Para além deste catálogo de direitos contém ainda um acervo de princípios e valores[123]. Deste modo é possível enquadrar no contexto de uma política criminal comum questões como a proibição de clonagem (art. 3, n. 2, alínea d)), a proibição de tortura ou de tratamentos desumanos ou degradantes (art. 4.º), de escravatura e de trabalhos forçados (art. 5.º), a intimidade face ao tratamento de dados por

---

[121] Sionaidh Douglas-Scott, "The Charter...", *cit.*, p. 38. O autor refere ainda a especificidade do processo de adopção da CDF, levado a cabo através de uma Convenção aberta à sociedade civil, o que permitiu que se tornasse num instrumento privilegiado para a revelação de valores essenciais.

[122] A adesão da UE à CEDH permitirá uma maior coerência entre os dois sistemas de protecção de direitos fundamentais. Restará saber qual a hierarquia entre estes dois instrumentos. Cremos que a CEDH deverá enquadrar o lugar supremo. Não é essa a opinião de Jörg Gerkrath, que entende dever valer a mesma como Tratado Internacional no interior da UE, e por isso ocupar um lugar infra-constitucional mas superior ao Direito derivado. Cfr. "Les principes...", *cit.*, p. 41.

[123] Este facto tem sido objecto de crítica por parte da doutrina, que aponta a falta de homogeneidade da CDF. Cfr. Sionaidh Douglas-Scott, "The Charter...", *cit.*, p. 44.

parte de instituições e órgãos comunitários (art. 8.º), a não discriminação (art. 21.º), ou o meio ambiente (art. 37.º)[124].

4.3.3. Princípio da ultima ratio *de intervenção de um Direito Penal Europeu*

Também a tutela penal dos bens jurídicos europeus assim determinados se deverá encarar como fragmentária. A criação de incriminações por um Direito Penal Europeu deverá ser limitada pelo princípio da necessidade e da *ultima ratio,* princípios que constituem pilares do Direito Constitucional dos Estados-Membros. De facto, "é decisivo para a validade do Direito Penal Europeu que ele exprima um justo equilíbrio entre a repressão do ilícito transfronteiriço gravemente atentório de valores comunitários fundamentais e a protecção de direitos, liberdades e garantias do delinquente"[125]. Sem a reafirmação destes princípios por parte de um "Direito Penal Europeu, "correr-se-ia o risco de se perder, a nível comunitário, os progressos que têm sido obtidos na ordem interna com movimentos de descriminalização"[126].

Através da cláusula do art. 6.º, n. 3 do TUE pode-se afirmar que este princípio, por ser reconhecido pelas tradições constitucionais dos Estados-Membros, constitui um limite inultrapassável a um Direito Penal Europeu. Não são só as Constituições que o prevêm, mas também a CEDH, que nos seus artigos 8.º, n. 2, 9.º, n. 2, 10.º, 11.º, n. 2 e 17.º, consagra o princípio da necessidade ou da proporcionalidade. Este é um princípio, por isso, que fazia já parte do património da UE, e como tal já tinha sido reconhecido pelo TJ[127]. Após a entrada em vigor do Tratado de Lisboa, esse princípio encontra-se plasmado de forma expressa no que toca ao Direito Penal no art. 49.º da CDF, cujo n. 3 estipula: "As penas não devem ser desproporcionadas em relação à infracção".

4.3.4. *Princípio da subsidiariedade da intervenção europeia*

Não basta a existência de um bem jurídico essencial para a UE e a necessidade da sua tutela penal para poder existir uma intervenção do Direito Penal Europeu. É que este ramo do Direito em surgimento, sendo Direito *Europeu,* tem o seu campo de acção limitado pelo princípio da subsidiariedade da

---

[124] J. Terradillos Basoco, "La Constitución...", *cit.,* p. 39.
[125] Augusto Silva Dias, "De que Direito...", *cit.,* p. 315.
[126] Pedro Caeiro, "Perspectivas...", *cit.,* p. 206.
[127] Cfr. entre outros, o Ac. *Royer,* proc. n. C-48/75, de 8/10/1976, Rec. 1976, p. 497.

intervenção europeia. Este princípio encontra-se plasmado no art. 5.º do TUE e é um dos princípios mais importantes do Direito Europeu. A sua função não é presidir à repartição de atribuições entre a UE e os Estados-Membros, mas sim regular o exercício das competências não exclusivas da UE, onde se insere a matéria penal, permitindo, por um lado, a manutenção da diversidade das soluções normativas entre os Estados-Membros e, por outro, o respeito pela sua identidade[128]. Este princípio encontra-se formulado sob a forma de freio, como se denota da redacção "Nos domínios que não sejam das suas atribuições exclusivas, a Comunidade *intervém apenas se...*"[129]. Mais do que uma autorização de intervenção, parece configurar antes uma ordem de abstenção[130].

Para poder intervir no âmbito penal, a UE tem de demonstrar que os objectivos da acção pretendida não podem ser suficientemente realizados pelos Estados-Membros isoladamente através de dois testes: o da necessidade e o do "valor acrescentado". O primeiro é aferido em função da insuficiência de meios ao dispor dos Estados para levarem a cabo a punição de um determinado comportamento. "É aos órgãos comunitários que incumbe o ónus da prova sobre a necessidade de legislar ou de agir ao nível comunitário e com a intensidade proposta"[131-132]. Este teste veta à UE que introduza novos delitos ou estenda os já existentes quando os Estados contem com instrumentos eficazes nesse domínio. Exige-se, assim, que a UE proceda a uma análise detalhada das soluções legais em vigor nos sistemas penais dos Estados-Membros antes de decidir impor a punição de uma conduta, o que nem sempre é feito. De facto, a fundamentação feita pelas DQ a este nível é insuficiente, apesar de quase todas elas referirem que os seus objectivos não podem ser realizados de modo suficiente pelos Estados, podendo ser melhor

---

[128] Anne Weyembergh, *L'harmonisation...*, *cit.*, p. 39.

[129] Sublinhado nosso.

[130] Maria do Rosário Vilhena, *O Princípio da Subsidiariedade no Direito Comunitário*, Coimbra, Almedina, 2002, p. 110. Em sentido diverso, Ana Maria Guerra Martins, que fala do carácter neutro do princípio defendendo consubstanciar uma manifestação do princípio democrático. Cfr. *Curso...*, *cit.*, p. 257.

[131] Comunicação da Comissão de 27 de Outubro de 1992, *apud* Maria do Rosário Vilhena, *O Princípio...*, *cit.*, p. 129.

[132] Para alguns autores deve-se ter em conta não só a efectiva capacidade dos Estados de levarem a cabo as medidas necessárias, mas também a sua vontade nesse sentido (cfr. Maria do Rosário Vilhena, *O Princípio...*, *cit.*, p. 130). Assim, a permanente recusa de um Estado em adoptar medidas penais que atentem contra bens jurídicos essenciais para a UE poderá consubstanciar a necessidade de intervenção europeia, se essas medidas se afigurarem como necessárias, proporcionais e adequadas.

alcançados ao nível da União[133]. Ora, de acordo com o anterior Protocolo relativo à aplicação dos princípios da subsidiariedade e da proporcionalidade, "as razões que permitam concluir que um determinado objectivo da Comunidade pode ser alcançado mais adequadamente ao nível comunitário devem ser corroboradas por indicadores qualitativos e, sempre que possível, quantitativos"[134]. Porém, poucas foram as DQ que fizeram um levantamento das incriminações já existentes ao nível dos Estados-Membros[135]. Algumas omitem mesmo qualquer referência ao cumprimento do princípio da subsidiariedade[136].

O segundo teste exige que a UE demonstre que, para prosseguir os objectivos em causa, a sua intervenção é melhor do que uma acção equivalente dos Estados-Membros. O anterior Protocolo dava como critérios "a dimensão e os efeitos da acção prevista". Estes critérios eram interpretados como implicando que esta dimensão e efeitos fossem transnacionais[137]. Nesse sentido, a intervenção de um Direito Penal Europeu apenas teria lugar em caso de criminalidade transfronteiriça[138]. Porém, o Protocolo avançava com outras pistas que demonstravam que não se tinha apenas em vista as acções com impacto

---

[133] Assim, o 4.º considerando da DQ relativa ao combate à fraude e à falsificação de meios de pagamento que não em numerário.

[134] Formulação retomada pelo art. 5.º do novo Protocolo relativo à aplicação dos princípios da subsidiariedade e da proporcionalidade. Não obstante, o TJ tem interpretado estes critérios de uma forma que nos parece demasiado ligeira, considerando que não é necessário fazer uma referência expressa à subsidiariedade nos considerandos que precedem um texto normativo se a mesma se puder deduzir implicitamente dos objectivos do texto em causa. Assim, o Ac. *British American Tobacco*, de 10.12.2002, proc. n. C-491/01, Rec. 2002, p. I-11453, entre outros. Para mais desenvolvimentos, v. Luis Miguel Hinojosa Martinez, "La regulación del principio de subsidiaridad en el Tratado Constitucional: Espejismos y Realidades", *Revista de Derecho Comunitario Europeo*, Madrid, n.19, ano 8, Septiembre/Diciembre 2004, p. 798.

[135] Esse levantamento é realizado apenas pelo instrumento relativo ao combate ao terrorismo (cfr. o ponto 3 da respectiva proposta – COM/2001/0521 final), pelo relativo ao tráfico ilícito de droga (cfr. a introdução da proposta – COM/2001/0259 final), pelo respeitante a ataques contra sistemas de informação (cfr. o ponto 1.5. da proposta – COM/2002/0173 final) e pelo respeitante à repressão da poluição por navios (cfr. o ponto 3 da proposta – COM//2003/227 final).

[136] É o caso da DQ relativa à protecção contra a contrafacção de moeda na perspectiva da introdução do euro, da relativa ao branqueamento de capitais, da relativa à imigração ilegal, da anulada iniciativa relativa à protecção do ambiente e da relativa ao combate à corrupção no sector privado.

[137] Maria do Rosário Vilhena, *O Princípio...*, cit., p. 138.

[138] André Klip, "The Constitution for Europe and Criminal Law: a Step not Far Enough", *Maastricht Journal of European and Comparative Law*, Maastricht, vol. 12, n. 2, 2005, p. 121.

transfronteiriço[139], pelo que a delimitação de competências entre a UE e os Estados-Membros só podia ser feita caso a caso. De acordo com este critério, estaria incluída na competência penal da UE a protecção dos bens jurídicos que são postos em causa em cada Estado devido às características da União, mas talvez já não os interesses dos Estados-Membros *qua tale*, ainda que indirecta e reflexamente afectem a UE, como é o caso da fraude fiscal dentro de cada Estado[140].

Com o Tratado de Lisboa este princípio foi duplamente reforçado: por um lado, a obrigação geral de motivação é mais exigente, nos termos do art. 5.º do novo Protocolo relativo ao princípio da subsidiariedade anexo ao Tratado. Por outro lado, foi reforçado no âmbito do espaço de liberdade, segurança e justiça, pelo art. 69.º do TFUE, que estabelece o controlo deste princípio por parte dos Parlamentos nacionais no domínio de cooperação judiciária em matéria penal.

Em conclusão, o Direito Penal Europeu só deverá ser chamado a criminalizar uma conduta quando: primeiro, a mesma atente contra bens jurídicos considerados essenciais para a União; segundo, se respeite o princípio da *ultima ratio* da intervenção penal; e por último, o princípio da subsidiariedade da intervenção europeia. É necessário, por isso, saber: primeiro – se o valor que se pretende proteger é de facto tido como essencial, recorrendo, designadamente, à CDF e à CEDH; segundo – se a repressão através de sanções penais se afigura necessária, proporcional e a mais adequada; e, finalmente se os Estados não a podem combater isoladamente de forma eficaz. Só com uma resposta positiva às três questões mencionadas poderá existir a intervenção do Direito Penal Europeu. Nos restantes domínios, os Estados-Membros poderão prosseguir com a cooperação penal através das vias tradicionais.

As normas que neste seguimento sejam aprovadas deverão, por sua vez, não só ser enquadradas de forma rigorosa, como ainda fazer referência expressa aos valores fundamentais que visam proteger, bem como justificar a necessidade da sua adopção face às legislações já existentes dos vários Estados-Membros, de forma a justificar o respeito pelo princípio da subsidiariedade da intervenção europeia.

---

[139] Em particular, referia o ponto 5: "uma acção empreendida apenas ao nível nacional ou a ausência de acção por parte da Comunidade são contrárias às exigências do Tratado (...) ou lesam significativamente (...) os interesses dos Estados-Membros".

[140] O exemplo é dado por Mário Ferreira Monte, que refere que esse é um problema que afecta o interesse desse Estado, mas não é indiferente a critérios de convergência impostos pela UE. Cfr. "Da Autonomia...", *cit.*, p. 725 ss.

5. Direito Penal Europeu ou Direito Europeu Penal?

São vários autores que defendem que a divisão de competências a nível penal entre a UE e os Estados-Membros levará à construção de um sistema completo de justiça penal europeia, tribunais europeus, e ministério público europeu, baseado em legislação europeia e em que não mais seria necessário recorrer à harmonização das legislações penais estaduais[141]. Com este sistema o que se alcançaria seria a superação de um espaço penal comum para se chegar a um autêntico espaço penal único. O sistema que nasceria seria, assim, o de um *Direito Europeu Penal*, claramente federal e apostado numa total uniformização dos domínios que lhe competiriam.

No nosso entender, a total unificação é uma solução criticável por colocar em causa a identidade dos Estados-Membros[142]. Apesar de limitada, a harmonização das legislações penais oferece-se como o melhor meio para a construção de um Direito Penal Europeu que continue a respeitar a identidade dos Estados-Membros, que é encarnada de forma profunda nas leis penais.

Assim, a técnica de unificação só deverá ser usada para a protecção dos interesses especificamente comunitários[143]. Nestes casos, os bens jurídicos ofendidos têm como titular a própria UE, só existindo porque existe a mesma. Se se aceita a existência destes bens jurídicos supra-nacionais, é possível a defesa de um sistema de Justiça Penal destinado a combater e prevenir os delitos cometidos contra eles[144]. Por outro lado, os Estados-Membros não estão em condições de investigar e perseguir criminalmente isoladamente este tipo de infracções[145].

---

[141] Assim, André Klip, baseado no *memorandum* do Ministro da Justiça Holandês de 9 de Maio de 2003, "The Constitution...", *cit.*, p. 119 e 123.

[142] Também defendendo, de certa forma, que o Direito Penal Europeu deverá respeitar as diferenças existentes nos diversos Direitos nacionais, por as mesmas traduzirem realidades socioculturais imprescindíveis, v. Tiedemann, *apud* Mário Ferreira Monte, "Da Autonomia...", *cit.*, p. 716.

[143] Em consonância, no anterior regime do TCE, a nível do I.º pilar os instrumentos que foram usados neste domínio foram regulamentos. Assim, o Regulamento 2988/95, de 18.12.1995, aplicável a fraudes, abusos e outras irregularidades consideradas infracções administrativas. Na era Maastricht foi realizada uma convenção, com base no art. k.3 do Tratado, relativa à protecção dos interesses financeiros da CE, de 26 de Junho de 1995. Na mesma, os Estados comprometiam-se a modificar o seu Direito Penal interno, incorporando nele de modo homogéneo os comportamentos atentórios à Fazenda Comunitária considerados dignos de criminalização.

[144] Amparo Lozano Maneiro, "Hacia...", *cit.*, p. 541.

[145] Joachim Vogel, "The European Integrated Criminal Justice...", *cit.*, p. 135. O autor refere, inclusivamente, que tal impossibilidade é também devida ao facto de os Estados beneficiarem directa ou indirectamente com essas fraudes.

Várias foram já as tentativas de criar um sistema de Direito Penal unificado. A mais digna de nota é, sem dúvida, o *Corpus Iuris*[146], que propõe a tipificação de uma série de delitos comunitários, cuja investigação e julgamento seriam regulados por normas comunitárias. No que caísse fora deste âmbito, os principais actores continuariam a ser os Estados-Membros através dos seus sistemas de justiça penal, e a técnica de harmonização continuaria a ser a utilizada.

Esta é a solução que, de resto, melhor se coaduna com o respeito pelo princípio da proporcionalidade previsto no n.4 do art. 5.º TUE[147]. Adaptando esse princípio para um Direito Penal Europeu, diríamos, "em igualdade de circunstâncias deve optar-se por harmonização em vez de unificação"[148].

O que se deverá mudar é a forma de encarar a harmonização das legislações penais: esta terá de ser acompanhada não só pela elaboração dogmática, mas também, pela interiorização de um conjunto de valores comuns à civilização europeia.

6. Conclusão

A necessidade de adopção de um paradigma de criminalização para um Direito Penal Europeu emergente afigura-se-nos imprescindível. Desde logo, porque a UE tem vindo já a emanar normas incriminadoras, ainda que indirectas. Por outro lado, porque os rumos que tem seguido não se têm pautado por uma ideologia definida, situação que, a manter-se, trará consequências

---

[146] O *Corpus Iuris* foi um projecto oficial da Comissão Europeia e do Parlamento Europeu, elaborado por um grupo de penalistas de vários países. No que diz respeito à criminalidade contra os interesses da UE, em particular a fraude contra os interesses financeiros, considerou-se na exposição de motivos não ser suficiente a técnica de harmonização, e por isso, ser indispensável uma verdadeira uniformização. Cfr. Mireille Delmas-Marty, (dir.), *Corpus Juris*, Paris, Economica, 1997, p. 41. Não obstante, o projecto deixou muitas questões em aberto, como a de saber se as suas normas seriam aplicadas e interpretadas por tribunais europeus ou pelos tribunais nacionais.

[147] A anterior formulação do princípio da proporcionalidade prescrevia: "a Comunidade legislará apenas na medida do necessário. Em igualdade de circunstâncias, deve optar-se por directivas em vez de regulamentos".

[148] Não merece, assim, o nosso acordo a proposta dos "eurodelitos", projecto particular apresentado por juristas de várias nacionalidades que pretendia ser o embrião de um futuro Código Penal Europeu.

indesejáveis, como a formação encapotada, a final, de um sistema incoerente e com o qual os Estados podem não se identificar.

O paradigma de criminalização que se continua a afigurar como o defensável é o paradigma tradicional, em relação ao qual a função do Direito Penal é a tutela subsidiária e fragmentária de bens jurídicos essenciais. Esse modelo, apesar de pensado para os direitos penais estaduais poderá ser transposto para um Direito Penal Europeu. E não só poderá como, julgamos nós, *deverá* sê-lo, já que este modelo é "fundado nos princípios da tradição europeia e no ideário do Estado de Direito democrático"[149] e, por isso, em primeiro lugar, assegura plenamente as funções de crítica do direito constituído e a constituir. Em segundo lugar, permite a legitimação democrática da legalidade jurídico-penal, e, por fim, respeita as tradições constitucionais dos Estados-Membros. Ele respeita os princípios da cultura jurídico-penal que a tradição jurídica europeia herdou do Iluminismo e por todos é partilhada. É, por isso, o único que os Estados-membros irão reconhecer, por ser o reflexo dos seus sistemas constitucionais.

Só com a adopção de um paradigma criminal assim por todos reconhecido e legitimado se poderá falar de um verdadeiro Direito Penal Europeu, em que os vários Estados prosseguem uma política criminal assente nos mesmos valores. Só assim o espaço de liberdade, segurança e justiça será dotado de um "projecto comum", onde os mesmos valores são defendidos e onde os cidadãos usufruem da mesma liberdade, da mesma segurança e da mesma justiça[150].

---

[149] Augusto Silva Dias, "De que Direito...", *cit.*, p. 312.
[150] Anabela Miranda Rodrigues e José Luís Lopes da Mota, *Para uma Política...*, *cit.*, p. 36.

Dos realismos escandinavos. Realismo nórdico: uma presença constante?*

ALESSANDRO SERPE**

> "*Den Tyske Filosofi har gjort meget Ondt,
> den har ført mange gode aander vild;
> det er paa Tide at gjøre det af med de*"
>
> Anton Martin Schweigaard,
> *Om den Tyske Filosofi*, 1835.

> "A filosofia alemã causou muito mal,
> tornou selvagens muitos espíritos bons;
> é altura de nos libertarmos dela."
>
> Anton Martin Schweigaard,
> *Om den Tyske Filosofi*, 1835.

---

* Tradução por Rui Guerra da Fonseca do original "*Dei realismi scandinavi. Realismo nordico: una costante presenza?*", texto que serviu de base à Comunicação intitulada "*Dei realismi scandinavi*", apresentada pelo Autor nas Jornadas de Teoria do Direito, Filosofia do Direito e Filosofia Social, organizadas pela Associação Portuguesa de Teoria do Direito, Filosofia do Direito e Filosofia Social, presidida pelo Ilustre Professor José de Sousa Brito, e que tiveram lugar na Faculdade de Direito da Universidade de Lisboa, nos dias 9 e 10 de Abril de 2009.

** Professor da *Facoltà di Giurisprudenza dell'Università degli Studi di Napoli Federico II*.

Renovo o meu sentimento de elevada gratidão ao Senhor Professor Doutor António Manuel Hespanha pelo entusiasmo manifestado quanto a este meu trabalho e pela preciosa oportunidade que me concedeu de apresentar o meu livro *Realismo nordico e diritti umani. Le `avventure_ del realismo nella cultura filosofico-giuridica norvegese*, Napoli 2008, na Universidade Nova de Lisboa no passado dia 30 de Março de 2009. E não menos pela confiança com que há anos brinda a apreciação da minha actividade científica.

Exprimo a minha mais alta estima e reconhecimento ao Senhor Professor José de Sousa Brito, meu mestre português, pelas infinitas sugestões e iluminantes diálogos científicos. Quanto ao meu trabalho sobre o realismo nórdico, guardo ciosamente os seus comentários recebidos aquando da apresentação do meu livro em Lisboa (ver *supra*) e durante o Convénio *A Colloquium in legal philosophy and legal informatics. Italy and Norway*, que teve lugar em Nápoles, nos dias 3 e 4 de Julho de 2009. O seu zelo, que profundamente me honra, vai muito além do que se "reclama" de um supervisor.

Agradeço ao Senhor Professor Doutor José Lebre de Freitas pela generosidade com que acolheu este meu trabalho na ilustre revista *Themis*.

Alessandro Serpe

1. Realismo nórdico: somente uma questão de nome?

Num significado filosófico muito amplo, o realismo é uma orientação marcada pela adesão à "realidade", concebida esta como complexo de dados de facto. Realismo é a afirmação de uma realidade em si e por si existente, independente do pensamento e irredutível a meras projecções do próprio pensamento: as várias formas de realismo nasceram como reacções a uma maneira julgada ilegítima de interpretar a realidade ou de a reduzir a pensamento[1].

Os realismos travam lutas destinadas à defesa da realidade, contra tendências que pretendem fazer da própria realidade uma criação do Eu; todas as formas de realismo convergem no reconhecimento de uma certa independência dos objectos da experiência em relação ao pensamento, evitando assim

---

A minha investigação não teria sido possível sem o auxílio e o diálogo com prestigiados e indulgentes especialistas. Aproveito a ocasião para agradecer ao meu mestre norueguês, o Professor Svein Eng (Universidade de Oslo) pela orientação e conselhos durante os meus anos noruegueses (2001-2006). Igualmente, agradeço infinitamente à 'madrinha' deste trabalho, a Professora Carla Faralli (Cirsfid/Universidade de Bolonha) que, com infinito zelo, desde sempre estimulou e apoiou os meus estudos, entre outros, sobre o "realismo nórdico". Sinto dever dizer que sem a sua ajuda as minhas investigações não teriam gozado do mesmo impacto positivo junto do auditório italiano. Agradeço com viva estima à caríssima Professora Silvana Castignone (Universidade de Génova) e ao Professor Realino Marra (Universidade de Génova) por terem acolhido alguns dos meus contributos na sua prestigiada revista "Materiali per una storia della cultura giuridica" (A. Serpe, *Il realismo giuridico in Danimarca e Norvegia*, 1/2008, p. 63-90; A. Serpe, *I diritti dell`uomo in Norvegia. I fondamenti teorici*, 1/2007, p. 99-128). À editora da revista "Frónesis", a Professora Flor Ávila Hernández de Pulitanò (Universidade de Maracaibo), por ter acolhido alguns dos meus contributos sobre o tema (A. Serpe, *Realism vs. Idealism. Ross and Castberg. Paths of a dispute upon Law and human rights*, 1/2009, p. 125-154; A. Serpe, *Analysis of language and human rights within Scandinavian debate. Human rights: a `hidden` essence?*, 3/2006, p. 32-55), o meu grande reconhecimento. Também ao Professor Giovanni Marino (Universidade de Nápoles), meu mestre, por ter, entre tantas incumbências, aceite o meu trabalho 'sistematizado' sobre o realismo nórdico na colecção por si dirigida "La Torre della Lanterna" (A. Serpe, *Realismo nordico e diritti umani. Le `avventure`del realismo nella cultura filosofico-giuridica norvgese*, Editoriale Scientifica, Napoli 2008, p. 211). Permito-me exprimir a minha mais elevada estima ao Professor Enrico Pattaro (Cirsfid/Universidade de Bolonha), meu 'interlocutor secreto': se não tivesse lido os seus inestimáveis e internacionalmente reconhecidos contributos sobre a cultura filosófico-jurídica escandinava, não estaria intelectualmente tão estimulado para a conclusão da minha investigação.

Last but not least, ao Dr. Rui Guerra da Fonseca, amigo e colega estimado que com admirável solicitude e impressionante competência linguística levou a cabo a tradução para português deste meu trabalho.

[1] S. Castignone, *Diritto, linguaggio, realtà. Saggi sul realismo giuridico*, Torino, 1995, p. 14 e ss; C. Faralli, *Diritto e magia. Saggio su Axel Hägerström*, Milano, 1982, p. 12 e ss.

dificuldades que nascem da duplicação de uma realidade reproduzida pela consciência[2]: afirmação da realidade enquanto tal, empiricamente observável e verificável; adesão à mesma realidade, como *concreto*.

O realismo – melhor, os realismos – desenvolveram-se na área escandinava, e distinguem-se nalguns aspectos.

Com o termo "realismo nórdico" (*Den Nordiske Realism*) ou "realismo norte-europeu" assinala-se, na realidade, um movimento jurídico que nasceu e se desenvolveu na Dinamarca, com importantes desenvolvimentos na Noruega, já desde a primeira metade do século XIX.

Tal 'realismo' nórdico não se deixa confundir com o realismo filosófico-jurídico escandinavo. Mais explicitamente: o realismo nórdico identifica-se, por um lado, pela forte interacção entre teoria e *praxis* jurídica e, por outro, pelo amplo espaço concedido, na argumentação jurídica, às considerações práticas[3].

A necessidade de distinção entre os dois movimentos escandinavos, movimentos que se desenvolveram à distância de cerca de um século um do outro, é de todo oportuna. Não se trata somente, na verdade, de uma questão de nome. Distingui-los evita o risco de qualquer redução de um ao outro.

Realismo nórdico e realismo escandinavo tiveram a sua origem histórica em períodos diferentes e desenvolveram-se, como se assinalou, em diferentes áreas geográficas: de um lado, a Dinamarca e a Noruega (o "realismo nórdico"); do outro, a Suécia (o "realismo escandinavo"). Um não lançou as sementes para o florescimento do outro; o outro não viu a luz enquanto filho do primeiro. As duas correntes de pensamento, embora marcadas, uma e outra, pela etiqueta "realismo", e difundidas nas terras do norte – terras que, aliás, apresentam conspícuas afinidades de tradição, história e cultura –, deixam-se caracterizar melhor pela diferença que pela unidade.

As origens do realismo nórdico podem fazer-se remontar às primeiras décadas do século XIX, em particular à obra em seis volumes de Anders Sandøe Ørsted, "*Haan bog over den danske og norske Lovkyndighed*" [Manual de Ciência Jurídica Dinamarquesa e Norueguesa], publicados entre 1822 e 1835. Na alvorada do século XIX, o espaço geográfico dinamarco-norueguês assistia a um vivaz florescimento da ciência jurídica e da filosofia do direito[4]. As teorias ørstedianas constituíam as coordenadas de referência do realismo nórdico: "*interplay between theory and practice*" (interacção entre teoria e *praxis*

---

[2] *Ivi*, op. cit., p. 30 e ss.

[3] S. Jørgensen, *Idealisme og Realisme i retslæren*, in Tidsskrift & utgiven av juridiskå föreningen i Finland, 1976, p. 1-29

[4] S. Jørgensen, *Idealisme og Realisme*, op. cit., p. 82.

jurídica); reconhecimento da "*sagens natur*" ou "*tilfelles natur*" (a natureza do caso) como fonte secundária do direito ao lado da lei e do costume; clara atitude antimetafísica de recusa directa no que respeita a qualquer absolutismo dos valores e a qualquer sistema axiomático; grande distância no que respeita ao método jurídico-dogmático alemão[5].

A necessidade, nesse contexto, de conciliar ciência e *praxis* jurídica, através da união entre experiência prática e um pensamento científico livre de *preconceitos*[6], fez com que a ciência jurídica fosse colocada no rol das ciências sociais, transformando-a numa espécie de observatório: o legislador e os juízes deveriam exigir que a ciência do direito cumprisse a tarefa de indagar minuciosamente a realidade e as relações de vida em sociedade[7].

A afirmação decisiva das teorias ørstedianas, na dogmática jurídica como na teoria do direito, ficou a dever-se a uma numerosa fileira de juristas, dinamarqueses e noruegueses, que seguiram as pisadas do seu mestre: do norueguês Anton Martin Schweigaard, aos dinamarqueses Bornemann e Goos; de Carl Ussing, dinamarquês, a Herman Scheel e Fredrick Stang, noruegueses; e ainda, recordem-se, Vinding Kruse e Viggo Bentzon na Dinamarca, bem como Oscar Platou (em certos aspectos) e Ragnar Knoph na vizinha Noruega.

Os juristas dinamarqueses, herdeiros de Ørsted, reforçaram e desenvolveram as temáticas por este abordadas, dando vida, na pequena cidade universitária de København, a um orgulhoso e forte meio intelectual, que se tornou, em termos substanciais, conservador e fechado a novas solicitações, especialmente as provenientes do estrangeiro. Um forte sentido de ligação às "tradições do norte", à cultura jurídica dinamarquesa, como única referência necessária, e a profunda convicção de que os juízes e os cientistas do direito deveriam estar vinculados à utilização dos métodos de argumentação e de estudo prevalecentes na vida jurídica do seu país[8], explicam, com grande probabilidade, as razões, entre outras coisas, do insucesso na Dinamarca das teorias do jovem Alf Ross nos anos trinta[9].

---

[5] H. Scheel, *Rettskildene i norske og danske rettslitteratur*, in Tidsskrift for Rettsvitenskap, 1940, p.120 e ss.

[6] H. Scheel, op. cit., p.120 e ss.

[7] V. Kruse, *Retslæren paa realistisk Grundlag*, in Tidsskrift for Rettsvitenskap, 1946.

[8] H. Scheel, op. cit., p. 539.

[9] O aparecimento de Alf Ross surge como símbolo desta vivacidade e das recíprocas intolerâncias entre os dois realismos: a aversão dos realistas nórdicos ao jovem dinamarquês, acusado repetidamente de mover-se como um pêndulo entre a Escola de Viena e a de Uppsala e de renegar as tradições científico-jurídicas nórdicas, lança temporariamente uma ponte entre os dois realismos. Em 1926, Ross apresentava na Universidade de København a sua tese de doutoramento, de clara inspiração kelseniana (*Teorie der Rechtsquellen. Ein Beitrag zur Teorie des*

DOS REALISMOS ESCANDINAVOS. REALISMO NÓRDICO: UMA PRESENÇA CONSTANTE?

O meu trabalho pretende traçar as "origens" da ciência jurídica e da filosofia do direito na Dinamarca e na Noruega, e mostrar os pontos de convergência e de divergência entre as duas tradições. Através da tradução e do estudo de trabalhos escritos em língua dinamarquesa e norueguesa, segui este itinerário histórico-filosófico-jurídico nos seus vários filões, todos, enfim, confluentes, nos aspectos essenciais, na corrente do realismo nórdico, como apresentado nas páginas seguintes. Perguntava-me – e ficou sendo este, porventura, o *input* da minha investigação – se, no seio dos países escandinavos, países culturalmente tão vivos, não teria sido desenvolvido um significativo debate antecedente do mais recente florescimento da filosofia de Uppsala. Foi assim que esbarrei no "realismo nórdico".

O trabalho está dividido em três partes. A primeira é dedicada às "origens" do realismo nórdico, por via da apresentação dos seus dois principais expoentes, Anders Sandøe Ørsted e Anton Martin Schweigaard. Na segunda parte procurei delinear um percurso dos desenvolvimentos do realismo nórdico na Dinamarca e na Noruega. Na terceira e última parte tentei uma comparação entre o realismo nórdico e o realismo escandinavo quanto às metodologias, ao papel assumido pela ciência jurídica e aos êxitos filosóficos alcançados[10].

---

positiven Rechts auf Grundlage dogmehistorischer Untersuchungen). A mesma foi rejeitada (tinham assento no júri Viggo Bentzon, Knud Berlin e Vinding Kruse) por totalmente desligada das tradições dinamarquesas do realismo nórdico. Ross dirigiu-se a Uppsala e aí se doutorou. Regressando à Dinamarca, submeteu à apreciação do júri da Universidade de København um outro trabalho, agora inspirado na filosofia antimetafísica hägerströmiana, *Virkelighed og Gyldighed i Retslæren*. Ross conseguiu, desta feita, o doutoramento, não por mérito reconhecido pelo júri, mas devido a uma inesperada alteração das regras académicas, que tinham passado a conceder a possibilidade de aceder à discussão oral quando o candidato houvesse já publicado nos anos precedentes outros trabalhos científicos. Kruse, neste caso, tendo ao menos apreciado a parte histórica na *Teorie der Rechtsquellen*, e a considerável erudição do autor em filosofia do direito e ciência jurídica na *Virkelighed og Gyldighed*, admitiu-o à defesa oral. Cfr. Viggo Bentzon, *Retskildeproblemet*, in Tidsskrift for Rettsvitenskap 1929, p. 524 e ss.; Vinding Kruse, *Til etikkens og retslærens problemer*, in Tidsskrift for Rettsvitenskap 1934, p. 259 e ss.; Vinding Kruse, *Retslæren paa realistisk Grundlag*, in Tidsskrift for Rettsvitenskap 1946, p. 211 e ss.

[10] A respeito da tradução, do estudo e manuseamento dos textos citados, sinto a necessidade de sublinhar uma dificuldade. A mesma decorre da distância do italiano face às línguas escandinavas, especialmente em relação ao dinamarquês e norueguês do século XIX. Foi complexa a transposição para a língua italiana. Ajudou-me o conhecimento da língua inglesa. Não posso deixar de referir que as minhas interpretações dependeram também das sugestões que me foram feitas por professores noruegueses que acompanharam o meu trabalho.

Agradeço ao Senhor Frank Ødegården, com quem partilhei fadigas e ânsias quanto à tradução do norueguês, do dinamarquês e do sueco.

2. As origens do realismo nórdico

2.1. Anders Sandøe Ørsted

O dinamarquês Anders Sandøe Ørsted (1778-1860), "*politiker*" e "*embetsmann*" (político e magistrado) lançou – já se assinalou – as sementes da ciência jurídica nórdica. Ainda hoje lhe é reconhecida uma posição de relevo na literatura jurídica dos países nórdicos.

Enorme, sobre a sua personalidade, mas especialmente sobre a sua formação, era o fascínio exercido pelos escritos kantianos[11]. Muito jovem, havia participado num concurso (*prisavhandlingen*) aberto pelo Rei da Dinamarca sobre o tema: "*Ostendatur nexus inter principium Ethices & principium juris Naturae*". Ørsted venceu o concurso com um ensaio que viria a ficar famoso nos meios intelectuais dinamarqueses: "*Over Sammenhaengen mellom Dydelærens og retslæres Princip*" (Sobre a relação entre princípio da moral e princípio do direito), no qual se declarava abertamente kantiano[12]. Com o tempo, ainda que conservando profunda admiração intelectual pelo filósofo de Königsberg, Ørsted afastar-se-ia dos seus ensinamentos, reputando-os embebidos de abstractismo.

Aproximou-se, seguidamente, das posições de Fichte, filósofo que, já no vitorioso ensaio de 1798, havia elogiado pela sua concepção do Estado. Kant, na "*Metafísica dos Costumes*", tinha definido o direito como "o conjunto das condições sob as quais o arbítrio (*Willkür*) de cada um pode conciliar-se com o arbítrio de outrem segundo uma lei universal de liberdade" : o único fim do Estado seria o de coordenar e assegurar a possibilidade de coexistência da liberdade de todos segundo tal lei universal. Ørsted desejava um Estado que fosse muito além de um simples instrumento de protecção dos direitos do indivíduo; a Kant seria de preferir o Fichte de "*Der Geschlossene Handelsstaat, ein philosophischer Versuch als Anfang zur Rechtslehre und Probe einer Künftig zu liefernden Politik*", do qual lhe parecia emergir a imagem de um Estado que afundaria as suas raízes em profundos sentimentos de solicitude e de humanidade ("*Rod i dyb Følelse af den omsrog, menneskene skylde hverandre*")[13], e que, ao mesmo tempo, procurasse a mais livre, activa e feliz convivência do indivíduo no âmbito da sociedade civil ("*der tilvejebvinger det frieste, virkso-*

---

[11] A.S. Ørsted, *Af mit Livs og min Tids Historie*, 1851, p. 21 e ss.

[12] A.S. Ørsted, op. cit., p. 42-43.

N. T. – Veja-se a edição portuguesa: *A Metafísica dos Costumes*, trad., apres. e notas de José Lamego, Fundação Calouste Gulbenkian, Lisboa, 2005, p. 43.

[13] A.S. Ørsted, *Af mit Lif*, op. cit., p. 90.

meste og lykkeligste Samliv")[14]. O Estado fichtiano garantiria, segundo Ørsted, a "cada um o seu", determinando e organizando o trabalho, regulando os negócios, apresentando-se como uma espécie de estado socialista economicamente autárcico. O dinamarquês simpatizou com este modelo de Estado, definindo-o, todavia, como ilusório (*"eventyrlig"*)[15].

Tarefa primordial do Estado, segundo o Ørsted da maturidade, é a de "*Menneskendens Total-Øiemed*"[16], de promover maximamente a colaboração entre os membros da sociedade, de incentivar harmoniosamente os interesses psíquicos e morais dos homens, de engrandecer a força da moral, da religião, da ciência e da arte: melhorar as condições de existência e as relações sociais. Em lugar de propagar conceitos arbitrários, vazios e formais, o Estado deve prosseguir, segundo Ørsted, um fim muito mais elevado, o de desenvolver as potencialidades da razão, na sua plenitude e magnificiência[17]. Ørsted viria, assim, a distanciar-se também das posições fichtianas, ideias que, na sua opinião, bem cedo se desenvolveram numa direcção especulativa e sistematizante, como as teorias hegelianas e schellinguianas. Completada a sua formação cultural, Ørsted segue a sua carreira de advogado e juiz. Amadurecia a sua recusa de toda a espécie de jusnaturalismo racionalista, e daí o aportar em terras da jurisprudência realista, com o intuito, bem preciso, de levar a cabo uma elaboração científica do direito positivo.

Começou a ocupar-se da publicação de diversas recolhas jurisprudenciais, tornando-se co-redactor de uma revista de cunho empírico, "*Lærde Efterretninger*". Como estudioso, começou a elaborar ideias, originais para a época, sobre a inter-relação entre teoria e prática jurídica[18], voltando a sua atenção para as questões sociais segundo modelos empíricos, e rejeitando qualquer absolutismo dos valores. Distanciando-se de qualquer tipo de sistema axiomático, Ørsted propõe uma abertura às relações da vida concreta, à casuística e à racionalidade prática comum (*"common sense"*): "*øyemaal*" e "*takt*"[19], visão e moderação nos juízos, foram estas as palavras-chave do seu anti-formalismo e da sua recusa de toda a teoria moral.

---

[14] A.S. Ørsted, *Juridisk Arkiv*, 1804, p.175.
[15] Ivi, p. 91.
[16] A.S. Ørsted, *Om Forholdet mellem Religion og Stat*, 1815, in Bladende Skrifter i Udvalg, København, 1933, p. 9.
[17] *Ivi*, p. 11.
[18] S. Jørgensen, *Reason and Reality*, op. cit., p. 83: "[...] interplay between theory and practice [...]".
[19] A. S. Ørsted, *Om Forholdet*, op. cit., p. 65.

Não existem, escrevia, respostas absolutas a perguntas relativas à moral e às teorias jurídicas: as acções humanas resultam sempre da influência de numerosos factores, uma classificação das acções humanas está sempre privada de qualquer segurança. Nenhuma ciência humana se apresenta com contornos nítidos[20]: a complexidade da vida e das relações em que esta se desenvolve é sempre apta a abrir margens de incerteza e de probabilidade. [*"En absolut sikkerhed i vor Handlen kunne vi, i den relative Sphære, hvori vi have at bevæge os, ikke vente, fordi dertil fordreles en absolutsikkerhed i vor hele Viden om Gud, Menneskene og Verden, af hvilken Viden Rigtigheden af vor Handlen er betignet"*][21].

Contrário à ideia de sistemas gerais que descurassem a peculiaridade e absorvessem vorazmente os indivíduos, Ørsted coloca-se ao lado de Schleiermacher na crítica contra os sistemas: *"Handlingernes gavnlige eller skadelige Inflydelse paa Samfundet"*[22]. A "infinitude superficial" não produz senão consequências danosas sobre a sociedade. O sistema kantiano da moral devia ser abandonado: o formalismo de que está impregnado afasta o homem da sua materialidade e da sua experiência empírica[23].

De enorme interesse, ainda hoje, são as suas reflexões sobre o tema da linguagem e da relação entre os conceitos (instrumentos da linguagem) e a realidade. No ensaio *"Over Grændserne mellem teorie og Praxis i Sædelæren"*, Ørsted, estudando o nexo entre os conceitos e a realidade exterior, sustenta que os fenómenos reais não se deixam aprisionar pelos próprios conceitos: estes podem servir, sim, como instrumentos (*middelbar*) para codificar o mundo, mas não são dotados de capacidade tal para penetrar e encerrar, definitivamente, a multiplicidade do existente[24].

A continuidade interminável da realidade (*virkelighetskontinuitet*), os infinitos cambiantes do pensamento, das emoções e do agir humano não eram, para Ørsted, exprimíveis em claros e distintos sentidos e codificações conceptuais: os termos não são aptos a descrever, com certeza científica, a realidade factual. Disso fazia ele derivar a porosidade, a abertura e a elasticidade dos conceitos, na consciência de que o mundo interior de todo o indivíduo singular não se deixa descrever com plenitude e extrema precisão por conceitos gerais. A linguagem das definições da matemática, escrevia, não é aplicável ao círculo da experiência (*Erfaringens Kreds*)[25]. O mesmo

---

[20] *Ivi*, p. 39.
[21] *Ivi*, p. 66.
[22] *Ivi*, p. 42.
[23] *Ivi*, p. 48.
[24] *Ivi*, p. 37, 38.
[25] A.S. Ørsted, *Over Grændserne mellem Theorie og Praxis i Sædelæren*, op. cit., p. 65.

cepticismo era canalizado para o âmbito jurídico, a propósito, precisamente, dos conceitos jurídicos.

Contrariamente às assumpções fundamentais do direito natural e da universalidade de direitos que, dada a sua natureza, resultassem imutáveis em todo o tempo e em todo o lugar, o dinamarquês preferia perguntar-se, por exemplo, o que significava direito subjectivo num determinado tempo e lugar e quais as necessidades humanas que se escondiam por detrás dele, as fontes e a relação com a aplicação por parte dos tribunais. Não é a natureza humana a fonte dos direitos do homem, nem tão-pouco é o direito positivo a única sede que produz, reconhece e concede validade aos mesmos direitos. As leis postas não poderão jamais enumerar todos os possíveis casos que poderão verificar-se na realidade; exclusiva competência do legislador será a de dispor sobre casos hipotéticos por categorias de acções, considerando as suas relações com os conceitos jurídicos[26].

Válidas, ainda, as suas argutas considerações a respeito da lógica da subsunção (*simpel logisk Subsmution*). Esta parecia, a Ørsted, insuficiente em sede de aplicação do direito, carecendo o enunciado legislativo de compleição por parte do juiz-intérprete[27]. Nos casos duvidosos, será sempre o juiz a determinar o significado da lei, ainda que no pleno respeito do seu espírito (*Lovens Aand*) e dos princípios gerais do sistema jurídico (*Almindelige Rets Grunsætninger*)[28]; mesmo o mais completo (*den meste komplette*) e bem pensado (*den meste gjennomtenkte*) sistema normativo jamais limitará completamente a apreciação do magistrado.

Decididamente inovadora foi a utilização do conceito de *Tilfelles Natur* (a natureza do caso), como fonte subsidiária de direito, com a função de compleição e renovação do ordenamento jurídico: o *interplay between theory and practice*, a constante interacção no campo da argumentação jurídica entre os ensinamentos jurídicos e as situações concretas.

A ciência jurídica era, assim, na perspectiva de Ørsted, uma ciência baseada na experiência. As suas tarefas não se esgotavam no estudo científico dos conceitos jurídicos e das relações entre eles decorrentes: a ciência, escrevia, deve abrir-se à realidade dos factos, aos acontecimentos humanos e extrair os seus conteúdos da experiência. As reflexões da ciência jurídica, para Ørsted, não constituíam apenas preciosos instrumentos em sede de decisão judicial, mas seriam sólidos pontos de referência para o legislador.

---

[26] A.S. Ørsted, *Om Forholdet*, op. cit., p. 25.
[27] *Ivi*, p. 26.
[28] *Ivi*, p. 25, 26.

The Public Benefit, as vantagens dirigidas à generalidade dos cidadãos e às condições sociais constituiriam, em sua opinião, os fundamentos sólidos do direito[29], não apenas porque desse modo o sistema jurídico responde melhor às exigências da sociedade civil, mas porque *condição* de obediência é a *aceitação* das normas por parte da população, o seu sentir como justo o sistema normativo. É, como se vê, uma doutrina do direito e da ciência jurídica desenvolvida segundo exigências e métodos da análise sócio-psicológica. O dinamarquês foi, assim, precursor de ideias mais tarde desenvolvidas por outros autores escandinavos e, entre estes, seguramente, também Alf Ross e Karl Olivecrona.

A sua obra principal, já se disse, é o "*Haandbog over den danske og norske Lovkyndighed, med stadigt Hensyn til Hr.Etalstaad og Professor Hurtigkarls Lærebog*", seis volumes escritos entre 1822 e 1835, com cerca de três mil e oitocentas páginas. Aí expunha Ørsted o seu programa de ciência jurídica e o seu método, contrário, como se advertiu, a abstracções e sistematizações. O dinamarquês, como já se assinalou também, propunha uma ideia de ciência jurídica de orientação prática, ancorada em pressupostos empírico-sociais: os fundamentos da *Retsvidenskab* não deveriam fazer-se assentar nos terrenos argilosos da filosofia abstracta; a sua incumbência é a de, acrescentava, conjugar harmoniosamente o conhecimento prático da natureza das relações jurídicas e o conhecimento exacto das leis e dos instrumentos históricos[30]. Recuar à história das normas e dos conceitos jurídicos, observar-lhes a evolução concomitante com o desenvolvimento do pensamento e dos hábitos dos homens e das diversas legislações, era, na sua opinião, indispensável para o estudioso do direito que pretendesse a melhor compreensão das relações jurídicas[31]. Sem a actividade dos cientistas do direito, e além da união entre prática, teoria e história jurídica, todo o sistema jurídico vacilaria[32].

2.2. Anton Martin Schweigaard

Anton Martin Schweigaard (1808-1870) fez suas as teorias jurídicas de Ørsted, recusando, *in toto*, a filosofia jurídica alemã de Wolff a Savigny, porque – considerava – abstracta, vaga e metafísica[33]. As relações entre as teorias

---

[29] S. Jørgensen, *Reason and Reality*, op. cit., p. 83.
[30] A.S. Ørsted, *Haandbog over den danske og norske Lovkyndighed*, 1822, p. xv-xvi.
[31] *Ivi*, p. 291.
[32] *Ivi*, p. xvi.
[33] S. Jørgensen, *Reason and Reality*, op. cit., p. 83.

jurídicas de Ørsted e de Schweigaard foram objecto de estudo por parte de diversos autores dinamarqueses e noruegueses. Fredrik Stang, filósofo e jurista do início do século passado, também ele pertencente à tradição dinamarco-norueguesa da ciência jurídica, sublinhou as relações de continuidade, no método como na polémica contra o direito natural e a escola histórica alemã, entre Schweigaard e Ørsted[34].

Anton Martin Schweigaard, excelente estudante de leis e, depois de concluída a sua formação, atento leitor de Cícero, Quintiliano, Adam Smith, Friedrich Beneke, como também naturalmente de Ørsted, publicara, ainda muito jovem, um artigo sobre política económica[35]. A sua atenção aos problemas da economia política não constituiu, como em seguida melhor se mostrará, um exemplo isolado, mas uma constante dos interesses dos realistas nórdicos noruegueses posteriores a Schweigaard.

Decisiva para a sua formação foi a sua viagem ao estrangeiro (Stipendiereise, 1833), à Alemanha, na companhia do seu concidadão Welhaven, também ele de grande mérito académico e já empenhado nos assuntos públicos na Noruega. Particularmente vivo se apresentava o debate político naqueles anos. A Noruega, apenas vinte anos antes, havia elaborado – declarando-se uma monarquia constitucional – a sua primeira Constituição (*Den Norske Grunnloven*, 1814). Terminada a histórica união com a Dinamarca, tinha, em seguida, caído sob o protectorado da Suécia na sequência das guerras napoleónicas.

Eram anos de fervor político reformista e a actividade do jurista norueguês foi notável. Redactor do *Den Costitutionelle*, publica dois artigos de política económica, "*Om Norges Bank og Pengevæsen*"[36] e "*Indførselstolden og Historie*"[37], acusando veementemente, no primeiro, o banco norueguês *Den Norske Bank* de ter conduzido a nação a um período de estagnação económica, e propondo, no segundo, com uma série de argumentos histórico-teóricos, uma política económica mais liberal, em crítica à tradição clássica da teoria económica, a partir de Thomas Robert Malthus e David Ricardo. Incumbência da

---

[34] F. Stang, *Rettsvitenkap*, in Festskrift, Oslo, 1911, p. 65-122.

[35] A. M. Schweigaard, *Om Nødvendighed af at Indskrænke Sprogstudrets Omfang i den Lærde Undervisning*.

N. T. – Considerando como *união real* a forma de Estado (composto) em que viveram a Suécia e a Noruega entre 1815 e 1905, cfr. Jorge Miranda, *Manual de Direito Constitucional*, III, 4.ª Ed., Coimbra Ed., Coimbra, 1998, p. 288.

[36] A. M. Schweigaard, *Om Norges Bank og Pengevæsen*, 1836, in Ungdomsarbeider, Kristiania, 1914, p. 111 e ss.

[37] A. M., Schweigaard, *Indførseltolden og Historie*, 1836, in Ungdomsarbeider, Kristiania, 1904, p. 203 e ss.

política económica, para Schweigaard, não deveria ser o *"Nasjonal-rigdommens Forøgelse"*, isto é, aumentar a riqueza da nação, mas sobretudo assegurar a *"Almenvelstandens Udbredelse"*, ou seja, o incremento do bem-estar de todo e cada um dos cidadãos. Os sistemas económicos deveriam basear-se, necessariamente, em factores históricos e empíricos para que tal escopo fosse realizado. Como modernizador reformista, ecónomo da sociedade e excelente legista[38], o norueguês propunha uma abordagem puramente experimental e anti-absolutista. No mesmo ano de 1836, publica ainda *"Den Norske Proces"*; neste trabalho Schweigaard rejeita as aproximações teórico-sistemáticas às questões processuais, adoptando um método casuístico de análise.

Foi já assinalada a importância que a viagem à Alemanha teve na formação do norueguês. Um dos seus mais autorizados intérpretes, Anathon Aall, sustentava que, fundamental no desenvolvimento intelectual do seu pensamento[39], fora o encontro com Fredrich Beneke, em Berlim. Havia sido, na realidade, Welhaven que o introduzira na leitura dos ensaios de Beneke *"Kant und die philosophische Aufgabe unsrer Zeit"* (1832) e *"Lehrbuch der Logik als Kunstlehre des Denkes"* (1832) – ensaios em que transparece claramente a aversão de Beneke ao idealismo alemão e o auspicioso retorno aos ensinamentos kantianos, relidos em perspectiva empírica[40].

Klaus Christian Köhnke, estudioso do neokantismo e do próprio Beneke, sustenta que as razões pelas quais as lições deste último, junto das universidades prussianas, foram surpreendentemente suspensas estavam ligadas à sua forte aversão às questões da filosofia alemã da época e ao seu programa embebido de empirismo e relativismo dos valores que ao tempo assustou o meio cultural[41].

Do mesmo modo, a lógica era asperamente recusada pelo filósofo alemão tão caro a Schweigaard: *"Os juízos são meras fórmulas apodicticamente e universalmente válidas somente como fórmulas, mas ninguém, em relação ao conteúdo, poderá com certeza garantir a sua verdade e carácter absoluto"*[42]. A lógica era, para Beneke, nada mais que um dos métodos possíveis. A sua orientação

---

[38] Cfr. Ø. Sørensen, *Anton Martin Schweigaards politiske tenkning*, Oslo, 1988.

[39] Cfr. A. Aall, *Det historiske og litterære grundlag for filosofien hos Anton Martin Schweigaard*, in Vitenskapsselskapets Forhandlinger, Kristiania, 1917.

[40] Sobre F. E. Beneke e a necessidade de voltar a examinar os temas fundamentais do empirismo e de desenvolver a análise psicológica da experiência, cfr. Stefano Poggi, *I sistemi dell'esperienza*, Bologna, p. 263-289.

[41] K. Chr. Könke, *Entstehung und Aufstieg des Neukantismus*, traduzido em inglês sob o título *"The rise of neo-kantianism"*, Cambridge University, 1991, p. 46 e ss.

[42] *Ivi*, p. 44 e ss.

para o empirismo e as suas duras afirmações sobre a ausência de verdades universalmente válidas acabaram por conduzi-lo à interdição da carreira universitária.

Os ensinamentos de Beneke foram linfa vital para a vida intelectual de Schweigaard: aversão à metafísica dos conceitos e repugnância por todo o sistema lógico-especulativo, tal como – especialmente – o hegeliano. Para a elaboração do seu programa de ciência jurídica contribuía, indubitavelmente, o estudo dos textos de Ørsted, pelas críticas violentas deste último ao método filosófico-jurídico alemão e pela sua tentativa de libertar o pensamento jurídico das correntes férreas do abstractismo de modo a que a ciência jurídica alcançasse o carácter de ciência social.

Os artigos publicados por Schweigaard, a partir de 1834, representam o principal manifesto de ciência jurídica da literatura filosófico-jurídica norueguesa até então. Áspera era a crítica na análise a Christian Wolff, à fria sistematicidade escolástica e académica do seu método e ao seu reducionismo da realidade jurídica a fórmulas abstractas dispostas com precisão matemática[43]. O proceder através da lógica dedutiva e o sistematizar o jurídico em rigorosas e infalíveis classificações privaria o próprio jurídico de correspondência com a realidade, como se se criasse, metaforicamente falando, uma falsa relação entre um original e a respectiva cópia (*et falskt Forhold imellem Original og Billed*)[44].

Absolutamente vã é – havia escrito Ørsted, e Schweigaard reforçava-o – a certeza com a qual os filósofos alemães sustentam que a pura especulação possa conduzir à verdade objectiva[45]. Ilusório é atribuir à *fornuft* a capacidade ineluctável de ampliar o conhecimento sem qualquer referência e cotejo com a experiência[46]: os alemães, falaciosamente, dotam o destino – assim escrevia Schweigaard –de uma força activa e criadora, que, alheia a qualquer conexão com a experiência, cria o mundo exterior. Era necessária a libertação do *Chaos af Barbarie* da escolástica e do método que se desenvolvera na Alemanha e em todas as universidades: tal orientação havia condenado, segundo Schweigaard, a Alemanha ao isolamento em relação a todas as outras nações civilizadas[47].

---

[43] A. M. Schweigaard, *Betragtninger over Retsvidenkabens nærværende Tilstand i Tydskland*, 1834, in Juridisk Tidsskrift, p. 292 e ss.

[44] *Ivi*, p. 293.

[45] *Ivi*, p. 244.

[46] A. M. Schweigaard, *Om den Tyske Filosofi*, 1835, in Ungdomsarbeider, Kristiania, 1904. O artigo foi originalmente escrito em língua francesa sob o título *De la Philosophie Allemande,* e publicado na revista francesa *La France Litteraire*, em 1835. Foi depois traduzido para língua norueguesa, em 1904, pelo Professor Arne Løchen.

[47] *Ivi*, p. 322.

2.3. Om Den Tyske Filosofi. O idealismo e os seus fantasmas.

Desmascarar totalmente o método idealista dominante na Alemanha e mostrar a sua radical falsidade era o intento claríssimo expresso em *Om den Tyske Filosofi*[48], ensaio escrito por Schweigaard em Paris durante o período de estada no estrangeiro e publicado, pela primeira vez, em *La France litteraire*, em 1835, dirigido, numa primeira redacção, a um público francês. Em Paris, Schweigaard deu-se conta de que a filosofia alemã começava a difundir-se nos meios intelectuais franceses, divulgação provavelmente devida, na sua opinião, ao "gosto pela novidade e à força magnética ínsita em tais doutrinas"[49]. O impulso de alertar os franceses para os males do idealismo foi tal que o compeliu a escrever fazendo face às dificuldades de uma redacção em língua francesa, o que tornou monótono o tom de todo o artigo.

Da correspondência epistolar do nosso Autor com Heinrich Heine, e da comparação do artigo deste último, "*Den Tyske Tænkning efter Luther*", publicado no ano anterior, de 1834, na *Revue des deux mondes*, com o do norueguês, resulta claro como ambos estavam unidos contra a filosofia idealista alemã. A diferença entre os dois escritos está, seguramente, na veemência e na monotonia estilística que distinguia a pena de Schweigaard.

Schweigaard fornecia ao meio intelectual norueguês uma imagem unilateral da filosofia idealista alemã. Ou, com grande probabilidade, uma imagem unilateral da filosofia em geral. Ao texto do norueguês, apesar do tom polémico e destrutivo, falta uma veia crítico-propositiva. Era, porventura, essa a sua intenção e finalidade. O ensaio apresenta, porém, em minha opinião, vários motivos de interesse. O *despontar* da filosofia do direito na Noruega estava nele bem marcado. O *não* de Schweigaard à filosofia alemã exaltava as características distintas e próprias da cultura nórdica, contribuindo, por outro lado, para o respectivo isolamento do contexto europeu.

Uma pergunta provocatória abria o artigo: "*É uma simples e vazia curiosidade aquela que impele o novo movimento filosófico francês para a filosofia alemã, ou um interesse mais profundo e motivado? Nem uma* – respondia Schweigaard – *nem outra*"[50]. Uma estranha força magnética acompanha as promessas vãs, pálidas e incoerentes do idealismo (*Foraabninger som vistnok ere temmelig famlende og usammenhængende*)[51], hipnotizando as mentes com a garantia de verdades absolutas. O sistema hegeliano – na opinião de Schwei-

---

[48] *Ivi*, p. 289.
[49] *Ivi*, p. vi e ss.
[50] *Ivi*, p. 239.
[51] *Ivi*, p. 240.

gaard – impressionava mais do que convencia: nele vigorava a autonomia do espírito, que constrói a realidade, mas não ensina a conhecê-la, que coloca as ideias no lugar da realidade[52], de tal modo que a própria realidade se identificaria totalmente com um pensamento, a racionalidade. Não existe – escrevia Schweigaard – uma esfera da objectividade distinta da da subjectividade, não se apresenta um objecto externo ao pensamento: o princípio da não contradição não serve para entender a realidade, pois a razão, capacidade especial da alma, penetra a essência das coisas dando-lhes o Absoluto, um Absoluto abstracto em termos de espaço e tempo que não conhece limites e dúvidas. No Absoluto fundar-se-ia a verdadeira essência do homem e a verdadeira essência das coisas: estas convergem e, para Schweigaard, precipitam-se juntas[53].

Hegel trouxera de volta à vida, por assim dizer, os fantasmas que Kant procurara eliminar através da crítica da razão humana: Kant reconhecera a impossibilidade de conhecer a essência absoluta das coisas; Hegel, ao invés, assumia como ponto de partida a possibilidade de um tal conhecimento[54]. Schweigaard não isentava de crítica tão-pouco o sistema fichtiano, já que construído sobre a metafísica do Eu que é actividade livre e criadora do não-Eu, ou seja, de qualquer outra realidade. O Eu fichtiano – entendia Schweigaard – coloca os outros em si e alcança consciência de si como Eu através dos outros. Mas assim os fenómenos externos não seriam outra coisa senão a manifestação do Eu do pensamento: para reconhecer a realidade seria necessário mergulhar em profundidade nos meandros do Eu, e escutar a sua revelação. Mas o que resta então da experiência? Nada[55].

Irónica a conclusão implicada num aguçado comentário de Schleiermacher a respeito da fichtiana *Wissenschaftslehre*: a obra maior de Fichte não teria senão méritos, excepção feita ao título[56].

Coisas algo diversas – mas o facto de andarem juntas conta mais, porventura –, dir-se-á do juízo. As críticas de Schweigaard poupavam Schleiermacher, e com ele, Victor Hugo. Este último era exaltado pelo norueguês, juntamente com Friedrich Beneke. Decisivo era Beneke ter procurado – escrevia o norueguês – desmistificar o idealismo, propondo a substituição de um sistema de dogmas arriscados por uma teoria que pudesse ser controlada em todos os seus momentos[57].

---

[52] *Ivi*, p. 242.
[53] *Ivi*, p. 243, 244.
[54] *Ivi*, p. 266, 267.
[55] *Ivi*, p. 255.
[56] *Ivi*, p. 257.
[57] *Ivi*, p. 280.

A crítica de Schweigaard à noção de sistema estendia-se àquela dos conceitos como substâncias dotadas de limites prefixados e definidos. Um ponto essencial na teoria schweigaardiana é a consideração da impossibilidade de uma clara linha de fronteira entre os conceitos: as acções humanas, compostas de múltiplos elementos (*saa mange Elementer*), são de tal modo complexas que tornam absolutamente impensável uma redução das mesmas a esquemas conceptuais fechados e perfeitamente delimitados (*Døde Masser*). O agir humano – escrevia o nosso autor – é o resultado da combinação de uma multiplicidade de elementos inseridos numa igualmente infinita série de passos (*Række af Overgange*) que variam de um máximo indeterminado a um mínimo igualmente indeterminado (*at flyde fra et ubestemmeligt Maximun til et ligesaa ubestemmeligt Minimum*)[58].

Os conceitos – e também aqui são notórios os traços do ensinamento de Ørsted – são fios condutores provisórios ou, melhor ainda, *Støtterpunkter for Erkjendelsen*, isto é, pontos de apoio para a consciência. As palavras, igualmente, não são senão instrumentos práticos, e cada uma delas é um signo referível a uma enorme quantidade de relações e de objectos[59]. É imprescindível não confundir a normal utilização dos conceitos com a verdadeira realidade das coisas que eles representam[60] e não cair – as recriminações e o estilo de Schweigaard tornam a fazer-se sentir – na falácia da *filosofia* alemã que inverte a ordem natural das coisas, "*adaptando o Objecto à Imagem em lugar de corrigir a Cópia de acordo com o Original*"[61].

Parece-me de utilidade e interesse insistir um pouco mais no ensaio de Schweigaard. Entre outros aspectos, a propósito dos seus exercícios de desmistificação, Schweigaard começa a deixar entrever também as linhas de uma sua filosofia, não – advertiu-se já – de reforma da filosofia alemã, mas contra ela, no espírito de confirmação e confrontação das próprias tradições.

A dialética hegeliana – escrevia Schweigaard – é um exemplo emblemático de desesperada torção da linguagem: em lugar de admitir que a realidade tem um tom individual e que os conceitos se ajustam ao que experimentamos como realidade, Hegel havia jogado com os conceitos (*Substants, Væsen, Entitet, Hypostaser, Accidentser, Modi*)[62], encaixilhando a realidade em defeituosas abstracções descoloradas (*i blege og defekte Abstraktioner*)[63]. Em vez de reco-

---

[58] A. M. Schweigaard, *Betragtinger*, cit., p. 303.
[59] A. M. Schweigaard, *Om den Tyske Filosofi*, op. cit., p. 268.
[60] *Ivi*, p. 268.
[61] *Ivi*, p. 268.
[62] *Ivi*, p. 269.
[63] *Ivi*, p. 268.

nhecer a convencionalidade dos conceitos enquanto signos e a sua utilidade prática como instrumentos de representação, Hegel – segundo Schweigaard – aniquilara a realidade individual (*tilintegjør Hegel Virkeligheden*), o que quer dizer mutilar a própria natureza (*han lemlæster Naturen*)[64]. O sentido do ensaio começa aí a revelar-se na sua plenitude: a filosofia alemã é mera ilusão (*Den Tyske Filosofi er en illusion*)[65]; movidos pela obstinada pretensão de chegar ao conhecimento puro[66], os alemães mergulham totalmente no místico, divertem-se com as palavras, com as essências absolutas, com os fenómenos, com as ideias e os conceitos, com a razão e o intelecto, e, com jogos de palavras, que são apenas "variações do tema", crêem encontrar soluções e descobrir a verdade[67].

Um tal modo de argumentar, segundo Schweigaard, serviria apenas para afugentar aqueles que procuram resistir a tais teorias: é uma tentativa lúgubre de suscitar consensos e de convencer os cépticos[68]. Mas a pessoa sábia – o intelectual nórdico – consegue evitar cair na patranha das teses de tais filosofias (*dette skjær, den tyske filosofi*), desmascarando toda a sua sofisticada dissimulação (*ingen Forklædning*) e silenciando as suas eternas promessas (*og som sikkerlig en Dag vil tinge den til at tie og holde op med sine evige Løfter*)[69]. Era este o seu augúrio.

A abstracção – acrescentava Schweigaard – vem a ser um processo absurdo que põe limites fictícios à continuidade do Todo[70]. A crítica a Wolff e ao seu método, já anteriormente elaborada no "*Betragtninger*", continua: "*Nada poderia ser assim mais sem gosto e ridículo que o exigente fluxo de palavras*", "*monótonas séries de silogismos e de regras escolásticas*"[71]. Para Schweigaard, ao invés, era fundamental reconhecer a imprecisão, a porosidade dos conceitos.

Vejamos agora como a corrosiva leitura da filosofia alemã se destinava a ser explorada a respeito do direito, das suas fontes, da sua ciência. No âmbito estritamente jurídico tudo isto significa que deve dar-se abertura para a consideração da particular "natureza do caso": na resolução de uma questão judicial, mesmo o que a lei prescreve deve ser sacrificado em prol do Razoável (*det Billighed*), do Útil (*det Nyttige*) e do Justo (*det Rette*)[72]. Schweigaard não pre-

---

[64] *Ivi*, p. 268.
[65] *Ivi*, p. 278.
[66] *Ivi*, p. 278.
[67] *Ivi*, p. 249.
[68] *Ivi*, p. 251.
[69] *Ivi*, p. 252.
[70] *Ivi*, p. 304.
[71] *Ivi*, p. 262.
[72] *Ivi*, p. 307.

fixava uma escala de valores ou de valorações à qual se deveria conformar a decisão judicial: valorar segundo o justo, o útil e o razoável não significa antepor um ao outro e vice-versa, mas, dizia, abrir-se a outras considerações, apurar os diversos interesses e reconhecer a pluralidade dos valores.

A única fonte verdadeira – vêm agora, como assinalado, resolvidos os fantasmas, a parte dedicada a propor o próprio credo – para uma ciência que se ocupa do mundo exterior é a experiência: a arrogância das especulações idealistas deve ceder o passo ao mundo dos factos, e a velha metafísica deve ser considerada uma quimera, relegada para um canto ao lado da astrologia[73]. A ciência, para Schweigaard, não deve ser separada da vida real do agir humano, não deve erguer-se numa cátedra esquadrinhando as pessoas pedantemente e divulgando a sua perfectibilidade, antes devendo estar ciente dos seus próprios limites e da sua limitação. Não é possível deslocar as regras da lógica e da matemática para a dimensão jurídica, onde vigora a regra da incerteza, porque incertas e poliédricas são as relações humanas. O direito está para a ciência como a ciência está para a sociedade: um conúbio de práticas e de teorias, de *Publikum* e *Videnskab*[74].

Quais, afinal, as fontes do direito? Schweigaard usa amiúde a expressão "*factorer*": muitos e amplos se diz serem os factores que geram direito; não existiriam critérios perfeitos de dedução das fontes jurídicas, e critérios de classificação dos diversos *factorer* teriam apenas um significado aproximativo; a relatividade de distinções claras entre os *factorer* espelha em pleno a relatividade das fronteiras entre os conceitos e os valores. Para além da lei e do costume, existem – assim para Schweigaard no seu ensaio – os "*de reelle hensyn*"[75], ou seja, as considerações reais que fazem de fiel da balança em toda a decisão judicial, e que se revestem de um papel essencial no processo de aplicação do direito, não obstante extravasarem qualquer conotação estritamente jurídica. Este ingrediente fundamental não se presta a qualquer formulação, entrando – assim diremos nós hoje – provavelmente, no amplo conceito de *ponderação*.

Tarefa da ciência jurídica – estou agora a ponto de concluir – é, portanto, a de reforçar a ligação entre o direito e o homem e de desenvolver as consequências dos conceitos jurídicos contidos nas leis, sem proceder a qualquer sistematização ou classificação das noções jurídicas. A norma, essa não é um oráculo divino (*et guddomeligt Orakel dikteret Norm*), mas um simples produto da actividade humana a actualizar continuamente e por tais razões,

---

[73] *Ivi*, p. 252.
[74] *Ivi*, p. 272, 273.
[75] *Ivi*, p. 326.

humano e incompleto e talvez um pouco menos imperfeito (*mindre Ufuldkommenhed*) que o de alternativas como a anarquia (*Chatisk Selvraadighed*) ou o arbitrário exercício do poder[76].

2.3. Intérpretes e críticos de Schweigaard

Foram várias, nos países nórdicos, as interpretações de Schweigaard, e na verdade até contrastantes.

Alguns estudiosos consideraram-no, fundamentalmente, um empirista. Estes consideravam particularmente iluminada a observação de Schweigaard segundo a qual seria de recuperar o método gnoseológico inglês, a filosofia, inglesa, que desde sempre combatera a Filosofia dos "espíritos"[77]. Sørensen considerou decisiva a expressão "*aander*" utilizada por Schweigaard, expressão recorrente, em sua opinião, no empirismo de cunho britânico[78].

Jens Arup Seip etiquetou o jurista norueguês de utilitarista: este, no claro intento de demolir o direito natural, teria retornado a uma forma de utilitarismo[79]. De resto, as suas contínuas referências ao "*det Nyttige*", ao útil no âmbito da argumentação judicial, avalizariam esta interpretação.

Um Schweigaard pragmático, opositor, com e na peugada de Ørsted, ao método e à ciência jurídica alemã de cunho savignyano, eis o juízo de Sverre Blandhol[80]. Este, insistindo nas posições anti-formalistas e anti-fundamentalistas, movendo-se nas doutrinas cépticas quanto aos conceitos jurídicos, coloca-o entre as fileiras dos pragmáticos, com Oliver Holmes, Charles Sanders Peirce, William James e John Dewey, como testemunha, na Noruega, de modelos filosófico-jurídicos próximos das tradições "d'além oceano".

Rune Slagstad, por seu turno, partindo da concepção schweigaardiana segundo a qual o direito não é senão o produto da actividade humana, julga o nosso autor um claro positivista[81]. Empirista, utilitarista, pragmático ou positivista? É certo que Schweigaard conduzira às consequências extremas o realismo de Ørsted. As teorias jurídicas schweigaardianas davam atenção privilegiada ao agir do homem empírico, um agir político e económico. Feroz era a sua aversão à filosofia alemã, toda ela reunida, no seu parecer, no sistema

---

[76] *Ivi*, p. 329, 330.
[77] A. M .Schweigaard, *Om den tyske filosofi*, cit., p. 272.
[78] Ø. Sørensen, *Anton Martin Schweigaards politiske tenkning*, Oslo, 1998.
[79] J. Arup Seip, *Utsikt over Norges Historie*, første del, Oslo, 1974.
[80] Cfr. S. Blandhol, *Nordisk Rettspragmatisme: Savigny, Ørsted og Schweigaard om vitenskap og metode*, Oslo, 2003.
[81] Cfr. R. Slagstad, *Rettens Ironi*, Oslo, 2001.

filosófico hegeliano. Contrário à ideia hegeliana da filosofia como racionalidade absoluta e universal que se realiza dialéctica e organicamente, Schweigaard identificava, já se viu, a filosofia "continental" com os desenvolvimentos em sentido idealista das premissas postas por Kant: a identificação total da realidade com o pensamento que é racionalidade, a interpenetração entre subjectividade e objectividade, a filosofia como sistema. O desenvolvimento do processo do espírito objectivo teria negado a multiplicidade dos sujeitos empíricos, privando de valores a realidade dos indivíduos e as suas relações.

A viragem no sentido idealista da filosofia hegeliana "*kolde tilLive de Spøgelser Kant havde udryddet*" – na opinião de Schweigaard – tinha trazido de volta à vida os fantasmas que Kant expulsara. Mas identificar toda a filosofia alemã com a hegeliana filosofia do espírito não ajudava, decerto, a libertar-se dos espectros. Pelo contrário. As análises schweigaardianas criavam outros fantasmas. Os fantasmas do equívoco, antes de mais. E o fantasma – nada menos – de que toda a filosofia girava em torno de um único ponto: a filosofia idealista.

Schweigaard, como se nota, foi um infatigável reformista, confiante nas leis e na possibilidade de melhoramento do seu país: as assumpções da filosofia idealista não teriam podido, de modo algum, satisfazer os seus claros intentos de reconstrução da jovem Noruega. O seu interesse por temáticas económico-políticas conciliava-se mal com a necessidade racional de um Sujeito absoluto, imanente aos eus-empíricos, aos quais não seria reconhecida realidade. Foi um sentimento intenso que, entre outros, em breve faria cair uma noite escura e infinita sobre o destino da filosofia idealista. Os próprios alemães pareciam esgotados e exaustos de tantas promessas. Na escola alemã – pode ler-se no seu mais notável ensaio – predomina uma tal banalidade e intolerância intelectual que torna o idealismo incompatível com o espírito de uma verdadeira ciência[82]. O contributo de Schweigaard, essa é outra história. A variedade das interpretações reforça a ideia de uma pluralidade de sugestões – mas poderia ser uma apreciação correcta a de que, embora não necessariamente, aquele se identificasse, na substância, com o realismo nórdico nos seus primeiros passos. Mais que uma filosofia, pistas, solicitações, de um modo de pensar, orientado para a prática e para as exigências políticas. Não sem, como frequentemente se lê em escritos críticos, iluminantes sugestões.

---

[82] A. M. Schweigaard, *Om den Tyske filosofi*, op. cit., p. 282-283.

3. Os desenvolvimentos do realismo nórdico

As teorias ørstedianas e schweigaardianas vingaram sem contestação até ao final do século XIX e primeiras décadas do século XX.

O conúbio entre ciência e *praxis* jurídica consolidou-se na Dinamarca e na Noruega nos anos que se seguiram aos trabalhos de Ørsted e Schweigaard: experiência prática em indissolúvel conexão com um pensamento teórico livre preconceitos[83]. As teorias ørstedianas contidas no *"Haandbog over den danske og norske Lovkyndighed"*, confluindo todas na crítica às fontes do direito, na recusa da metafísica dos conceitos jurídicos *a priori* presentes em toda a relação jurídica, e na indicação das *"reelle hensyn"* (considerações reais) e da *"sagens natur"* (natureza do caso) como fontes secundárias do direito[84], constituíram o *background* do realismo nórdico[85].

Formada a sua ossatura, os desenvolvimentos ocorreram naturalmente. Muitos filósofos e juristas, dinamarqueses e noruegueses, se reconheceram e incluíram entre as fileiras deste movimento: F. C. Bornemann (1810-1861), Carl Goos (1835-1917), Viggo Bentzon (1861-1937), Vinding Kruse (1880-1963), Oscar Platou (apenas em parte) (1845-1929), Hermann Scheel (1859-1956), Carl Ussing (1857-1934), Fredrik Stang (1867-1941) e Ragnar Knoph (1894-1938).

3.1. A escola dinamarquesa

Os desenvolvimentos do movimento dinamarco-norueguês começaram no dia seguinte ao desaparecimento de Ørsted. Recorde-se rapidamente o filósofo do direito F. C. Bornemann. As suas teorias, não obstante uma certa coloratura hegeliana[86], desenvolviam característicos temas ørstedianos, especialmente a respeito das fontes de produção. Em *"Foredrag over den almindelige retts – og statslære"*, de 1863, Bornemann reconhecia como fonte de direito, ao lado da lei e do costume, a *praxis* dos tribunais[87], dada a necessidade de interpretar a *"forholdets retslige Natur"*, a natureza da relação jurídica, nas hipóteses de carência de conteúdo positivo e na impossibilidade de recurso à analogia.

---

[83] H. Scheel, *Rettskildene i norsk og dansk rettslitteratur*, in Tidsskrift for Rettsvitenskap 1940, p. 120.
[84] *Ivi*, op. cit., p. 120, 121.
[85] T. Eckhoff, *Rettskildelære*, op. cit., p. 271.
[86] S. Jørgensen, *On legal theory*, op. cit., p. 28.
[87] Cfr. F.C. Bornemann, *Foredrag over den almindelige Rets – og Statslære*, København 1863.

O sucessor de Bornemann, Carl Goos, considerava o direito como norma que se faz valer através do poder exterior: o direito consistiria no poder de executar a norma[88]. Não existiria, para o dinamarquês, norma jurídica válida independentemente de uma sociedade organizada através de um ordenamento jurídico, à margem da sociedade[89]. Goos reconhecia, ao lado da lei, o *"lovens ånd"* (o espírito da lei), os *"grundsætninger"* (os princípios fundamentais) e a *"forholdets natur"* (a natureza da relação jurídica), como *"suplerende Retskilder"*, ou seja, fontes secundárias suplementares. O jurista dinamarquês atribuía ao *"rettssedvaner"*, o costume, o papel de fonte de produção, paralelamente à *"rettspraksis"*, a prática jurídica dos tribunais[90]. Com as suas teorias, Goos propunha-se construir um sistema jurídico ideal correctivo do positivo, assumindo como ponto de partida o princípio segundo o qual o direito deveria respeitar os interesses morais presentes na sociedade: uma luta contra o formalismo inspirada no utilitarismo de John Stuart Mill, de um lado, e, de outro, no *"interessekatalog"* de Jhering[91].

Mas coube a Bentzon e Kruse representar no panorama escandinavo o papel de pedras miliares do realismo nórdico. Conservadores e orgulhosos, um e outro, de pertencer a tal tradição, foram juízes severos das teorias rossianas e os herdeiros de Ørsted. A filosofia jurídica de Viggo Bentzon seguia integralmente as pisadas de Ørsted: uma teoria empírica das fontes de direito[92] que assumia, como ponto de partida, a argumentação dos juízes[93]. Assentou o reconhecimento da *"sagens natur"* como fonte secundária de produção de direito e instrumento fundamental de ponderação e garantia da justiça do caso concreto: a decisão não poderia ser senão o resultado da ponderação de *"actual converging exigencies"*[94]. Somente uma análise *real* dos fenómenos históricos e religiosos e das suas recíprocas relações constituiria sólida base para uma doutrina das fontes do direito. Não, portanto, juízos de valor pessoais sobre como a sociedade deveria ser.

Uma necessária harmonização entre teoria e prática, como ensinara Ørsted, eis o que, na opinião de Bentzon, deveria ser transmitido aos estudantes de direito dinamarqueses. O juiz – escrevia Bentzon – descobre (*finder*) o direito e aplica-o (*opdager*) graças ao suporte teórico da ciência jurídica: tal explica a essência do direito (*Dette er billedet af det "Rettens Vand"*). Uma total

---

[88] Cfr. C. Goos, *Forelæsninger over den almindelige Retslære*, (1885-1892).
[89] *Ivi*, op. cit.
[90] H. Scheel, *Rettskildene i norsk og dansk rettslitteratur*, op. cit., p. 126.
[91] S. Blandhol, *Juridisk ideologi*, op. cit., p. 58.
[92] S. Jørgensen, *Fragments of legal cognition*, op. cit., p. 41.
[93] Cfr. V. Bentzon, *Retskilderne*, København 1905.
[94] S. Jørgensen, *On legal theory in Denmark*, op. cit., p. 29.

unilateralidade de actuação em tais processos desembocaria em falta de objectividade; dentro de certos limites, o juiz pode ainda aventurar-se no "inventar" o direito[95].

O que, segundo Bentzon, tornaria indissolúvel a relação juiz / ciência jurídica era sentirem-se, uns e outros, vinculados aos métodos efectivamente utilizados na vida jurídica de um país, aos métodos geneticamente ligados às tradições do país. Nenhum modelo pode ser importado – seguia o dinamarquês –, nem mesmo o adoptado na maioria dos estados europeus: juiz e cientista do direito devem descobrir tais métodos, e não criar novos ou procurar introduzir outros provenientes de outras paragens. Na Dinamarca, o "método correcto", formado ao longo das gerações, era, segundo Bentzon, aquele nos termos do qual a ciência jurídica, os tribunais e a administração vivessem em total aderência aos dados da experiência (*Dato*), ao seu desenvolvimento, à suas mutações[96].

Assim era para Bentzon e Kruse; mas para este, especialmente, ainda por outras razões. Inclinando-se para a procura de resolução de todo o problema jurídico singular em conformidade com a assim chamada "*nature of the case*", Vinding Kruse definia assim a natureza do problema: "*an appropriate rule of Law, accurately adopted and fitted to the practical circumstances of life*"[97], uma norma jurídica apropriada e apta a representar a circunstância da vida prática, uma regra que ponderasse o sentido de justiça e o *common sense*.

O volumoso trabalho de Kruse, "*Retslæren*", centrava-se em pressupostos realistas de indiscutível proveniência ørstediana e schweigaardiana. Kruse colocava os termos "cientificidade", "realismo", "experiência", natureza do caso", no mesmo plano: todos eles anéis pertencentes à mesma cadeia, a do modelo orgânico. A biologia tornava-se assim o modelo científico de referência no estudo do direito, da sua natureza e dos fenómenos jurídicos. O direito, segundo Kruse, era o instrumento apto a implementar a ordem entre as relações sociais, entre a vida dos indivíduos em sociedade, através da utilização da força[98]. Facilmente se percebe que Kruse não era insensível a um certo organicismo positivista, característico da segunda metade do século XIX na Europa.

A sociedade era definida por Kruse como um grande corpo em evolução, em contínuo desenvolvimento biológico. Se direito e sociedade, como parece

---

[95] *Ivi*, p. 539.
[96] V. Kruse, *Retslæren*, København, 1943, p. 7.
[97] F. Castberg, *Philosophy of Law in the Scandinavian countries*, in The American Journal of Comparative Law 1955, p. 390.
[98] V. Kruse, *Retslæren*, København, 1943, p. 7.

poder deduzir-se, são postos em relação através do método biológico da evolução, então o direito não é um fenómeno construído pelo homem na base de relações de poder: com Kruse, por conseguinte, o direito liberta-se de qualquer relação com a política e regressa ao seu estado natural, o de fenómeno natural, precisamente.

O direito era entendido por Kruse como fenómeno natural, evoluindo como as células dos organismos[99]. A sociedade dos homens representava o tipo mais avançado de sociedade: à mesma, como a mais evoluída, correspondia uma forma de direito mais refinado. Do seio da sociedade, em contínuo movimento ao longo dos séculos, nunca igual a si mesma, sempre tinham emergido – escrevia Kruse – indivíduos-*leaders* (*Samfundets Ledere*), os quais, dotados de especiais qualidades pessoais e sentido de cooperação, por necessidade, dominavam a maioria dos homens, condenados, de outro modo, a viver num incessante estado de violência. O ordenamento jurídico, de acordo com Kruse, não era um artificioso instrumento criado pelo homem, mas o resultado de sucessivas lutas heróicas das elites ao longo dos tempos. Também os conflitos entre as *elites* se teriam desenrolado em conformidade com as leis biológicas do desenvolvimento e não com aquelas, fugazes, da política e das relações de poder[100]. As elites, dominando a maioria dos indivíduos, haviam cumprido uma gigantesca missão (*elitesgigantiske forsøg*), orientada para a realização dos mais elevados objectivos (*høyeste Maal*), que tinham permitido uma existência de acordo com as mais elevadas formas de vida (*en Tilværelse under de høyeste Livsformer*).

A luta pela vida volvia-se, segundo Kruse, em luta pela existência, uma luta conduzida pela elite para garantir e tutelar a melhor convivência entre os indivíduos. Biologia, direito, e depois a política. Se o direito descobre a sua célula original nas leis biológicas, também a actividade do jurista, tendente à determinação do direito justo, não poderá prescindir de considerações realistas e dos eternos desenvolvimentos da humanidade.

A ciência jurídica habita, na opinião do dinamarquês, num plano mais elevado, e daí observa os processos políticos e a actividade legislativa[101], estando assim preparada para interpretar, escoltada por meticulosos exames da realidade[102], o que deve considerar-se direito válido. A pesquisa científica do jurista só viria a ser realista se o cientista do direito fizesse vénia ao contributo

---

[99] *Ivi*, p. 16.
[100] *Ivi*, p. 27.
[101] *Ivi*, p. 89.
[102] *Ivi*, p. 74.

de outras ciências: a psicologia (*Psykologi*), a ciência da linguagem (*Sprogvidenskab*), a história (*Historie*) e a ciência social (*Samfundsvidenskab*)[103].

O "*eksperimentalt-vurderende Erfaringsmetode*", isto é, o método realístico-experimental baseado na experiência permitia assim à ciência jurídica ser reposta na categoria das ciências naturais. O estudo aturado da realidade realizar-se-ia através de uma análise minuciosa do material proveniente da experiência (*erfaringsmateriale*); ao lado das indagações que têm por objecto as formas da legislação e da prática jurídica, o jurista deveria sustentar também uma série de valorações sobre a vida económica e psíquica da sociedade, para compreender os movimentos e as circunstâncias que residem fora do recinto das sentenças e das leis[104].

O grande material da experiência, recolhido também por intermédio das outras ciências, ou seja, as ciências naturais técnicas, a economia nacional, a estatística, a psicologia, a psiquiatria, a ciência médica[105], faria luz sobre a natureza e sobre os efeitos das leis e das sentenças. A ciência jurídica, reclamando o material da experiência, segundo Kruse, assumiria o carácter de um grande laboratório em actividade, coadjuvada pelo contributo de outras ciências sociais: através do exame da natureza do caso e dos princípios do direito natural, o jurista seria capaz de determinar a norma justa a aplicar, tal como um médico, na sequência de escrupulosas análises, descobriria qual a terapia mais eficaz[106].

As normas jurídicas e as sentenças judiciais, segundo Kruse, não seriam outra coisa senão a aplicação, em concreto, de quatro princípios de justiça (*de fire Grundsætninger*): o primeiro princípio estabelecia, na opinião de Kruse, a proibição para todo o indivíduo de prejudicar outrem em contraste com um mais alto e reconhecido princípio social (*ingen sulle skade andre uten høyere, af samfundets anerkendt Grund*); nos termos do segundo, cada um deveria levar a cabo uma actividade de acordo com o seu próprio carácter e capacidades (*Enhver skal ogsaa den virkshomed eller stilling i Samfundet, som hans karakter og evner gør ham særlig egnet til*); nos termos do terceiro, a cada um caberia o salário "merecido" (*Enhver likeledes skal fåden Lønn han "fortjener"*); e, finalmente, segundo o quarto, todos devem contribuir positivamente para a realização dos objectivos da sociedade (*de Foransfaltninger af samfundet*), e, *in primis*, para o proveito comum (*fælles Gavn*) de todos os indivíduos[107]. A con-

---

[103] *Ivi*, p. 73.
[104] *Ivi*, p. 75.
[105] *Ivi*, p. 75.
[106] *Ivi*, p. 87.
[107] *Ivi*, p. 25-27.

cretização de tais princípios-base, no campo judicial como no legislativo, asseguraria, segundo Kruse, a máxima harmonia expectável entre direito e moral. Onde teria acabado por conduzir uma tal concepção orgânico-positivista – um tal corpo doutrinal não se pode dizer própria e exclusivamente dinamarquês - vê-se nos desenvolvimentos da teoria.

A identificação dos quatro princípios de justiça emergia da "teoria da diversidade das raças" (*Teorie om de ulike Racer*), dividindo Kruse a espécie humana em três categorias: o *Human-Type A* (*Mennesketype A*), ou os povos do noroeste europeu; o *Human Type B* (*Mennesketype B*), relativo aos povos eslavos; e o *Human Type C* (*Mennesketype C*), constituído pelas raças de cor. A tripartição em raças – escrevia Kruse – não era senão um facto natural ditado pelas leis biológicas e pelas questões climáticas[108].

3.1.1. Uma polémica significativa, Ross contra Kruse e vice-versa. Ou: como o realismo nórdico dinamarquês mostrava ser uma herança difícil

A filosofia krusiana, impregnada do princípio da autoridade do Estado, dirigida, como é evidente, a suprimir as lutas de classes e, indubitavelmente, inspirada na omnipotência das leis naturais e na divisão da espécie humana em raças, foi asperamente criticada por Alf Ross. Em 1945, a poucos anos do seu ingresso no panorama universitário dinamarquês, Ross publicava em "*En retslære fra det 19. Aarhundrede*" um feroz ataque à teoria krusiana das fontes de direito: pelo fim do exórdio, Kruse era já etiquetado de "*amatørfilosof*" (filósofo amador) "*fra det juridiske fakultet*". Extremamente dura, a posição rossiana azedara seguramente com rancores passados daquele meio intelectual fortemente conservador[109].

As críticas de Ross tinham por objecto, antes de mais, a ideia de ciência jurídica como descodificadora da psique humana e única verdadeira intérprete da natureza do caso. Por detrás da falsa objectividade da ciência jurídica, sustentava Ross, escondem-se as mais perigosas infâmias, as mais temíveis e condicionadas valorações pessoais do cientista do direito, as quais conduziriam a toda uma série de resultados inevitavelmente oscilantes e subjectivos. O bem-estar da sociedade (*Samfundets Veldfærd*), conseguido graças à concretização dos quatro princípios de justiça no plano da legislação e da aplicação do direito, clara herança do direito natural, constituiria uma tremenda

---

[108] *Ivi*, p. 1076.

[109] Cfr., sobre este aspecto, V. Bentzon, *Retskildeproblemet*, in Tidsskrift for Rettsvitenskap 1929; V. Kruse, *Til etikkens og retslærens problemer*, in Tidsskrift for Rettsvitenskap 1934; V. Kruse, *Retslæren paa realistisk Grundlag*, in Tidsskrift for Rettsvitenskap 1946.

ficção, uma máscara cobrindo o rosto daqueles que perseguiam somente fins pessoais por detrás da fictícia missão de realizar a utilidade social, objectiva e absoluta[110].

O programa teórico de Kruse, continuava Ross, não era mais que um "*voluminøse Værk*", uma obra volumosa mas de fundamentação débil, porque antiquada, assente em postulados cientificamente não verificáveis, por serem derivações jusnaturalísticas. Todo o trabalho de Kruse, segundo Ross, surgia como uma nítida manifestação de libertinagem científica (*videnskabelig verdiløse*): a falta de respeito pela lógica, pela técnica e pelo método científico, condenava as teorias krusianas, ausentes de valores, mas ricas em fantasia – escrevia Ross – a vaguear nos céus do *sem sentido*[111]. A teorização de um direito natural pretensamente "científico" varria, num rápido movimento, os valiosíssimos contributos de Hägerström e dos seus pupilos. Por outro lado – continuava Ross – as influências da economia sobre o direito, o estatismo claramente expresso na "teoria das raças", a identificação dos quatro princípios de justiça, como garantes do harmónico conúbio "direito-moral", e o ter preferido a quantidade à qualidade científica, testemunhavam claramente a sua verdadeira intenção: realizar um programa político dirigido à promoção da ditadura[112].

A resposta a Ross não tardou. Apenas um ano depois, em 1946, sempre na revista escandinava *Tidsskrift for Rettsvitenskap*, Kruse publicava um artigo, "*Retslæren paa realistisk Grundlag*", em defesa das suas teorias. Sarcasticamente, começava com um dado de facto: "é fenómeno frequente – escrevia – que sentimentos como a antipatia e a simpatia possam obscurecer as capacidades do pensamento e afastar a lógica". Isso mesmo, em suma, resultaria de maneira concludente do artigo rossiano "*En Retslæren fra det 19. Aarhundre*", publicado, como antes se referiu, na mesma revista[113].

A referência de Kruse era clara: a acusação de promover a ditadura e de se esconder vilmente por detrás da sua doutrina das fontes do direito, foi sentida como um açoite, uma chicotada infligida num período comprometedor, o do segundo pós-guerra. Kruse procurou defender-se, evitando polémicas de tipo jornalístico ou tácticas políticas, recentrando o debate com Ross no plano da cientificidade.

Kruse tentou eximir-se à aguerrida acusação rossiana de pertencer a uma filosofia jurídica oitocentesca, de cunho jheringiano, afirmando, entre outras

---

[110] A.Ross, *En Retslære*, op. cit., 284.
[111] *Ivi*, p. 291.
[112] *Ivi*, p. 291, 292.
[113] V. Kruse, *Retslæren paa realistisk Grundlag*, in *Tidsskrift for Rettsvitenskap*, 1946, p. 211.

coisas, que Allen e Goodhart, dois modernos juristas ingleses, eram citados frequentemente nos seus trabalhos sobre as fontes do direito. Por outro lado, Kruse reforça que a sua definição de direito era completamente diversa da de Jhering (direito como interesse protegido), definição que ele, aliás, criticava abertamente, considerando-a uma tautologia[114].

Sobre o papel da ciência jurídica, o conflito Ross / Kruse tornava-se acérrimo: o título do artigo "*Retslæren paa realistisk Grundlag*" sublinhava, inequivocamente, que a tarefa da ciência do direito era a de investigar, procurar, analisar a vida e as acções humanas em sociedade. E por outro lado que o legislador e o juiz deveriam exigir uma análise realista do direito ao cientista do direito[115]. As conclusões da ciência jurídica seriam indicativas, tanto para o legislador como para o juiz, no campo civil como no campo penal, tanto no caso em que a lei expressamente houvesse disciplinado a situação como nos casos de vazio legislativo. Tais investigações, tendo por objecto a *sagens natur*, como fonte secundária de direito, juntamente com o direito natural, favoreceriam a evolução do direito[116].

Kruse reportava-se à imperante tradição do realismo nórdico, a Ørsted, a Getz, a Goos, a Lassen. A ciência do direito, como qualquer outra ciência prática, deveria proceder – continuava Kruse – através de reflexões autênticas sobre acções a realizar, interrogando-se sobre o útil (*de nyttige*) e o oportuno (*det hensigtsmæssige*), sobre as causas práticas (*de praktiske Aarsager*) e sobre os efeitos práticos (*De praktiske Virkninger*), evitando desembocar em verdades absolutas e objectivamente válidas, como as matemáticas[117].

Na opinião de Kruse, Ross reduzira apressadamente tais análises a considerações de política do direito, ficando indiferente ao útil e ao oportuno, despindo, assim, a ciência jurídica da sua cientificidade. Ross teria erigido a sua filosofia jurídica sobre postulados igualmente indemonstráveis: porque – interrogava-se Kruse – poderia a ciência jurídica somente constatar e descrever? Porque deveriam as normas jurídicas, apesar de prescreverem acções e omissões, ver-se privadas de significado lógico? Porque não seriam científicas as proposições jurídicas, como as morais, mas escapes emotivos (*Følelsesudbrud*)[118]? Se assim fosse – continuava Kruse – a ciência jurídica deixaria de existir, e nenhuma doutrina das fontes de direito seria possível. Escrevia Kruse: "Se as representações sobre a moral e o direito não são nada, sobre

---

[114] *Ivi*, p. 212.
[115] *Ivi*, p. 212.
[116] *Ivi*, p. 218.
[117] *Ivi*, p. 219.
[118] *Ivi*, p. 224.

nada (*Intet*) nada se pode pensar, discutir ou escrever. Não se percebe, então, porque Ross não cessa a sua própria actividade, já que ser professor ou cientista do nada é obra um tanto frustrante"[119].

Ainda outra coisa merece ser sublinhada: Kruse não deixava de frisar a atitude – em sua opinião – intelectualmente flutuante de Ross, perguntando-se, com sarcasmo, se o seu interlocutor era o Ross da "*Teorie der Rechtsquellen*", servilmente inspirado em Kelsen, ou o Ross da "*Kritik der sogenannten praktischen Erkenntnis*" e de "*Virkelighed og Gyldighed i Retslæren*", cegamente influenciado por Hägerström. Quem era – perguntava – o verdadeiro Ross?

O Ross vienense da linguagem oitocentesca, e da pura tradição hegeliana e schellinguiana, ou o Ross sueco, homicida de qualquer pensamento científico e da confusa roupagem de palavras estrangeiras e indicações técnicas[120]? Kruse, no ensaio, tinha certamente posto em primeiro plano umas das faces do seu realismo organicista, mas Ross, pese alguma aspereza, não tinha visto mal.

3.2. A escola norueguesa

Alguns anos depois de Ørsted, o realismo nórdico ganha cidadania e consolida-se também na Noruega, graças, especialmente, a Anton Martin Schweigaard. Sobre as suas teorias já nos debruçámos *supra*. Estas exerceram, aliás, notável influência sobre a prática dos juízes, sobretudo no âmbito do direito penal e processual[121]. Prosaico, aguerrido opositor do dogmatismo wolffiano e das sistematizações conceptuais[122], homem sóbrio e realista[123]. Dele disse Gunnar Skirbekk: um realista, o mais destacado realista que a literatura jurídica norueguesa conhecera, "*the founding Father*", "*ein Gründer*" da jovem Noruega[124].

Examinaremos de seguida os contributos mais significativos dos juristas noruegueses mais influenciados pelos ensinamentos de Anton Martin Schweigaard. As teorias jurídicas, primeiramente, de Oscar Platou, aquele que inicialmente menos se indentificara com o realismo nórdico e que, na interpretação de Herman Scheel, só lentamente se aproximou do pensamento de

---

[119] *Ivi*, p. 224.
[120] *Ivi*, p. 225.
[121] *Ivi*, p. 271.
[122] G. Sandvik, *Schweigaard*, in Jussens Venner 1984, p. 270-274.
[123] G. Skirbekk, *Schweigaard og den norske tankeløysa. Kriminalhistoria om filosofiens påstålte død i Norge i 1830 – åra*, in Jussens Venner 1984, p. 255.
[124] *Ivi*, p. 255.

Schweigaard, com particular resguardo em face das considerações práticas em sede de aplicação do direito. Seguir-se-á uma análise das teorias de Herman Scheel, profundamente ligado, por sua vez, aos ensinamentos do dinamarquês Vinding Kruse. O trabalho terminará com a reconstituição das divergências entre, de um lado, Francis Hagerup, jurista do final do século XX e defensor do método construtivo alemão, e, de outro, Carl Ussing, Fredrik Stang e Ragnar Knoph, herdeiros, estes, da tradição ørstediana e schweigaardiana, e representantes de uma *sociological jurisprudence*. Interessantes são ainda os pontos de convergência entre as tradições nórdicas, solidamente implantadas nos meios jurídicos norugueses, de um lado, e os contributos inovadores no contexto alemão da *Freirechtsbewegung*, de outro.

3.2.1. Oscar Platou entre o positivismo e o realismo. As fontes do direito e a "sagens natur"

Em 1915, o filósofo do direito norueguês Oscar Platou publicava "*Forelæsninger over Rettskildernes Theori*", uma apresentação sistemática da doutrina das fontes do direito[125]. Uma abordagem, a sua, indubitavelmente positivista: uma análise histórica e filosófico-jurídica das fontes do direito (cap. I); o costume e o seu papel, incluindo a relação entre costume e "*sagens natur*" (cap. II); as várias espécies de fontes do direito (cap. III); a aplicação e os efeitos da lei, a interpretação jurídica e os seus efeitos, e a analogia (caps. IV-V).

Em particular, Platou interpretava a "*sagens natur*", de ørstediana memória, como "*naturlige Ret*", uma espécie de direito natural contraposto ao direito positivo, a que autores ingleses como Salmond e Lamb se referiam como "*natural reason of the thing*" e os franceses como "*la nature des choses positives*"[126]. Ørsted tinha, também ele, na verdade, a dado passo do seu "*Haandbog over den danske og norske Lovkyndighed*", identificado a "*sagens natur*" com o "*naturlige rett*", em contraposição ao positivo e arbitrário (*i modsætning af den positive eller vilkaarlige*), e sustentara que o direito natural não se apoiava em princípios jurídicos metafísicos (*metaphysiske retsgrundsætninger*), mas, contrariamente, em naturais sentimentos jurídicos (*den naturlige Retfølelse*), sobre a necessidade do viver civil (*det borgelige livs Trang*), sobre a natureza do material jurídico (*Retsgjendstandenes Natur*) e sobre os usos das pessoas (*Folkets Sæder*)[127].

---

[125] H. Scheel, *Rettskildene*, op. cit., p.131.
[126] O. Platou, *Forelæsninger over Retskildernes Theori*, Kristiania (Oslo) 1915, p. 59.
[127] A. S. Ørsted, *Handboog over den danske og norske Lovkyndighed*, op. cit., p. 84, 90.

Segundo Platou, o juiz deveria recorrer à *"sagens natur"* não apenas nos casos de ausência de dados normativos, mas também em todos os momentos de interpretação da lei. A *"sagens natur"* – escrevia Platou – moldar-se-ia sobre *"almindelige Retsprinciper"*, sobre princípios gerais do ordenamento e sobre *"Retsfølelse"*, sobre sentimentos jurídicos da sociedade, mas já não sobre a opinião pessoal do juiz acerca de como deveria ser a lei ou de como as colisões de interesses concretos deveriam encontrar solução. Difícil era – segundo o norueguês – distinguir o sentimento pessoal, moral e jurídico do juiz do da sociedade em geral[128].

A *"sagens natur"* haveria de desempenhar um papel fundamental, tanto em relação ao costume como fonte de direito, como nos processos de argumentação jurídica, sendo esta colocada como base dos raciocínios jurídicos. O recurso a tal fonte subsidiária tornar-se-ia um parâmetro indispensável na análise do caso diante do juiz, de modo a que o operador jurídico, em harmonia com o sistema jurídico vigente, adoptasse a solução menos imperfeita[129].

A *"sagens natur"*, na opinião de Platou, correspondia ao conjunto dos princípios gerais, como tal considerados pela sociedade, a um travão e um refrear das convicções pessoais e privadas do juiz. É fundamental sublinhar – afirmava o norueguês – que o juiz decide sempre em conformidade com o sistema jurídico, sem lhe perturbar a harmonia[130]. Resvalar-se-ia para a pura anarquia, quando o juiz fundasse as próprias decisões sobre princípios seus, e não naqueles pela sociedade considerados justos[131].

Como daí resulta, Platou procurava resguardar-se do que poderiam ser os "perigos"decorrentes da *freie Rechtsschöpfung* alemã e da ideia de independência do juiz.

Em perfeita sintonia com os ensinamentos de Ørsted e de Schweigaard, Platou sustentava que a teoria não podia menosprezar a prática, assim como esta devia servir de campo de teste da teoria (*Sorbund*). A prática, na verdade, não poderia prescindir de um trabalho de sistematização, sem a qual se precipitaria na *"Rutine og Konkretmageri"*, na rotina e na fraqueza[132]. O pensamento sistemático era, em si – sustentava Platou – uma fonte de conhecimento do direito, um meio para fornecer respostas às questões jurídicas concretas: a ciência jurídica, sobre a base do material jurídico existente, da

---

[128] O. Platou, *Forelæsninger*, op. cit., p. 60.
[129] *Ivi*, p. 61.
[130] *Ivi*, p. 62, 63.
[131] *Ivi*, p. 64.
[132] *Ivi*, p. 93.

legislação e da natureza do caso, encontraria os "*de almindelige Retsprinciper*", (os princípios jurídicos gerais) e as suas "*systematiske Sammenhæng*" (relações sistemáticas), constantemente referidas à justiça concreta[133]. Uma reelaboração da realidade da vida e da experiência prática através da ciência: eis o que Ørsted e Schweigaard haviam ensinado.

Outra incumbência da ciência jurídica consistia, na sua opinião, em "*trakke konskventserne*"[134], extrair consequências a partir dos princípios jurídicos: os juristas não deveriam somente determinar os princípios sobre os quais basear todo o ordenamento jurídico e integrar os mesmos no âmbito de um sistema, revelando as suas relações internas, mas também estudar-lhes os efeitos. Era necessário, pois, que a ciência jurídica patenteasse as suas directrizes, de modo a criar uma elevada correspondência entre as decisões judiciais e as concretas situações da vida. Mas a ciência dos juristas não era considerada por Platou uma autónoma fonte de direito; a sua relevância era indirecta. Não era a ciência jurídica, mas a *Retspraksis*, que integrava as fontes de direito, enquanto fundasse as próprias decisões em trabalhos científicos[135].

Dos trabalhos de Platou, como se assinalou, parece resultar uma linha mais moderada: a essência do realismo nórdico e o grande crédito estendido à actividade dos juristas emerge, em Platou, com menos vigor, mais esbatidamente. De um lado, a importância da "*sagens natur*", da análise das circunstâncias da vida e da natureza das relações jurídicas num contínuo "*interplay between theory and praxis*"; de outro, um acentuar constante da função do juiz como não criadora de direito. O positivismo jurídico de Platou encontrava sólido respaldo nas obras do jurista dinamarquês A. W. Scheel. Este, no longínquo ano de 1865, havia afirmado que os tribunais eram órgãos que utilizavam o direito sem, todavia, o criarem, porque não autorizados a estabelecer normas vinculativas, nem para si mesmos, nem para tribunais inferiores. As sentenças judiciais seriam válidas porque, e apenas quando, baseadas em fontes de direito reconhecidas como tal[136].

Platou, embora concordando com o dinamarquês a respeito da subordinação do juiz à lei, entendia que Scheel não considerara de todo, porém, a vinculação dos tribunais ao costume. Na Noruega – escrevia Platou – o costume representava a prática jurídica mais importante, e isso fazia dos tribunais um órgão fundamental no processo de evolução do direito. Platou balançava, se pode dizer-se, entre positivismo jurídico e realismo nórdico. A lei escrita –

---

[133] *Ivi*, p. 96.
[134] *Ivi*, p. 95.
[135] *Ivi*, p. 96.
[136] A. W. Scheel, *Privatrettens almindelige*, Del I (1865), p. 45.

continuava ainda o norueguês – não era por si suficiente: indispensável era o recurso à "*det praktiske Liv*" (a vida prática), à "*sagens natur*" (natureza do caso), e à "*Domstolenes Fortolkning*" (a interpretação dos tribunais)[137].

A aproximação de Platou às tradições nórdicas é ainda testemunhada por reflexões como aquelas nos termos das quais a interpretação da lei se situa no âmago da "*sagens natur*": a lei apresenta vazios que se prestam a uma compleição e a uma adequação segundo os sentimentos jurídicos da época (*Tidens Retsfølelse*)[138]. A interpretação não se esgota num trabalho lógico e sistemático: os seus princípios não se determinariam de uma vez para sempre, antes sendo colhidos da natureza do caso. E a natureza do caso é o espelho das mudanças sociais, dos novos problemas emergentes e da sua evolução interna[139].

Quando os velhos problemas jurídicos tivessem encontrado resposta, com a emergência de novas normas jurídicas – escrevia Platou – articular-se-iam novas combinações, nasceriam novas complicações e novas perguntas sem resposta. Tais respostas poderiam manter-se num arco de cerca de duas gerações: rapidamente, porém, se tornariam demasiado genéricas, carecendo de novos aditamentos em relação às mudanças advenientes e à diversificação do conteúdo da "*sagens natur*". "*De store almindelige Retsprinciper*" (os grandes princípios gerais do direito) eram inabaláveis, mas as "*Anvendelserne og Detailreglene*" (as aplicações e as regras mais detalhadas) entravam numa espiral infinita, impulsionada pela mutabilidade das concepções jurídicas e pelas necessidades da época[140].

3.2.2. *Herman Scheel e o 'regresso' de Kruse*

A evolução do pensamento de Platou, do positivismo jurídico inicial para o realismo nórdico, foi estudado pelo norueguês Herman Scheel, filósofo do direito de clara marca ørstediana. Segundo este, Platou havia transitado de uma fase inicial, em que atribuía somente à lei e ao costume a qualificação como fontes de direito, para outra, em que tomara consciência da não exaustividade da lei para a aplicação do direito e da necessidade de considerar outras fontes, entre as quais, justamente, a "*sagens natur*"[141]. Se a previsão legislativa fosse insuficiente (nas hipóteses de "*retstomt Rom*"[142], de espaços

---

[137] O. Platou, *Forelæsninger*, op. cit., p. 99.
[138] *Ivi*, p. 100.
[139] *Ivi*, p. 101.
[140] *Ivi*, p. 102.
[141] H. Scheel, *Rettskildene*, p. 131, 132.
[142] O. Platou, *Forelæsninger*, p. 68.

juridicamente vazios), segundo Platou, interpretado por Scheel, deveria recorre-se à *analogia*; caso o recurso a esta última ainda não fosse suficiente, abrir-se-ia um espaço ocupável, além dos princípios gerais, pela específica "natureza do caso". A analogia deveria harmonizar-se com o sistema jurídico vigente, com os sentimentos jurídicos gerais e com a consciência jurídica.

Com a sua interpretação, Scheel colocava Platou entre as fileiras dos realistas nórdicos: Platou defendera em "*Retskildernes Theori*"[143] a inexistência de espaços jurídicos vazios, pois cada relação social conteria em si um *jus aequum*, um *jus naturale* próprio, derivável da "*sagens natur*", esta última deduzível dos desenvolvimentos históricos da sociedade[144]. Não é difícil concordar com esta interpretação. Mais interessante é notar como, de um lado, o realismo nórdico não era doutrina imperativa, mesmo na Noruega, e como, de outro, não eram poucas as dificuldades em resistir-lhe no contexto jurídico-cultural norueguês.

Herman Scheel, filósofo e jurista, foi presidente do Supremo Tribunal durante os anos da Segunda Guerra Mundial. Nas suas investigações em matéria de direito e de ciência jurídica, Scheel atribuía um peso decisivo às "*reelle hensyn*", às considerações reais, *genus* da *species* "*sakens natur*", de extrema relevância, sobretudo, quando as fontes do direito positivo o ignoravam. Em tais casos, na opinião de Scheel, não seria correcto afirmar que o juiz houvesse criado direito colmatando um "*retstomt Rum*", um espaço juridicamente vazio: só quando a sua sentença tivesse assumido as formas de um "*prejudikat*" (precedente jurídico) a actividade criadora de direito do juiz teria tomado forma[145].

Com tal afirmação, Scheel dava novo fôlego à doutrina jurídica sustentada por Vinding Kruse no seu "*Rettskilderne*". O livro de Kruse era dirigido aos estudantes e estudiosos dinamarqueses de matérias filosófico-jurídicas, mas Scheel aconselhava-o aos estudantes noruegueses, que se formavam, prevalentemente, sob textos de Platou considerados antiquados por Scheel[146]. Não obstante a sua interpretação de Platou o incluísse entre as fileiras dos realistas nórdicos, com afirmações como esta Scheel mostrava, e não pouco, as suas insuperadas perplexidades.

A aproximação krusiana deixava transparecer, mais visivelmente, o substrato ørstediano: oposição ao conceito formal de fonte de direito e inequívoca atenção ao carácter concreto da actividade do juiz e aos processos argumen-

---

[143] *Ivi*, p. 58.
[144] F. Castberg, *Forelesninger over Rettsfilosofi*, p. 62.
[145] *Ivi*, p. 139.
[146] *Ivi*, p. 139.

tativos que o conduzem à decisão. Firme convicção de que *"rettsvitenskapen eller sakens natur er den viktigste rettskilde, når loven og rettssedvanen tier"*[147], ou que a ciência jurídica e a natureza do caso eram as fontes de direito mais importantes, quando a lei e o costume o ignoravam. Qual era a fonte de direito – interrogava-se Scheel – em absoluto a mais correcta, a mais útil à cultura jurídica de um país? Qual a fonte de direito reconhecida no ordenamento jurídico de todo e qualquer país? Scheel, retomando Kruse, respondia de igual modo: a verdadeira fonte de direito era a *"sakens natur"*, de há mais de cem anos radicada na prática jurídica dos tribunais dinamarqueses e noruegueses; à lei não cabia senão o qualificativo de fonte mais alta, no confronto com a qual, apenas formalmente, todas as outras não seriam mais que subsidiárias[148].

Não se deixe enganar pelo que possa parecer incongruências. Scheel exclui a existência de uma ordem hierárquica precisa, no âmbito da qual catalogar as próprias fontes: aí haveria apenas uma incondicionada preeminência da lei sobre outras fontes reais e formais. Lei, costume, prática e natureza do caso. Entre as fontes secundárias do direito tudo isso ficava claro: nenhuma delas se posicionava numa relação de conflito potencial frente a outra. O costume, por exemplo, podia por vezes ser contrário à *"sakens natur"*; mas caso contrariasse as mais altas valorações sociais, ao juiz, na opinião de Scheel, estaria reservado o direito da respectiva desconsideração[149]. A ciência jurídica podia desempenhar um papel basilar, dado que, amiudadas vezes, as palavras da lei não eram decisivas e harmónicas: ela era o testemunho científico da necessidade de chegar às *"hensigtsmæssigste Løsning"*[150], às soluções mais úteis. O juiz seguiria as orientações doutrinais, e, quando as investigações de um ou mais juristas tivessem mostrado soluções mais justas, estas seriam da mais significativa autoridade no âmbito da prática jurídica. Movendo-se num terreno empírico e levando a cabo uma análise racional das fontes do direito[151], a actividade do cientista do direito permitiria responder às questões fundamentais deste.

Direito válido é – escrevia Scheel – o direito positivo. E então? Mas atenção: a validade do direito estava ligada ao dever dos tribunais fazerem respeitar as normas – um *"etisk Pligt"*[152], um dever ético de sustentar as suas decisões em proposições jurídicas –, para que fosse protegida a *"Gaudilighed for*

---

[147] *Ivi*, p. 140.
[148] *Ivi*, p. 140, 141.
[149] *Ivi*, p. 141.
[150] *Ivi*, p. 144.
[151] *Ivi*, p. 252.
[152] *Ivi*, p. 258.

samfundet", o bem-estar social. O direito válido, o posto, na opinião de Scheel, poderia nem sempre realizar o "*samfundets vel*"[153], o bem-estar social: este era, enfim, o que devia ser tido por determinante nas decisões dos tribunais. A lei, mas enquanto que e só se. O realismo confirmava-se a si mesmo com as razões do positivismo. Não era por acaso que Scheel se batia com Platou.

Insistiu-se, até agora, nesta construção da natureza do caso como traço de identidade do realismo nórdico; seria um erro, todavia, se se descurassem as concepções particulares das secções da ciência jurídica que o caracterizam, não como uma ciência que descreve um dado – nas variantes organicistas -, mas como uma ciência que o *re-encontra* e o *re-constrói* num raciocínio materialmente ordenado, entre positividade e valores, numa linguagem continental, entre individualidade e socialidade, entre economia, política e moralidade pública. Com simplicidade e naturalidade, sem os nossos traumas e dramas, constituindo, assim, a herança mais fecunda do realismo nórdico, como espero conseguir demonstrar.

3.2.3. *O construtivismo de Hagerup, o método teleológico de Ussing e o fascínio do direito livre no realismo nórdico de Stang e Knoph*

Pertencentes à *Frirettsskole,* e contrários a subscrever os pressupostos da *Begriffsjurisprudenz,* segundo os quais o sistema jurídico é um todo exaustivo e as decisões do juiz meramente dedutivas, os noruegueses Fredrik Stang e Ragnar Knoph desenvolveram o legado ørstediano e schweigaardiano, aprofundando os temas da vacuidade dos conceitos, das imperfeições do sistema jurídico e da influência da consideração dos valores nos processos argumentativos judiciários. Adversários da teoria de Montesquieu – para o qual o juiz "*er munnen som uttaler orden slik det står i Loven*" –, de von Savigny e da escola histórica do direito – doutrina que, em sua opinião, dominara o panorama da ciência jurídica alemã na primeira metade do século XIX[154] –, os dois noruegueses falavam de "*sociological jurisprudence*", de "*sociological method*", de ciência jurídica social ou sociológica, abrindo-se, assim, à discricionariedade do juiz nas valorações do caso individual[155]. Fredrik Stang, juntamente com o seu contemporâneo Ragnar Knoph, representaram um exemplo de clara rotura, no meio filosófico-jurídico norueguês, na confrontação do método

---

[153] H. Scheel , *Rettskildene,* op. cit., p. 137, 138. Sobre o uso do termo "*samfundetsnytten*", diz o filósofo norueguês Augdhal: "er et sympatisk ord – det shaker av snusfornuft, materialisme og "totalitær stat" in T. Eckhoff, *Rettskildelære* op. cit., p. 393.

[154] T. Eckhoff, *Retskildelære,* op. cit., p. 208.

[155] F. Castberg, *Problems of legal Philosophy*", op. cit., p. 77, 78.

construtivo e dos raciocínios formalistas, e uma nova tendência na metodologia jurídica. As suas críticas contra o filósofo-jurista norueguês Francis Hagerup (1853-1921), solitário defensor do método construtivo alemão e das generalizações conceptuais[156], demonstraram claramente o triunfo das tradições nórdicas.

A Noruega torna-se, na primeira metade do século XX, palco de confronto entre, de um lado, Stang e Knoph, os quais, expoentes do realismo nórdico, haviam sucumbido ao fascínio do movimento do direito livre, e, de outro, Hagerup, convicto defensor do método construtivo e da *Begriffjurisprudenz*, crítico, portanto, das teorias realistas schweigaardianas.

Hagerup, homem político, jurista, activamente presente no debate internacional sobre as reformas do direito penal e processual, foi Ministro de Estado, em 1903, especialista em Direito Internacional e diplomata a partir de 1905[157], e fundador, em finais de 1888, da revista escandinava de filosofia jurídica *Tidsskrift for Rettsvitenskap*.

No primeiro número da revista, Hagerup tinha publicado um artigo em resposta ao "*Betragtninger over Retsvidenskaben nærværende Tistand i Tyskland*"[158], ensaio em que Schweigaard havia criticado asperamente o método formalista da escola hegeliana e o direito natural de Wolff[159].

Como qualquer outra ciência, na opinião de Hagerup, também a ciência jurídica, para ser definida como ciência, devia proceder a "*abstraktioner*"[160], à sistematização dos conceitos jurídicos e das suas relações. Toda a ciência – escrevia Hagerup – devia tender para o universal: "*Abstraction necessarily inheres, therefore, in each science*"[161]. A tendência típica do realismo nórdico, de deduzir as decisões judiciais de "*udenforliggende Principper*", princípios externos, gerais, de natureza ética e económica, os chamados "*reelle hensyn*", representava, segundo Hagerup, um ponto de vista progressista e uma exigência inegável, mas considerar tais princípios como factores criativos de direito significaria considerar a ciência jurídica como fonte em substituição do direito positivo. Tal abriria o abismo da arbitrariedade subjectiva e das reminiscências jusnaturalistas através do que os processos de decisão se tornariam processos de dedução a partir de princípios colocados na razão

---

[156] F. Castberg, *Retten og Staten*, Oslo 1966, p. 31.

[157] S. Blandhol, D. Michalsen, *Francis Hagerup 150 år*, in Lov og Rett, (Lov) norsk juridisk tidsskrift, num. 9, Oslo 2003, p. 513, 514.

[158] G. Sandvik, *Schweigaard*, op. cit., p. 274.

[159] F. Hagerup, *Nogle ord om den nye Retsvidenskabs Karakter*, in *Tidsskrift for Rettsvitenskap* 1888, p. 5.

[160] *Ivi*, p. 19.

[161] F. Castberg, *Philosophy of Law in the Scandinavian countries*, op. cit., p. 389.

humana: verificar-se-ia, assim, "*en miskjendelse af rettens Væsen*"[162], um menosprezar da essência do direito. A sentença do juiz poderá então dizer-se válida – escrevia Hagerup – não porque isso seja moralmente necessário, mas apenas porque a sociedade, na instituição dos seus órgãos, a aprovou nesse conjunto: às considerações económicas e morais relacionadas com as jurídicas, pode atribuir-se um significado filosófico ou de política legislativa, mas não dogmático. As únicas normas jurídicas válidas, únicas fontes a considerar, eram a lei e o costume, em conjunto com as normas resultantes da autonomia privada conformes aos princípios gerais do ordenamento[163].

A ciência jurídica deveria, pela sua parte, através de uma operação de análise, decompor o material jurídico em elementos conceptuais (*analytiske Process*) e recolhê-los sob uma mesma categoria, mediante um percurso de combinações (*syntetiske Process*): isolar os conceitos gerais e as suas relações, como elementos químicos, e as suas afinidades, ordenando-os segundo relações lógicas ("*en System af slægter og Arter*"), num sistema de géneros e espécies[164]. Um tal sistema seria ordenado segundo as diversas relações jurídicas, cada uma delas relacionável com um outro conceito segundo a construção jurídica ("*det juridiske konstruktion*"). Sempre que o legislador, movido por novas exigências da vida em sociedade, criasse um novo instituto jurídico, a ciência do direito não deveria limitar-se a constatar-lhe a existência e a descrevê-lo; deveria introduzi-lo no sistema jurídico, diagnosticá-lo, marcá-lo e qualificá-lo, assim, como "*en zoologen bestemmer en ny Art, kemikeren en ny Sammensætning*"[165]. A construção científica deveria basear-se sempre – sustentava Hagerup – em factos da experiência ou em operações de indução empírica sobre a lei e o costume como factos, e não sobre deduções aprioristicas.

Seria o método construtivo – interrogava-se Hagerup – um método "*upraktisk*" e "*abstarakt*"? Ainda que o fosse, segundo o norueguês, isso sempre seria necessário, não obstante nenhuma jurisprudência poder ignorar as conceptualizações e abstracções[166]. O próprio Schweigaard, embora tivesse procurado manter-se o mais longe possível de toda a espécie de generalização, em muitos momentos – recordava Hagerup – não pudera evitar regressar aos conceitos gerais. Sem abstracção, a prática seria cega: as decisões jurídicas não

---

[162] *Ivi*, p. 20.
[163] *Ivi*, p. 20.
[164] *Ivi*, p. 22.
[165] *Ivi*, p. 26, 27: "assim como um zoólogo marca uma nova espécie e um químico uma nova relação".
[166] *Ivi*, p. 36, 37.

contêm realidade pura, mas sempre uma teoria, e a teoria necessita da prática: a prática representaria o direito vivo e legitimado pela teoria[167].

Com isto não pretendia Hagerup afirmar que o juiz exercitava uma actividade criadora de direito: este não utilizava mecânica e acriticamente os conceitos jurídicos, mas apurava a sua utilidade em relação ao caso concreto. Hagerup reconhecia que algumas normas jurídicas, não obstante os tribunais carecerem de qualquer "autorização formal" para a criação de direito, podiam ver o seu conteúdo alterado pela prática dos tribunais, mas, lembrava, só nos casos de "*rettstomme Rom*"[168].

Que Hagerup propunha uma aproximação tradicional ao estudo das fontes de direito, foi reconhecido também por Herman Scheel, seu intérprete e crítico. Mas tal, segundo Scheel, fora apenas um ponto de vista originário de Hagerup, conservador e estritamente positivista. Scheel vislumbrava ainda, na concepção hagerupiana, uma abertura a tendências mais realistas, como, em sua opinião, resultava já de certa parte do citado artigo de 1888, em que Hagerup sustentara que "*de af livforholdenes egen natur udledede rettsætninger, vil kunne faa umiddelbar gyldighed*", isto é, que da natureza própria das relações de vida podiam deduzir-se proposições jurídicas que obteriam validade imediata. Embora tendo reconhecido somente a lei e o costume como fontes, Hagerup parecia, na opinião de Scheel, mais aberto do que se suporia ao movimento do direito livre[169]: "*være urigtig at betragte Tilhængerne af den moderne Retsteori som i Almindelighed Lovgivningsfiendske*"[170]. De resto, seria erróneo– continuava Scheel – considerar os adeptos da nova teoria absolutamente hostis à confrontação da legislação em geral.

Hagerup, na interpretação de Scheel, não parecia considerar o poder vinculante da lei de modo absoluto, como um axioma: porém, o próprio Hagerup evidenciara as motivações marcadamente práticas pelas quais os juízes teriam a obrigação de seguir os deveres presentes na lei, não obstante pudessem considerá-la desrazoável e injusta. Um dever jurídico perece – escrevera-o Hagerup e repetira-o Scheel – quando é contrário à moral, que é a fonte mais profunda de garantia da certeza jurídica[171]. Dentro de certos limites, o juiz poderia prescindir do dado legislativo quando se desse conta, na sequência de profunda análise, de que não o fazer conduziria a um resultado desrazoável. Ainda segundo Scheel, Hagerup sustentava que, na ausência de lei

---

[167] *Ivi*, p. 44, 45.
[168] T. Eckhoff, *Retskildelære*, op. cit., p. 210.
[169] H. Scheel, *Rettskildene*, op. cit., p. 136.
[170] F. Hagerup, *Noen ord om*, op. cit., p. 76.
[171] *Ivi*, p. 26.

ou costume, existia, de todo modo, um direito que permitisse ao juiz, não criar direito, mas descobrir o direito tendo em consideração o bem-estar social. O *"samfunnets vel"*, além do mais, – assim lia Scheel – não seria de ponderar apenas na ausência de uma regra jurídica ou de um costume, mas sempre, mesmo na ausência de silêncio, na presença de um texto.

Além das exegeses de Scheel, o qual acabava por atribuir a Hagerup um lugar, ainda que marginal, no âmbito das teorias realistas do direito, as críticas mais fortes, destinadas a desmascarar os limites do método construtivo hagerupiano, provinham do norueguês Fredrik Stang e do dinamarquês Carl Ussing.

A primeira e imediata resposta a Hagerup constava, também ela, do primeiro número da revista escandinava de 1888, no qual, como se disse antes, Hagerup, seu fundador, havia elogiado o método construtivo. Num seu artigo, Carl Ussing lançava luz sobre as diferenças entre o método construtivo e o método teleológico: o primeiro, dirigido à análise das formas jurídicas positivas, consistia, em sua opinião, na procura de similitudes e catalogação de tais formas em grupos, dando vida, assim, a um todo, o sistema jurídico artificial, sustentado por princípios gerais[172]; o método teleológico, por sua vez, procurava fazer face às necessidades psicológicas dos indivíduos, às tendências económicas, sociais e éticas dos homens, e, com respaldo nestes dados, representar o direito como o resultado de todos estes momentos e movimentos[173].

Ao método teleológico se opunha Hagerup – tal como interpretado por Ussing – em termos substanciais: uma ciência jurídica inspirada num tal método não conseguiria, para Hagerup, qualquer resultado teórico; um tal método seria apto, unicamente, para a ética e para a economia. O programa de Hagerup não se destinava a substituir a realidade pelos conceitos, mas toda a sua construção, segundo Ussing, atribuia ao direito uma existência independente dos factos, externa às relações concretas da vida[174]. Para Ussing, por seu turno, o direito revelava-se ao homem com o auxílio de meios humanos, e não apenas com os da linguagem. O cientista do direito deveria percorrer a mesma via do legislador, a do método teleológico, apto a investigar as causas reais dos fenómenos jurídicos[175].

Hagerup, pelo contrário – assim parecia ao seu crítico – chegava ao direito com uma série de postulados que explicavam a essência interna dos fenóme-

---

[172] C. Ussing, *Om Retsvidenskabens Metode*, in Tidsskrift for Rettsvitenskap 1888, p. 272.
[173] *Ivi*, p. 272.
[174] *Ivi*, p. 274.
[175] *Ivi*, p. 275.

nos jurídicos, mas não as causas desencadeantes da multiplicidade das relações que mantinham ligados entre si os factos jurídicos. Ussing sustentava, pela sua parte, que o direito se apoiava sobre fios que correm todos juntos e que se unem nas tendências culturais do género humano[176]: o fim do direito é, portanto, o "*kulturinteressernes Beskyttelse*", a protecção dos interesses culturais[177]. Na análise ussingiana, claramente realista, emergiam ainda, de novo, os ensinamentos de Ørsted, cujo método era por Ussing considerado inovador e satisfatório no sacrificar das sistematizações em prol da utilidade do direito[178].

O norueguês Fredrik Stang alinhou, sem incertezas, ao lado de outros realistas nórdicos, em clara polémica com o seu concidadão Hagerup. Não por acaso, partia da decisão judicial. Seria difícil negar ao juiz – escrevia Stang – uma liberdade de criação de direito: tal ponto de vista realista suplantava aquelas concepções antiquadas que, através de ficções, haviam acorrentado a actividade do juiz, ocultando a verdade[179]. Uma antecipação ocasional de um clássico lugar-comum da hermenêutica jurídica?

Stang recusava as afirmações tipicamente positivistas da plenitude da ordem jurídica e da previsão de todas as questões jurídicas possíveis. Como seria possível – perguntava-se – disciplinar uma situação antes que esta visse a luz do dia? Fenómenos como o telégrafo, o telefone, as centrais eléctricas, os automóveis – continuava Stang – não poderiam ter encontrado disciplina antes de existirem[180]. Na falta de previsões explícitas, o juiz, calculando o grau de aceitação pelas partes, deveria decidir no respeito pelo direito pré-existente. A actividade do juiz era, afinal, muito mais livre do que qualquer estudioso podia pensar: Stang recordava que, nos países escandinavos, a prática dos tribunais tinha dado vida a grande parte do Direito Privado[181].

O sonho romântico da ciência jurídica, as nebulosas fantasias de Savigny ao atribuir ao costume o papel central, estavam, enfim – segundo Stang – ultrapassadas[182]. A actividade criadora de direito por parte do juiz condenava ao abandono tais orientações. O juiz decidia, mas a ciência jurídica guiava-o sempre[183]. Qual o método que os juristas deveriam então utilizar? Não certamente o construtivo introduzido na Noruega por Francis Hagerup e na Dina-

---

[176] *Ivi*, p. 276.
[177] *Ivi*, p. 276.
[178] *Ivi*, p. 277.
[179] F. Stang, *Handelskautumer*, in Tidsskrift for Rettsvitenskap 1908, p. 336, 337.
[180] *Ivi*, p. 339.
[181] *Ivi*, p. 341.
[182] *Ivi*, p. 343.
[183] F. Stang, *Innledning til Formueretten*, 3dje utgave Oslo 1935, p. 168.

marca por Julius Lassen. A crença absoluta nas sistematizações ofuscara a realidade dos factos e introduzira um processo de isolamento dogmático, pelo qual se atribuíra peso excessivo à legislação e se descurara o carácter concreto da vida. O estudo do direito não podia esgotar-se na lógica, necessitando de concretizações[184].

No método construtivo estava ínsito o perigo de conclusões apriorísticas, o risco de dar vida a um pensamento inteiramente apriorístico, que navegava em oceanos infinitos de conceitos ultraterrenos, típicos da tradição filosófica alemã. Tal método teria isolado a ciência jurídica das outras ciências, colocando-a acima delas, justamente num momento histórico em que – escrevia o norueguês – o diálogo entre as ciências era indispensável: porquê erguer um muro entre direito e psicologia? Como poderiam os conceitos jurídicos ser analisados prescindindo dos elementos psicológicos neles ínsitos? Porquê tornar *a-histórico* o direito, desenraizando-o dos seus desenvolvimentos evolutivos?[185]

Os defensores do método construtivo – seguia Stang – utilizavam-no sem lhe compreenderem o significado: sonhavam com o dar vida a uma ciência jurídica internacional através da sistematização de conceitos gerais comuns, que afinal tinham uma vida efémera, de curta duração. Hagerup, de facto, perseguia um "sonho internacional". A sua ideia – notava Stang – era considerar o direito norueguês como integrado na tradição jurídica europeia, com raízes no Direito Privado Romano[186].

Qual era, para o nosso autor, o futuro da ciência jurídica? Stang insistia na cooperação e no diálogo da ciência jurídica com as outras ciências: o período imediatamente subsequente à I Guerra Mundial e as repentinas mudanças em marcha – escrevia Stang – reclamavam grande atenção e sentido de colaboração. Influências provenientes do estrangeiro, da Sociedade Internacional, impunham, não uma sistematização, mas uma comparação entre as diversas legislações e práticas jurídicas, conjuntamente com um forte sentido humanitário e uma "*felles rot*"[187], raiz comum a múltiplos fenómenos culturais, como a religião, a linguagem e, precisamente, o direito.

Uma abertura à história do direito, à filosofia do direito, à dogmática jurídica e ao direito penal, bem como um grande espírito realista constituíam, segundo o norueguês, o futuro da ciência jurídica. A técnica jurídica (*juridisk teknikk*) deveria ser animada por um desejo – escrevia Stang – capaz de ler as

---

[184] F. Stang, *Om Rettsvidenskap. Et tilbakekritikk*, in *Tidsskrift for Rettsvitenskap* 1933, p. 123.
[185] *Ivi*, p. 124-126.
[186] S. Blandhol, D. Michalsen, *Francis Hagerup*, op. cit., p. 513.
[187] F. Stang, *Om Rettsvitenskap*, op. cit., p. 129-132.

necessidades futuras. Técnica jurídica e desejo viveriam assim ligados como a teoria e a prática jurídicas. *Rettspraksis* e *Rettsvidenskap* prosseguiam juntos – continuava Stang – por um velho caminho de decénios nos países nórdicos: uma havia sempre ensinado qualquer coisa à outra[188]. A ciência jurídica, na versão stangiana, colocava-se, assim, ao centro, entre legislação e actividade dos tribunais[189]: ciência jurídica e prática jurídica concorriam na evolução do direito. O juiz – escrevia Stang – deve sentir e pensar como um legislador (*"maa tanke og føle som en lovgiver"*)[190].

O jurista e filósofo do direito, também ele norueguês, Ragnar Knoph, contemporâneo de Stang, formulou um programa para a ciência jurídica em perfeita sintonia com as conclusões bentzonianas e com as teorias realístico-sociológicas de Stang: estreita ligação entre teoria e prática jurídicas, relevância da vida jurídica prática e das considerações reais ou sociais (*"reelle hensyn"* ou *"sosiale hensyn"*). Incumbência do jurista era resolver os conflitos jurídicos, aproximando-se o mais possível das exigências da vida prática, através da ponderação dos interesses socialmente relevantes[191].

4. Os realismos norte-europeus entre identidade e diferença

O realismo jurídico, quanto às suas vicissitudes nos países norte-europeus – como já houve ocasião ora de demonstrar, ora de antecipar e desenvolver quanto a alguns aspectos – apresenta mais do que um único rosto ou significado. Com esta expressão, nas distintas versões do realismo escandinavo, designa-se uma aproximação ao direito e à ciência jurídica oposta ao direito natural. A *fonte* do direito não se encontra em fenómenos transcendentes como a vontade de Deus, a ordem natural, a religião humana, a ideia de justiça; o seu *conteúdo* não está sujeito a um qualquer controlo de Justiça, o direito não deve conformar-se com princípios morais gerais e absolutos. Contrariamente às concepções jusnaturalistas, o realismo jurídico, os realismos jurídicos descobrem estar a *fonte* do direito em fenómenos históricos: costume, legislação, atitudes dos indivíduos. No horizonte realista sueco, o da escola de Uppsala, o realismo jurídico é, pela sua parte e em primeiro lugar,

---

[188] *Ivi*, p. 134.
[189] F. Stang, *Innledning til Formueretten*, op. cit., p. 167.
[190] F. Stang, *Norsk Fomuret*, op. cit., p. 118.
[191] F. Castberg, *Retten og Staten*, op. cit., p. 31, 32: "[...] Det vil si at rettsvitenskapen etter dette nye syn på oppgavene skulle løse de rettslige konflikter mest mulig ut fra hensynet til rettens funksjon i samfunnet [...] ikke ved en automatisk anvendelse".

teoria do conhecimento: somente as entidades reais, pertencentes ao mundo empírico, podem ser racionalmente concebidas; os juízos de valor, e as próprias normas, estão para lá do conhecimento, privadas de existência real. O direito é um facto sociológico-psicológico, e os factos jurídicos apenas podem ser estudados enquanto "*human feelings of obligation*". O realismo escandinavo, ou melhor, a escola de Uppsala, faz parte, em boa verdade, do vasto fenómeno de "revolta contra o formalismo", pela intenção e atenção à actualidade e materialidade do direito, além da normatividade e das formas conceptuais, formas obscurecentes da realidade social e psicológica do direito[192]. Semelhante "revolta" não pode dizer-se, todavia, fenómeno novo na área escandinava, nem próprio e exclusivo da escola sueca.

Ao lado do realismo de Uppsala verificava-se, e verifica-se ainda, no espaço norte-europeu, como constante da cultura dinamarco-norueguesa, a existência de uma outra linha de investigação, de matriz realista, a qual, como se viu, com alguma riqueza particular, os seus autores definem como "realismo nórdico". O realismo jurídico, nas versões do "realismo nórdico", privilegia a prática dos tribunais e a tese segundo a qual a ciência jurídica, intérprete do material e do sistema jurídicos, deve ser dirigida a considerações práticas de *utilidade* social. É este o perfil que se viu já ser privilegiado no assim chamado realismo nórdico, no espaço dinamarco-norueguês. As decisões jurídicas tornam-se normas das necessidades práticas, e a prática dos tribunais é guiada pela análise "realista" dos juristas[193]. O realismo nórdico, pela particular atenção que os seus autores dão aos problemas da argumentação e da decisão judicial, deixa-se caracterizar como *teoria da decisão judicial*.

Traço comum a ambos os "realismos" é, como se viu, a tese segundo a qual o direito constitui uma parte da realidade apreensível com os sentidos: acções e palavras humanas, sentimentos e pensamentos, podem ser indagados do mesmo modo que os "*fakta*" psicológicos e sociológicos. Contrasta com as posições de ambos os "realismos" uma tentativa de explicação dos fenómenos jurídicos com recurso a métodos que vão além do que se capta com os sentidos. Torstein Eckhoff, filósofo e jurista norueguês, considera como marca distintiva do realismo, ou melhor, dos "realismos", a recusa – típica das orientações idealistas – em trabalhar sobre dois mundos diferentes: "*en virkelighets verden*", um mundo da realidade, e "*en gyldighetens verden*", um mundo da validade[194]. No seu impulso, manifestamente anti-metafísico e anti-idealista,

---

[192] S. Castignone, *Diritto, linguaggio, realtà, Saggi sul realismo giurdico*, Torino, 1995, p. 24 e ss.
[193] S. Jørgensen, *Idealisme og Realisme*, op. cit., p. 80, 81.
[194] T. Eckhoff, *"Realisme" og "Idealisme" i Rettsvitenskap*, i Jussens Venner 1953, p. 3.

realismo nórdico e realismo escandinavo mostram, portanto, mais de uma faceta em comum. Na Suécia, o anti-formalismo nascera como uma exigência irresistível, como reacção adversa a um idealismo imperante, dominante até ao final da segunda metade do século XIX, representado, na poesia por Essais Tegner e Erik Gustaf Geiger[195], e na filosofia por Jacob Boström[196]; na Dinamarca e na Noruega, o realismo nórdico há cerca de um século que combatia os conceptualismos e os convencionalismos, as armadilhas linguísticas e as aparências filosóficas. A investigação de Schweigaard pode ter-se como exemplar.

Outras peculiaridades, além desta, deixam entrever pontos de concordância entre as duas formas de realismo. Nenhuma das duas, por exemplo, se deixa envolver em empresas como a de alcançar uma definição de direito. Entre os realistas nórdicos, só esporadicamente tinha sido feita alguma tentativa a propósito, como a de Kruse[197]. Na realidade, as reflexões dos realistas nórdicos não partem de profundas análises linguísticas. Aos realistas nórdicos falta uma análise filosófico-linguística das questões morais e jurídicas. Ørsted e Schweigaard tinham aludido à relação entre linguagem e conceitos e tinham insistido, em mais de uma página, na função meramente "instrumental-codificadora" das palavras[198]. Ørsted referira-se às relações entre o "*virkelighetskontinuitet*" (fluxo dos eventos reais), "*Erfaringens Kreds*" (círculo da experiência) e os "*begreber*" (conceitos)[199]. Schweigaard, por seu turno, em resposta à filosofia idealista e à noção de sistema, tinha também ele insistido, talvez até de forma mais vincada que o dinamarquês, na impossibilidade de uma redução das acções humanas e dos fenómenos jurídicos a conceitos. Os conceitos, e por conseguinte também as definições, não eram, na filosofia do norueguês, senão "fios condutores provisórios", ou, escrevia o nosso ilustre autor, "*Støtterpunkter for Erkjendelsen*" (pontos de apoio para o conhecimento)[200].

Foi o realismo da escola de Uppsala e o contributo decisivamente inovador de Ross, que combateram a funesta influência da metafísica sobre o raciocínio filosófico. A recusa do essencialismo[201] – se por tal se entender a convicção segundo a qual, mediante uma combinação de observação e intuição,

---

[195] E. Storheim, *Axel Hägerström 1868-1939*, Oslo 1962, p. 178.
[196] J. Ch. Boström, *Grundlinier till filosofiska religionslära*, in Skrifter, a cura di H. Edfeldt, Stockholm 1901, vol. II, p. 222.
[197] V. Kruse, *Retslæren*, København, 1943, p. 7.
[198] A.S. Ørsted, *Om Forholdet mellem Religion og Stat*, 1815, op.cit., p. 37, 38.
[199] A.S. Ørsted, *Over Grændserne mellem Theorie og Praxis i Sædelæren*, op. cit., p. 65.
[200] A. M. Schweigaard, *Om den Tyske Filosofi*, op. cit., p. 268.
[201] Sobre o essencialismo e sobre a hipótese de uma definição integrante na *Thing Language*, cfr. E. Pattaro, *Validità o verificabilità del Diritto?*, in Rivista Trimestrale di Diritto e Procedura Civile, 1966, p. 1012; U. Scarpelli, *Il problema della definizione*, Milano, 1955, p. 54, 55.

é possível penetrar as coisas e apreender-lhes a "essência oculta", "o que faz uma coisa da coisa" – ficou patenteada nos contributos de Hägerström, Lundstedt e Ross. As análises linguístico-semânticas, e em particular as rossianas, não deixaram de oferecer, no âmbito da tradição realista norueguesa, um interessante impulso para os estudos do filósofo e jurista Torkel Opsahl, a respeito das *"real definitions"*[202].

Interessante, sob várias perspectivas, e investigação comum aos dois realismos, é a análise psicológica do fenómeno *direito*. Se, como um pouco acima se disse, a atenção – ainda que genérica – às relações entre linguagem e mundo exterior mostram a aproximação entre as reflexões de Ørsted e Schweigaard e as de Hägerström, Lundstedt e Ross, as breves referências de Ørsted à ideia de uma *aceitação* do sistema jurídico e de um *sentir* – o sistema das normas – *como justo* pelos cidadãos[203], anunciavam, ou melhor, antecipavam a teoria olivecroniana da criação de normas. Na realidade, não parece resultar das páginas de Ørsted qualquer referência directa aos influxos psicológicos da *"machinery of Law"* ou à pressão psicológica – exercida por um complexo de ideias consideradas "obrigatórias" – no sentido do desenvolvimento de uma atitude geral de respeito por parte da população e de um forte sentido psicológico de obediência às normas. Contudo, a ideia ørstediana de *public benefit*, sobre a qual o direito devia edificar-se – condição para que o ordenamento gozasse, assim, de obediência e *aceitação psicológica* por um largo lapso de tempo –, poderia (a hipótese mereceria verificação ulterior) fazer do dinamarquês o precursor daquela análise sócio--psicológica, que viria depois a ser desenvolvida e ampliada por Olivecrona[204] e reelaborada, em termos *"behaviourísticos"*, por Ross[205].

O *"behaviorismo"* rossiano põe o seu foco na figura do juiz. É esta a figura central, na verdade, para ambos os realismos, mas pensada diversamente. As análises realístico-psicológicas rossianas cedem o passo às ligadas à mera efectividade e aplicação do direito. Ross trabalhou na harmonização entre o realismo psicológico e o *"behaviorístico"*. A validade estaria no ponto de intersecção entre coerência e previsibilidade das decisões tomadas pelo juiz e os casos em que o

---

[202] T. Opsahl, *An inquiry into the Meaning and Function of legal Definitions*, in Law and Equality: selected articles on human rights, Oslo 1996, p. 658-660.

[203] S. Jørgensen, *Reason and Reality*, op. cit., p. 83.

[204] K. Olivecrona, *Il Diritto come fatto*, op. cit., pp. 45, 46. Sobre o conceito de *frittstående imperativer* (imperativo independente), cfr. E. Pattaro, *Riflessioni su Olivecrona*, in Rivista Trimestrale di diritto e procedura civile, 2/1968 pp. 721-764; *Olivecrona`s Theory of Imperatives*, in AA.VV., Essays in Legal Theory in honour of Kaarle Makkonen (a cura di U. Kangas), XVI Oekeustiede Jurisprudentia 1983/The Year Book of the Finnish Lawyers Society, Vammala 1983, pp. 221-237.

[205] A. Ross, *Diritto e Giustizia* (a cura di G. Gavazzi), Torino, 1965, p. 69.

juiz se sente vinculado, governado e animado, na sua vida espiritual, por uma ideologia normativa[206]. A ideologia normativa ou política dos juízes torna-se, portanto, a autoridade suprema e o fundamento da aplicação da lei. Aquela representa ainda, para Ross, o momento de reunião de todo o direito fragmentado nas suas fontes singulares: o direito dissolve-se nas suas fontes e unifica-se na ideologia política dos juízes. O juiz – ainda para Ross – seleccionará a fonte segundo o *grau de objectivação* que cada fonte apresenta, entendendo-se por tal o grau com que as próprias fontes oferecem ao juiz uma norma já formulada e pronta a ser utilizada[207]. Ao grau de objectivação, por sua vez, corresponde o grau de probabilidade com que a norma será aplicada: o grau será certamente alto se a previsão se basear numa disposição legislativa[208]. A decisão do juiz é, portanto, para Ross, escolha política. A lei reduz-se a simples componente da escolha política do juiz, ao lado do costume, do precedente e da razão. O que conta, dir-se-á, é a adesão do juiz à ideologia social dominante, que, exactamente, reconhece aquele sistema político existente como válido[209].

Os realistas nórdicos tinham alertado, pela sua parte, para a insuficiência da metodologia da subsunção em sede de aplicação do direito e para a necessidade de compleição do enunciado normativo por parte do juiz-intérprete. Mas nem a escolha política, nem um presumível grau de autonomia política guiariam o juiz. Uma constante consideração da natureza do caso (*tilfelles natur* ou *sagens natur*) permitiria ao juiz resolvê-lo, se necessário, sacrificando o enunciado normativo.

A este propósito torna-se necessária uma reflexão. A razão, ou melhor, a tradição cultural à qual o magistrado pertence, escrevia Ross, era ela própria fonte de direito, e não apenas nas hipóteses de lacunas normativas. O juiz deixa-se guiar pelo seu "sentido de justiça" e por "considerações práticas". Uma 'razão', portanto, originada pela fusão de uma concepção da realidade, no seu evoluir concreto, com uma postura valorativa[210]. Vamos então ao âmago da questão. As "considerações práticas" rossianas não serão reconduzíveis às "*reelle hensyn*" e à "*tilfelles natur*" de eco ørstediano e schweigaardiano? Vinding Kruse, que, em 1933, se sentava no júri de exame de *Virkelighed og Gyldighed*, notando uma tal aproximação, repreendeu o candidato por utilizar termos bentzonianos, sem indicar a respectiva proveniência, especial-

---

[206] *Ivi*, p. 71.
[207] R. Guastini, *Ross e i suoi interpreti italiani*, in Rivista Trimestrale di Diritto e Procedura Civile, 1976, p. 1073.
[208] A. Ross, *Diritto e Giustizia*, op. cit., p. 44.
[209] R. Guastini, *Ross e i suoi interpreti italiani*, in Rivista Trimestrale di Diritto e Procedura Civile, 1976, p. 1074.
[210] A. Ross, *Diritto e Giustizia*, op. cit., p. 94-96.

mente a respeito do elenco de critérios fundamentais de aplicação do direito. A "*rettsikkerhed*" (certeza jurídica) e a "*elasticitet*" (elasticidade) rossianas correspondiam, na opinião de Kruse, à "*sikkerhed*" (certeza) e à "*retfærdighed*" (justiça) bentzoniana[211]. Porque esconderia Ross as suas supostas fontes?

A diferença entre os dois realismos ganha corpo na diversidade de funções por ambos atribuídas à ciência jurídica. O realismo da escola de Uppsala identifica-se pela teorização sistemática das teorias realistas e por uma contracção substancial dos deveres da ciência jurídica para com o direito. As reflexões de Hägerström quanto à moral acabavam por desembocar no papel a reconhecer à ciência jurídica. Esta, para o sueco, reduzia-se a "*et forfinet ekstrakt av gammel overtro*"[212], uma súmula de antigas crenças. Acreditar que o pensamento jurídico possa trabalhar com as representações do que seja o dever, escrevia Hägerström, "*is only a chimera*"[213]. A ciência do direito pode apenas estudar o direito: todos os discursos em torno do dever de agir dos homens ou do dever de decidir do juiz são, escrevia o sueco, "*miningløse og kimæriske*"[214], sem sentido, quiméricos. O cientista do direito pode, sim, estudar os fenómenos sociais e psicológicos da sociedade, mas não as normas ou os deveres[215], os quais não são nem "*äkta*", nem "*oäkta*" (nem verdadeiros, nem falsos).

O destino da ciência jurídica estava marcado: esta vive na não cientificidade, desde o momento em que gravita em torno de palavras e de proposições incomprováveis. Lundstedt, retomando Hägerström, sustentava que os termos jurídicos, uma vez desligados da máquina do direito, retornavam ao seu estado originário de "*vacous terms and empty labels*"[216], termos vagos e etiquetas vazias. Ross escrevera: "*a ideologia das fontes do direito é a ideologia que de facto guia os tribunais, e a doutrina das fontes do direito é a doutrina relativa ao modo como os juízes de facto se comportam*"[217]. De modo explícito, emerge com Ross o divórcio entre política do direito e ciência jurídica. O jurista, escrevia Ross, aconselha aos tribunais – como sustentavam os realistas nórdicos – o modo como estes *devem* comportar-se, despojando-se das suas vestes de cientista do direito e envergando as de conselheiro do juiz. Assim, as suas afirmações, na opinião de Ross, tornavam-se directivas, perdendo o travo

---

[211] V. Kruse, *Til etikkens og rettslærens problemer*, in Tidsskrift for Rettsvitenskap 1934, p. 280.

[212] E. Storheim, *Axel Hägerström 1868-1939*, op. cit., p. 191.

[213] F. Castberg, *Problems of legal Philosophy*, London 1947, p. 27.

[214] A. Hägerström, *Till frågan om begreppet gällende rätt*, in Tidsskrift for Rettsvitenskap 1931, p. 89.

[215] F. Castberg, *Fra naturrett til "kritisk juss"*, Oslo 1966, p. 319.

[216] V. Lundstedt, *Legal thinking Revised*, Stockholm 1956, p. 301.

[217] A. Ross, *Diritto e Giustizia*, op. cit., p. 73.

científico de proposições verificáveis. A *legal politics* era, para Ross, normativa, enquanto se concretizava em recomendações, conselhos ou directivas dirigidas aos órgãos administrativos, legislativos e judiciais[218]. A ciência do direito – e aqui decai a continuidade entre os dois realismos – deveria oferecer, na opinião de Ross, realista escandinavo, uma descrição individualizada dos sistemas normativos nacionais: descrição esta despida de toda a coloratura moral de aprovação ou de desaprovação. O jurista exporia, assim, o direito como um *facto*. A ciência jurídica não seria mais nem outra coisa que ciência social: "*a vida da Comunidade não pode ser estudada* – escrevia Ross – *com a mesma objectividade com que se contemplam os movimentos dos planetas ou do alto as paisagens*"[219].

Contrariamente – como se advertiu e mostrou nesta investigação – o realismo nórdico sempre reconheceu um papel significativo às investigações da ciência jurídica em torno do direito. No mesmo ano em que *Virkelighed og Gyldighed* era dado à estampa, o norueguês Fredrik Stang escrevia: "*Segundo a nossa tradição, a prática do direito e a ciência jurídica sempre caminharam juntas. Uma serviu de lição à outra. E que seja sempre assim!*"[220]. A tal solicitação sempre o realismo nórdico se manteve substancialmente fiel. Não é ousado supor que um certo modo de encarar a questão religiosa e dos direitos do homem, típica da cultura jurídica norueguesa contemporânea, se deve sobretudo a uma opção, no grande quadro do realismo, que mantém viva a incumbência de uma reflexão não meramente científica em torno do direito[221].

---

[218] *Ivi*, p. 45.
[219] *Ivi*, p. 46.
[220] F. Stang, *Om Rettsvidenskap. Et tilbakeblikk*, in Tidsskrift for Rettsvitenskap 1933, p. 173.
[221] Uma das razões do sucesso da perspectiva hermenêutica está, como é sabido, no reconhecimento de que o intérprete possa saber mais que o autor. É inquestionável que a tradição nórdica, relida ainda hoje com os olhos dos expoentes da cultura norueguesa, insista mais nas diferenças que na procura de momentos de identidade e continuidade com a sueca. Autorizados intérpretes da cultura escandinava propuseram e argumentaram com interpretações segundo as quais é possível identificar um terreno comum a toda a cultura filosófico-jurídica escandinava. A intenção deste trabalho não era outra que a de apresentar movimentos e autores, especialmente aqueles do realismo nórdico dinamarco-norueguês, que, devido a dificuldades diversas, especialmente linguísticas, não logravam ser conhecidos por um público de língua italiana. Na esteira das indicações de professores noruegueses que acompanharam a elaboração deste trabalho, pareceu-me oportuno dar a conhecer o modo como aqueles construíram a sua busca cultural no espaço escandinavo. Neste sentido, o presente trabalho constitui o ponto de partida para uma próxima investigação. Frede Castberg, num discurso proferido em 1936, por ocasião da celebração universitária anual, "*Rettsvidenskab og Rettsfilosofi*", lamentava a impressionante pobreza de investigação no campo da filosofia do direito na Noruega. Após os debates tempestuosos que tiveram no epicentro a vizinha Suécia (com Hägerström, Olivecrona e Lundstedt) e a Dinamarca, a partir do final século XIX apenas fracas ondas teriam atingido, na sua opinião, as costas norueguesas.

Os Menores Face à Convenção da ONU de 1989

Luís Silveira[*]

> Sumário: I. Introdução: A) O objectivo; B) O menor e (ou) a criança. II. Regime de Direito Comum: A) Princípio geral; B) Excepções; C) Caracterização. III. Sistemas Gradativos: A) Noutros tempos e lugares; B) Sistemas gradativos específicos em Portugal. IV. A relevância da Convenção sobre os Direitos da Criança de 1989.

I. Introdução

A) O objectivo

O propósito deste apontamento é o de tentar chamar a atenção para a relevância que para o enquadramento da situação jurídica dos menores veio assumir a Convenção sobre os Direitos da Criança da ONU de 1989[1] (daqui em diante designada CDC).

Penso que se justifica proceder neste sentido já que, ao conjugar-se o posicionamento geral dos menores no nosso Direito se não tem, em regra, reconhecido suficientemente o papel que nele cabe ao mencionado instrumento internacional.

Esta observação não releva, aliás, apenas no tocante à caracterização da ordem jurídica portuguesa.

Igualmente noutros países também vinculados pela referida Convenção não falta quem do mesmo modo aponte que a configuração da posição dos menores se desenha com frequência sem atender ao teor desse convénio já quase com duas décadas de existência[2].

---

[*] Professor convidado da FDUNL, Presidente da Comissão Nacional de Protecção de Dados.

[1] Aprovada pela Resolução n.º 20/90, da Assembleia da República, de 12 de Setembro.

[2] Libório Hierro, "Los derechos del niño", in "Derechos humanos del niño, de los trabajadores, de las minorías y complejidad del sujeto" Barcelona 1999, p. 24.

B) O menor e (ou) a criança

Assinale-se, antes de mais, que o cabimento da invocação da Convenção de 1989 para o tema proposto decorre da (quase perfeita) sinonímia dos termos menor e criança – o primeiro adoptado na generalidade das ordens internas, o segundo principalmente consagrado a nível internacional.

É assim que, segundo o artigo 122.º do Código Civil, *"É menor quem não tiver completado dezoito anos de idade".*

E, por seu turno, o artigo 1.º da CDC considera como criança "todo o ser humano menor de 18 anos, salvo se, nos termos da lei que lhe for aplicável, atingir a maioridade mais cedo".

Do confronto entre estas duas noções ressalta, por um lado, que o menor não deixa de ser menor mesmo após a emancipação – hoje só possível, no nosso Direito, por força do casamento, celebrado por quem tenha 16 anos ou mais (artigos 132.º e 1601.º, al. *a)* do Código Civil).

Por outro lado, a criança deixa de o ser, segundo a CDC, se pelo casamento ou outra via for emancipada (antes dos 18 anos, portanto).

Esta diferença de antecipação do termo nos conceitos de menor e de criança corresponde, de resto, às origens etimológicas desses vocábulos.

As considerações que a seguir se farão dizem naturalmente respeito àqueles que, em razão da sua idade, não tenham ainda alcançado plena capacidade de gozo e de exercício de direitos – ou seja, pois, aos menores não emancipados ou crianças.

II. Regime de Direito Comum

A) Princípio geral

O princípio básico relativo à situação dos menores[3] é, como se sabe, o de que, salvo disposição em contrário, os menores carecem de capacidade para o exercício de direitos (artigo 123.º do Código Civil).

Esta afirmação corresponde, assim – como p.e. o salientam Pires de Lima e Antunes Varela[4] –, à definição duma incapacidade geral de exercício (não de gozo, portanto) de direitos.

---

[3] Não emancipados, claro: daqui por diante deixar-se-à, por meras razões de simplicidade de exposição, de fazer esta precisão.

[4] Código Civil anotado, Vol. I, 4.ª edição, revista e actualizada, em comentário ao art. 123.º.

Esta incapacidade geral tem assim de ser suprida – o que ocorre através dos institutos do poder paternal e, subsidiariamente, da tutela (artigo 124.º do Código Civil).

O legislador do Código Civil considera ainda necessário vincar, a propósito da situação de incapacidade geral de exercício do menor, o seu dever de obediência: *"Em tudo o que não seja ilícito ou imoral, devem os menores não emancipados obedecer a seus pais e tutor e cumprir os seus preceitos"* (artigo 128.º).

Esta solução não deixa de ser curiosa, já que o dever de obediência, embora sendo uma das situações passivas correspondentes ao poder paternal, não constitui propriamente instrumento dedicado a suprir a capacidade dos menores.

Mas os autores do Código devem ter entendido que o respeito ao dever de obediência é um meio de evitar que o procedimento do menor entre em contradição com a actuação dos pais ou tutor no âmbito do suprimento da respectiva incapacidade.

Ao regular especificamente o poder paternal, o Código Civil corrobora e desenvolve o enquadramento jurídico acabado de esboçar.

Reitera, assim, que *"os filhos estão sujeitos ao poder paternal até à maioridade ou emancipação"* (artigo 1877.º).

E ao delinear os aspectos mais relevantes do conteúdo do poder paternal, indica que *"compete aos pais, no interesse dos filhos, velar pela segurança e saúde destes, prover ao seu sustento, dirigir a sua educação, representá-los..."* (artigo 1878.º, n.º 1).

Explicita-se, pois, que o poder paternal deve ser exercido no interesse dos filhos.

E corrobora-se que uma das faculdades em que se desdobra é o poder de representação, meio por excelência de suprimento da incapacidade dos menores.

Nele se integram, ademais: os poderes-deveres de velar pela segurança e saúde dos filhos, dirigir a sua educação e prover ao seu sustento.

No que concerne ao poder de representação – meio típico de suprimento da incapacidade de exercício do menor –, ele é configurado pelo modo mais amplo possível, enquanto faculdade de exercício de todos os direitos e cumprimento de todas as obrigações do filho (artigo 1881, n.º 1).

Apenas dele se exceptuam – como de resto se compreende – os actos puramente pessoais (insusceptíveis, por isso, de serem praticados por outrem), os que o menor tem o direito de praticar pessoal e livremente (consoante adiante se especificará) e os actos respeitantes a bens cuja administração não pertence aos pais: é o que se estabelece na parte final do mesmo preceito acabado de citar.

Confirma-se, ainda – aqui, porventura, com mais cabimento que a propósito da regulação geral da incapacidade dos menores –, o dever de obediência dos filhos em relação aos pais (artigo 1878.º, n.º 2).

Este dever surge temperado por dois deveres impostos aos pais (e tutores).

Por um lado, o de ter em conta, de acordo com a maturidade dos menores, a sua opinião nos assuntos familiares importantes.

Este dever tem, portanto, uma amplitude variável, em conformidade com o nível de maturidade dos menores.

E não tem por objecto a simples audição ou consulta destes: os pais ou tutores devem considerar ou ter em conta – em suma, ponderar – a opinião dos menores nos assuntos familiares importantes.

Por outro, os pais e tutores devem reconhecer autonomia aos menores na organização da própria vida.

É certo que nem sempre será fácil delimitar o objecto deste dever – e, em consequência, determinar a sua correlação com o alcance do dever de obediência.

E há que reconhecer que também esse objecto variará em função do grau de maturidade dos menores: o nível de autonomia na organização da sua vida dependerá, naturalmente, da sua capacidade de ponderação.

Mas é inegável que certo tipo de decisões é, de acordo com os usos e costumes sociais vigentes, deixado ao alvedrio dos próprios menores.

Essa margem de autonomia varia, claro, com os tempos e os lugares: hoje, p.e., cabe nela, decerto, a escolha do menor adolescente entre ir ou não ao cinema ou à praia, e com quem.

Pode assim considerar-se que a imaturidade dos menores é compensada, a nível externo, pela representação, e, a nível interno, pelo dever de obediência aos pais ou tutores.

O que, todavia, esta situação de imaturidade tem de peculiar é estar, na sua normal evolução, destinada a minguar e, enfim, a desaparecer.

Os menores são seres em desenvolvimento – e têm, mesmo, direito a esse desenvolvimento, como bem realça a CDC, no seu artigo 6.º, n.º 2.

E os pais e tutores têm o dever (que é também poder) de propiciar tal evolução ascendente, proporcionando o desenvolvimento físico, intelectual e moral dos menores a seu cargo (C. C., artigo 1885.º, n.º 1).

B) Excepções

O legislador civil entendeu, todavia, que, a titulo excepcional, aos menores deveria ser reconhecida capacidade de exercício para a prática de certos tipos de actos relacionados com a sua vida corrente ou profissional (na medida, quanto a esta, em que a possam exercer).

Exprimiu esse propósito no artigo 127.º do Código Civil, que reconhece a validade:

- dos actos de administração ou disposição de bens que o menor de dezasseis anos haja adquirido por seu trabalho;
- dos negócios jurídicos próprios da vida corrente do menor que, estando ao alcance da sua capacidade natural, impliquem despesas ou disposições de bens de pequena importância;
- dos negócios jurídicos relativos a profissão, arte ou ofício que o menor tenha sido autorizado a exercer, ou os praticados no exercício dessa profissão, arte ou ofício.

Trata-se, pois, sempre, de actos ou negócios jurídicos de índole patrimonial.

Quanto à primeira categoria, estabelece-se um limite etário mínimo inferior à maioridade.

No tocante aos do segundo tipo, aceita-se – atendendo à sua pouca relevância – uma variação em função da capacidade mental do menor.

Com respeito aos do terceiro grupo, a excepção é função da idade em que o menor pode encetar a actividade em causa – mediante autorização paterna ou tutoral, o que sempre representa uma forma de condicionamento da plena capacidade de exercício.

Para além destas excepções definidas em termos de categorias de negócios jurídicos, outras admite ainda a lei, relativamente a certos actos concretos ou específicos.

Merecem ser apontados, designadamente:

- O casamento, que pode ser celebrado por quem tenha pelo menos 16 anos (artigo 1601.º, alínea a)). É certo que a lei exige autorização dos pais ou tutor, o que significa ainda um modo atenuado de compensação da incapacidade (assistência); mas a eventual falta dessa autorização não atinge a validade do acto (artigo 1604.º, al. a) do Código Civil).
- O menor com pelo menos 16 anos pode perfilhar (artigo 1850.º do Código Civil).
- A partir dos 16 anos, o menor pode livremente fazer a sua opção religiosa (artigo 1886.º do código Civil e artigo 11.º, n.º 2 da Lei n.º 16//2001, de 22 de Junho).
- A adopção exige o consentimento do adoptando, a partir dos 12 anos (artigo 1981.º, n.º 1, al. a), do Código Civil).

O que é digno de nota e atenção é o facto de que em todos estes casos em que a capacidade de exercício dos menores para exercer certos direitos é antecipada, o momento de início daquela é feito coincidir com o próprio início da capacidade de gozo desses mesmos direitos.

Isto resulta, naturalmente, da natureza muito pessoal dos direitos em questão, incompatível com o seu exercício por quem não seja o seu titular.

A lei entende que pode reconhecer a susceptibilidade de gozo desses direitos logo que os menores para tanto revelem maturidade; e confere-lhes, simultaneamente, a faculdade de os exercer.

C) Caracterização

O regime de menoridade acabado de esboçar parte da tendencial coincidência entre a menoridade e a incapacidade de exercício de direitos (com a correlativa necessidade de suprimento através da representação) – solução de clara inspiração racionalista e liberal.

Essa coincidência não é, como se viu, absoluta.

Esta verificação levou mesmo Pires de Lima e Antunes Varela a caracterizarem hoje a menoridade como "*bastante flexível*" e "*não rigidamente determinada*[5]":

> "*Note-se, entretanto, que a incapacidade do menor continua a não ser rigidamente determinada, nem sequer obedecendo a faixas etárias de capacitação rigorosamente fixada. A menoridade era e continua a ser considerada, não como uma causa anormal e rígida de incapacidade, semelhante aos factos que determinam a interdição, mas como um estágio normal e progressivo para a aquisição da plena capacidade de exercício. Os actos praticados ao longo desse estágio estão sujeitos a um regime bastante flexível e adaptável às circunstâncias de cada caso concreto.*"

Não parece, de todo o modo, que se possa ir tão longe na relativização do actual regime jurídico da menoridade.

A verdade é que a base do sistema não deixa de ser a da correlação entre menoridade e incapacidade geral de exercício de direitos.

E as excepções têm âmbito limitado e não deixam de obedecer a certos balizamentos temporais fixos.

É por isso que se nos afigura mais acertada a posição de Carvalho Fernandes[6], quando, após ponderar que o regime português da menoridade é essen-

---

[5] *Op. cit.*, p. 142.
[6] "Teoria Geral do Direito Civil", I, 4.ª ed. rev. e act., p. 251.

cialmente rígido, mas com atenuações, acaba por o qualificar como *"sistema rígido mitigado".*

Isto, depois de proceder à comparação entre os dois regimes típicos nesta matéria – o regime rígido e o gradativo (em que se opera acréscimo da capacidade de exercício segundo níveis etários sucessivos).

Carvalho Fernandes esquematiza do seguinte modo a graduação que mitiga o sistema básico de menoridade qualificado pela rigidez[7]:

> *"Assim, a benefício de demonstração ulterior, antecipa-se que, no sistema jurídico português, embora a menoridade se mantenha até os 18 anos e não estejam expressamente fixados quaisquer escalões ou fases da incapacidade dos menores, se podem identificar três momentos fundamentais, que envolvem relevante modificação da sua situação jurídica. Esses momentos ocorrem, sucessivamente, aos 7, 12 e 16 anos. A estas três fases da vida do menor correspondem significativas alterações da sua situação de incapaz, que se resumem do seguinte modo:*
>
> *a) 7 anos – termo da presunção de inimputabilidade (art. 488.º, n.º 2, do C.Civ.);*
>
> *b) 12 anos – relevância da vontade do menor na resolução dos assuntos de seu interesse [cfr,, v.g., atrs. 1981.º, n.º 1, al.a), e 1984.º, do C.Civ. e arts. 10.º, 84.º, n.º 1, 105.º, n.º 2, 112.º e 114.º, n.º 1, da LPCJP];*
>
> *c) 16 anos – alargamento da capacidade de gozo [arts. 1601.º, al. a), 1850.º, n.º 1, e 1886.º do C.Civ.] e da capacidade de exercício [art. 127.º, n.º 1, al. a), do mesmo Código], podendo mesmo adquirir capacidade genérica de exercício, mediante emancipação (art. 132.º do C.Civ.); cessa, também, como antes ficou dito, a sua inimputabilidade no Direito Penal."*

III. SISTEMAS GRADATIVOS

A) Noutros tempos e lugares

O sistema gradativo quanto à configuração da situação dos menores corresponde a solução que não tem deixado de ser adoptada, em alguns tempos e lugares.

E nem será mesmo erróneo afirmar-se que esse pode até ser o esquema mais realista e adaptado à normal evolução psicológica dos menores.

Recorde-se que esse era já o regime vigente no Direito Romano. Na lição dos "Prudentes", caberia distinguir "infantes, quasi puberes e puberes".

---

[7] *Op. cit.*, p. 249.

Esta trilogia corresponde, com bastante proximidade, à evolução da infância para a pré-adolescência e adolescência.

Considerando tempos mais recentes, tem sentido referir o Código Civil Alemão (artigos 104.º a 110.º) que estabelece, dentro da menoridade, uma fronteira nítida entre o período da infância e o posterior.

Assim é que, até aos 7 anos, o menor é totalmente incapaz de exercício (artigo 104.º, n.º 1).

Posteriormente, qualquer declaração de vontade negocial da sua parte (ressalvados os negócios puramente gratuitos) necessita, para relevar, do consentimento do representante legal.

Se ocorrer uma tal declaração do menor sem o prévio ou concomitante consentimento do representante, aquela pode ainda ganhar eficácia se este último conceder uma autorização superveniente, com efeitos retroactivos (artigos 107.º e 108.º).

Hoje, em não poucas ordens jurídicas se acolhe o sistema gradativo em determinados sectores, muito em particular o da saúde.

Tome-se, por todas, a legislação de saúde dos Países Baixos que, relativamente a tratamentos médicos a menores, estipula que, a partir dos 12 anos, eles devem ser informados da natureza destes, e, a partir dos 16, lhes reconhece o direito a decidir acerca de tais intervenções.

B) Sistemas gradativos específicos em Portugal

Também em Portugal existem certas áreas em que se adoptou, para o exercício pelos menores dos direitos a eles respeitantes, a modalidade gradativa.

Trata-se, em regra, de direitos estreitamente relacionados com a personalidade (não poucas vezes com a própria reserva da vida privada) dos seus titulares.

Mencione-se, antes de mais, o direito de acesso às consultas e outros meios de planeamento familiar, que o artigo 5.º da Lei n.º 3/84, de 24 de Março (Educação sexual e planeamento familiar) veio reconhecer expressamente a "todos, sem discriminação" – assim afastando o tradicional e formalista critério de necessidade, para exercício deste direito, da presença e acompanhamento do representante legal, ainda em 1980 preconizado pelo Conselho Consultivo da Procuradoria-Geral da República[8].

A Portaria n.º 52/85, de 26 de Janeiro, veio explicitar, adequadamente, que o acesso em causa pode ter lugar a partir do alcance da idade fértil.

---

[8] Parecer n.º 53/80, de 6 de Novembro (BMJ, 305, pp. 157 e ss.).

Em 1999, a Lei n.º 124/99, de 20 de Agosto, ao regular por forma constitucionalmente coerente o direito de associação, veio permitir o seu livre exercício após os 14 anos – condicionando à autorização do representante legal o respectivo exercício por banda de menores que não hajam atingido essa idade.

No tocante à actividade laboral, o princípio geral em vigor é o de que o menor com pelo menos 16 anos e que haja concluído a escolaridade obrigatória pode celebrar por si contrato de trabalho, salvo oposição escrita do representante legal (Código do Trabalho, artigos 55.º e 58.º).

Por seu turno, a recente inovação legislativa respeitante à interrupção voluntária da gravidez (Lei n.º 16/2007, de 17 de Abril), teve também de se defrontar com esta questão.

Resolveu-a em termos de admitir o consentimento do menor a partir dos 16 anos, reservando a idades inferiores a sua prestação por parte de representante legal (nova redacção atribuída ao artigo 142.º, n.º 5 do Código Penal).

A habitual dicotomia "menoridade-representação" é também por vezes desfeita em termos genéricos, a propósito do exercício de alguns direitos pessoalíssimos.

E, isso, nos dois possíveis sentidos.

Umas vezes, admitindo-se que, a par do consentimento do representante, se exija também o do menor.

É o que sucede, designadamente, a respeito dos transplantes de órgãos e tecidos (Lei n.º 12/93, de 22 de Abril, na redacção da Lei n.º 22/2007, de 29 de Junho, artigo 8.º).

Depois de se enunciar a regra da prestação de consentimento pelos pais dos menores – ou, em caso de inibição ou falta de ambos, pelo tribunal –, acrescenta-se que àquele deve acrescer a concordância dos menores com capacidade de entendimento e de manifestação de vontade.

Em contraponto, a Lei n.º 32/2006, de 26 de Julho (Procriação medicamente assistida), prescreve que às respectivas técnicas só podem recorrer as pessoas casadas ou em união de facto que hajam atingido 18 anos de idade. Ou seja: por um lado, os emancipados pelo casamento menores de 18 anos não podem beneficiar da PMA; e, por outro, trata-se de direito cujo exercício envolve tanta especificidade que ele está reservado a maiores, não admitindo sequer a titularidade por parte de menores, ainda que com suprimento da incapacidade de exercício.

Em relação a algumas das situações acima descritas falam alguns autores de casos de "maioridade especial".

É essa a posição proposta por Antunes Varela acerca da faculdade de os menores com pelo menos 12 anos darem consentimento para a adopção[9] e, semelhantemente, por Guilherme de Oliveira com respeito à necessidade de os menores com 16 anos ou mais consentirem, nos termos do artigo 38.º, n.º 3 do Código Penal, na sujeição a intervenções médico-cirúrgicas[10].

Estas perspectivas denunciam, ainda, a submissão à tradicional convergência entre menoridade e incapacidade de exercício.

Não se ajustam à realidade de evolução psicológica das crianças e à sua adequada tradução no sistema gradativo (geral ou sectorial) da situação jurídica dos menores.

IV. A RELEVÂNCIA DA CONVENÇÃO SOBRE OS DIREITOS DA CRIANÇA DE 1989

Devido, porventura, à inevitável índole genérica das suas normas[11], não se tem reconhecido o devido valor às normas da Convenção da ONU sobre os Direitos da Criança, nomeadamente no âmbito da questão que ora nos ocupa.

Em termos hierárquicos, todavia, essa relevância é indesmentível: este instrumento internacional convencional sobreleva, decerto, as leis internas, por força do artigo 8.º da Constituição.

Esta asserção de teor geral foi mesmo já posta em realce precisamente acerca do regime jurídico nacional referente aos menores[12].

Ora, de entre os preceitos desta Convenção tem cabimento, a este propósito, pôr em realce os seus artigos 3.º e 12.º.

O primeiro define como princípio básico em toda a matéria dos direitos da criança, o de que deverá sempre conferir-se primazia ao seu "interesse superior".

O segundo, preconiza que as opiniões da criança devem ser tomadas em consideração, de acordo com a idade e maturidade.

Estes critérios não relevarão directamente naqueles casos, como os acima indicados, em que o legislador admitiu por modo específico que certos tipos de direitos possam ser exercidos pelo menor sem intervenção do representante.

---

[9] Direito da Família, Vol. I, 4.ª ed., p. 130, nota.
[10] "Acesso dos menores aos cuidados de saúde", RLJ, n.º 3898, Ano 132, p. 16 e ss..
[11] Sónia Moreira, "A autonomia do menor no exercício dos seus direitos", Sc. Jur., Set.-Dez. 2001, T.L., n.º 291, pp. 117-178.
[12] Armando Leandro, "Protecção dos direitos da criança em Portugal", in "Direitos da criança", p. 105.

Mas já em áreas em que tais particularidades de regulação não existam, e contudo se justifique ter em conta, quanto ao exercício dos direitos em causa, o interesse superior da criança e a normal evolução da sua maturidade, as referidas normas convencionais poderão revelar todo o seu valor.

É o que sucederá, a título de mero exemplo, a respeito do direito de consulta a médico ou advogado, da autorização para sujeição a tratamento, designadamente intervenções cirúrgicas, e do direito (melhor: direitos) relativos à protecção de dados pessoais.

Afigura-se desajustado abordar o exercício destes direitos sob o prisma rígido da representação durante toda a menoridade.

E o fundamento jurídico apropriado para permitir o adequado tratamento gradativo e proporcionado destas situações é precisamente constituído pelas normas mencionadas da CDC, que como tais se sobrepõem à simplista correlação "menoridade-incapacidade geral de exercício" prevista na lei ordinária.

Este ponto de vista surge confortado com o facto de posições análogas já virem a ser – ainda que contidamente – preconizadas em alguns países com legislações de menores similares à nossa e também vinculados pela CDC.

Tem sentido, a comprová-lo – e precisamente na área da protecção de dados pessoais – apontar que Paola Manes[13] depois de ponderar que a capacidade de agir tradicional vem contrastando, em matérias estreitamente relacionadas com aspectos da personalidade, com a CDC (em particular o seu artigo 12.º), conclui que importa reavaliar o papel dos menores segundo a sua capacidade de autodeterminação, no concernente a decisões normalmente retiradas da sua esfera de acção.

---

[13] "Il consenso al trattamento dei dati personali", Pádua, 2001, pp. 100 e 101 (nota 131).

Recensões

CARLOS ESPLUGUES MOTA, DANIEL HARGAIN, GUILLERMO PALAO MORENO (organizadores), *Derecho de los Contratos Internacionales en Latinoamérica, Portugal y España*, Madrid, Buenos Aires e Montevideu, Edisofer, Euros Editores e B de F, 2008 (821 páginas).

1. NATUREZA

O livro é uma obra colectiva, tendo cada um dos seus 21 capítulos um autor próprio. Os três autores que surgem como «directores» são apenas responsáveis pela organização da obra (e, no que toca a Carlos Esplugues Mota, ainda por um capítulo – que é o primeiro – acerca da Convenção de Viena de 1980 sobre a Compra e Venda Internacional de Mercadorias).

2. OBJECTO

O objecto da obra são os contratos internacionais, na perspectiva da regulação que cada um dos sistemas jurídicos nele representados desenha para os mesmos. Trata-se de uma obra de Direito Internacional Privado ou, se se quiser, daquela parte deste ramo do Direito que estuda os contratos internacionais.

3. ESTRUTURA

O livro consiste essencialmente num capítulo por cada um dos países na América Latina e da Península Ibérica, obedecendo cada capítulo a uma grelha comum com a seguinte constituição-base: aspectos panorâmicos (evolução histórica, fontes, regras gerais), contrato de compra e venda, contratos de consumo, contratos de distribuição e de cooperação, contratos de seguro, contratos de financiamento (nalguns casos com autonomização dos contratos bancários), contratos sobre bens imateriais (objecto de direito de autor e de propriedade industrial), contratos de transporte e contratos feitos por meios electrónicos. A anteceder estes capítulos aparece o já referido texto de Carlos Esplugues Mota acerca da Convenção de Viena de 1980 sobre a Compra e Venda Internacional de Mercadorias. Não há nenhum texto de síntese ou de conclusões.

Há ainda a dizer que no desenvolvimento de cada capítulo grelha se reflectem, naturalmente, as particularidades dos vários sistemas jurídicos, bem como os percursos anteriores dos autores, com a consequência de alguns temas merecerem mais atenção nuns capítulos do que noutros.

A justificação da estrutura da obra reside na própria prevalência das regras nacionais sobre a matéria e nas dissonâncias entre elas. Quando as regras internacionais sobre contratos internacionais cobrirem todas as questões que estes levantam ou quando os sistemas jurídicos nacionais contiverem regras comuns sobre eles, obras do tipo da que está em causa serão descabidas. Até tal suceder (se vier a suceder...), permanecerão muito úteis, nomeadamente como porta de entrada em sistemas jurídicos jurídicos diversos do do leitor.

4. Conteúdos

A leitura dos vários capítulos mostra que, apesar de tudo, há muitos pontos de convergência entre as ordens jurídicas consideradas.

O primeiro é o da vigência em muitas delas – ainda que não em todas e que com flutuações de grau naquelas em que essa vigência ocorre –, do princípio da autonomia privada em Direito Internacional Privado, ou seja, o do reconhecimento da liberdade de escolha, para a regulação de contratos, do sistema jurídico de referência (princípio esse que, aliás, tem vindo a penetrar nos sistemas que a ele resistiam por força da ratificação quase generalizada – estando Portugal entre as excepções – da Convenção de Viena de 1980 sobre a Compra e Venda Internacional de Mercadorias, já que a mesma o acolhe expressamente).

O segundo é representado pelas convenções internacionais, cujo volume na matéria é bastante significativo. Embora haja grandes assimetrias quanto ao seu êxito – medido pela quantidade de ratificações –, a verdade é que poucos serão os países em que a sua relevância não é já grande.

Um terceiro ponto de convergência é o do teor das normas de conflitos sobre os tipos contratuais, que as mais das vezes são semelhantes.

No que respeita a Espanha e a Portugal, a homogeneidade é ainda maior por força da integração dos dois países na União Europeia. Por um lado, ambos são partes da Convenção de Roma sobre a Lei Aplicável às Obrigações Contratuais de que são partes os Estados-membros da União Europeia (que, a partir de 17 de Dezembro de 2009, será substituída pelo Regulamento CE 593/2008, do Parlamento Europeu e do Conselho, de 17 de Junho de 2008, sobre a lei aplicável às obrigações contratuais). Por outro lado, existem directivas e regulamentos comunitários com impacto nos contratos internacionais, nomeadamente nos contratos de consumo, nos contratos de seguro, nos contratos de transporte, nos contratos de trabalho e nos contratos celebrados por meio da Internet.

Fenómeno semelhante, de resto, sucede entre dos países da América Latina, por força de muitos deles serem membros das mesmas organizações internacionais regionais e partes de convenções internacionais da mesma índole, nomeadamente do chamado Código de Bustamante – convenção de 1928 sobre questões internacionais, incluindo contratos (embora resulte do próprio livro objecto desta anotação que a relevância de tal convenção não é tão forte quanto um seu leitor desprevenido pode julgar).

5. Países abrangidos

Do ponto de vista da geografia política, o livro cobre quase totalmente o que o seu título indica. Apenas notámos a falta de El Salvador.

6. Língua(s)

Cada capítulo é escrito na língua do respectivo autor, pelo que os textos sobre Brasil e Portugal são em português e os demais em espanhol.

7. Perfil dos autores

Todos os autores são académicos, muitos deles com carreiras longas e muitos textos publicados sobre a matéria. Dois dos três organizadores – Carlos Esplugues Mota e Guillermo Palao Moreno – são espanhóis (professores da Universidade de Valência) e o outro – Daniel Hargain – é uruguaio (professor da Universidade de Montevideu).

8. Propósito

O prólogo enuncia o propósito da obra, que é ambicioso: ser um acontecimento decisivo – ainda que silencioso e talvez invisível para muitos – no desenvolvimento da investigação sobre a matéria a que respeita. Na base desse propósito está a ideia de que o direito não tem acompanhado o desenvolvimento do comércio internacional, sendo as regras vigentes lacunosas e, em parte significativa, inadequadas ou obsoletas.

9. Dimensão dos capítulos

O capítulo inicial (acerca da Convenção de Viena de 1980 sobre a Compra e Venda Internacional de Mercadorias, como já se referiu) tem 24 páginas. A dimensão dos outros varia entre 19 e 76 páginas (casos dos capítulos dedicados à Guatemala e à Argentina, respectivamente). Grande parte dos capítulos tem à volta de 30 páginas.

10. O capítulo sobre Portugal

O capítulo sobre Portugal é da autoria de Maria Helena Brito (com a colaboração de Eugénia Galvão Teles, nas partes respeitantes aos contratos de consumo e aos contratos celebrados através da Internet).

Como seria de esperar, atendendo à obra escrita da Autora, o texto, para além de evidenciar conhecimentos extensos e profundos, é claro e rigoroso. Atendendo ao seu tamanho (60 páginas), constitui um curto manual, que, embora primacialmente dirigido a leitores estrangeiros, poderá ser uma ferramenta útil a qualquer jurista português que tenha de lidar com a matéria. Esperemos que a natureza da obra em que surge não o esconda dos olhos desses potenciais interessados.

Junho de 2009

Rui Pinto Duarte[*]

---

[*] Professor da FDUNL.

Vida académica

"Contrato de Seguro e Terceiros" Arguição nas Provas Públicas de Doutoramento de Margarida Ramalho Lima Rego*

José Engrácia Antunes**

I

1. Em primeiro lugar, na pessoa da Excelentíssima Presidente deste júri, Prof.ª Doutora Teresa Pizarro Beleza, gostaria de saudar a Faculdade de Direito da Universidade Nova de Lisboa, sublinhando que é com muita honra e gosto pessoal que me associo a mais esta manifestação da vida académica desta Faculdade.

Aproveito também o ensejo para, naturalmente, apresentar os meus cumprimentos cordiais a todos e cada um dos ilustres membros deste júri, sendo devida uma palavra de saudação especial ao Senhor Prof. Doutor Carlos Ferreira de Almeida, orientador da dissertação que hoje vem a provas públicas.

Por último, mas não menos importante, nestas minhas primeiras palavras de cumprimento não queria deixar de incluir a Senhora Mestre Margarida Ramalho de Lima Rego, que ainda não conheça pessoalmente e a quem quero dirigir cordialmente uma palavra inicial de cumprimento, e a quem desejo naturalmente as maiores felicidades para as presentes provas.

II

1. Antes mesmo de analisar o detalhe, gostaria de começar por apresentar a minha apreciação global da dissertação apresentada pela candidata Marga-

---

* Realizadas em 31 de Março de 2009, na Faculdade de Direito da Universidade Nova de Lisboa.
** Professor de Direito.

rida Rego, intitulada *"Contrato de Seguro e Terceiro – Estudo de Direito Civil"*: foi com muito interesse e proveito que li a sua dissertação, que considero de elevado mérito e digna do maior louvor, e que constitui mesmo um dos melhores trabalhos de investigação portugueses que tive a oportunidade de ler nos últimos tempos.

2. Desde logo, a dissertação da Autora representa, em meu entender, *um dos mais importantes contributos recentes para o estudo do contrato de seguro em Portugal.*

Esse contributo é, desde logo, evidente no plano do tema central da sua dissertação: julgo poder afirmar, sem risco de exagerar, que nunca até hoje tinha sido realizado entre nós um estudo tão exaustivo sobre a posição dos terceiros no perímetro relacional do contrato de seguro.

Mas esse contributo – que, de uma certa perspectiva, se poderia considerar expectável ou até "natural" num trabalho que tradicionalmente é suposto representar um contributo original no tema de investigação escolhido –, está longe de se confinar a esse aspecto particular do regime do contrato de seguro, já que ele se estende e prolonga depois em numerosíssimos outros aspectos do conceito e do regime deste contrato. Na verdade, na primeira Parte da dissertação (ao longo de quase 400 páginas), a Autora procede a uma espécie de "ensaio de teoria geral" do contrato de seguro, recheado de contribuições próprias e, nalguns casos, inovadoras. É o caso, claríssimo, da análise do conceito de *risco*, que a Autora, a pp. 57 a 141, analisa com grande profundidade, joeirando com uma minúcia extrema (que por vezes quase raia o conceptualismo) as suas diferentes notas, dimensões e características, e servindo-se nessa análise de outras áreas de saber sem nunca perder de vista a dimensão jurídica dessa mesma análise. É o caso do conceito de *interesse*, conceito complexo que a Autora trata a pp. 141 a 254, e onde, entre outros aspectos dignos de nota, procura justificar a respectiva essencialidade ao mesmo tempo que delimita o seu conteúdo preciso autónomo em face do risco (enquanto relação entre sujeito de risco e prestação do segurador), e toma posição no velho debate em torno da função do seguro (ao sustentar, ao arrepio das teorias dualistas dominantes em Portugal, uma função unitária e típica de satisfação de uma necessidade eventual). São igualmente relevantes as reflexões que faz a respeito das *prestações das partes* (ou, mais latamente, das "atribuições"), do objecto do contrato, e, sob uma perspectiva eminentemente taxinómica, da *classificação do contrato de seguro* no mapa-múndi das classes tradicionais dos negócios jurídicos (pp. 254 e ss.). No plano dos seguros em especial, merecem ainda destaque os importantes desenvolvimentos feitos a respeito dos *seguros de vida* (pp. 478 e ss.), de *responsabilidade civil* (pp. 528 e ss.) e *colectivos e de grupo* (pp. 638 e ss.), entre tantos. Enfim, regressando ao início da tese, não se perca de vista o ensaio de uma *definição própria* para este contrato (p. 52 e ss.). Por todas estas razões, não tenho dúvidas em afirmar que estamos diante de um trabalho que será de leitura incontornável para todos os juristas e cultores do direito dos seguros em Portugal.

3. Mas não só neste plano se devem realçar os méritos da dissertação elaborada pela Autora. Na verdade, fazendo jus ao seu subtítulo ("Estudo de Direito Civil"), a dissertação, ainda que a propósito ou a pretexto do contrato de seguro, *acaba por revisitar numerosos temas e problemas clássicos da Teoria Geral do Direito Civil e do Direito das Obrigações, em particular do Direito dos Contratos*, e onde, no lugar de fugir a eles ou dá-los como assentes, a Autora os discute, questiona, e testa, contribuindo assim para o avanço do debate científico também neste domínio geral. Os exemplos são, de novo, múltiplos: assim sucede, seguindo a ordem pela qual aparecem tratados na tese, a respeito do conceito de *sinalagma contratual* (a pp. 291 e ss., especialmente 308 e ss.); a respeito das *taxinomias ou classificações dos negócios jurídicos* – com destaque, para além obviamente da distinção entre contratos sinalagmáticos e não sinalagmáticos, da distinção entre contratos aleatórios e não aleatórios (a pp. 323 e ss.), entre *contratos de execução instantânea e continuada* (pp. 369 e ss.), ou, sob uma outra perspectiva, dos *contratos de risco e de garantia* (pp. 338 e ss.); a respeito do princípio da *eficácia relativa dos contratos* (pp. 390 e ss.) e, claro está, do *contrato a favor de terceiro* (mormente a pp. 402 e ss., onde as achegas são tão numerosas que não podem ser aqui enunciadas); a respeito da estrutura da obrigação, em especial os conceitos de *crédito* (a pp. 430 e ss.), de *conteúdo da prestação devida* ("rectius", o interesse do credor na prestação) (a pp. 443 e ss.), e antes disso, embora sobre outro enfoque, de *"atribuição"* (a pp. 280 e ss.); ou a respeito do conceito da *actuação por conta de outrem* (a pp. 563 e ss.). Ora, também a respeito destes temas jusprivatistas gerais, de ontem e de hoje, a Autora desenvolveu reflexões próprias. Concorde-se ou não com os resultados dessas reflexões, há, em meu entender, um mérito intrínseco nessa atitude da Autora, que merece ser sublinhado.

4. Por último, vista no seu conjunto, a dissertação tem ainda outros méritos que é de elementar justiça realçar.

a) *a investigação é séria e profunda*, revelando a Autora honestidade intelectual na exposição das ideias e profundidade na análise dos temas. Sem com isso pretender revelar a idade da candidata, longe de mim, diria neste momento, em público, aquilo que afirmei no círculo restrito destes professores aquando da primeira reunião do júri da sua admissão, num momento em que tinha lido apenas alguns trechos da sua dissertação: apesar da sua juventude, a Autora revela uma maturidade notável de cultura jurídica e até cultura geral.

b) *a investigação é vasta e é consistente*. Com efeito, a dissertação foi construída sobre um apreciável trabalho de pesquisa e tratamento de fontes nacionais ou comparadas. É verdade, e até um pouco surpreendente para o padrão de qualidade da dissertação, que o acervo bibliográfico da Autora não foi exaustivo, longe disso, deixando de fora diversos estudos e monografias sobre o tema[1]. Mas o que lhe faltou porventura em exaustividade na recolha das fontes, sobrou-lhe na qualidade do tratamento e maturação daquelas de que se serviu – e tanto bastaria, em todo o caso, para mim. Por outra banda, a dissertação eleva-se acima do direito positivo, ganhando aí uma autonomia própria. Este facto está bem ilustrado na circunstância de o grosso da dissertação ter sido elaborado num quadro legislativo diverso, tendo-se adaptado no espaço de poucos meses ao regime saído da nova Lei do Contrato de Seguro: esta Lei, recorde-se, é de Abril de 2008, tendo a dissertação sido entregue em Agosto do mesmo ano; ora, não se ignorando que a Autora terá antes disso tomado em conta o projecto de Lei apresentado pela Comissão dele encarregue em Julho de 2007, julgo ainda assim tratar-se de facto digno de nota.

c) por último, a dissertação exibe também um *elevado padrão de qualidade do ponto de vista formal*. Isso também explica que este aspecto, tantas vezes referido em primeiro lugar numa arguição, aqui não me

---

[1] Por exemplo. Na Alemanha: Nicole NIESSEN, *Die Rechtswirkungen der Versicherung für fremde Rechnung unter besonderer Berücksichtigung des Innenverhältnisses zwischen Versichertem und Versicherungsnehmer*, Karlsruhe, 2004; Ludwig CREMER, *Die Erfüllung der versicherungsrechlichen Obliegenheiten und Pflichten bei der Versicherung für fremde Rechnung*, Köln, 1935; Heinrich KREBBS, *Die Stellung des Versicherten und seine Beziehungen zum Versicherer bei der Versicherungs für fremde Rechnung*, Frankfurt, 1934; Werner TAUBE, *Ermächtigung – Versicherung für fremde Rechnung*, Hamburg, 1948. Na França: Henri MICHY, *L'Assurance pour compte d'autrui et l'assurance complementaire de responsabilité contre les risques d'incendie: étude théorique et pratique*, LGDJ, Paris, 1911; Eugene BRESSON, *Essai sur l'assurance maritime pour compte d'autrui*, Paris, 1913. Em Inglaterra: George BATTEN, *Third Party Insurance*, 4th edition, Stone & Cox, 1960; Robert M. MERKIN e outros, *Privity of Contract: The Impact of the Contracts (Rights of Third Parties) Act 1999*. LLP, London, 2000. Mas o mesmo se poderia dizer de algumas temáticas específicas da sua tese. Por exemplo: a propósito do seguro de grupo e seguros colectivos, a Autora centrou as suas reflexões na doutrina alemã, e, numa segunda linha, francesa, tendo ignorado as monografias que sobre o tema se escreveram em Espanha e Itália: vide, por exemplo, o trabalho Rafael Illescas ORTIZ, *El Seguro Colectivo o de Grupo*, Sevilla, 1975.

mereça senão uma brevíssima e derradeira nota: as suas mais de 700 páginas (que, na verdade, seriam cerca de 1000 se a Autora tivesse seguido o modelo de apresentação "standard") estão escritas em bom português, sem erros sintácticos ou gramaticais assinaláveis, e com um número muito escasso de gralhas ortográficas (tenho comigo uma errata, que terei todo o gosto em lhe facultar). O que demonstra que a Autora teve pelo seu trabalho a dedicação – talvez a palavra correcta seja a "obsessão" – necessária e suficiente para o deixar assim formalmente quase imaculado.

III

O indiscutível mérito científico da sua dissertação *não significa, todavia, que a leitura das suas centenas de páginas não me tenha suscitado dúvidas, perplexidades ou até discordâncias*. Dado o tempo limitado que temos pela frente, optei por lhe colocar *uma questão relativa a cada um dos oito capítulos* da sua dissertação.

1. Relativamente ao cap. I ("Aspectos Introdutórios"), a respeito dos *sujeitos do contrato de seguro*, a Autora recusa-se a ver na empresarialidade do segurador um elemento essencial deste contrato (a pp. 35 e ss., retomando a pp. 245 e ss.).
Ora, em meu entender, é duvidoso que assim seja.
Para começar, a lei portuguesa parece ser especialmente clara a este respeito, *apenas considerando válidos os contratos de seguro celebrados por empresas de seguro devidamente licenciadas*: o art. 16.º, n.º 1 da LCS, justamente sob a epígrafe "sujeitos" do contrato, afirma que "o segurador deve estar legalmente autorizado a exercer a actividade seguradora em Portugal"; os arts. 2.º e 7.º do RGAS apenas permitem que essa actividade seja desenvolvida por empresas de seguros (sejam anónimas, mútuas de seguros, empresas seguradoras públicas); e o n.º 2 do citado art. 16.º da LCS fecha o círculo afirmando que, "sem prejuízo de outras sanções aplicáveis, a violação do disposto no número anterior gera nulidade do contrato". O próprio legislador, no preâmbulo, apelidou de "pretensos contratos de seguro" os contratos celebrados por outras pessoas singulares ou colectivas que não sejam empresas seguradoras. Ora, na reconstrução da noção jusprivatística do contrato de seguro, será assim possível ou até desejável abstrair, de forma tão aberta e reiterada, do recorte que da figura foi feito pelo nosso legislador positivo através de nor-

mas imperativas? será que não acabaremos com um conceito que flutua demasiado acima da cabeça dos simples mortais e do direito positivo ou "vivo" dos seguros?

Depois ainda, o argumento da Autora de que são distintos os planos da qualificação e da admissibilidade do contrato de seguro *pode provar demais*, e levar demasiadamente longe, designadamente em relação a toda a contratação mercantil relativa a sectores regulamentados relativamente aos quais o legislador previu exclusivos ou monopólios legais. Assim, por exemplo, os contratos de recepção de depósitos ou fundos reembolsáveis celebrados por uma entidade não autorizada (e não uma empresa bancária) seriam contratos de depósito bancários, embora nulos (e não um contrato de depósito irregular, que é o que realmente seriam); os contratos de administração de carteiras de activos financeiros celebrados por um curioso ou um habilidoso (e não por uma empresa de intermediação financeira) seriam contratos de gestão de carteiras, embora nulos (e não um contrato de mandato, que é o que porventura seriam usualmente); e assim por diante. Além disso, num plano puramente prático, a sua tese também parece um pouco *especiosa*: serão assim tão relevantes na prática esses hipotéticos seguros clandestinos? Claro que, como noutras quaisquer áreas do direito ou até da vida, é sempre possível imaginar excepções para afirmar a debilidade da regra ou para legitimar um determinado entendimento em contracorrente: e portanto, é sempre possível imaginar o caso de alguém que, tendo um determinado risco que pretende cobrir, em vez de se dirigir a um profissional financeira e tecnicamente habilitado (isto é, a uma empresa de seguros), opte por se dirigir a um curioso para esse efeito. Mas será essa franja da realidade relevante? Por outra banda, a tese da Autora também não permite *distinguir claramente o seguro do jogo*: na verdade, os seguros clandestinos, celebrados por não profissionais, aproximam-se perigosamente do jogo. Por fim, num plano regulatório, a tese sustentada também não parece oferecer solução para o problema subsequente de saber qual o regime jurídico aplicável a esses seguros clandestinos. Admitindo, como pura hipótese de trabalho, que é como diz e que estaríamos perante um contrato de seguro em tais casos (inválido mas ainda assim um contrato de seguro), *qual seria o regime aplicável a esses "zombies", que estão entre os contratos de seguro válidos e os não seguros*? O da LCS? Toda ou parte? E como distinguir entre as disposições aplicáveis e as não aplicáveis? É que não pode ignorar que partes inteiras da LCS apenas se compreendem à luz da natureza empresarial e massificada da contratação seguradora, tornando-se pouco menos do que absurdas quando aplicadas ao seguro clandestino ou isolado. Com efeito, a maior parte das normas imperativas da lei, visando tutelar a parte mais débil no contrato de seguro, está intimamente associada à contratação em massa do seguro que é o reverso da sua empresarialização (art. 11.º e ss.): são faixas inteiras da formação do contrato, mormente do dever à informação do segurador (arts. 18.º a 23.º), do valor do silêncio (art. 27.º), da mediação (28.º e ss.), a própria apólice e o seu texto (37.º), os regimes especiais em matéria de prémio (58.º e ss.), o direito de arrependimento (art. 118.º), e assim por diante.

2. No cap. II, surge um outro aspecto central: o *risco* (a pp. 57 a 141). No seu louvável afã de exaustividade e de não deixar pedra por levantar, a Autora leva-nos aqui num verdadeiro corrupio ou montanha-russa de conceitos, distinções e subdistinções (incerteza e possibilidade, risco seguro e risco de seguro, risco concreto e abstracto, risco objectivo e subjectivo, evento e facto, risco técnico de seguro, etc., etc.). Ora, esta montanha-russa terminológica, se nuns momentos representa efectivamente um contributo para uma mais precisa delimitação do conteúdo deste elemento contratual, noutros deixa o leitor verdadeiramente à nora, raiando o conceptualismo, contribuindo porventura para aumentar, e não diminuir, o discernimento no tema.

2.1. A Autora sustenta que a única dimensão relevante do risco de seguro para efeitos do conceito do contrato de seguro é a *elementaridade* do risco, recusando que o mesmo possa ser dito da dimensão colectiva ou institucional (pp. 108 e ss.). Mas não será que, sem esta última dimensão, sem o risco na sua vertente técnico-actuarial, o contrato de seguro se aproximaria perigosamente do mero contrato de jogo ou aposta, em que ambas as partes contratantes (ou seja, não apenas tomador mas também segurador) jogam na possibilidade de um ganho ou perda decorrente da verificação ou não de um evento futuro?

A ideia é a seguinte. O negócio das empresas de seguro consiste em comprar riscos alheios, vendendo segurança, a troco de uma remuneração. Ora, este negócio só é possível e viável porque as seguradoras mensuram e avaliam o risco segundo modelos técnico-actuariais, que transformam a incerteza individualmente isolada numa mais ou menos certeza quando globalmente considerada: sem tal vertente técnico-actuarial, sem a análise e mensurabilidade do risco segundo princípios matemáticos (lei dos grandes números), sem o mecanismo da mutualização (compensação do risco no seio de uma comunidade), o negócio de seguro, e talvez mesmo o contrato de seguro – tal como nós o conhecemos –, não existiria ou, quando muito, seria um fenómeno jurídico absolutamente marginal. Se da perspectiva do tomador do seguro, se pode aceitar que a elementaridade seja o único aspecto relevante, *o mesmo já não se pode dizer da perspectiva do segurador cuja própria existência nem sequer seria concebível sem a perspectiva institucional do risco*: ora, não se vê muito bem como algo que é condição da existência de uma das partes contratantes (o segurador) não o seja dos próprios contratos que este celebra.

2.2. Outro traço referido pela Autora é a *pureza* do risco (a pp. 119 e ss.). De novo, afigura-se-me existir aqui outra vez algum sobrepovoamento ou poluição conceitual: será que o essencial do conceito da pureza do risco seguro, enquanto possibilidade de perda ou desvalor negativo, *já não resultaria da dimensão de "desvalor"*, enquanto possibilidade de impacto económico negativo no património do segurado (visto a pp. 64 e ss.)?

2.3. Finalmente, a Autora refere-se ainda à característica da *exogeneidade* do risco de seguro (pp. 123 ss.), a qual, no seu entender, permitiria distinguir o seguro de outros contratos aleatórios, como o jogo: no jogo, o risco é endógeno porque não existe antes do negócio e é criado pelo próprio negócio; no seguro o risco é exógeno, porque já preexiste ao negócio e não é uma criação deste. Mas isto não se parece compaginar muito bem com as ideias sustentadas pela própria Autora noutros locais da sua tese, mormente, quando afirma que o risco de seguro é um risco construído pelas partes – "o risco seguro é contratualmente estipulado, sendo, enquanto tal, uma construção das partes" (p. 79) –, quando contesta a afirmação de alguma doutrina segundo a qual o risco deve ser real – já que "não se lhe pode exigir que exista no mundo lá fora, e tão pouco seja o resultado de um juízo objectivo" (p. 83) –, ou que "não é requisito da qualificação de um contrato de seguro que o risco seguro exista objectiva ou sequer subjectivamente na perspectiva dos sujeitos relevantes" (p. 87). *Ou seja: se o risco de seguro, ainda que apoiando-se num risco primário, é apenas aquele que foi construído pelas partes no contrato, como pode este ser exógeno ao mesmo?*

3. Depois ainda, no cap. III, encontramos o conceito de *interesse*. Trata-se de uma parte muito substancial da dissertação, qualitativa como quantitativamente (pp. 142 a 254), aliás retomada em vários outros pontos (por exemplo, a pp. 629 e ss.). Concorde-se ou não com as posições da Autora, é louvável o esforço que fez para descortinar um sentido unitário, autónomo e útil para um requisito que – permita-se-me esta opinião meramente pessoal – se afigura inequivocamente problemático, já que, por uma banda, nada parece acrescentar ao conceito de risco (na dimensão do desvalor) e, por outra, pode conter em si dimensões de tal modo diversas consoante os diferentes tipos de seguros a ponto de se tornar indeterminado, supérfluo e gerador de insegu-

rança jurídica. Dito isto, reter-me-ei, pois, em duas questões particulares que me suscitaram alguma perplexidade.

3.1. A primeira diz respeito ao *princípio indemnizatório*, o qual, no âmbito da sua tentativa de refutação das teorias dualistas da função do seguro, a Autora parece considerar tratar-se de princípio totalmente na disposição das partes, rejeitando-lhe assim qualquer essencialidade mesmo no âmbito do seguro de danos (a pp. 205 e ss.).

Ora – pergunto-lhe – não será este um entendimento demasiado radical? Será que colocar ao alcance da pura autonomia dos contraentes um princípio que nasceu justamente para permitir a fronteira entre o seguro e o jogo, entre o seguro e a especulação (e por isso ao princípio indemnizatório também se chama habitualmente "princípio da não especulação"), *não será abandonar essa fronteira ao puro arbítrio das partes*, não será permitir que estas transformem o seguro num jogo, não será, afinal, permitir entrar pela janela aquilo que a própria Autora, nas suas páginas sobre o risco, havia fechado a porta (ao excluir a cobertura do chamado "risco especulativo")? Não se perca de vista, por outra banda agora, que o art. 128.º da LCS consagrou afinal expressamente o princípio indemnizatório e que o art. 131.º, n.º 1 da mesma lei, permitindo embora que as partes acordem num valor de indemnização superior ao valor do dano, exige que o valor não seja "manifestamente infundado": ou seja, sendo certo a lei conferiu alguma margem de manobra às partes de um contrato de seguro, certo é também que não permitiu a estas afastarem pura e simplesmente o princípio indemnizatório.

3.2. A segunda questão é esta: *a Autora defende que não existe um número fechado de contratos de seguro*, admitindo assim a celebração de seguros atípicos (p. 232), *muito embora pareça reconhecer que existirá um número fechado de ramos de seguro*, proibindo-se assim a celebração de seguros que não se incluam numa das modalidades previstas nos arts. 123.º e ss. do RGAS. Mas não será este entendimento problemático, levando a que sejam diferentes os tipos de riscos cobertos no direito institucional e no direito contratual de seguros?

4. Prosseguindo nesta viagem pela dissertação, no Cap. 4 vamos encontrar um outro aspecto fundamental: o das *prestações, ou "atribuições", das partes* (a pp. 254 e ss.). Ora, tenho uma questão a respeito de cada uma destas prestações.

4.1. Por um lado, relativamente à *prestação do tomador*, ou seja, o pagamento do prémio (que trata a pp. 257 e ss.). Aí afirma – o que é simplesmente uma constatação, que nem sequer contesto – que o regime da lei portuguesa (actual e anterior), que comina a *resolução automática do contrato desde o momento da sua celebração por falta de pagamento do prémio*, se justifica pela intenção de "desentulhar" (a expressão é minha) os nossos tribunais de processos de cobrança de dívidas (p. 259).

Pergunto-me, e pergunto-lhe, se esta solução – que terá tudo de pragmático, mas nada de contratual – não suscita nenhum comentário de quem, como a Autora, se move confessadamente pelo estudo do contrato de seguro enquanto instituto de direito privado. Estarei porventura errado, mas parece-me que o poder legislativo, para compensar as falhas do poder judicial, introduz aqui uma entorse total às regras, gerais ou até especiais, da cessação dos contratos, além de desferir mais uma machadadazinha no princípio "pacta sunt servanta": como aliás muito bem sublinha, o tomador, se não quiser continuar vinculado ao contrato, não precisa de invocar os meios comuns da cessação (v.g., denunciando-o), *basta-lhe não cumprir, curiosamente, com a única coisa a que se obrigou: pagar o prémio ao segurador*. Talvez mesmo mais: não terá o legislador acabado aqui por consagrar uma espécie de "direito de arrependimento" ou de desistência de carácter permanente, que absorve (e à luz do qual perde até utilidade prática) o direito de arrependimento "stricto sensu" previsto no art. 118.º da LCS? Repare-se, aliás, que num país com um imaculadíssimo "curriculum" em matéria de funcionamento da sua organização judicial, se semelhante argumento "pragmático" vinga e faz escola na feitura das leis, ele não deixará decerto pedra sobre pedra dos quadros do direito civil... E não se perca de vista que esse pragmatismo não tem impressionado a retina de outros legisladores europeus: para não ir muito longe, em Espanha, o art. 15.º da respectiva "Ley de Contrato de Seguro" prevê que a mora do tomador do seguro no pagamento do prémio investe o segurador na faculdade de, ou bem resolver o contrato por incumprimento, ou exigir judicialmente esse pagamento em acção ordinária ou executiva com base na apólice que é um título executivo; e algo de semelhante julgo estar previsto no art. 1901 do "Codice Civile" italiano, que consagra apenas a faculdade de opção entre a resolução do contrato e a cobrança ("riscossione").

4.2. Por outro lado, quanto à *prestação do segurador* (a pp. 264 e ss.), se bem interpretei o pensamento da Autora, sustenta-se, no essencial, que tal prestação se confina exclusivamente ao pagamento da indemnização em caso de sinistro, relegando a assunção da cobertura de risco ou da "suportação de risco" para o domínio extra-obrigacional (ou uma zona de penumbra ou mais lata que designa por "atribuição"): simplificando muito, diríamos que *apenas o primeiro é um efeito jurídico do contrato*, constituindo o último um mero efeito económico ou funcional, ou pelo menos, sem relevo jurídico no plano do dever de prestar do segurador.

Ora, não será esta – ao menos, quando afirmada em termos peremptórios (p. 273) – uma concepção demasiadamente restritiva e até formalista dos deveres contratuais das empresas seguradoras? Hoje em dia, quando uma pessoa faz um seguro, mais do que simplesmente garantir um pagamento em caso de sinistro, dir-se-ia que compra o poder dormir tranquilo mesmo que tal sinistro não se venha a verificar: se um faço um seguro de incêndio para a minha casa, mais do que simplesmente ser indemnizado por um fogo que não desejo, pretendo sim é transferir essa preocupação para a seguradora. Se este raciocínio estiver correcto, então a prestação do segurador será, não uma, mas duas: uma *prestação creditória* (pagamento de soma monetária), que satisfaz uma necessidade eventual e futura (perdas implicadas por sinistro); e uma *prestação de garantia*, que satisfaz uma necessidade certa e actual (que é a minha necessidade de segurança e previdência). Ora, se se aceitar este raciocínio – repito, "se" –, então o tomador do seguro poderia exigir algo mais do que uma simples indemnização do segurador em caso de sinistro: mesmo antes do sinistro, e independentemente deste, o tomador sempre poderia exigir do segurador uma conduta apta a garantir a existência permanente dos meios técnicos e financeiros necessários a essa garantia de segurança (v.g., celebrar contratos de resseguro, constituir provisões técnicas, conservar margens de liquidez suficientes para fazer face aos pedidos de indemnização, etc.).

É, de facto, difícil de entender que o tomador do seguro, perante uma ostensiva e pública conduta do segurador que ponha em causa essa garantia de segurança que ele comprou, não possa obter protecção no próprio quadro do contrato celebrado e tenha que ficar à espera da protecção, sempre eventual e tardia, que possa resultar do direito público de supervisão: que um tomador de um grande risco, por exemplo, tenha que assistir impávido ao esboroamento, gestão danosa ou insolvência da empresa seguradora, sem poder lançar mão de mecanismos contratuais de defesa, é algo que, ao menos em casos-limite, confesso ter dificuldade em aceitar. Pelo contrário, se se aceitar que a prestação do segurador tem essa dupla dimensão creditícia e garantística, já seria diferente. Se o tomador prova que, no decurso do contrato e antes do sinistro, o segurador se absteve de reunir os pressupostos técnicos ou económicos da garantia, sempre poderia resolver o contrato por incumprimento nos termos gerais ou até com fundamento em justa causa (cf. art. 116.º da LCS). Se se admitir que, na vigência do contrato e antes da produção do sinistro, estaríamos perante uma situação jurídica de pendência (um pouco semelhante àquela que pode ser encontrada nos negócios condicionais, com a particularidade que aqui suspenso fica, não o próprio negócio, mas sim uma das prestações dele emergente), sempre seria possível pensar encontrar protecção para o tomador naquelas disposições da lei civil que atribuem ao credor de uma obrigação condicional, durante a pendência da condição, o poder de praticar actos conservatórios do respectivo direito (art. 273.º do CCivil) ou mesmo de exigir à outra parte uma actuação que não comprometa a integridade desse direito (art. 272.º do CCivil).

5. Reportando-me ao capítulo 5, relativo *à relação entre as atribuições das partes*, sendo múltiplas as questões relevantes que a Autora aí aborda, destaco apenas uma relativa à característica da *aleatoriedade* (a pp. 322 e ss.).

A Autora sustenta (a pp. 379 e ss.) que *os contratos de seguro estão sujeitos ao regime da modificação por alteração superveniente das circunstâncias, previsto no art. 437.º do CCivil*. O instituto do art. 437.º constitui uma espécie de "válvula de escape" do sistema para aqueles contratos cujas partes sejam surpreendidas por uma alteração superveniente e anormal das circunstâncias que, no dizer da própria lei, "não se pudesse considerar coberta pelos riscos próprios do contrato". Ora, se como a própria Autora reconhece, o contrato de seguro é um contrato aleatório, ou seja, "ex definitione", um contrato assente e construído sobre a própria álea, não significa isso dizer que eles estarão sempre, necessariamente, fora da previsão legal? Dito de outra maneira: se as partes de um seguro aceitam à partida um risco geral de desequilíbrio superveniente das suas prestações contratuais (pois, sabendo quais são as suas prestações, não sabem qual será o saldo económico final da operação para cada uma delas, quem sairá a ganhar ou a perder no cômputo final), não se deverá considerar que esse é um risco próprio do contrato de seguro, como tal excluído expressamente pelo próprio art. 437.º do CCivil?

Mesmo aceitando a sua tese – e estou pronto a admitir que, em certos casos-limite, tal instituto legal seja aplicável a contratos aleatórios, incluindo o de seguro –, a questão complica-se se se considerar que a próprio legislador previu mecanismos de adaptação do contrato às alterações imprevistas e supervenientes do risco, como sejam as disposições sobre a diminuição do risco (art. 92.º da LCS) e sobre o agravamento do risco (art. 93.º da LCS). Ora, estas disposições podem ser relevantes para o nosso problema em dois aspectos. Por um lado, julgo ser pacífico na doutrina e jurisprudência portuguesas que o instituto do art. 437.º do CCivil constitui um instituto juscontratual *subsidiário ou de natureza supletiva*, que cede sempre que a lei ou as próprias partes hajam previsto regras próprias na matéria: ora, podemo-nos perguntar se as previsões especiais dos arts. 92.º e 93.º da LCS não têm justamente o significado de afastar aquele regime geral supletivo. Por outro lado, mesmo do ponto de vista prático, *não são fáceis de imaginar alterações supervenientes da envolvente negocial que, não caindo na previsão dos arts. 92.º e 93.º da LCS, pudessem ser abrangidas pelo art. 437.º do CCivil*: tentei encontrar na sua tese algum exemplo concreto que ajudasse a ilustrar essa eventualidade, mas, salvo erro, não forneceu nenhum.

6. Passemos rapidamente ao Cap. 6, que inaugura a segunda parte da sua tese, relativo aos *direitos de terceiro em face de um contrato* (pp. 389 a 563), porventura um dos capítulos mais substanciais da sua dissertação.

A propósito do contrato a favor de terceiro, e da supletividade do regime legal da revogação previsto no art. 448.º do CCivil (pp. 424 e ss.), a Autora *sustenta a licitude das convenções de livre revogabilidade da promessa durante toda a vigência do contrato*, desde que efectuada por acordo entre as partes ou pelo promissário, mas já não individualmente por qualquer das partes ou pelo promitente (p. 425). Ora, confesso que o seu entendimento me suscita algumas dúvidas, já que, tomado à letra, transmuta perigosamente o contrato a favor de terceiro "hoc sensu" num contrato a favor de terceiro em sentido impróprio. É da essência do contrato a favor de terceiro criar na esfera de um terceiro um determinado direito, o qual vive numa situação de precariedade até à sua adesão: a adesão, na economia do art. 448.º, é o acto que justamente se destina a acabar com tal precariedade, transformando tal direito precário (porque revogável) num direito definitivamente exercitável. Ora, se fosse admissível às partes de um contrato a favor de terceiro reservar para si a possibilidade de o revogar a todo o tempo (mesmo após uma eventual adesão do terceiro), o contrato jamais teria uma verdadeira eficácia externa (mas puramente interna, dada a inconsistência da posição do terceiro) e o terceiro jamais seria titular de um direito próprio ao cumprimento (poder de exigir a prestação, impermeável às investidas do promissário). Ou seja, não teríamos um contrato a favor de terceiro em sentido próprio (em que tanto o promissário como o terceiro têm um poder autónomo de exigir o cumprimento ao promitente) mas *em sentido impróprio* (em que apenas o promissário tem verdadeiramente tal poder, sendo o terceiro titular de uma expectativa jurídica, porque o seu poder é eventual e subordinado, vivendo debaixo da espada de Damócles da revogabilidade por decisão unilateral do promissário; é uma expectativa merecedora de tutela jurídica mas sujeita à pendência de uma condição resolutiva, o acto revogatório).

De facto, como admitir que as partes quiseram atribuir ao terceiro um direito próprio, se se reservaram a possibilidade de lho retirarem a todo o tempo? Se estivesse estado na mente do legislador um figurino contratual em que o direito do terceiro, criado pelo contrato, é um direito permanentemente precário, não se perceberia a utilidade de no art. 448.º se prever o acto de adesão do terceiro: mais valia então ter deixado isso à liberdade das partes. Por outro lado, o terceiro, de favorecido do contrato, poderia passar a prejudicado numa penada: basta pensar que todas as diligências preliminares que o terceiro fizesse no sentido de preparar o futuro cumprimento, todo o tempo que gastasse e todas as despesas em que incorresse por motivo desse cumprimento, poderiam redundar numa perda sua, sempre que, no último momento, o promissário "roesse a corda" e revogasse a promessa. O terceiro seria uma espécie de joguete nas mãos do estipulante, que, a seu bel-prazer, poderia dar-lhe com uma mão o que a seguir lhe tira com a outra. Ou seja: às vulnerabilidades próprias do contrato a favor de terceiro sinalagmáticos (para que a Autora, aliás, muito bem chama a atenção a pp. 449 e ss.), somava-se mais esta vulnerabilidade intrínseca: se o promissário quiser ter o controlo permanente da sorte do direito do terceiro, não precisa de sequer se dar ao trabalho de recorrer ao subterfúgio de incumprir o contrato para permitir ao promitente invocar a excepção de não-cumprimento e, assim, frustrar o direito do terceiro; tem sempre o caminho mais curto e cómodo de revogar o direito (revogação essa que é um acto unilateral receptício, eficaz logo que seja conhecida ou chegue ao terceiro: cf. art. 224.º do CCivil).

7. Aproximando-nos do fim, temos o capítulo 7, dedicado aos *seguros por conta* (pp. 563 e ss.). Não vou negar que as dezenas de páginas que a Autora dedicou ao tema tenham um interesse próprio, embora, num certo sentido, convenhamos que o seu essencial estaria já latente nas reflexões feitas, noutros pontos da tese, a respeito da figura do segurado (mormente, a pp. 40 e ss., 492 e ss.) e de seguro a favor de terceiro (a pp. 402 e ss.).

Dado que o tempo escasseia, farei apenas uma pequena observação relativa a um trecho onde a Autora, analisando o conceito de actuação por conta alheia, afirma que os seguros por conta de outrem, cujos efeitos se produzem usualmente de forma directa na esfera do segurado, *estão ainda em linha com o conceito civilístico geral de actuação por conta, o qual é também compatível com uma projecção directa dos efeitos do negócios celebrados pelo mandatário na esfera jurídica do mandante* (pp. 573 e s.). Ora, a ser assim como diz, não estaríamos já diante de uma actuação em nome alheio, que não meramente por conta alheia? Se as partes de um mandato convencionam que haverá projecção directa dos efeitos dos negócios celebrados pelo mandatário na esfera jurídica do mandante, não haverá mandato com representação – ou seja, não estaremos já fora do mandato não representativo?

A Autora começa por se referir àquela posição doutrinal segundo a qual no seguro por conta de outrem jamais poderia haver, afinal, uma verdadeira actuação por conta de outrem: segundo esta posição, ao passo que, na contratação por conta de outrem em geral, os efeitos dos negócios celebrados pelo comissário se produzem primeiro na sua esfera jurídica própria e só posteriormente são transferidos para o comitente (projecção mediata ou indirecta), nos seguros por conta de outrem em especial, os efeitos do seguro projectam-se logo directamente na esfera do comitente (projecção imediata ou directa) (p. 573). Ora, a fim de refutar este entendimento doutrinal, a Autora sustenta um outro entendimento do conceito civilístico geral da actuação por conta de outrem, defendendo que este é perfeitamente compatível com a existência de uma projecção directa dos efeitos jurídicos dos negócios na esfera jurídica do comitente, afirmando que "em lado algum se exige que os actos praticados pelo comissário produzam somente efeitos na esfera do comitente", nem na lei comercial (art. 268.º do CCom), nem na lei civil (art. 1180.º e 1181.º do CCivil) (p. 574). Ora, esta afirmação suscita vários problemas. A ser como diz, então o que diferencia afinal a actuação em nome alheio (em que há, "ex definitione", uma projecção imediata dos efeitos dos actos praticados na esfera jurídica do terceiro-representado) da actuação em nome próprio e por conta alheia com projecção imediata desses efeitos? *Não se aproximam virtualmente as duas figuras*, e não será que se esvazia de sentido a actuação em nome próprio do mandatário ou comissário? A ser assim, *o que diferencia, afinal, o contrato por conta de outrem com projecção directa dos efeitos no terceiro e o contrato a favor de terceiro*? Além de que está longe de poder ser considerada pacífica a leitura que faz dos preceitos da lei civil e comercial portuguesa. Pelo menos relativamente ao mandato para adquirir, parece decorrer do art. 1181.º do CCivil que o *nosso legislador quis afastar a possibilidade de as partes estipularem uma transferência ou projecção directa dos actos praticados pelo mandatário na esfera jurídica do mandante*: só assim se torna inteligível, não apenas a obrigação do mandatário transferir para o mandante os direitos adquiridos em execução do mandato (n.º 1), como a possibilidade de substituição prevista no n.º 2 relativamente ao exercício dos direitos de crédito (se a lei conferiu ao mandante o poder de se substituir ao mandatário neste exercício, é justamente porque, aos olhos do legislador, o mandatário é que é titular directo e primário desses direitos, confirmando assim a tese de que a execução do mandato sem representação produz os seus efeitos na esfera jurídica do mandatário e não do mandante, o que é dizer, que a projecção desses efeitos na esfera deste último será sempre indirecta).

À margem. A Autora afirma a p. 596 que "o contrato de seguro é um dos poucos, senão mesmo o único, em que a prática recorre a palavras distintas para referir o acto, ou o seu conteúdo normativo, e o documento em que este se reduz a escrito": seguro e apólice. Eu não diria tanto. Esta *dualidade terminológica* verifica-se também noutros domínios da contratação mercantil, embora nem sempre com o mesmo alcance. Pense-se, por exemplo, na utilização pelo legislador societário das expressões *"contrato de sociedade"* e *"estatutos sociais"* (e, tal como o legislador segurador, o legislador societário utiliza por vezes indistintamente as duas expressões, chamando "apólice" ao "contrato" ou vice-versa); pense-se, por exemplo, na distinção entre o *"contrato de transporte"* e *"documento de transporte"* (o qual, por seu turno, recebe diferentes designações, incluindo a "guia de transporte" para os transportes terrestres nacionais de mercadorias, a "declaração de expedição" nos transportes rodoviários e ferroviários internacionais de mercadorias, o "conhecimento de carga" no transporte marítimo de mercadorias e a "carta de porte aéreo" no transporte aéreo de pessoas e mercadorias); etc.

8. Relativamente ao seu derradeiro capítulo, sobre *seguros colectivos e de grupo* (pp. 635 e ss.), duas ou três observações finais.

8.1. Uma primeira de *ordem terminológica*. Ninguém ignora que existe no direito contratual de seguros uma certa confusão ou mesmo "poluição" terminológica, já que, não raro, um mesmo termo é utilizado para designar coisas diferentes (v.g., pessoa segura), ou inversamente se designa a mesmíssima coisa através de termos diferentes: reconheceu-o o legislador no preâmbulo da LCS e a própria Autora nas suas páginas iniciais (pp. 36 e ss.). Ora, assim sendo, não teria sido melhor, no lugar de importar a distinção alemã entre seguros colectivos e de grupo (que não tem qualquer correspondência na lei portuguesa), ter simplesmente falado de seguros de grupo em sentido amplo e em sentido estrito?

8.2. Em segundo lugar, apesar de ser indubitável na prática a existência de seguros de grupo que correspondem ao modelo amplo (contrato preliminar seguido de uma pluralidade de contratos com tomadores-segurados individuais), a análise do texto legal parece indicar que o legislador se referiu, nas suas disposições, *unicamente ao modelo estrito*, já que se fala sempre num único tomador, distinguindo-o dos terceiros-segurados (por exemplo, arts. 76.º, 77.º, n.º 2, 78.º, 80.º, da LCS). A sua interpretação da lei portuguesa é curiosa, porque divergente da que é seguida pela doutrina estrangeira para leis similares à nossa. Por exemplo, em Espanha, a respectiva "Ley de Contrato de Seguro" prevê uma definição de seguro de grupo algo similar à do art. 76.º da nossa LCS: ora, a doutrina espanhola deixa claramente de fora do âmbito da noção e do regime legal, sejam os seguros de grupo em sentido amplo (pluralidade de contratos de seguro individuais celebrados pelos tomadores-segurados em execução de um contrato-preliminar do líder do grupo), seja os seguros de grupo em sentido impróprio (pluralidade de contratos de seguros individuais celebrados pelo líder do grupo na qualidade de representante directo dos tomadores-segurados), além de outras modalidades (v.g., planos de pensões).

8.3. A Autora afirma, a p. 660, que a *saída do segurado do grupo seguro não ocasiona a perda automática da cobertura*, já que não existe cominação na nossa lei neste sentido. Mas não será que essa cominação resulta já, indirectamente, da própria noção de seguro de grupo prevista no art. 76.º da LCS, dado que, nessa hipótese, já não temos um seguro de grupo do ponto de vista daquele segurado em concreto, posto que, muito justamente, se desvaneceu o vínculo de pertença ao grupo seguro?

O art. 76.º define seguro de grupo por remissão para o conceito de "conjunto de pessoas ligadas ao tomador por um vínculo": ou seja, ilustrando, a qualidade de trabalhador é pressuposta na existência de um seguro de acidentes de trabalho celebrado pelo empregador relativamente aos seus trabalhadores; a qualidade de advogado é pressuposta na existência de um seguro de responsabilidade civil profissional celebrado pela Ordem respectiva; e assim sucessivamente. Ora, se o segurado deixa de ser trabalhador ou de ser advogado, ele perde a qualidade necessária e pressuposta pela lei para poder integrar o universo das pessoas cujo risco é coberto pelo seguro do grupo: se quiser, deixa de ter um interesse no seguro. Não será isto causa de extinção automática da sua posição de segurado?

IV

Com a anuência do Excelentíssimo Presidente deste júri, e à guisa de remate, gostaria de felicitar de novo a candidata.

Parabéns pelo seu trabalho! Termino por onde comecei: dizendo que a sua dissertação é um trabalho de mérito, digno do maior respeito e louvor, o qual, na minha modesta opinião, será de leitura obrigatória para os cultores do direito dos seguros em Portugal. Quanto às discordâncias ou divergências que venho de assinalar, peço-lhe que as entenda por aquilo que elas efectivamente representam: o testemunho vivo de que a sua dissertação que se revelou suficientemente profunda e estimulante para despertar a curiosidade e motivar a dúvida metódica do leitor interessado.

I Curso de Doutoramento em Direito em Moçambique

Jorge Bacelar Gouveia*

A Faculdade de Direito da Universidade Nova de Lisboa orgulha-se de ter sido pioneira em muitas opções que introduziu no ensino e na investigação do Direito em Portugal, tendo por isso – e, a meu ver, a justo título – granjeado muito prestígio no seu curto tempo de vida como instituição.

Uma dessas opções traduziu-se recentemente na criação de cursos de doutoramento conjuntos com congéneres instituições africanas de língua portuguesa, em Moçambique e em Angola, em que aquele grau académico é conferido por ambas essas entidades, com um automático reconhecimento dos graus atribuídos no espaço europeu de mobilidade do ensino superior.

Mas outras realizações dentro da cooperação no âmbito do Direito de Língua Portuguesa têm sido levadas a cabo, cumprindo aqui recordar, de entre numerosos exemplos, o ensino da disciplina de "Direitos Africanos", a feitura do I Congresso do Direito da Língua Portuguesa ou a realização de diversos projectos de investigação no seio do CEDIS – Centro de Investigação & Desenvolvimento sobre Direito e Sociedade.

Os três textos que presentemente se publica testemunham a primeira daquelas experiências, a qual se iniciou no ano de 2008 em Maputo, com a abertura do I Curso de Doutoramento conjuntamente organizado pela Faculdade de Direito da Universidade Nova de Lisboa (FD-UNL) e pela Escola Superior de Direito do Instituto Superior de Ciências e Tecnologia de Moçambique (ESD-ISCTEM): o Regulamento deste Curso e dois discursos que foram proferidos na cerimónia pública que solenizou o respectivo lançamento público, um pelo Magnífico Reitor do ISCTEM, o Prof. Doutor João Leopoldo da Costa, e outro pelo signatário.

Lisboa, 23 de Março de 2009.

---

* Coordenador Científico do I Curso de Doutoramento em Direito entre a FD-UNL e a ESD-ISCTEM.

Discurso do Magnífico Reitor do ISCTEM, na Cerimónia de Lançamento do Curso de Doutoramento em Direito e do Curso de Mestrado em Sócio-Economia do Desenvolvimento no ISCTEM

João Leopoldo da Costa[*]

> Sua Excelência Primeira-Ministra do Governo da República de Moçambique
> Venerando Presidente do Tribunal Administrativo
> Senhores Membros do Governo
> Senhor Marcelino dos Santos – Doutor *Honoris Causa*
> Corpo Diplomático
> Senhor Vice-Reitor do ISCTEM
> Senhor Secretário-Geral do ISCTEM
> Senhores membros do Conselho Pedagógico do ISCTEM
> Senhores – membros da SOPREL
> Senhores Coordenadores dos Cursos de Doutoramento em Direito e do Mestrado em Sócio-Economia do Desenvolvimento
> Senhoras e Meus Senhores

É com um intenso júbilo que dou as boas vindas a todos aqueles que se quiseram associar a este relevante acto oficial do ISCTEM, em que solenizamos o lançamento de dois novos cursos, um Curso de Doutoramento em Direito e um Curso de Mestrado em Sócio-Economia do Desenvolvimento.

Quero naturalmente agradecer, em primeiro lugar, a presença de Sua Excelência a Senhora Primeira-Ministra de Moçambique, que se dignou estar presente neste tão importante momento na história do ISCTEM e aproveitar para, em meu nome e no de toda a comunidade do ISCTEM, apresentar as mais calorosas felicitações a Sua Excelência pelo prémio que recentemente lhe

---

[*] Magnífico Reitor do ISCTEM.

foi atribuído no Vietnam, que foi o Prémio Mundial de Liderança para as Mulheres em 2008.

Mas também quero agradecer aos demais convidados, de entre eles numerosas autoridades de Moçambique, a participação nesta sessão, que me permito interpretar como um inequívoco estímulo para continuarmos, com o vosso apoio, neste caminho, que é o bom caminho.

Gostaria ainda de especialmente cumprimentar todos aqueles que estiveram e estão envolvidos na organização e na execução dos dois cursos cujo lançamento agora fazemos de um modo oficial:

- os seus coordenadores, o Prof. Doutor Jorge Bacelar Gouveia, do Programa de Doutoramento em Direito, e o Prof. Doutor Feliciano de Mira, do Curso de Mestrado em Sócio-Economia do Desenvolvimento, pela iniciativa e pela imaginação na configuração de muitas das soluções pedagógicas alcançadas:
- os Directores dos Departamento dos Cursos de Direito e de Economia, o Dr. Henriques José Henriques e o Dr. Filimone Meigos, pelo cuidado e pelo empenho permanentemente demonstrados no seu progressivo desenvolvimento;
- os docentes que fazem parte das respectivas equipas, moçambicanos e estrangeiros, assim se generosamente disponibilizando para connosco partilhar o seu imenso saber; e, finalmente,
- os Doutorandos e os Mestrandos, que em boa hora abraçaram esta oportunidade de poderem avançar na sua carreira académica e profissional, com isso também dando ao ISCTEM um forte sinal de confiança na nossa instituição.

SUA EXCELÊNCIA SRA. PRIMEIRA-MINISTRA
MINHAS SENHORAS E MEUS SENHORES

Desde a sua criação, há sensivelmente 11,5 anos atrás, o ISCTEM sempre teve a perspectiva de ser diferente e de querer fazer mais e melhor no panorama do ensino superior e da investigação científica em Moçambique.

Todos sabemos bem do nosso difícil ponto de partida, depois de uma descolonização que pouco ou nada deixou e que foi particularmente pobre em matéria de formação de quadros, sobretudo quadros superiores e docentes.

Porém, graças a diversos estímulos e a muito boas medidas que o Governo de Moçambique foi tomando ao longo dos anos nesta área da política educativa do ensino superior, pudemos melhorar, medidas de política educativa de que evidencio três mais relevantes:

- a liberdade de criação de escolas universitárias não estatais, introduzindo uma lógica concorrencial e pluralista nas opções dos estudantes;
- a possibilidade de muitos funcionários poderem frequentar, sem perda dos seus direitos, os cursos universitários, assim se requalificando, em seu benefício e em benefício do país;
- o apoio múltiplo a programas de cooperação internacional e regional, nas mais diversas áreas, bem como a promoção de uma maior ligação das universidades ao mundo empresarial.

Nesse contexto, o ISCTEM orgulha-se de também ter contribuído para a melhoria do ensino superior e a investigação científica em Moçambique.

Temos tido a possibilidade de oferecer mais cursos, permitindo satisfazer a procura crescente de lugares no ensino superior, numa altura em que o investimento no ensino superior privado ainda despontava, com considerável risco daqueles que se lançaram na criação desta instituição.

Mas também temos tido a possibilidade de oferecer melhores cursos, que primam pela qualidade, pela inovação, pela internacionalização, fazendo a diferença para com outras experiências de ensino e de investigação que em Moçambique nos últimos tempos – e sem querer ofender ninguém – não se têm distinguido pelo rigor e pela exigência...

Estas são as nossas imagens de marca, que nos orgulhamos de enfatizar e que são o nosso melhor cartão de visita.

Ora, precisamente essas nossas características – e que nos diferenciam dos outros – estão bem presentes nos dois cursos de Doutoramento em Direito e de Mestrado em Sócio-Economia do Desenvolvimento que hoje oficialmente inauguramos.

São cursos reconhecidos na sua qualidade intrínseca, além da indiscutida qualidade dos respectivos coordenadores e do seu corpo docente.

São cursos adequados e actualizados em razão da realidade de Moçambique, em cada um dos campos do saber envolvidos, pelo que não é legítimo duvidar da sua importância para o progresso das ciências sociais e humanas em causa.

São cursos com uma elevada dose de internacionalização, que não se limitam ao nosso contexto nacional, e pelo contrário apelam às mais fortes exigências internacionais, sendo certo que hoje a ciência é uma realidade universal que a sociedade de conhecimento em que vivemos se encarregou de cimentar.

Estes dois cursos tem ainda em comum a importância do seu propósito: permitir ao ISCTEM formar o seu próprio corpo docente, assim reforçando a sua imagem de incontornável instituição de ensino superior e de investigação científica de Moçambique.

As exigências que actualmente se colocam no nosso contexto nacional já não são apenas de recursos materiais – como estruturas físicas de acolhimento dos cursos – ou de recursos financeiros – no sentido de assim se permitir fazer os pagamentos devidos em salários e na aquisição de bens e serviços.

As exigências que actualmente se colocam no nosso contexto nacional são sobretudo de qualificação dos recursos humanos, docentes do ensino superior universitário, dado que a multiplicação das instituições não tem sido seguida do devido apetrechamento dos respectivos corpos docentes, muitas vezes sem as bases científicas pós-graduadas mínimas para se habilitarem à leccionação no ensino superior.

Creio que esta circunstância justifica bem a alegria que invade a comunidade académica do ISCTEM, de docentes a alunos, passando pelos seus funcionários.

Só posso, por isso, augurar o melhor futuro a estes dois cursos de doutoramento e de mestrado, estando plenamente confiante nos méritos daqueles que os ministram e no esforço e dedicação dos estudantes que aos mesmos foram admitidos.

A terminar, deixo uma garantia a todos: a garantia de que Moçambique e os moçambicanos podem contar com o ISCTEM como têm contado até aqui e a garantia de que o nosso dinamismo em breve conhecerá novas realizações, a bem do aperfeiçoamento do ensino superior e da investigação científica de que o nosso querido país tanto precisa e merece!

Muito obrigado a todos!

Maputo, 12 de Junho de 2008

I Programa de Doutoramento em Direito – Discurso na Cerimónia de Lançamento

Jorge Bacelar Gouveia*

> Excelentíssima Senhora Primeira-Ministra de Moçambique
> Excelentíssimo Senhor Presidente do Tribunal Administrativo
> Excelentíssimo Senhor Deputado Manuel Tomé
> Excelentíssimo Senhor Ministro da Ciência e Ensino Superior
> Excelentíssimo Doutor Marcelino dos Santos, Antigo Presidente da Assembleia da República de Moçambique
> Magnífico Reitor do Instituto Superior de Ciências e Tecnologia de Moçambique
> Senhor Vice-Reitor do Instituto Superior de Ciências e Tecnologia de Moçambique
> Autoridades Judiciais, Administrativas e Académicas
> Senhoras e Senhores Convidados
> Caros Doutorandos e Mestrandos
> Minhas Senhoras e meus Senhores

1. É com enorme gosto que participo nesta cerimónia solene de lançamento de dois novos cursos académicos, querendo particularmente frisar o lançamento do I Programa de Doutoramento em Direito, conjuntamente organizado pela minha Faculdade – a Faculdade de Direito da Universidade Nova de Lisboa – e pelo Instituto Superior de Ciências e Tecnologia de Moçambique.

Em primeiro lugar, gostaria de agradecer a presença da Excelentíssima Senhora Primeira-Ministra de Moçambique nesta solene abertura oficial dos cursos, vendo nesse seu gesto o reconhecimento e o interesse que o Governo de Moçambique nutre pela formação académica, assim se empenhando na promoção do ensino superior e da investigação científica.

Também gostaria de agradecer ao Magnífico Reitor do Instituto Superior de Ciências e Tecnologia de Moçambique todo o entusiasmo que desde a pri-

---

* Coordenador do I Doutoramento em Moçambique, Professor Catedrático da Faculdade de Direito da Universidade Nova de Lisboa.

meira hora colocou na realização do I Programa de Doutoramento em Direito, logo percebendo a sua importância para o fortalecimento da Ciência do Direito em Moçambique.

Permitam-me ainda genericamente agradecer a todos aqueles que, em Maputo e em Lisboa, tornaram possível este projecto, entre professores, estudantes e funcionários, numa dedicação imensa e que é assim posta ao serviço de todos.

Mas, na Universidade Nova de Lisboa, um nome não posso deixar de especificamente recordar, sem qualquer menoscabo para os demais colegas docentes desta Universidade e da minha Faculdade de Direito: o Prof. Doutor Jorge Torgal, Presidente da Unidade de Cooperação e Desenvolvimento da Universidade Nova de Lisboa, que em diversos momentos exerceu uma influência não pouco decisiva na consecução desta iniciativa.

2. É conhecida a situação do Direito em Moçambique desde a sua independência, com uma acentuada escassez de quadros, perante um oceano de necessidades e de dificuldades.

É verdade que desde então muito se tem feito e, gradualmente, a situação tem obtido melhorias significativas em todas as frentes, desde a formação dos juristas à capacitação dos profissionais da magistratura e da advocacia, passando pelo investimento em infra-estruturas materiais de apoio ao funcionamento das diversas instituições judiciárias.

Simplesmente, esse desenvolvimento não se pôde e não se pode fazer todo ao mesmo tempo, nem no mesmo ritmo: foi necessário e é necessário dar prioridade à satisfação das necessidades mais imediatas na aplicação da justiça, com prevalência para a organização e o funcionamento dos tribunais e de outras instituições judiciárias afins.

3. Daí que tivesse sido muito compreensível que o investimento na formação de professores universitários de Direito se tivesse concretizado de um modo mais lento, o que também se explica pelas suas maiores dificuldades, inerentes à própria natureza da formação académica, o que de resto sucede com qualquer outra área do saber.

Mas esse facto igualmente teve alguns custos, que agora se pretende minorar ou até mesmo eliminar: os custos de a multiplicação de estabelecimentos de ensino jurídico universitário em Moçambique não ter sido devidamente acompanhada da formação de professores universitários em número e qualidade suficientes, aqui emergindo um imperativo de reforço dessas competências.

Não deixa de ser impressionante assinalar como ao longo dos anos o curso de Direito se tem mantido na dianteira das preferências dos candidatos ao ensino superior, que sempre em grande número vêem na formação jurídica o futuro profissional e pessoal com que têm o direito de sonhar.

Ora, a criação deste I Programa de Doutoramento em Direito surge num contexto de resposta a tais insistentes apelos de formação científica pós-graduada, na sequência do normal desenvolvimento da progressão das carreiras daqueles que, tendo alcançado o nível da graduação, desejam agora a continuidade da sua carreira académica.

4. É tendo presente este cenário de necessidades que, em boa hora, o ISCTEM e a FDUNL se propuseram lançar este projecto comum, sabendo que o escassíssimo número de doutores em Direito em Moçambique não é muito compatível com as actuais exigências no âmbito da investigação e do ensino do Direito:

– no plano da investigação, os critérios da investigação científica são cada vez mais apurados e só pessoas doutoradas se encontram totalmente aptas à organização e à consecução de projectos de investigação, sendo tantas as áreas e o domínios que Moçambique oferece à investigação jurídica;
– no plano do ensino, os requisitos do ensino são progressivamente mais apertados, sendo necessário que o corpo docente das escolas de Direito em Moçambique seja gradualmente ocupado por mais doutores, com uma capacidade científica incontestada, que é assim posta ao serviço do ensino, com todas as vantagens associadas ao pleno conhecimento das matérias e à devida capacidade de actualização e de relacionamento entre os diversos sectores do Direito.

5. A escolha por parte do ISCTEM da Faculdade de Direito da Universidade Nova de Lisboa – a que pertenço desde a sua fundação em 1997 – só me pode orgulhar, só nos pode orgulhar como comunidade académica e como instituição universitária.

A minha Faculdade de Direito é a Faculdade de Direito portuguesa pública mais nova, no seio das cinco que neste momento existem em Portugal, e foi criada num propósito de profunda reforma do ensino e da investigação do Direito em Portugal, tendo no Professor Doutor Diogo Freitas do Amaral o seu grande impulsionador e a cujo liderança muitos outros académicos se juntariam.

A situação que se viveu em Portugal até aos anos noventa não era mesmo nada famosa no plano do ensino e da investigação do Direito: o ensino era antiquado e pouco atento à realidade social, estando fechado sobre si próprio e desconhecendo as verdadeiras questões do país, que os juristas supostamente se propunham servir; a investigação não produzia resultados, com pouquíssimos doutoramentos e, pior, com doutoramentos no fim da carreira, com uma nula ou quase nula repercussão doutrinária.

Era imperioso reverter este estado de coisas e foi o que corajosamente fez – às vezes, contra ventos e marés, o mesmo é dizer, contra os invejosos do costume – a Faculdade de Direito da Universidade Nova de Lisboa, através daqueles que se associaram e se associam a este projecto, professores, estudantes e funcionários.

6. Fomos a Faculdade de Direito portuguesa pioneira, logo nos anos noventa, em múltiplas relevantes reformas que a Declaração de Bolonha – uns bons anos mais tarde – viria a confirmar terem sido feitas no rumo certo:

- a organização do curso da licenciatura em créditos, e não através de passagens de ano, e a multiplicação das vias de especialização e das disciplinas optativas;
- a introdução de disciplinas não estritamente jurídicas, com o objectivo de evitar o isolamento do Direito da realidade circundante, oferecendo disciplinas das ciências sociais e humanas com um enfoque plausível com o Direito, como a História, a Sociologia, a Psicologia, a Economia, a Filosofia, a Lógica, a Ciência Política e as Relações Internacionais;
- a criação de um programa de doutoramento dirigido à formação de quadros docentes, num espírito de verdadeiro diálogo científico e em que os professores efectivamente acompanham e estimulam o trabalho dos doutorandos;
- a organização de um centro de investigação jurídica interdisciplinar, privilegiando, como se faz hoje em todo o Mundo, a investigação sobre temas transversais e propiciando o trabalho em equipa, numa saudável interacção, não apenas geracional como também profissional;
- a promoção de uma maior ligação dos juristas em formação à prática jurídica, chamando práticos do Direito, sobretudo advogados experimentados, para apresentarem, em disciplinas académicas próprias, casos em que tenham intervindo, com isso mostrando o lado profissional e pós-universitário das questões jurídicas;
- a abertura da Faculdade à comunidade, encarando a Faculdade como um actor social, que não se isola do Mundo, na sua "torre de marfim", mas que intervém na sociedade e acompanha os seus problemas, ora através de acções de voluntariado, ora através de acções de prestação de serviços jurídicos pedidos por entidades públicas.

7. Se a escolha da Faculdade de Direito da Universidade Nova de Lisboa se pode fundamentar nestas razões que apresentei, a escolha de uma Faculdade de Direito portuguesa aparecerá ainda com uma mais sólida sustentação.

São inúmeras as razões que justificam esta parceria com uma instituição jurídica portuguesa se nos lembrarmos dos comuns laços que unem o Direito de Moçambique com o Direito de Portugal. Isto para já não falar de outras óbvias relações de proximidade, como a língua ou a cultura comuns.

Mas se essas relações de comunhão são evidentes no plano dos ordenamentos jurídicos moçambicano e português, elas são igualmente fortes no plano das profissões ou no plano do tipo de ensino e de investigação que se tem desenvolvido em Moçambique no campo do Direito.

É interessante registar a contínua proximidade entre Moçambique e Portugal ao nível da Ciência Jurídica nestes trinta anos, apesar das legítimas opções próprias que cada um destes países soberanos tem tido o direito de fazer, proximidade que se assinala na troca de experiências entre os docentes, assim como nalguma produção científica conjunta que se vai fazendo.

Creio que estes elementos de proximidade entre Moçambique e Portugal na matéria do Direito são, por si só, factores incontestados que inteiramente justificam esta escolha de uma instituição lusitana.

8. A resposta que este nosso I Programa de Doutoramento em Direito veio dar a esta necessidade de dotar Moçambique de um maior número de doutorados em Direito assume alguns contornos de originalidade, sobretudo se comparado com experiências paralelas, poucas, de formação em doutoramento desenvolvida por outras instituições de ensino superior.

Por um lado, este doutoramento em Direito rompe com uma clássica – e essencialmente funesta – tradição de se pensar que a obtenção do grau de doutor em Direito representa o percurso de uma vida inteira.

Alguns mais antigos até diziam que o doutoramento em Direito se alcançaria com uma "obra prima": não no sentido de "obra primeira", mas no sentido de "obra única", ou às vezes mesmo no sentido de "obra nenhuma"...

Eis uma concepção do doutoramento em Direito verdadeiramente ultrapassada e, de resto, há muito abandonada por outras ciências, mesmo no universo das ciências sociais e humanas.

O doutoramento em Direito tem de ser encarado como uma habilitação para a investigação e para o ensino, devendo constituir a certificação de uma capacidade, permitindo lançar os doutores na sua vida profissional.

Quer isso dizer que neste novo enquadramento a investigação científica conducente ao grau de doutor deve ser vista como um itinerário contínuo desde que o candidato deixou o estabelecimento de ensino onde obteve a sua graduação inicial.

Evidentemente que este novo paradigma do doutoramento em Direito – que a Faculdade de Direito da Universidade Nova de Lisboa introduziu, pela primeira vez, em Portugal – implica muitas mudanças de mentalidades, com o resultado de as dissertações de doutoramento serem mais pequenas e mais objectivas, sendo feitas por pessoas mais novas e mais ligadas à vida universitária.

9. Por outro lado, este doutoramento em Direito não é apenas atribuído por uma instituição moçambicana, ainda que depois pudesse ser informalmente "controlado" por uma instituição estrangeira.

Assume-se a opção – que é uma grande vantagem – de este grau académico ser atribuído tanto por uma instituição moçambicana como por uma instituição portuguesa, com todas as consequências que daí derivam de um automático reconhecimento do grau académico em território moçambicano e em território europeu, neste caso em resultado da criação pelos Estados da União Europeia – de que Portugal faz parte – de um espaço de mobilidade no ensino superior.

É esta hoje uma das mais recentes tendências na formação universitária pós-graduada, como igualmente se verifica na investigação científica: cada vez se trabalha menos sozinho e cada vez se trabalha mais em conjunto, em equipa e entre instituições, se possível internacionais.

10. Este primeiro doutoramento em Direito apresenta-se com uma vocação geral, oferecendo dois grupos de disciplinas jurídicas, por que os candidatos alternativamente optam: Direito Público ou Direito Privado.

Isso não quer dizer, porém, que não haja algumas disciplinas de formação geral, o que vem a acontecer tanto no primeiro como no segundo anos de leccionação: no primeiro ano, "Direitos Humanos" e "Metodologia da Investigação Jurídica"; e no segundo ano, "Teoria do Direito".

Em cada um destes ramos que os doutorandos percorrem, para o primeiro ano são propostas duas disciplinas específicas: no Direito Público, o "Direito Constitucional" e o "Direito Administrativo"; no Direito Privado, o "Direito Civil" e o "Direito Processual".

O trabalho em cada uma destas disciplinas é executado em regime seminário, encarregando-se os professores regentes, em diálogo com os doutorandos, de desenvolver um tema criteriosamente seleccionado, com base nas necessidades sentidas nesse ramo do Direito em Moçambique.

No caso do Direito Público, foi escolhido o tema da "Justiça Constitucional" para o Direito Constitucional e o tema do "Contencioso Administrativo" para o Direito Administrativo: são dois domínios importantes na consolidação do Estado de Direito, em que não se encontram ainda muitos estudos e em que se frisa um inegável interesse prático, numa altura em que tanto a justiça constitucional como a justiça administrativa vão reforçando o seu papel de controlo e de defesa da Constituição e da Lei, em benefício dos direitos fundamentais dos cidadãos e dos particulares.

No caso do Direito Privado, foram adoptados o tema "Direito dos Contratos" para o Direito Civil e o tema "As partes e o pedido na instância processual" para o Direito Processual: são dois aspectos centrais das relações jurídicas privadas, o primeiro de natureza substantiva e que se prende com o coração do Direito Civil, que é o estudo do instituto do contrato, e o outro de natureza processual, permitindo melhor compreender o funcionamento do processo civil, instrumento essencial de efectivação e de protecção dos direitos de cada um no comércio jurídico em geral.

11. A terminar, uma palavra especial dirijo aos doutorandos deste I Programa de Doutoramento em Direito, aqui presentes e que são a razão de ser deste curso.

Esta é uma grande oportunidade que o ISCTEM e a minha Faculdade vos oferecem, por vosso intermédio se favorecendo o fortalecimento da Ciência Jurídica Moçambicana.

Sendo uma grande oportunidade, é também uma grande responsabilidade: uma responsabilidade de prosseguir no estudo, uma responsabilidade na investigação a desenvolver, uma responsabilidade no acompanhamento das matérias, uma responsabilidade na exigência para com os professores, que estão ao vosso serviço.

Por isso, posso já dar-vos os parabéns pela opção que fizeram ao inscrever-se neste curso e, ao mesmo tempo, desejar-vos as maiores venturas no andamento dos vossos trabalhos, que devem levar a cabo com empenho e entusiasmo.

Deixo-vos ainda uma garantia: a garantia de que da minha parte serei um guardião da qualidade deste curso e um amigo de todos vós, a quem não devem hesitar em recorrer perante qualquer percalço ou dificuldade.

É assim que concebo a minha profissão de professor universitário e é assim que especialmente concebo esta minha colaboração com uma instituição de Moçambique, país que me acolheu como cooperante nos anos noventa e país que me continua a acolher em tanto outros projectos universitários que têm sido desenvolvido ao longos destes anos.

Um abraço a todos e muitas felicidades!

Maputo, 12 de Junho de 2008.

Doutoramento em Direito em Moçambique (DDM)

Regulamento

A) Nota justificativa

Portugal e Moçambique mantêm estreitos laços nos mais variados domínios, neles sobressaindo uma história, uma cultura e uma língua comuns. No âmbito do Direito, são do mesmo modo visíveis raízes e soluções próximas, tal fundamentando até a formação de uma comunidade jurídica, em que se evidenciam semelhantes instrumentos legislativos, bem como equivalentes figurinos profissionais forenses.

A verdade, porém, é que a estas manifestas identidades – tanto no Direito Privado como no Direito Público – não se têm seguido iniciativas conjuntas no plano da formação universitária, com todo o inerente ganho de vantagens que daí adviria.

É neste espírito que inteiramente se justifica a realização de um Curso de Doutoramento em Direito em Moçambique (DDM), conjuntamente desenvolvido pela Faculdade de Direito da Universidade Nova de Lisboa e pela Escola Superior de Direito do Instituto Superior de Ciências e Tecnologia de Moçambique, pelo qual as duas instituições possam intensificar a sua colaboração, concretizando o Protocolo de Cooperação celebrado em 21 de Julho de 2003.

O DDM destina-se primordialmente a estudantes moçambicanos e apresenta as seguintes características:

— repartição e colaboração das responsabilidades científicas e administrativas pelas duas instituições;
— acesso preferencial ao curso com o grau de mestre em Direito, admitindo-se também, excepcionalmente, candidatos com o grau de licenciado em Direito;
— atribuição conjunta do grau de doutor em Direito por parte das duas instituições, portuguesa e moçambicana, assim se conferindo ao doutor acesso ao espaço europeu de mobilidade do ensino superior.

B) Regulamento

Artigo 1.º
(Objecto)

1. A Faculdade de Direito da Universidade Nova de Lisboa (FD-UNL) e a Escola Superior de Direito do Instituto Superior de Ciências e Tecnologia de Moçambique (ESD-ISCTEM) promovem, em associação, a realização de um Curso de Doutoramento na área científica de Direito em Moçambique, adiante abreviadamente designado por DDM, nas especialidades de Direito Público e de Direito Privado, cabendo exclusivamente à primeira instituição a responsabilidade da respectiva coordenação científica.

2. O presente DDM não prejudica outras formas de candidatura a doutoramento previstas na lei em qualquer um destes estabelecimentos de ensino, nem a criação de outros cursos pós-graduação que neles venham a ser ministrados.

Artigo 2.º
(Diploma de "Doutor em Direito")

O grau académico de "Doutor em Direito" é atribuído conjuntamente pela Universidade Nova de Lisboa e pelo Instituto Superior de Ciências e Tecnologia de Moçambique, sendo o modelo da respectiva carta doutoral definido por ambas as instituições.

Artigo 3.º
(Local)

O DDM é ministrado nas instalações da ESD-ISCTEM, em Maputo (Moçambique).

Artigo 4.º
(Regências das unidades curriculares)

1. A regência das unidades curriculares ministradas no DDM é sempre confiada a professores doutorados, a escolher pelo Conselho Científico da FD-UNL e pelo Conselho Académico da ESD-ISCTEM de entre os respectivos docentes.

2. A título excepcional, a regência de algumas unidades curriculares pode ser confiada a professores não doutorados e que não integrem o corpo docente de nenhuma daquelas instituições.

Artigo 5.º
(Candidaturas)

1. O DDM está aberto tanto a mestres em Direito como a licenciados em Direito, devendo neste caso os licenciados oferecer um currículo excepcional, a aprovar pelo Conselho Científico da FD-UNL e pelo Conselho Académico da ESD-ISCTEM.
2. Em relação a cada DDM, aqueles órgãos de ambas as instituições fixam o número máximo de estudantes a admitir e seleccionam, por comum acordo, os candidatos, podendo o DDM não abrir se não houver um número suficiente de inscritos.
3. A selecção dos candidatos deve obedecer, de entre outros, aos critérios da maior classificação obtida na licenciatura e mestrado, do interesse do domínio científico de especialização, da qualidade e prestígio da instituição de ensino onde alcançaram a sua formação de graduação e pós-graduação, do nível dos trabalhos científicos elaborados e publicados e da relevância da actividade profissional exercida.

Artigo 6.º
(Primeira fase do DDM)

A primeira fase do DDM, com a duração de um ano lectivo, destina-se à formação avançada em Ciências Jurídicas e na metodologia da investigação jurídica.

Artigo 7.º
(Unidades curriculares da primeira fase)

1. Na primeira fase do DDM, cada estudante deve inscrever-se nas unidades curriculares semestrais obrigatórias e em duas unidades curriculares anuais de opção, em cada uma das especialidades, a partir do elenco das unidades curriculares oferecidas em cada ano de funcionamento do DDM, sob deliberação do Conselho Científico da FD-UNL e do Conselho Académico da ESD-ISCTEM, que igualmente fixam as cargas horárias que lhes são atribuídas, bem como os temas a versar.

2. São unidades curriculares semestrais obrigatórias comuns às duas especialidades:
a) Direitos Humanos;
b) Metodologia da Investigação Jurídica.
3. São unidades curriculares anuais de opção na especialidade de Direito Público:
a) Direito Constitucional;
b) Direito Administrativo;
c) Direito Penal;
d) Direito Internacional Público.
4. São unidades curriculares anuais de opção na especialidade de Direito Privado:
a) Direito Civil;
b) Direito Comercial;
c) Direito do Trabalho;
d) Direito Processual.

Artigo 8.º
(Regime da primeira fase)

1. Todas as unidades curriculares são leccionadas em regime de seminário e orientadas para a investigação fundamental, sendo obrigatória a frequência de, pelo menos, 80% das aulas ministradas.
2. É admitida a co-regência por dois ou mais professores.
3. Em cada unidade curricular anual, é obrigatória a apresentação de um trabalho escrito até ao termo do ano lectivo respectivo, prazo que pode ser excepcional e justificadamente prorrogado pelo Coordenador Científico do Curso até ao limite de seis meses.
4. A não entrega dos trabalhos previstos no prazo indicado implica a caducidade da primeira fase do DDM e a exclusão do estudante.

Artigo 9.º
(Avaliação da primeira fase)

1. A avaliação da primeira fase do DDM é globalmente expressa pelas classificações de "Recusado", "Aprovado" e "Aprovado com Distinção".
2. A classificação é atribuída por um júri escolhido pelo Conselho Científico da FD-UNL e pelo Conselho Académico da ESD-ISCTEM, no qual par-

ticipam obrigatoriamente os professores que tenham leccionado as unidades curriculares frequentadas por cada estudante.

3. Os estudantes que na primeira fase obtenham a classificação global de "Aprovado com Distinção" são admitidos à inscrição na segunda fase do DDM.

Artigo 10.º
(Segunda fase do DDM)

1. A segunda fase do DDM, cuja duração não deve, em princípio, exceder três anos, destina-se especialmente à investigação preparatória da tese de doutoramento e à redacção desta.

2. No primeiro ano da segunda fase do DDM, cada estudante deve obter aprovação em duas unidades curriculares semestrais:
   a) Teoria do Direito, para ambas as especialidades; e
   b) Direito Público Comparado ou Direito Privado Comparado, conforme a especialidade escolhida.

3. A leccionação das unidades curriculares referidas no número anterior está sujeita ao regime do n.º 1 do art. 8.º

4. Os trabalhos escritos referentes a estas unidades curriculares têm de ser entregues até ao fim do respectivo ano lectivo, sob cominação de caducidade da segunda fase do DDM e exclusão do estudante.

5. O prazo mencionado no número anterior pode ser excepcional e justificadamente prorrogado pelo Coordenador Científico do Curso até ao limite de seis meses.

6. A aprovação nas unidades curriculares da segunda fase constitui título suficiente para a dispensa de provas complementares de doutoramento.

Artigo 11.º
(Orientação e programação individuais)

1. No início da segunda fase, o Conselho Científico da FD-UNL e o Conselho Académico da ESD-ISCTEM, sob proposta do doutorando, deliberam sobre:
   a) a designação, como orientador, de um professor doutorado, que terá por missão o acompanhamento do doutorando durante a segunda fase do DDM e na elaboração da dissertação de doutoramento;
   b) a área ou tema de investigação escolhidos;

c) a programação individual da investigação, incluindo a selecção das universidades ou institutos onde se prevê o seu desenvolvimento.

2. Quando o orientador não pertença à FD-UNL, o Conselho Científico desta designará um co-orientador para acompanhar os trabalhos.

3. Salvo situações excepcionais, a programação relativa a cada doutorando deve incluir contactos com um ou mais centros de investigação estrangeiros de reconhecido prestígio, aprovados pelo professor orientador.

4. Uma vez aceite a inscrição do doutorando, deve este promover, no prazo de dois meses, o registo do tema da dissertação de doutoramento que pretende elaborar junto dos competentes serviços da Universidade Nova de Lisboa e do Instituto Superior de Ciências e Tecnologia de Moçambique.

Artigo 12.º
(Regime da segunda fase)

1. Durante a segunda fase do DDM, o doutorando poderá ser convidado pelas duas instituições a colaborar nas suas actividades científicas e pedagógicas.

2. O professor orientador deve empenhar-se activamente no acompanhamento dos trabalhos do doutorando e apresentar semestralmente aos órgãos científicos das duas instituições relatórios escritos sobre a actividade do doutorando e o desenvolvimento da orientação.

Artigo 13.º
(Dissertação de doutoramento)

1. A dissertação de doutoramento deve ser original e resultar de uma investigação autónoma e aprofundada.

2. A dissertação é discutida em provas públicas, requeridas pelo doutorando, perante um júri composto por, pelo menos, cinco professores doutorados, incluindo o professor orientador, designado pelo Conselho Científico da FD-UNL e pelo Conselho Académico da ESD-ISCTEM.

3. O júri de doutoramento é presidido pelo Reitor do Instituto Superior de Ciências e Tecnologia de Moçambique ou por quem dele receber delegação para esse fim, sendo necessariamente integrado por dois professores da FD-UNL.

4. As provas públicas não podem ter uma duração superior a 130 minutos, assim repartidos:

a) Uma apresentação facultativa pelo candidato de, no máximo, 10 minutos;

b) Duas arguições com a duração máxima de 30 minutos e duas respostas com duração máxima idêntica.

5. Após o termo das provas o júri reúne e delibera, por maioria e através de votos nominais fundamentados, a aprovação ou a reprovação da dissertação.

6. As qualificações finais atribuídas pelo júri de doutoramento, no caso de aprovação do candidato, são as seguintes: "Aprovado", "Aprovado com Distinção" e "Aprovado com Distinção e Louvor".

Artigo 14.º
(Alterações curriculares)

1. Em cada DDM, os órgãos científicos das duas instituições podem reduzir o elenco das unidades curriculares de opção ou aditar-lhe outras que satisfaçam os objectivos gerais do curso.

2. Aos candidatos habilitados com o grau de mestre ou que tenham concluído a parte escolar de um mestrado pode ser concedida, mediante deliberação fundamentada dos órgãos científicos da duas instituições, equivalência a uma ou mais unidades curriculares do DDM, desde que a classificação obtida ou a qualidade dos trabalhos apresentados seja compatível com o nível exigido no n.º 3 do artigo 9.º

Artigo 15.º
(Mestrado)

Os estudantes aprovados na primeira fase do DDM que não passem à segunda fase são admitidos à prestação de provas de mestrado em Direito, grau académico cuja concessão será da responsabilidade exclusiva da ESD-ISCTEM, nos termos das regras que nesta vigorarem para o efeito.

Artigo 16.º
(Propinas)

1. As propinas anuais do DDM são as seguintes:
a) 4 000 Euros por cada ano das fases lectivas;
b) 600 Euros por cada ano da fase de elaboração da dissertação de doutoramento ou de mestrado.

2. As propinas do DDM são pagas, anualmente, em três prestações: 30% no acto de inscrição ou no início do ano lectivo; 40% até seis meses depois; 30% até 3 meses após o início do 2.º semestre.

3. O não pagamento da propina determina a caducidade da inscrição do doutorando ou mestrando.

4. É permitida a desistência, mas as propinas pagas não serão reembolsadas.

5. As propinas anualmente pagas não financiarão as despesas relacionadas com a deslocação a Maputo dos professores indicados pela FD-UNL para o efeito de discussão pública de cada dissertação de doutoramento.

Artigo 17.º
(Financiamento e receitas líquidas)

1. Os financiamentos obtidos por parte de instituições nacionais e internacionais destinam-se a custear as despesas que digam respeito à organização e ao funcionamento do DDM, nomeadamente as decorrentes da:
   a) Deslocação e estadia em Maputo dos professores regentes;
   b) Remuneração dos professores regentes, em trabalho de seminário e na actividade de acompanhamento dos doutorandos;
   c) Aquisição de material bibliográfico, que reverterá a favor da Biblioteca da ESD-ISCTEM;
   d) Custos administrativos de gestão do DDM.

2. As receitas líquidas serão igualmente divididas pela FD-UNL e pela ESD-ISCTEM.

Artigo 18.º
(Coordenador Científico do DDM)

O Conselho Científico da FD-UNL e o Conselho Académico da ESD--ISCTEM designam, por comum acordo, o Coordenador Científico do DDM, que ficará encarregue de todo o trabalho de gestão do DDM, sendo igualmente incumbido de propor àqueles órgãos todas as deliberações que digam respeito à respectiva aplicação.

Artigo 19.º
(Direito subsidiário)

Em tudo aquilo que não esteja especificamente previsto, é subsidiariamente aplicável a legislação e a regulamentação aplicáveis aos cursos de pós--graduação organizados por cada uma das instituições.

Artigo 20.º
(Interpretação e integração de lacunas)

A interpretação e a integração de lacunas do presente Regulamento são feitas por comum acordo dos órgãos científicos da FD-UNL e da ESD-ISCTEM.

Artigo 21.º
(Revisão)

O presente regulamento pode ser revisto, por comum acordo dos órgãos científicos da FD-UNL e da ESD-ISCTEM, até 90 dias antes do início de cada DDM.

Aprovado em Lisboa, pelo Conselho Científico da FD-UNL, em 7 de Novembro de 2007, e pelo Senado da Universidade Nova de Lisboa, em 22 de Novembro de 2007.

Aprovado em Maputo, pelo Conselho Académico do ISCTEM, em 8 de Novembro de 2007.

Registado na Direcção-Geral do Ensino Superior, por despacho do Director-Geral de 3 de Dezembro de 2008, ao abrigo da al. c) do art. 42.º do Decreto-Lei n.º 74/2006, de 24 de Março, alterado pelo Decreto-Lei n.º 107//2008, de 25 de Junho, sob o seguinte n.º R/B-Cr 295/2008.

Normas
redactoriais

1. Apresentação dos originais

Entrega em disquete. Programa elegível: *Winword*.
A redação aceita propostas de textos enviados pelos autores. Compromete-se a uma resposta quanto à sua aceitação no prazo de 60 dias. Não se responsabiliza pela devolução dos originais não solicitados.
Endereço: Redacção de *Thémis. Revista de Direito*, Faculdade de Direito, Universidade Nova de Lisboa, Trav. Estevão Pinto, 1070-124 Lisboa.

2. Limites dos textos

    Ensaios: 100 000 caracteres   (= 55 pp. de 30 lin. de 60 caracteres)
    Recensões: 7 500 caracteres   (= 4 pp. de 30 lin. de 60 caracteres)
    Comentários: 15 000 caracteres   (= 8 pp. de 30 lin. de 60 caracteres)

3. Citações bibliográficas

É obrigatória a observância da seguinte norma editorial, no caso de citações.

Primeiras ocorrências. Exemplos:

Frédéric Mauro, *Études économiques sur l'expansion portugaise (1500--1569)*, Paris, Gulbenkian, 1970, pp. 13 segs.
Raul Proença (ed.), *Guia de Portugal, 1. Generalidades: Lisboa*, Lisboa, Gulbenkian, 1975.
António Monteiro Alves et alli, *Apectos Recentes da Evolução do Mercado do Vinho em Portugal*, Lisboa, Gulbenkian, 1972, pp. 51-60.
Veronica Ions, *Egyptian Mythology*, London, Hamlyn, 1982.
Carlos Fabião, «Para a história da arqueologia em Portugal», in *Penélope. Fazer e Desfazer a História*, 2(1989), pp. 9 segs. (ou 9-25).
José Mattoso, *Portugal medieval. Novas Interpretações*, Lisboa, INCM, 1985, p. 105.
—, *Identificação de um País*, I. *Oposição*, Lisboa, Estampa, 1985, p. 73.
Robert Durand (ed.), *Cartulaire (Le) Baio-Ferrado du Monastère de Grijó (XI-XIII siècles)*, Lisboa, Gulbenkian, 1971, p. 70
Paul Teyssier, «Introduction», Eça de Queiroz, *Les Maias*, I, Paris, Gulbenkian, 1971, pp. 3-39.

Ocorrências seguintes. Exemplo:

F. Mauro, *Études* cit., pp. 117 segs.

4. TABELA DE PREÇOS DE PUBLICIDADE.

A revista aceita publicidade adequada ao tipo de publicação.
Tabela de preços: Página – 1 500 €.

5. NORMAS DE EDIÇÃO

É obrigatória a observância da norma editorial da revista, a que obedece o presente número.
Explicitam-se algumas normas.
Não se fazem parágrafos nas notas.
Apenas se usa **negrito** nos títulos.
O destaque é feito pelo itálico (e não pelo **negrito** ou sublinhado).
Toda a frase deve terminar por pontuação (ponto, reticências, exclamação, interrogação).
Grafias aceites e rejeitadas:

ACEITE	NÃO ACEITE
" "	« »
".	."
não?	não ?
diz [1].	diz[2].
"[3]	[4]"
diz.[5]	diz.[6]
"Esta decisão", diz Raposo	"*Esta decisão*", diz Raposo
"poder"	" poder "

6. REVISÃO DE PROVAS

A revisão de provas será feita pela redacção. Só excepcionalmente será pedida a colaboração dos autores, os quais também só excepcionalmente poderão alterar os originais entregues.

7. REDACÇÃO DE THEMIS. REVISTA DE DIREITO:

Faculdade de Direito, Universidade Nova de Lisboa, Trav. Estêvão Pinto, 1099-032 Lisboa.
Tel.: 21 384 74 37
Fax: 21 384 74 71
E-mail: ifalcao@fd.unl.pt

8. PREÇOS E ASSINATURAS:

Preço deste número: € 17,00 (IVA incluído à taxa de 5%)

Assinaturas (anuais, 2 números) Portugal: € 32,00 (inclui portes)
Europe: € 40,00 (including post / surface mail)
Overseas: € 50,00 (including post / air mail)

PEDIDOS PARA:

Livraria Almedina
Arco de Almedina, 15
3004-509 Coimbra
Portugal

vendas@almedina.net

Índice

ÍNDICE

Artigos

Carlos Ferreira de Almeida, *A doação e a dádiva* 5

José Engrácia Antunes, *O Regime Jurídico dos Actos de Comércio* 19

José Lebre de Freitas, *O facto e o direito no art. 24-1 do Código das Expropriações* 61

José Lebre de Freitas, *Regime da Decisão do Supremo Tribunal de Justiça sobre Ampliação da Matéria de Facto* 67

Catarina Serra, *O novo modelo aplicável às universidades e às escolas – as fundações públicas com regime de direito privado: regime jurídico desconhecido... ou simplesmente temido?* 75

Carla Amado Gomes, *A protecção do ambiente na jurisprudência comunitária. Uma amostragem* 109

Ana Rita Gil, *Da Necessidade de um Paradigma de Criminalização para um Direito Penal Europeu* 157

Alessandro Serpe, *Dos realismos escandinavos. Realismo nórdico: uma presença constante?* 197

Luís Silveira, *Os Menores Face à Convenção da ONU de 1989* 247

Recensões

Recensão: Carlos Esplugues Mota, Daniel Hargain, Guillermo Palao Moreno (organizadores), *Derecho de los Contratos Internacionales en Latinoamérica, Portugal y España*, Madrid, Buenos Aires e Montevideu, Edisofer, Euros Editores e B de F, 2008 (821 páginas) 261

Vida Académica

José Engrácia Antunes, *"Contrato de Seguro e Terceiros". Arguição nas Provas Públicas de Doutoramento de Margarida Ramalho Lima Rego* 267

Jorge Bacelar Gouveia, *I Curso de Doutoramento em Direito em Moçambique* 285

João Leopoldo da Costa, *Discurso do Magnífico Reitor do ISCTEM, na Cerimónia de Lançamento do Curso de Doutoramento em Direito e do Curso de Mestrado em Sócio-Economia do Desenvolvimento no ISCTEM* 287

Jorge Bacelar Gouveia, *I Programa de Doutoramento em Direito. Cerimónia de Lançamento* 291

Jorge Bacelar Gouveia, *Doutoramento em Direito em Moçambique (DDM)* 299

Normas redactoriais.. 311

Índice 317